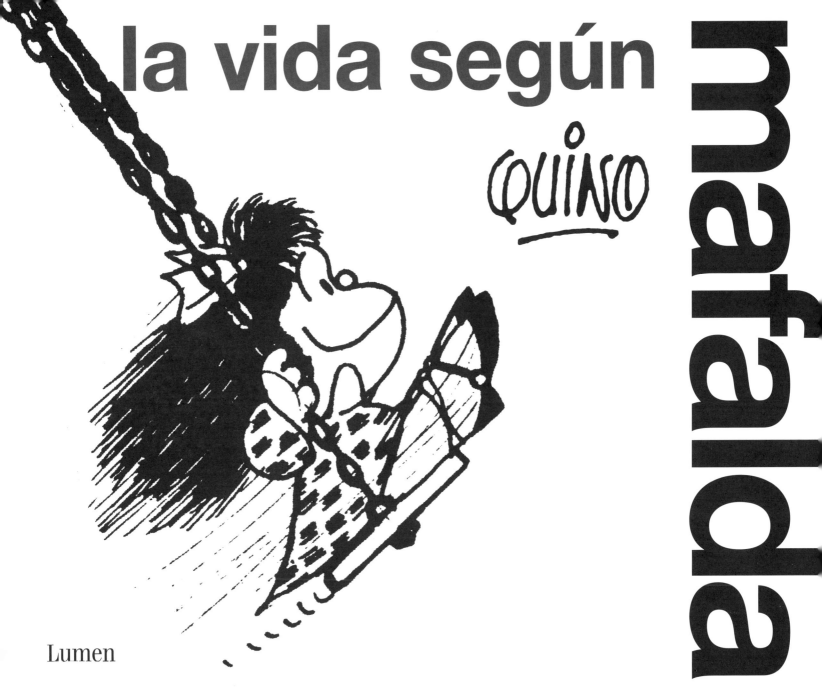

la vida según mafalda

QUINO

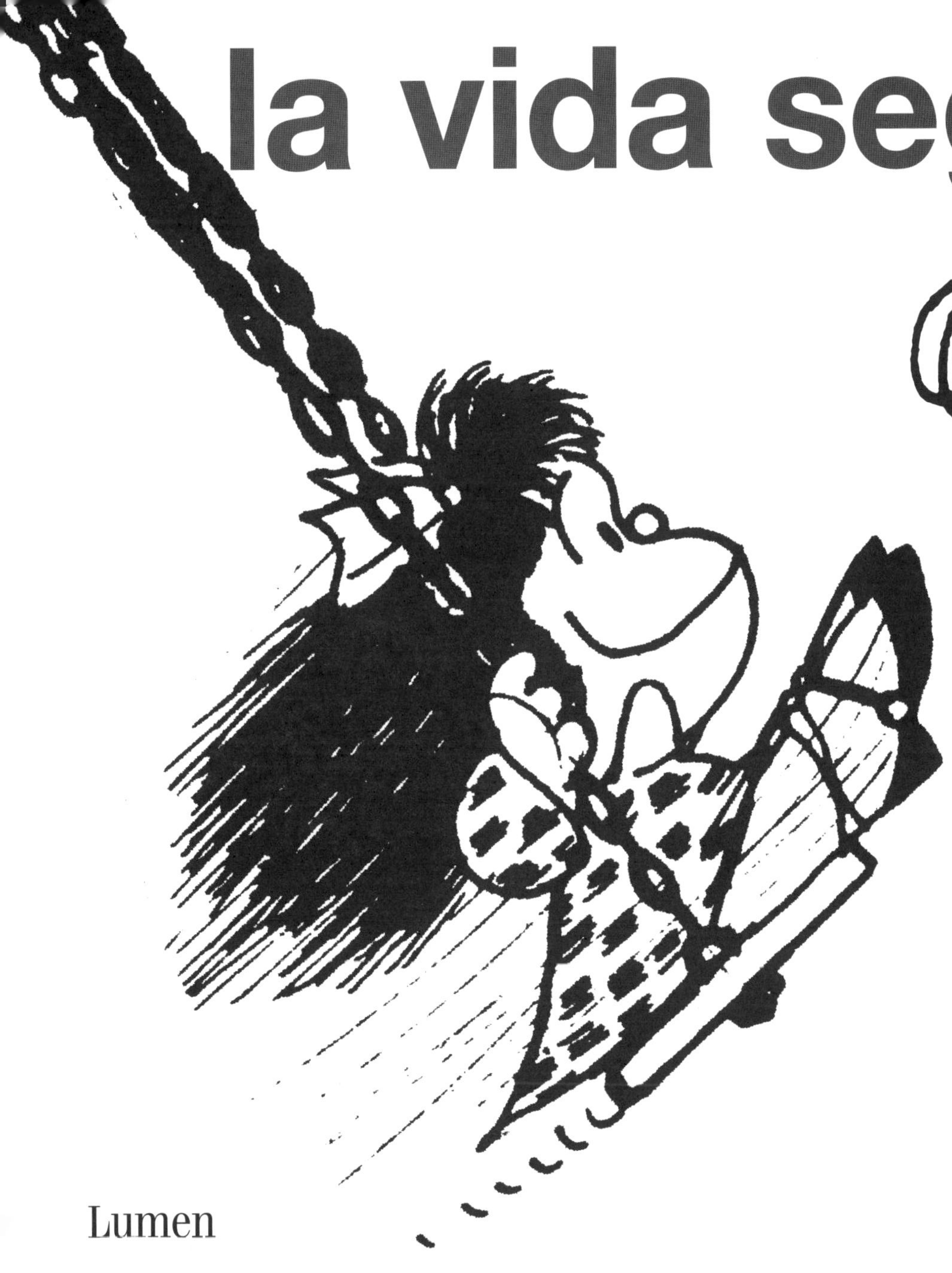

Lumen

Nota editorial

La décima acepción del diccionario de la Real Academia Española define la palabra *vida* como la «duración de una cosa». Una acepción que, al leer las viñetas de Quino incluidas en este volumen, cobra aún más relevancia, porque, sesenta años después de su primera aparición, Mafalda nos sigue apelando con la misma fuerza y vivacidad, ocupando nuestros temas de conversación y aportando ideas para nuestros problemas de hoy y de siempre. Más que nunca, Mafalda no ha dejado de «vivir» en nuestras vidas.

Desde aquel día en que esta pequeña heroína de cabello negro se nos dio a conocer en la revista semanal *Primera Plana* y se coló en nuestros hogares —tozuda, rebelde, indignada y combativa—, ha ayudado con sus comentarios y reflexiones a millones de lectores a dar sentido a una existencia a menudo ridícula y en gran medida incomprensible.

Cada uno de los amigos y las amigas de Mafalda tiene su particular idea de en qué consiste vivir. A Felipe, el tímido y miedoso soñador, le gustaría que la vida se asemejase más a las aventuras de El Llanero Solitario que a tener que hacer deberes o acudir a la escuela. Miguelito, ese pequeño filósofo egocéntrico y siempre ensimismado, solo espera de la vida poder ser feliz. Mientras que Susanita se proyecta en la esposa convencional que algún día tendrá muchos hijitos, Libertad apunta maneras de revolucionaria y, desde el mostrador de la tienda de ultramarinos en la que trabaja desde su más tierna infancia, Manolito sueña con convertirse en un gran comerciante y abrazar con fervor el capitalismo. Guille, el bebé intrépido y travieso, parece haberse propuesto poner patas arriba la paz del hogar y sus padres hacen lo imposible para tratar de equilibrar toda una vida de sacrificios con quince días de vacaciones en las playas de la costa argentina.

Pero ¿qué es la vida para Mafalda? Una línea que ella misma se ha encargado de trazar. Absorbiendo toda la información que puede, pensando y volviendo a pensar todo con un vivo espíritu crítico y una clara voluntad de justicia, eligiendo su futuro, siendo muy amiga de sus amigos, comprometiéndose con lo que la rodea y procurando mejorarlo con ahínco.

Siempre preocupada por el peculiar estado del mundo, así como por el rumbo que va tomando la humanidad, al ser preguntada sobre si cree en la existencia de vida en otros planetas, le sorprende que la haya en el nuestro: las incontables guerras, la continua amenaza nuclear y una embrionaria conciencia del medioambiente son asuntos que nunca han dejado de estar en boca de las siguientes generaciones y que se ven sublimados en la lectura de estas insuperables tiras. Cualquier parecido con la realidad es… ¿simple coincidencia?

En tiempos oscuros, Mafalda nos ayuda a tomar partido y a reflexionar sobre la justicia social y lo que, con todas sus consecuencias, implica ser humanos. Con perspicacia, humor e ingenio, nos acompaña en épocas difíciles y, en los momentos de confusión y de incertidumbre sobre el futuro, nos invita, una y otra vez, a aferrarnos a la vida, a lo colectivo y a la muy necesaria conciencia social. Frente a los innumerables problemas del mundo y asumiendo lo complejo que puede resultar el mero hecho de vivir, en estas tiras encontramos momentos de ternura en los personajes, situaciones cotidianas que no solo nos obligan a repensar nuestra propia existencia, sino que, además, hacen que una sonrisa se nos esboce en el rostro. Son esas pequeñas «iluminaciones» que nos recuerdan lo que en verdad importa y que nunca debemos olvidar.

Es su inteligente, sagaz y peculiar forma de ver las cosas lo que hace que Mafalda haya llegado a ser una estrella incontestable, impresa en el inconsciente de varias generaciones de lectores. Este volumen constituye un homenaje a la vida y a la vigencia de nuestra pequeña y avispada idealista; un espejo en el que poder ver reflejadas nuestras propias preocupaciones e incertidumbres. Por eso hoy, sesenta años después de su nacimiento, podemos decir sin temor a equivocarnos: «¡Larga vida a Mafalda!».

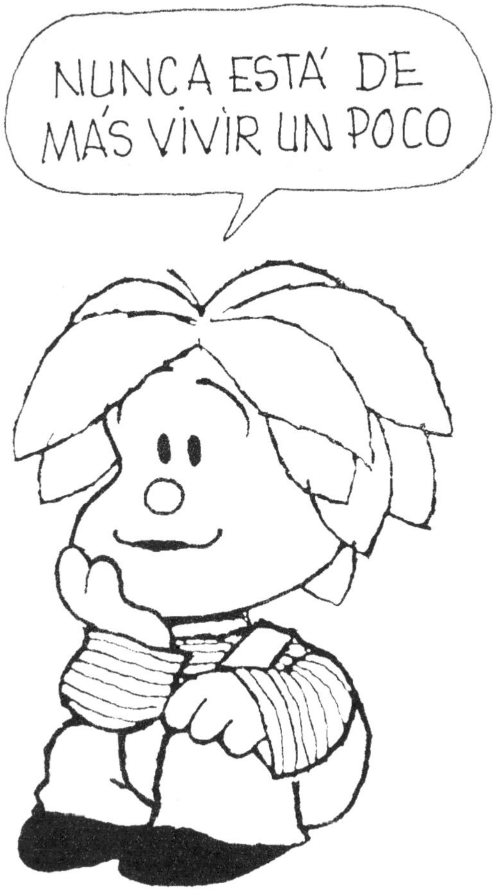
NUNCA ESTÁ DE MÁS VIVIR UN POCO

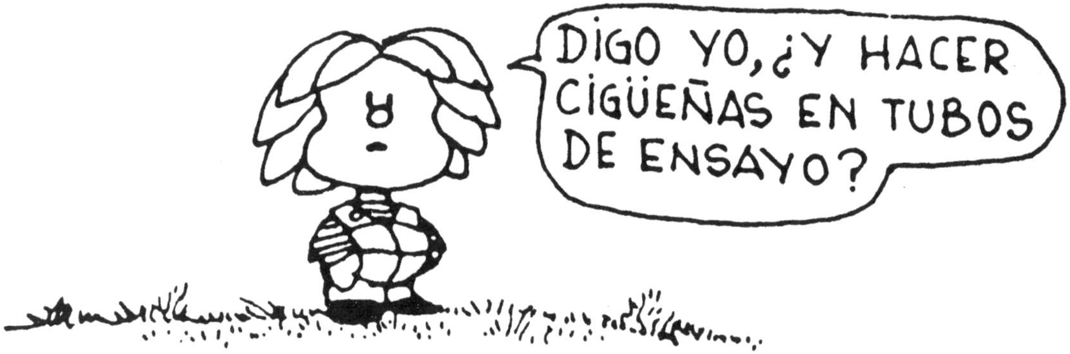
DIGO YO, ¿Y HACER CIGÜEÑAS EN TUBOS DE ENSAYO?

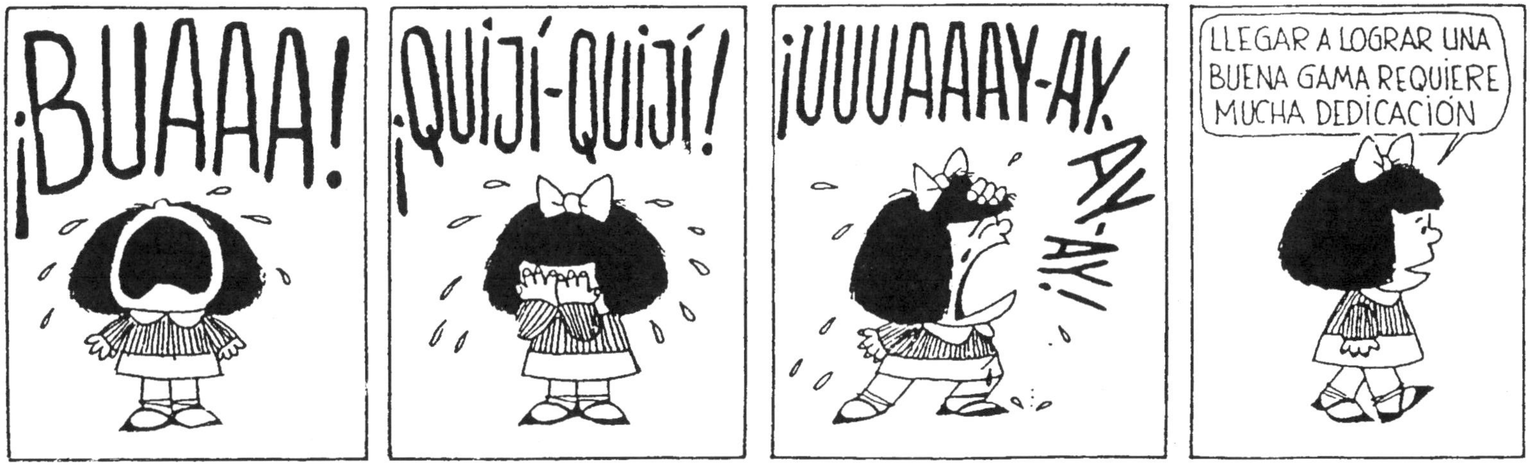
¡BUAAA!
¡QUIJÍ-QUIJÍ!
¡UUUAAAY-AY-AY-AY!
LLEGAR A LOGRAR UNA BUENA GAMA REQUIERE MUCHA DEDICACIÓN

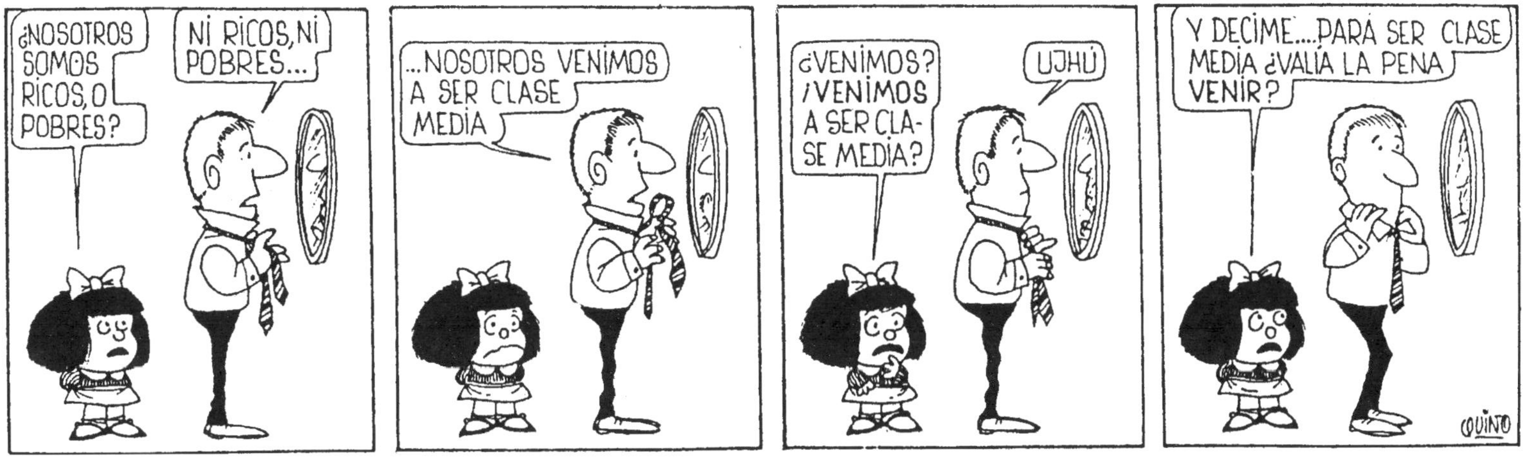
¿NOSOTROS SOMOS RICOS, O POBRES?
NI RICOS, NI POBRES...
...NOSOTROS VENIMOS A SER CLASE MEDIA
¿VENIMOS? ¡VENIMOS A SER CLA-SE MEDIA?
UJHÚ
Y DECIME....PARA SER CLASE MEDIA ¿VALÍA LA PENA VENIR?
QUINO

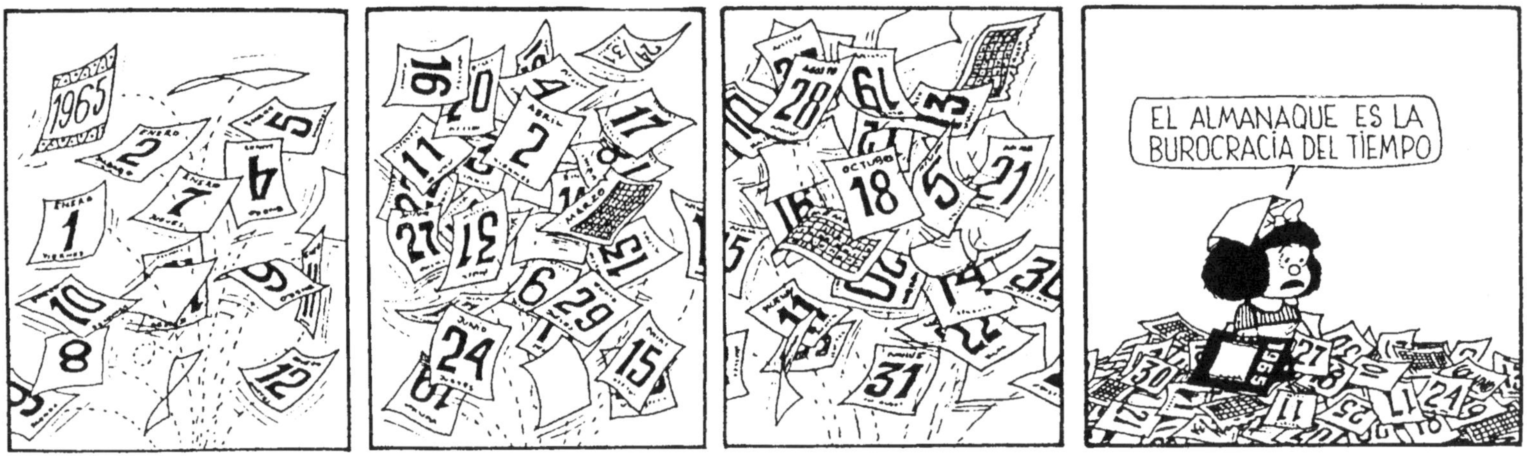
EL ALMANAQUE ES LA BUROCRACIA DEL TIEMPO

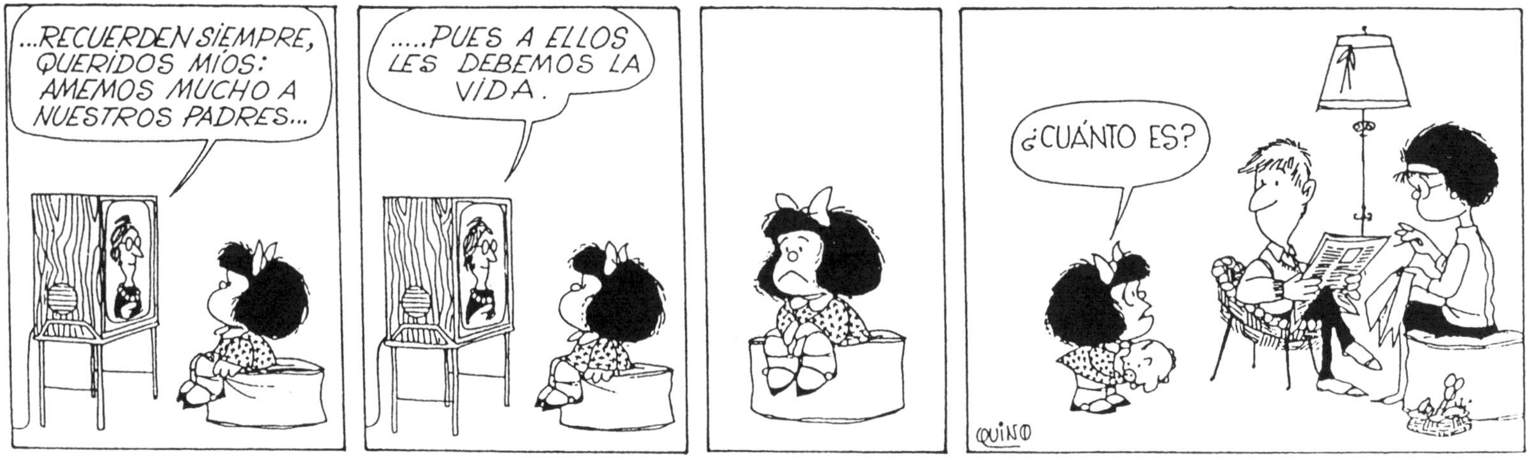
...RECUERDEN SIEMPRE, QUERIDOS MÍOS: AMEMOS MUCHO A NUESTROS PADRES...
.....PUES A ELLOS LES DEBEMOS LA VIDA.
¿CUÁNTO ES?
QUINO

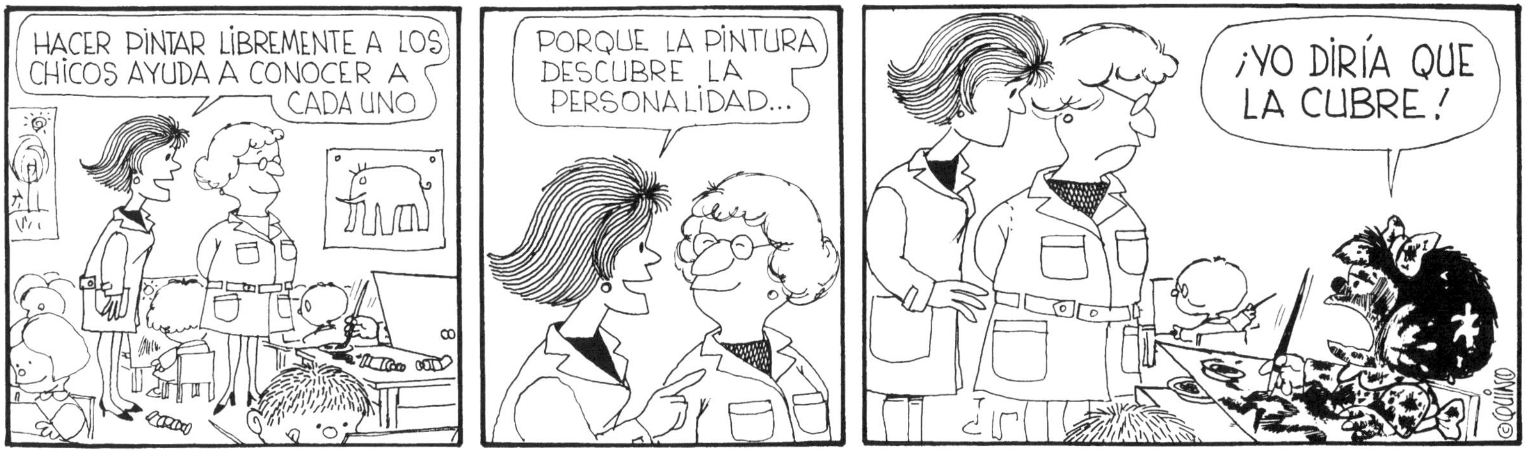
HACER PINTAR LIBREMENTE A LOS CHICOS AYUDA A CONOCER A CADA UNO
PORQUE LA PINTURA DESCUBRE LA PERSONALIDAD...
¡YO DIRÍA QUE LA CUBRE!
©QUINO

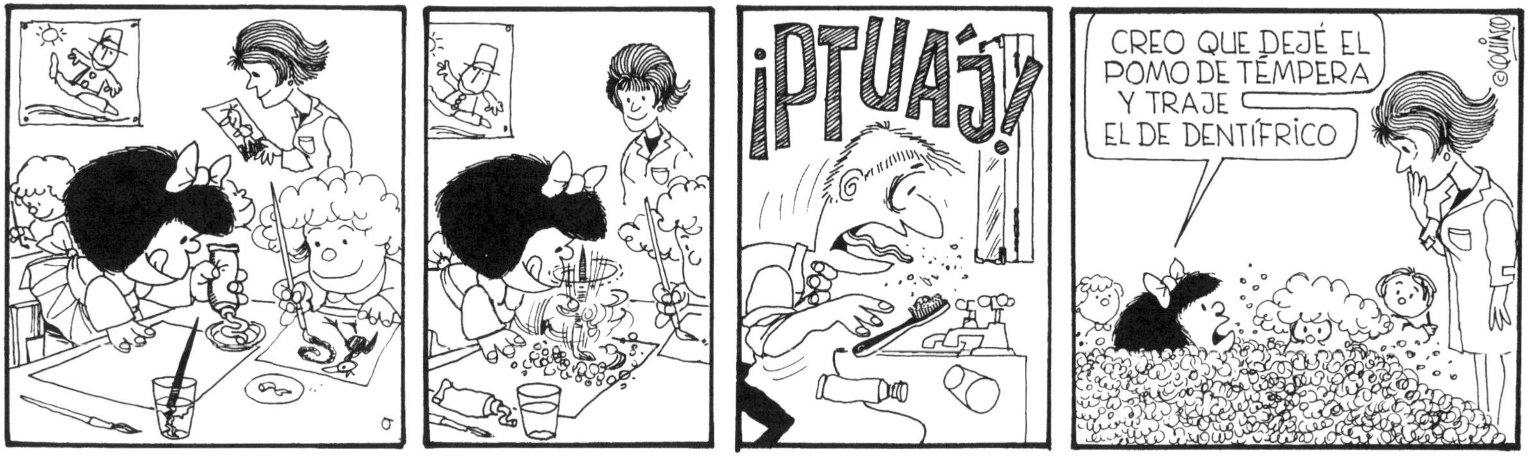
¡PTUAJ!
CREO QUE DEJÉ EL POMO DE TÉMPERA Y TRAJE EL DE DENTÍFRICO
©QUINO

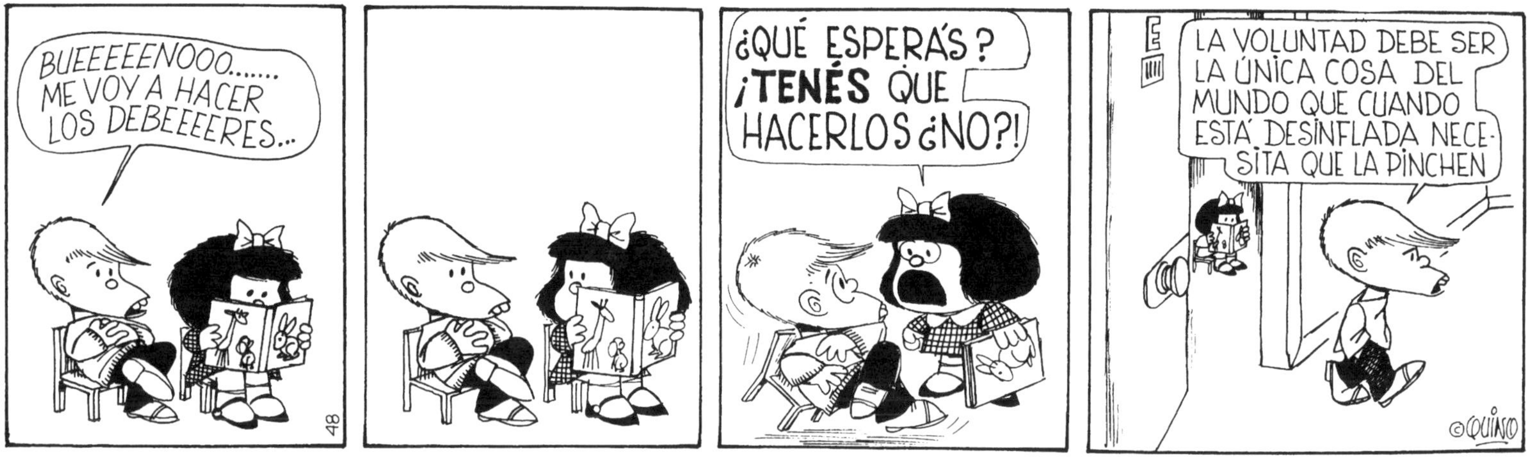
BUEEEEEENOOO....... ME VOY A HACER LOS DEBEEEERES...
48
¿QUÉ ESPERÁS? ¡TENÉS QUE HACERLOS ¿NO?!
LA VOLUNTAD DEBE SER LA ÚNICA COSA DEL MUNDO QUE CUANDO ESTÁ DESINFLADA NECESITA QUE LA PINCHEN
©QUINO

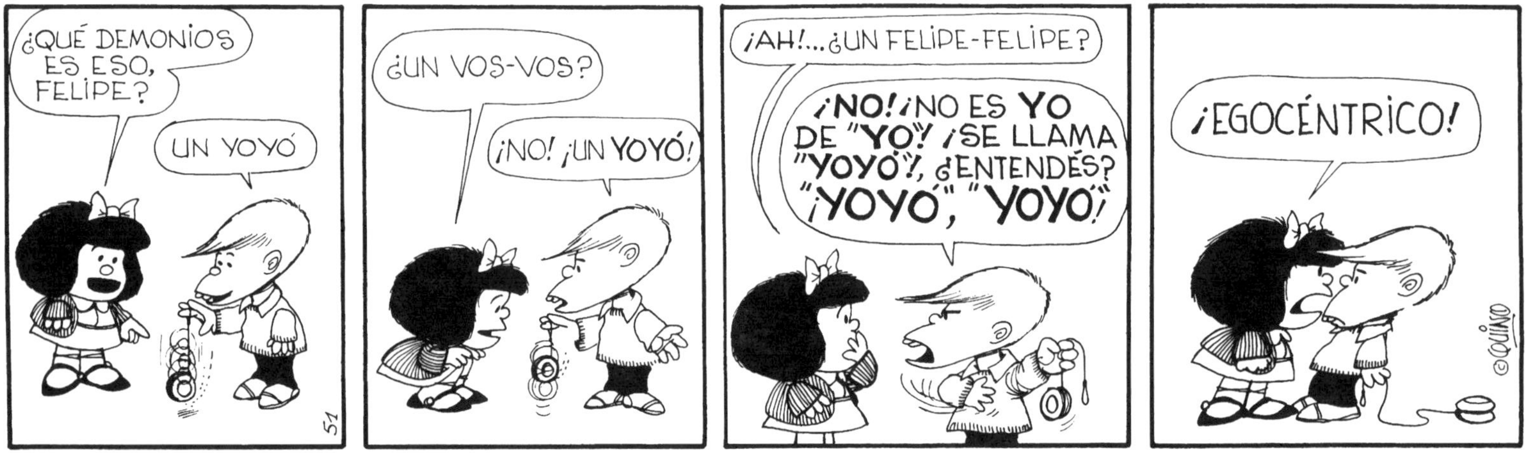
¿QUÉ DEMONIOS ES ESO, FELIPE?
UN YOYÓ
51
¿UN VOS-VOS?
¡NO! ¡UN YOYÓ!
¡AH!... ¿UN FELIPE-FELIPE?
¡NO! ¡NO ES YO DE "YO"! ¡SE LLAMA "YOYÓ"!, ¿ENTENDÉS? ¡"YOYÓ", "YOYÓ"!
¡EGOCÉNTRICO!
©QUINO

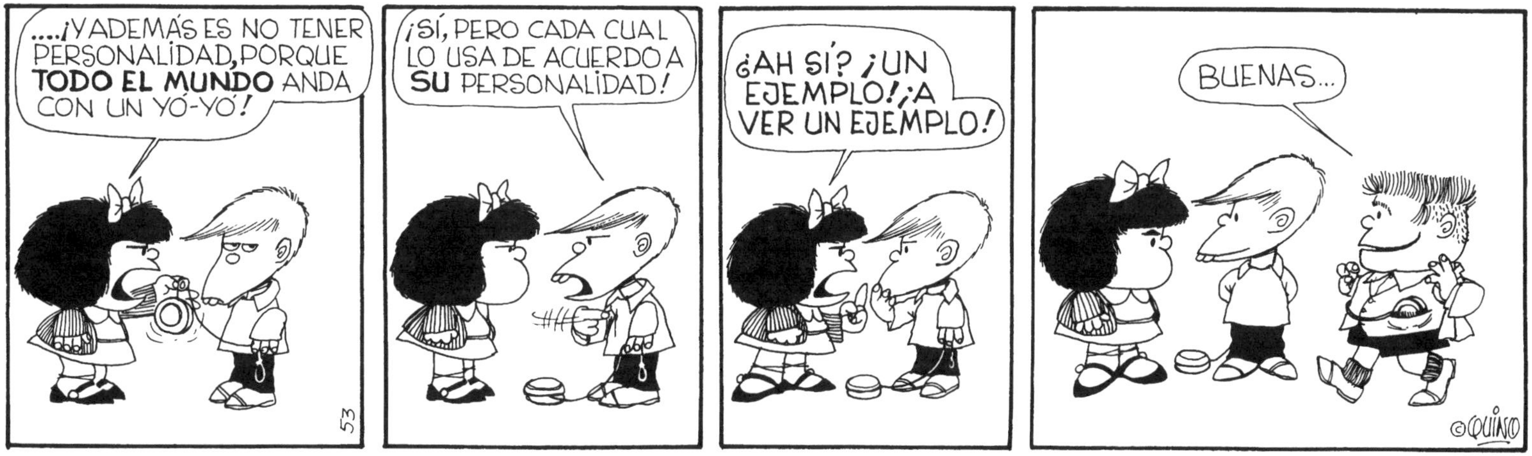
....¡Y ADEMÁS ES NO TENER PERSONALIDAD, PORQUE **TODO EL MUNDO** ANDA CON UN YÓ-YÓ!
¡SÍ, PERO CADA CUAL LO USA DE ACUERDO A **SU** PERSONALIDAD!
¿AH SÍ? ¡UN EJEMPLO! ¡A VER UN EJEMPLO!
BUENAS...
©QUINO
53

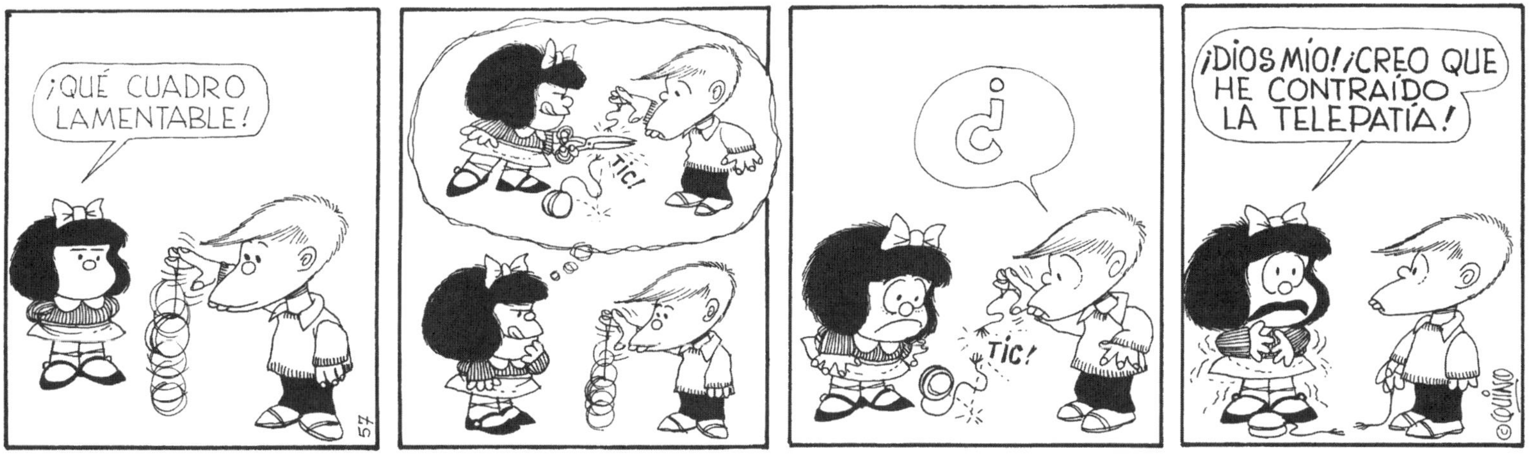
¡QUÉ CUADRO LAMENTABLE!
TIC!
¿
TIC!
¡DIOS MÍO! ¡CREO QUE HE CONTRAÍDO LA TELEPATÍA!
©QUINO
57

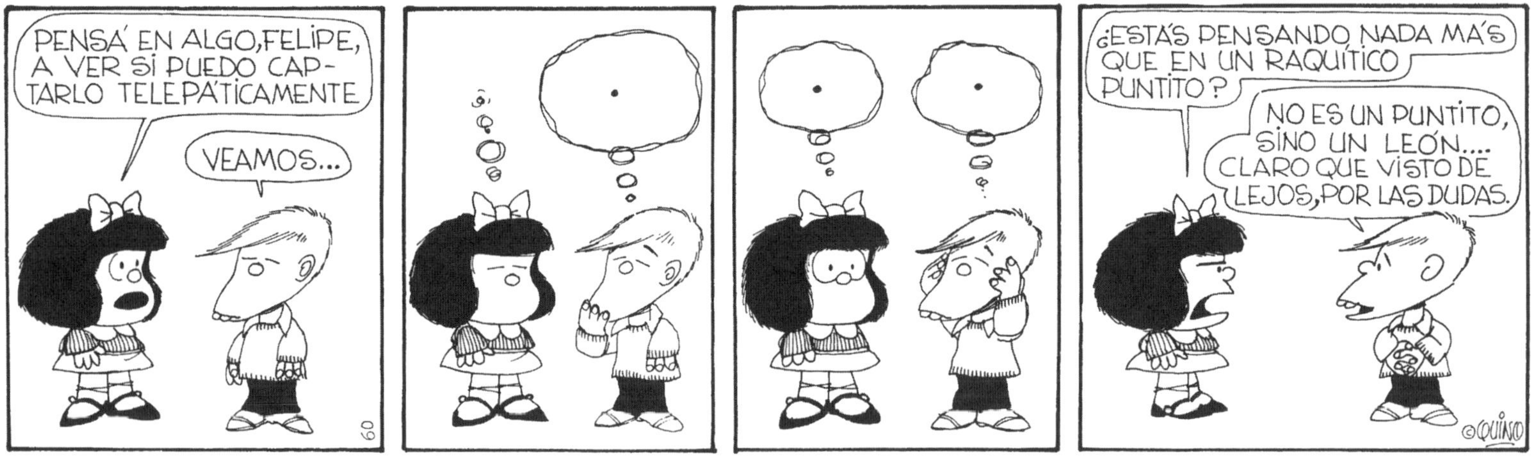
PENSÁ EN ALGO, FELIPE, A VER SÍ PUEDO CAPTARLO TELEPÁTICAMENTE
VEAMOS...
¿ESTÁS PENSANDO NADA MÁS QUE EN UN RAQUÍTICO PUNTITO?
NO ES UN PUNTITO, SINO UN LEÓN.... CLARO QUE VISTO DE LEJOS, POR LAS DUDAS.
60
©QUINO

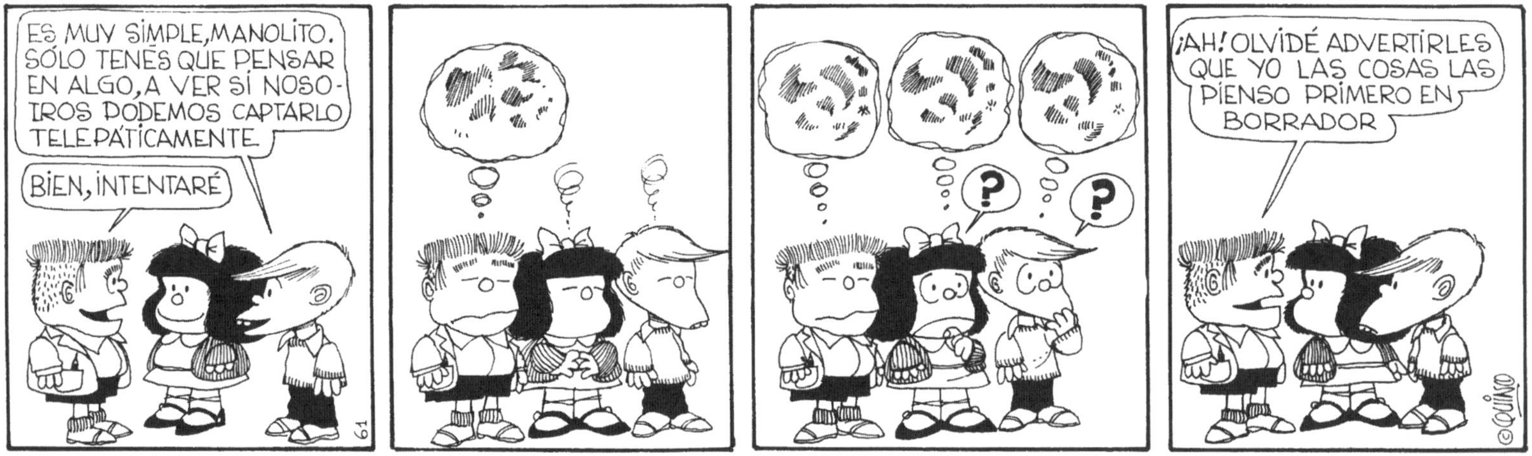
ES MUY SIMPLE, MANOLITO. SÓLO TENÉS QUE PENSAR EN ALGO, A VER SI NOSOTROS PODEMOS CAPTARLO TELEPÁTICAMENTE
BIEN, INTENTARÉ
?
?
¡AH! OLVIDÉ ADVERTIRLES QUE YO LAS COSAS LAS PIENSO PRIMERO EN BORRADOR
61
©QUINO

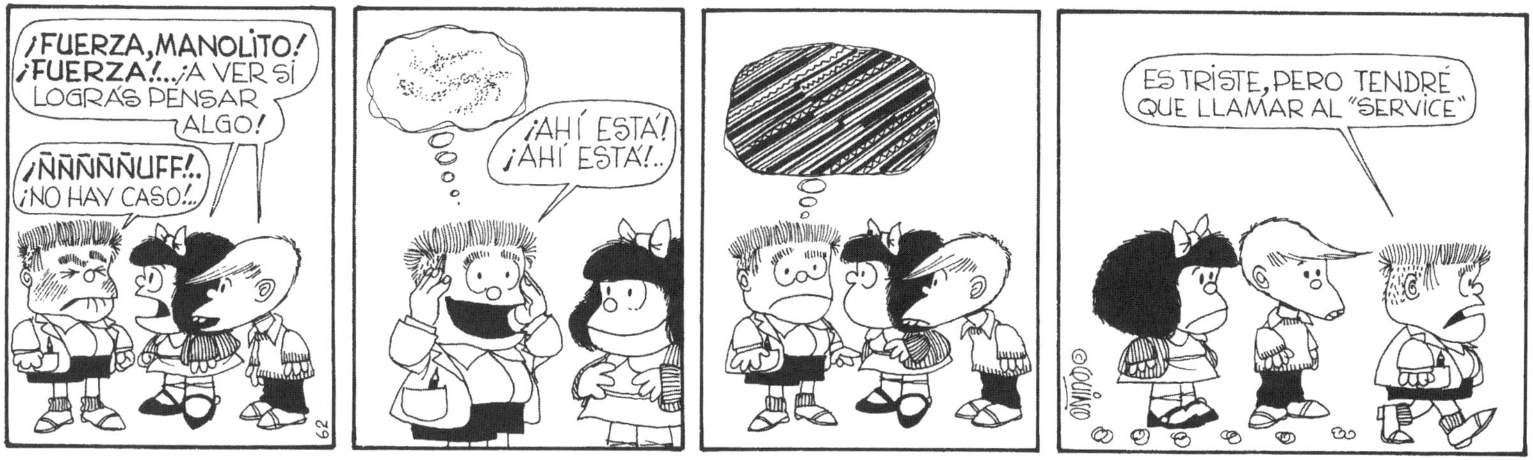
¡FUERZA, MANOLITO! ¡FUERZA!... ¡A VER SI LOGRÁS PENSAR ALGO!
¡ÑÑÑÑÑUFF!.. ¡NO HAY CASO!..
62
¡AHÍ ESTÁ! ¡AHÍ ESTÁ!..
ES TRISTE, PERO TENDRÉ QUE LLAMAR AL "SERVICE"
©QUINO

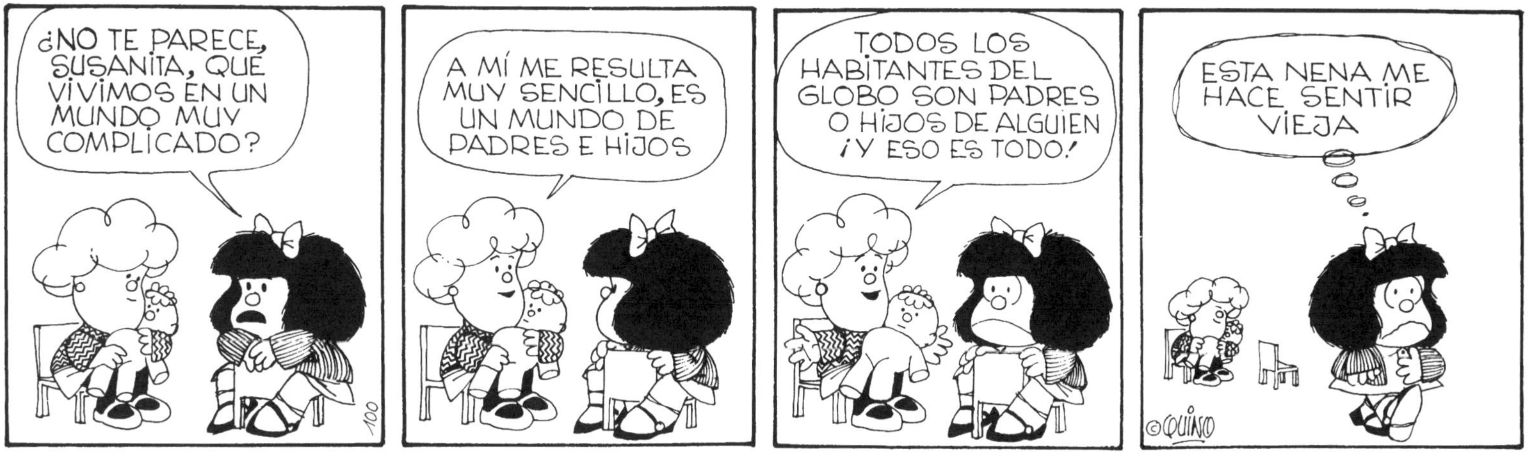
¿NO TE PARECE, SUSANITA, QUE VIVIMOS EN UN MUNDO MUY COMPLICADO?
100
A MÍ ME RESULTA MUY SENCILLO, ES UN MUNDO DE PADRES E HIJOS
TODOS LOS HABITANTES DEL GLOBO SON PADRES O HIJOS DE ALGUIEN ¡Y ESO ES TODO!
ESTA NENA ME HACE SENTIR VIEJA
©QUINO

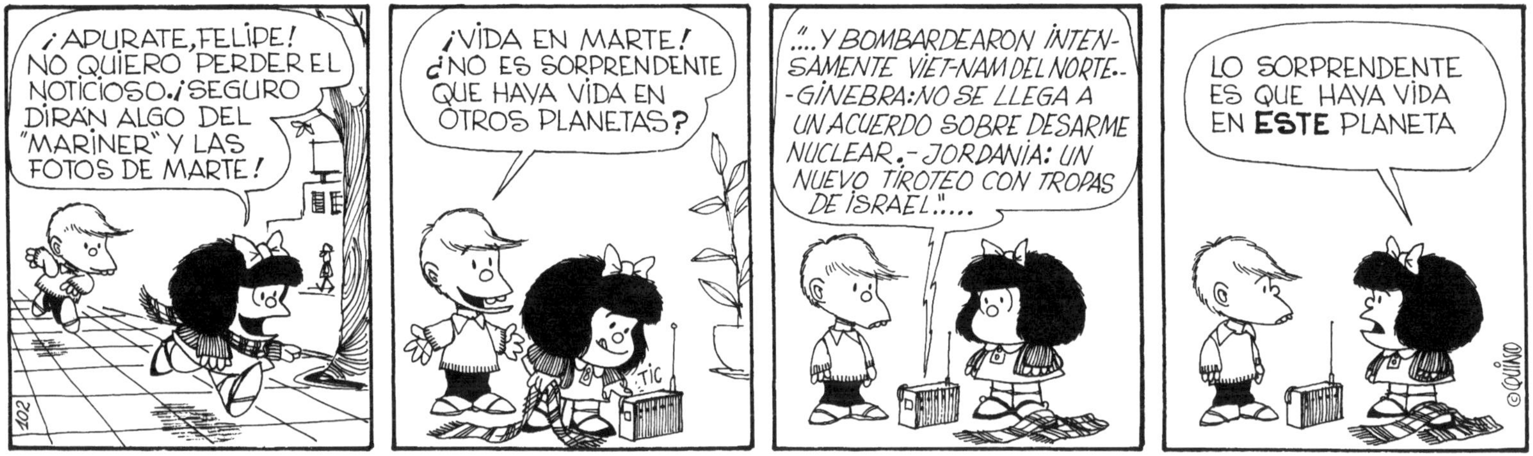
¡APURATE, FELIPE! NO QUIERO PERDER EL NOTICIOSO. ¡SEGURO DIRÁN ALGO DEL "MARINER" Y LAS FOTOS DE MARTE!
102
¡VIDA EN MARTE! ¿NO ES SORPRENDENTE QUE HAYA VIDA EN OTROS PLANETAS?
TIC
"...Y BOMBARDEARON INTENSAMENTE VIET-NAM DEL NORTE.- -GINEBRA: NO SE LLEGA A UN ACUERDO SOBRE DESARME NUCLEAR.- JORDANIA: UN NUEVO TIROTEO CON TROPAS DE ISRAEL"....
LO SORPRENDENTE ES QUE HAYA VIDA EN **ESTE** PLANETA
© QUINO

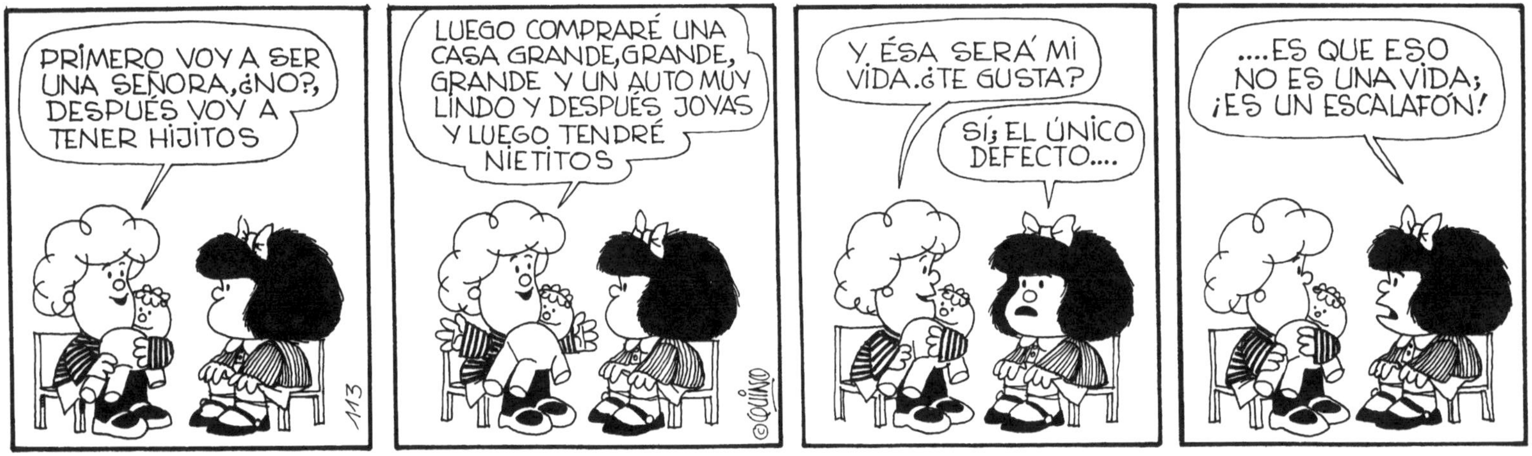
PRIMERO VOY A SER UNA SEÑORA, ¿NO?, DESPUÉS VOY A TENER HIJITOS
113
LUEGO COMPRARÉ UNA CASA GRANDE, GRANDE, GRANDE Y UN AUTO MUY LINDO Y DESPUÉS JOYAS Y LUEGO TENDRÉ NIETITOS
© QUINO
Y ÉSA SERÁ MI VIDA. ¿TE GUSTA?
SÍ; EL ÚNICO DEFECTO....
....ES QUE ESO NO ES UNA VIDA; ¡ES UN ESCALAFÓN!

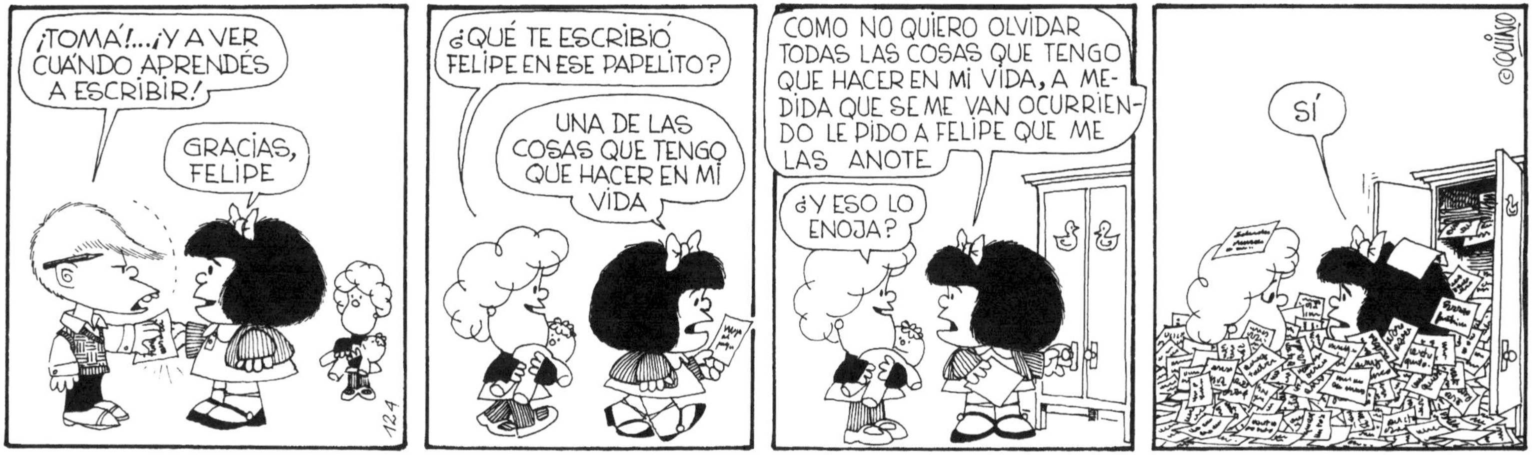
¡TOMÁ!... ¡Y A VER CUÁNDO APRENDÉS A ESCRIBIR!
GRACIAS, FELIPE
124
¿QUÉ TE ESCRIBIÓ FELIPE EN ESE PAPELITO?
UNA DE LAS COSAS QUE TENGO QUE HACER EN MI VIDA
COMO NO QUIERO OLVIDAR TODAS LAS COSAS QUE TENGO QUE HACER EN MI VIDA, A MEDIDA QUE SE ME VAN OCURRIENDO LE PIDO A FELIPE QUE ME LAS ANOTE
¿Y ESO LO ENOJA?
SÍ
© QUINO

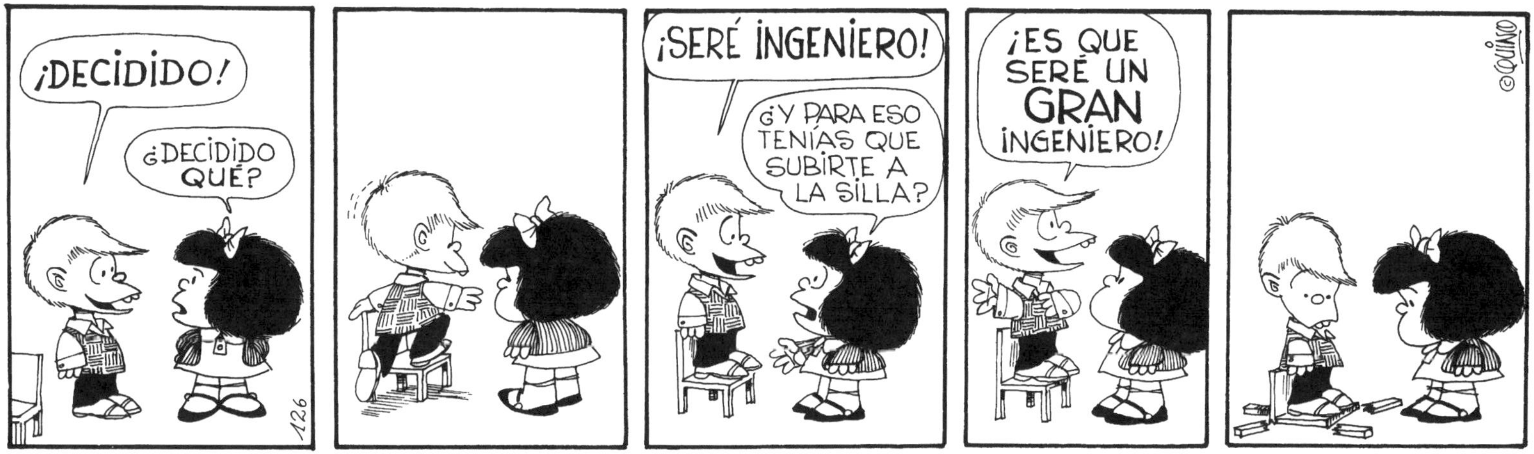
¡DECIDIDO!
¿DECIDIDO QUÉ?
126
¡SERÉ INGENIERO!
¿Y PARA ESO TENÍAS QUE SUBIRTE A LA SILLA?
¡ES QUE SERÉ UN GRAN INGENIERO!
© QUINO

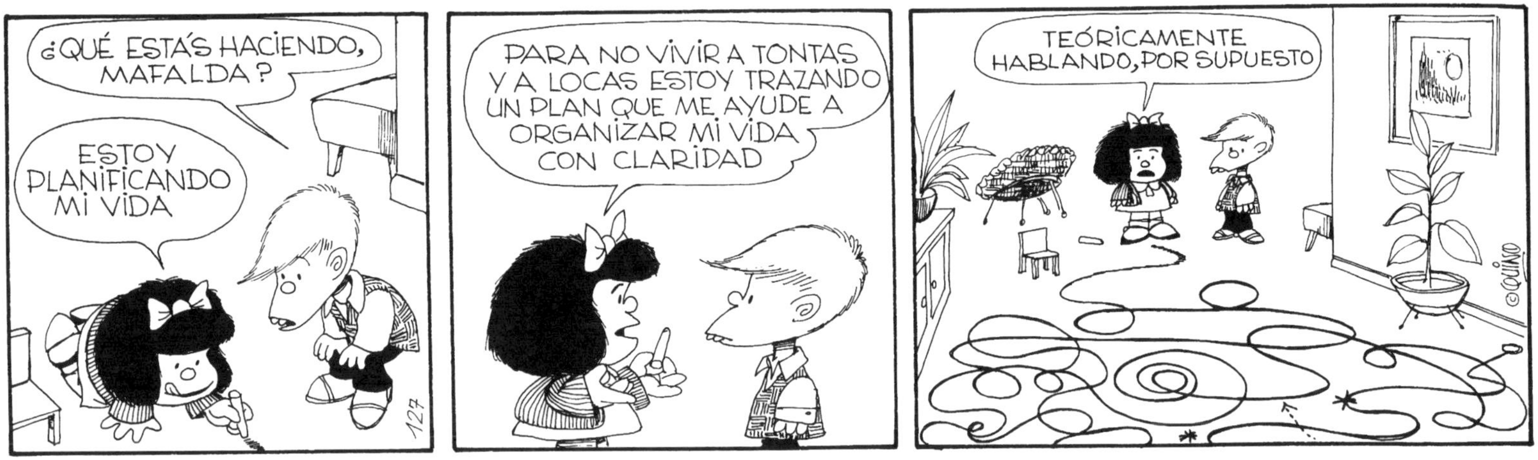

¿QUÉ ESTÁS HACIENDO, MAFALDA?
ESTOY PLANIFICANDO MI VIDA
PARA NO VIVIR A TONTAS Y A LOCAS ESTOY TRAZANDO UN PLAN QUE ME AYUDE A ORGANIZAR MI VIDA CON CLARIDAD
127
TEÓRICAMENTE HABLANDO, POR SUPUESTO
©QUINO

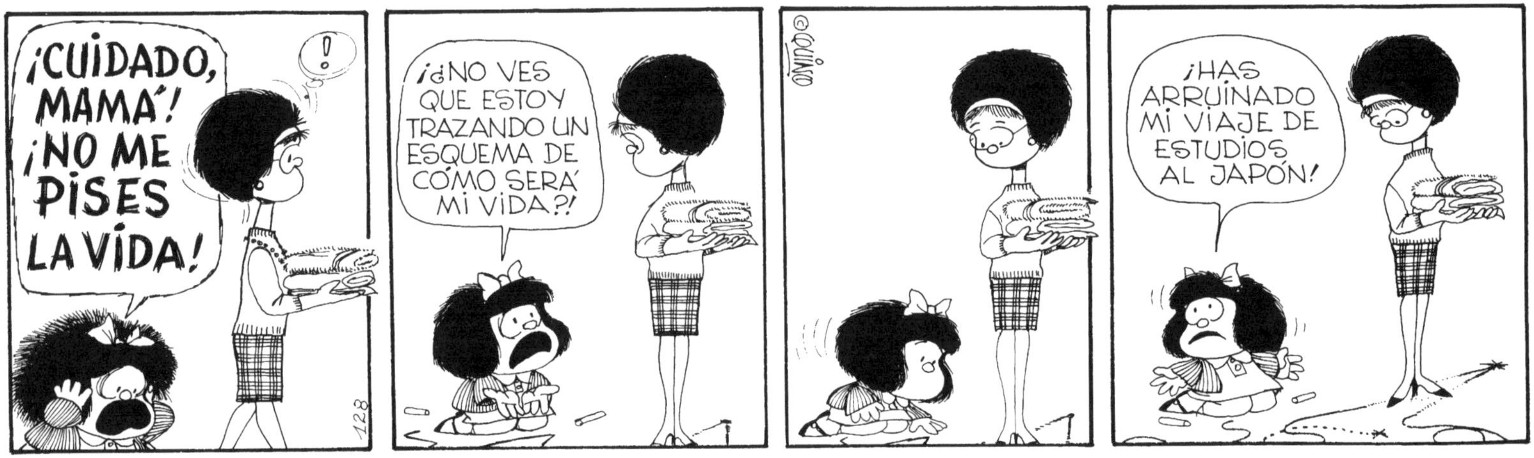

¡CUIDADO, MAMÁ! ¡NO ME PISES LA VIDA!
!
128
¡¿NO VES QUE ESTOY TRAZANDO UN ESQUEMA DE CÓMO SERÁ MI VIDA?!
©QUINO
¡HAS ARRUINADO MI VIAJE DE ESTUDIOS AL JAPÓN!

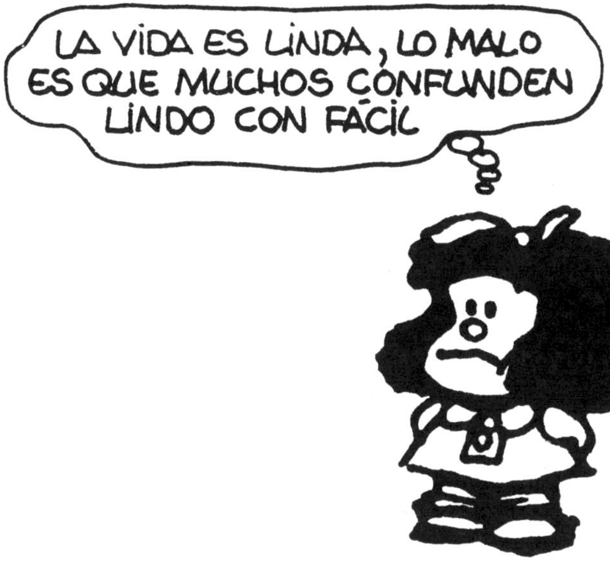
LA VIDA ES LINDA, LO MALO ES QUE MUCHOS CONFUNDEN LINDO CON FÁCIL

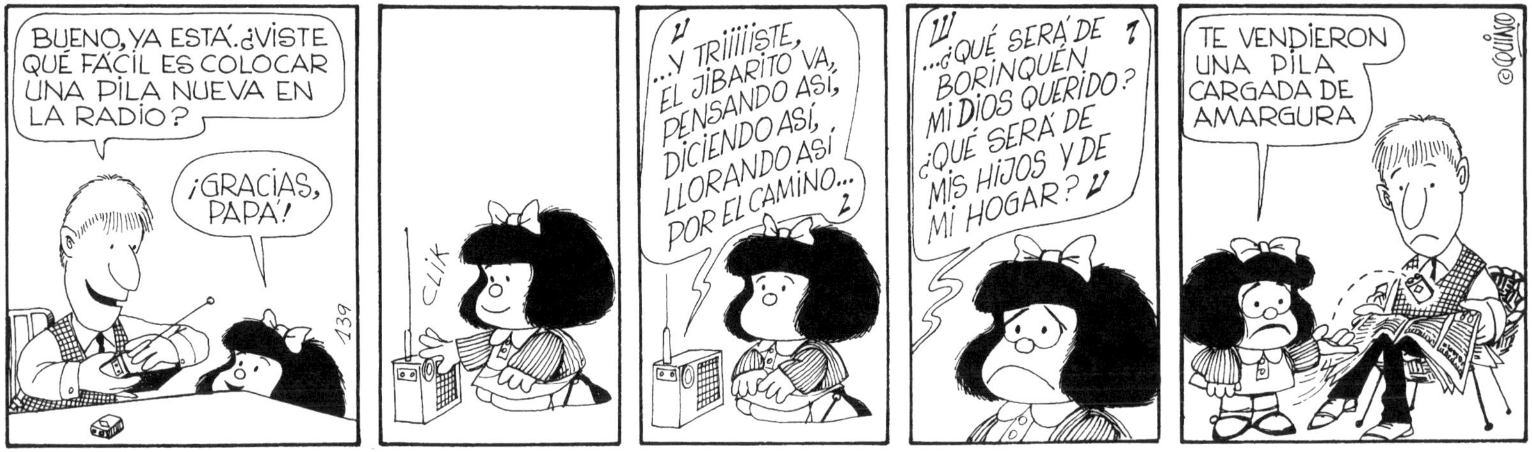
BUENO, YA ESTÁ. ¿VISTE QUÉ FÁCIL ES COLOCAR UNA PILA NUEVA EN LA RADIO?
¡GRACIAS, PAPÁ!
139
CLIK
...Y TRIIIIISTE, EL JIBARITO VA, PENSANDO ASÍ, DICIENDO ASÍ, LLORANDO ASÍ POR EL CAMINO...
...¿QUÉ SERÁ DE BORINQUÉN MI DIOS QUERIDO? ¿QUÉ SERÁ DE MIS HIJOS Y DE MI HOGAR?
TE VENDIERON UNA PILA CARGADA DE AMARGURA
©QUINO

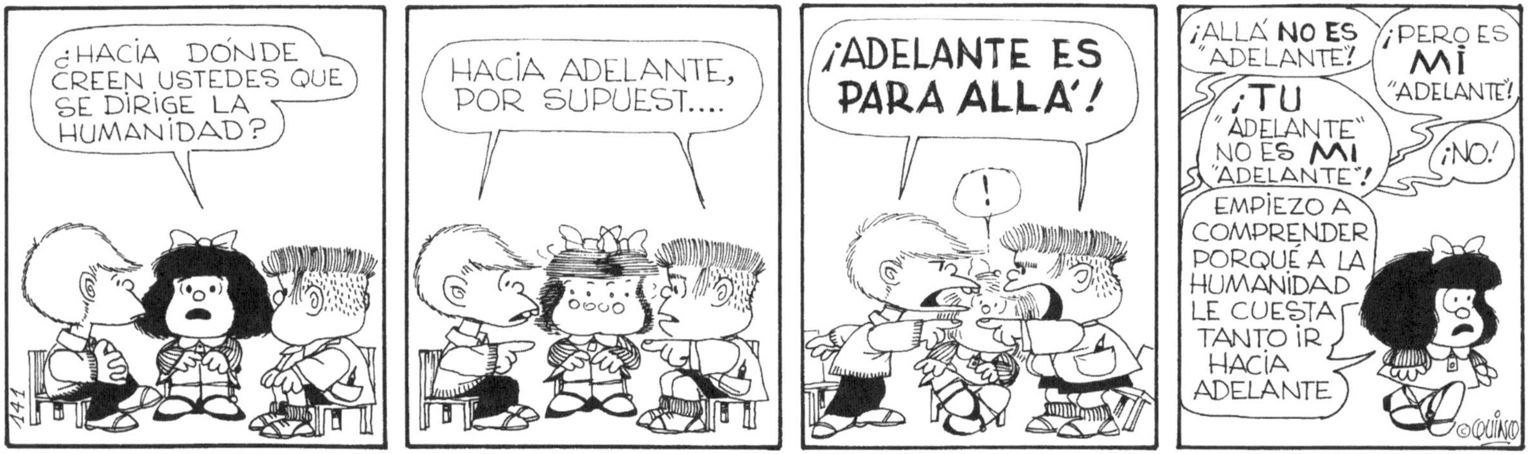
¿HACIA DÓNDE CREEN USTEDES QUE SE DIRIGE LA HUMANIDAD?
141
HACIA ADELANTE, POR SUPUEST....
¡ADELANTE ES PARA ALLÁ!
!
¡ALLÁ NO ES "ADELANTE"!
¡PERO ES MI "ADELANTE"!
¡TU "ADELANTE" NO ES MI "ADELANTE"!
¡NO!
EMPIEZO A COMPRENDER PORQUÉ A LA HUMANIDAD LE CUESTA TANTO IR HACIA ADELANTE
©QUINO

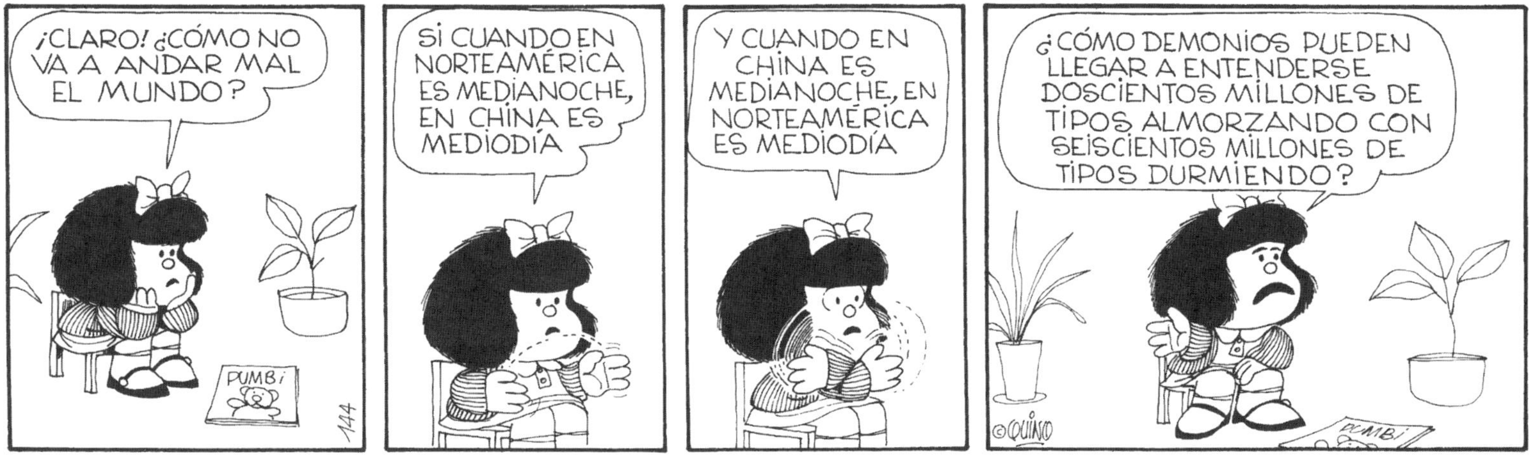
¡CLARO! ¿CÓMO NO VA A ANDAR MAL EL MUNDO?
PUMBI
144
SI CUANDO EN NORTEAMÉRICA ES MEDIANOCHE, EN CHINA ES MEDIODÍA
Y CUANDO EN CHINA ES MEDIANOCHE, EN NORTEAMÉRICA ES MEDIODÍA
¿CÓMO DEMONIOS PUEDEN LLEGAR A ENTENDERSE DOSCIENTOS MILLONES DE TIPOS ALMORZANDO CON SEISCIENTOS MILLONES DE TIPOS DURMIENDO?
©QUINO
PUMBI

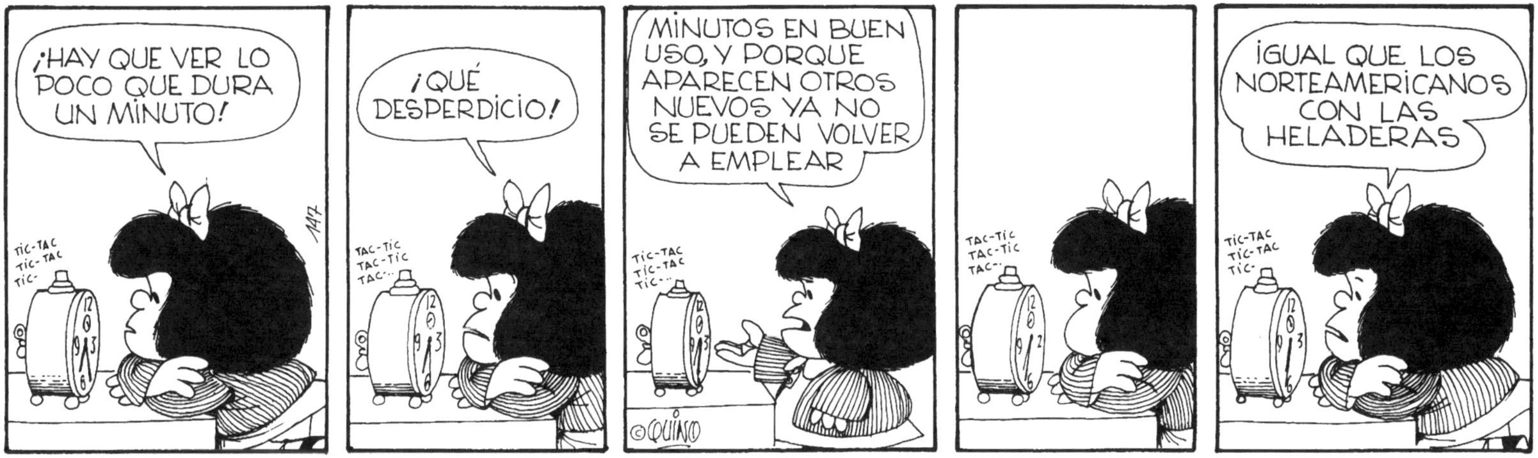
¡HAY QUE VER LO POCO QUE DURA UN MINUTO!
TIC-TAC TIC-TAC TIC-
147
¡QUÉ DESPERDICIO!
TAC-TIC TAC-TIC TAC-...
MINUTOS EN BUEN USO, Y PORQUE APARECEN OTROS NUEVOS YA NO SE PUEDEN VOLVER A EMPLEAR
TIC-TAC TIC-TAC TIC-...
©QUINO
TAC-TIC TAC-TIC TAC-..
¡GUAL QUE LOS NORTEAMERICANOS CON LAS HELADERAS
TIC-TAC TIC-TAC TIC-

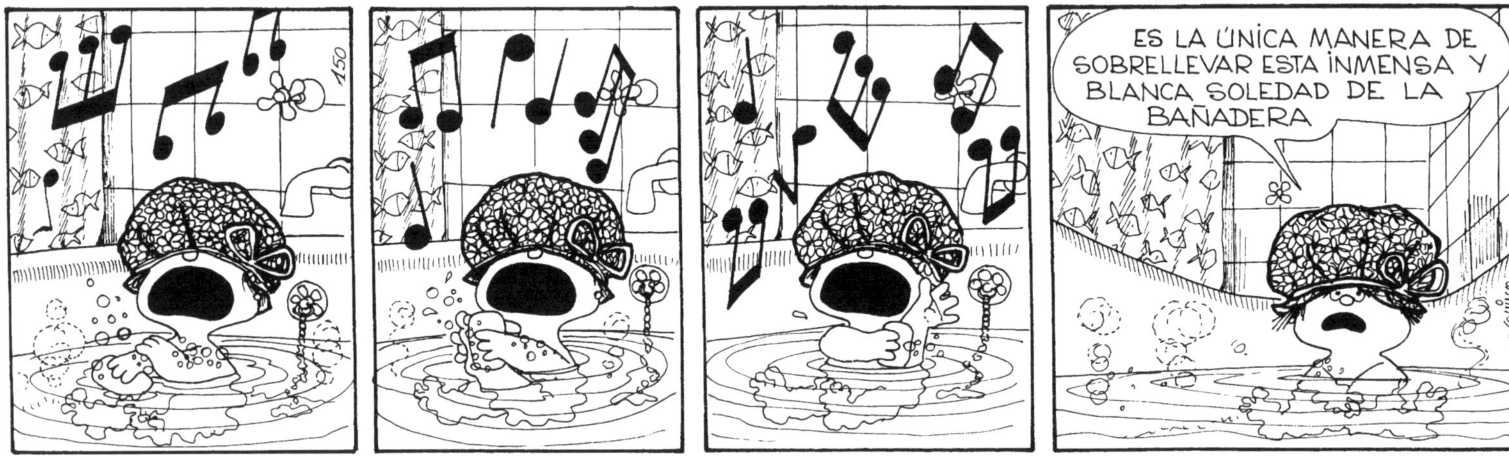
150
ES LA ÚNICA MANERA DE SOBRELLEVAR ESTA INMENSA Y BLANCA SOLEDAD DE LA BAÑADERA
©QUINO

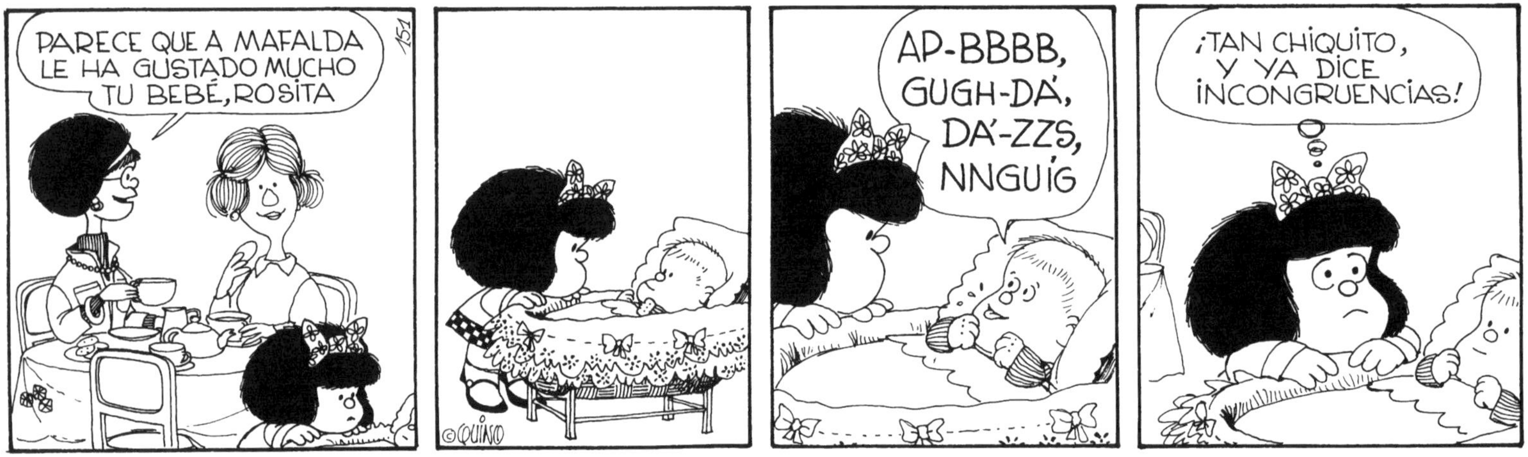
151
PARECE QUE A MAFALDA LE HA GUSTADO MUCHO TU BEBÉ, ROSITA
©QUINO
AP-BBBB, GUGH-DÁ, DÁ-ZZS, NNGUIG
¡TAN CHIQUITO, Y YA DICE INCONGRUENCIAS!

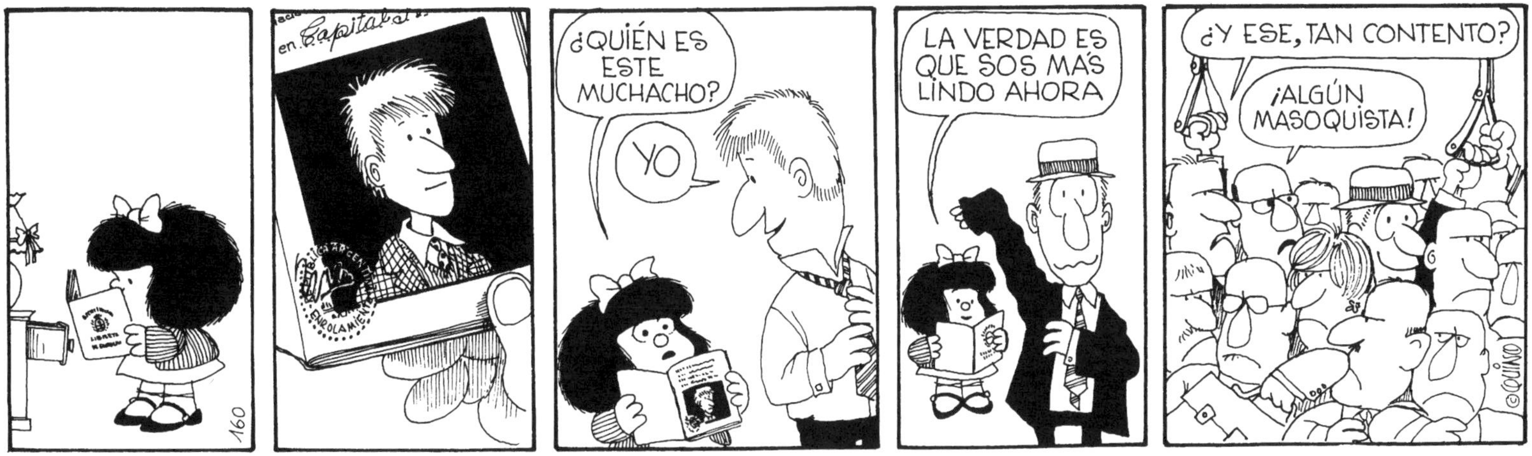
160
¿QUIÉN ES ESTE MUCHACHO?
YO
LA VERDAD ES QUE SOS MÁS LINDO AHORA
¿Y ESE, TAN CONTENTO?
¡ALGÚN MASOQUISTA!
© QUINO

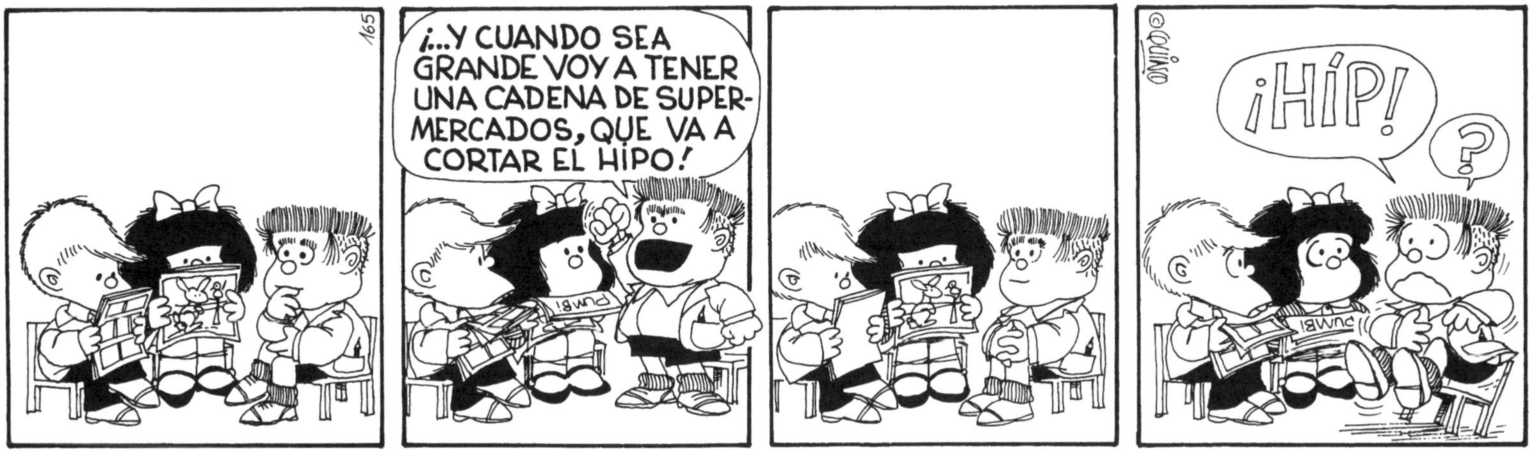
165
¡...Y CUANDO SEA GRANDE VOY A TENER UNA CADENA DE SUPER-MERCADOS, QUE VA A CORTAR EL HIPO!
© QUINO
¡HIP!
?

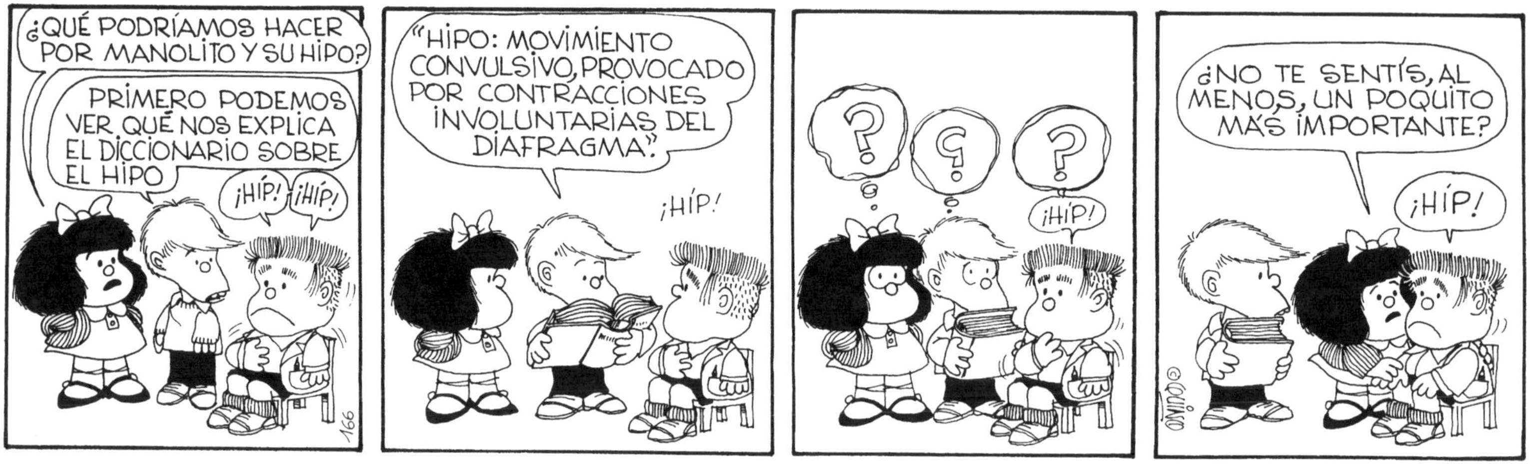
¿QUÉ PODRÍAMOS HACER POR MANOLITO Y SU HIPO?
PRIMERO PODEMOS VER QUÉ NOS EXPLICA EL DICCIONARIO SOBRE EL HIPO
¡HÍP!
¡HÍP!
166
"HIPO: MOVIMIENTO CONVULSIVO, PROVOCADO POR CONTRACCIONES INVOLUNTARIAS DEL DIAFRAGMA".
¡HÍP!
?
¿
?
¡HÍP!
¿NO TE SENTÍS, AL MENOS, UN POQUITO MÁS IMPORTANTE?
¡HÍP!
© QUINO

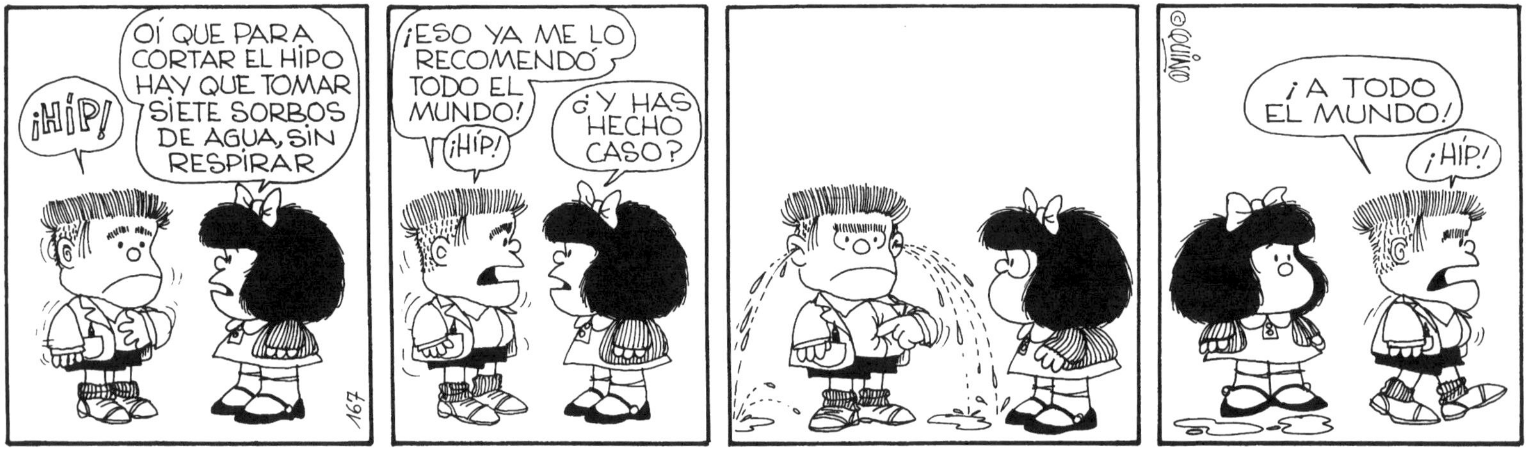
¡HÍP!
OÍ QUE PARA CORTAR EL HIPO HAY QUE TOMAR SIETE SORBOS DE AGUA, SIN RESPIRAR
167
¡ESO YA ME LO RECOMENDÓ TODO EL MUNDO!
¡HÍP!
¿Y HAS HECHO CASO?
© QUINO
¡A TODO EL MUNDO!
¡HÍP!

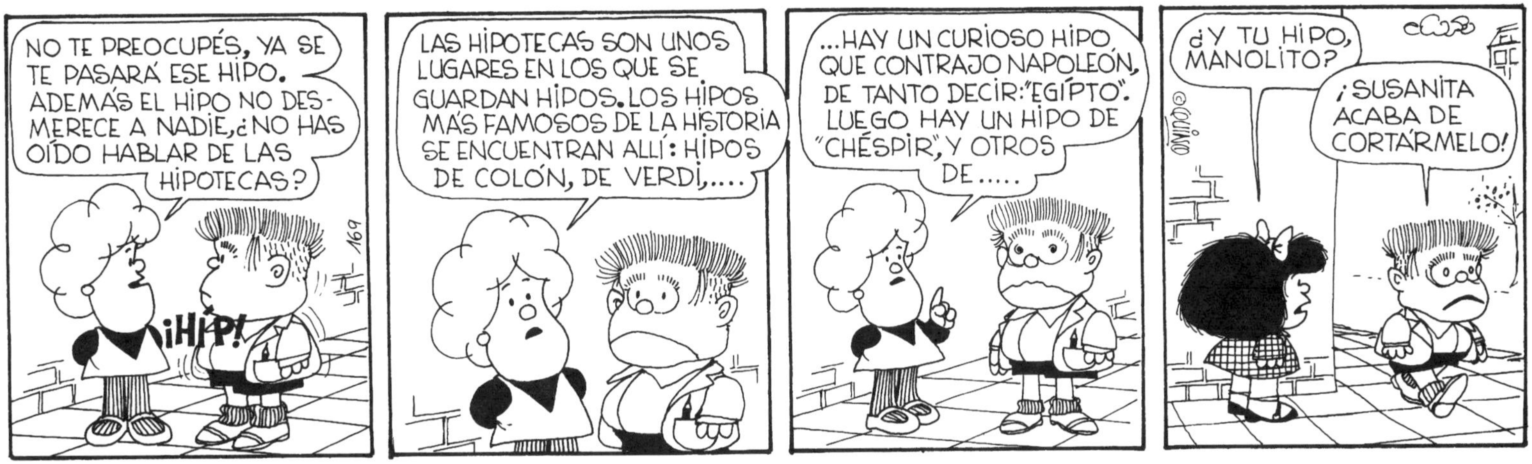
NO TE PREOCUPÉS, YA SE TE PASARÁ ESE HIPO. ADEMÁS EL HIPO NO DESMERECE A NADIE, ¿NO HAS OÍDO HABLAR DE LAS HIPOTECAS?
¡HIP!
LAS HIPOTECAS SON UNOS LUGARES EN LOS QUE SE GUARDAN HIPOS. LOS HIPOS MÁS FAMOSOS DE LA HISTORIA SE ENCUENTRAN ALLÍ: HIPOS DE COLÓN, DE VERDI,....
...HAY UN CURIOSO HIPO QUE CONTRAJO NAPOLEÓN, DE TANTO DECIR: "EGIPTO". LUEGO HAY UN HIPO DE "CHÉSPIR", Y OTROS DE.....
¿Y TU HIPO, MANOLITO?
¡SUSANITA ACABA DE CORTÁRMELO!

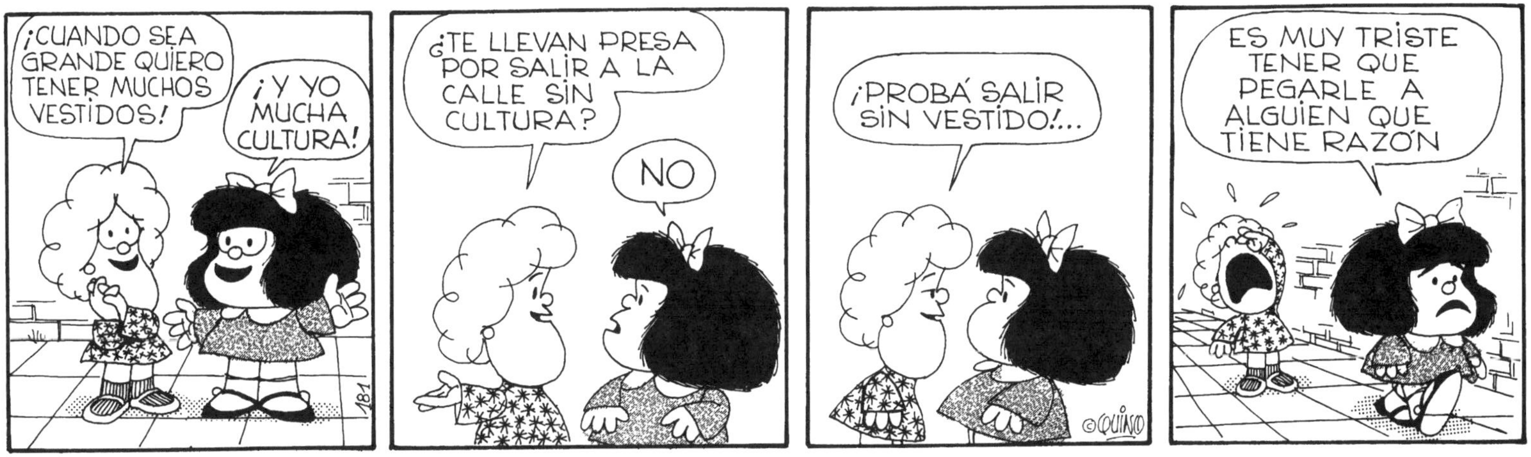
¡CUANDO SEA GRANDE QUIERO TENER MUCHOS VESTIDOS!
¡Y YO MUCHA CULTURA!
¿TE LLEVAN PRESA POR SALIR A LA CALLE SIN CULTURA?
NO
¡PROBÁ SALIR SIN VESTIDO!...
ES MUY TRISTE TENER QUE PEGARLE A ALGUIEN QUE TIENE RAZÓN

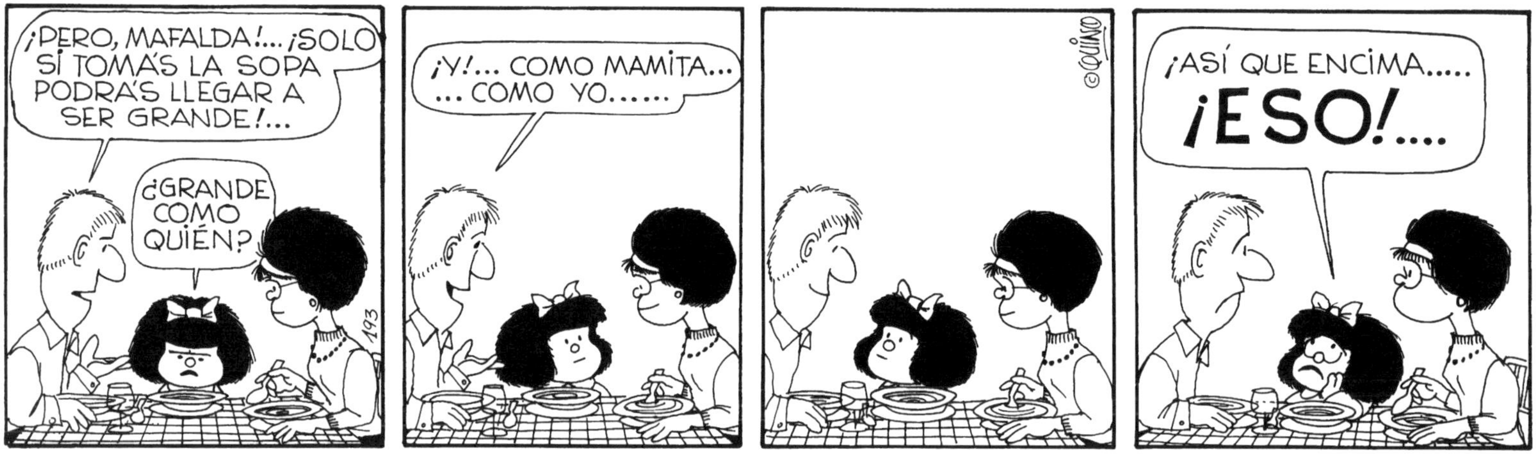
¡PERO, MAFALDA!... ¡SOLO SÍ TOMÁS LA SOPA PODRÁS LLEGAR A SER GRANDE!...
¿GRANDE COMO QUIÉN?
193
¡Y!... COMO MAMITA... ... COMO YO......
©QUINO
¡ASÍ QUE ENCIMA..... ¡ESO!....

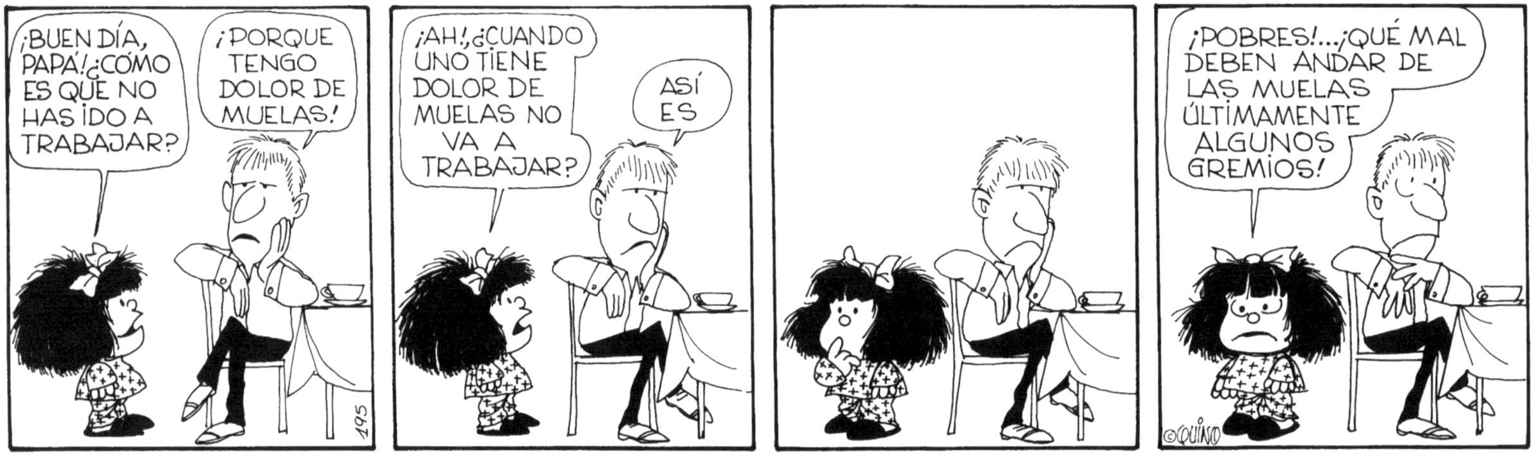
¡BUEN DÍA, PAPÁ! ¿CÓMO ES QUE NO HAS IDO A TRABAJAR?
¡PORQUE TENGO DOLOR DE MUELAS!
195
¡AH!, ¿CUANDO UNO TIENE DOLOR DE MUELAS NO VA A TRABAJAR?
ASÍ ES
¡POBRES!... ¡QUÉ MAL DEBEN ANDAR DE LAS MUELAS ÚLTIMAMENTE ALGUNOS GREMIOS!
©QUINO

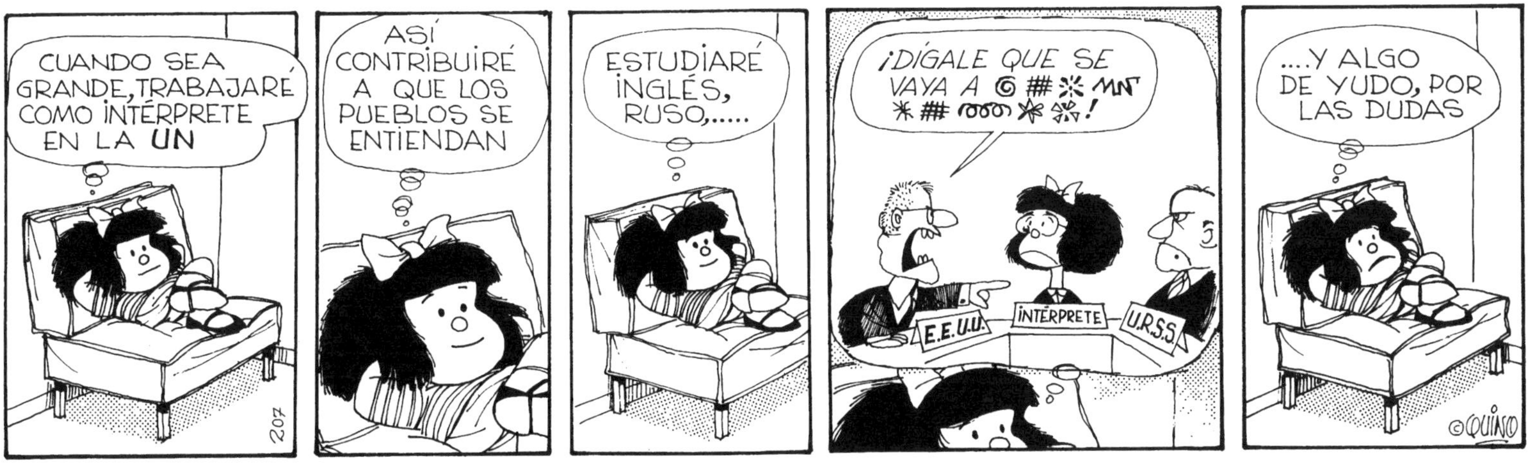
CUANDO SEA GRANDE, TRABAJARÉ COMO INTÉRPRETE EN LA **UN**
ASÍ CONTRIBUIRÉ A QUE LOS PUEBLOS SE ENTIENDAN
ESTUDIARÉ INGLÉS, RUSO,.....
¡DÍGALE QUE SE VAYA A … !
E.E.U.U.
INTÉRPRETE
U.R.S.S.
....Y ALGO DE YUDO, POR LAS DUDAS

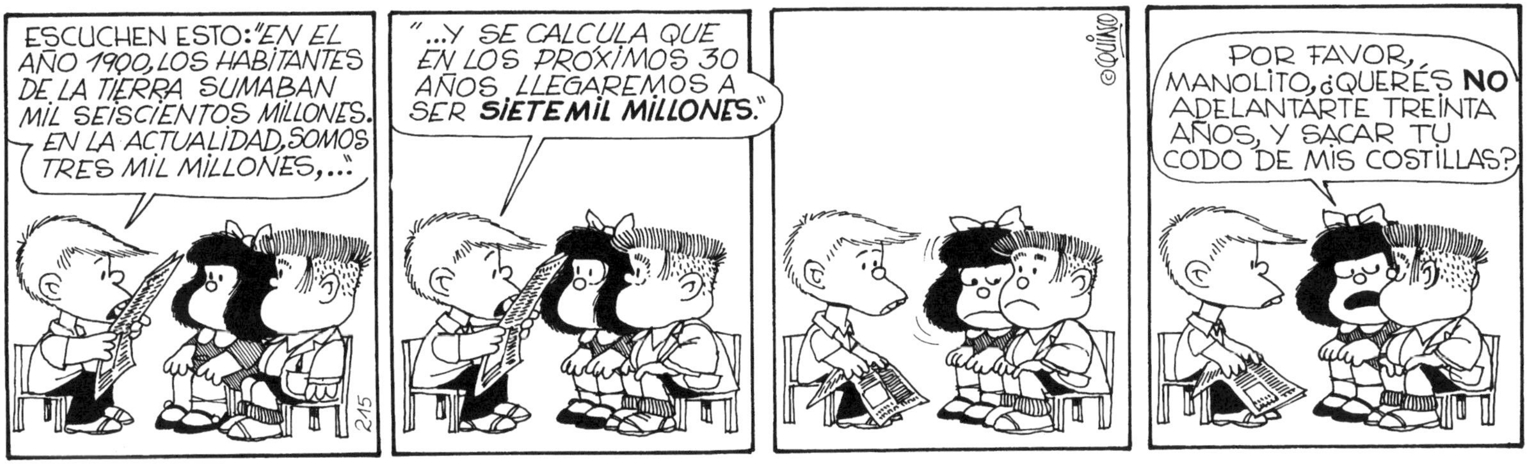
ESCUCHEN ESTO: "EN EL AÑO 1900, LOS HABITANTES DE LA TIERRA SUMABAN MIL SEISCIENTOS MILLONES. EN LA ACTUALIDAD, SOMOS TRES MIL MILLONES,..."
"...Y SE CALCULA QUE EN LOS PRÓXIMOS 30 AÑOS LLEGAREMOS A SER **SIETE MIL MILLONES**."
POR FAVOR, MANOLITO, ¿QUERÉS **NO** ADELANTARTE TREINTA AÑOS, Y SACAR TU CODO DE MIS COSTILLAS?

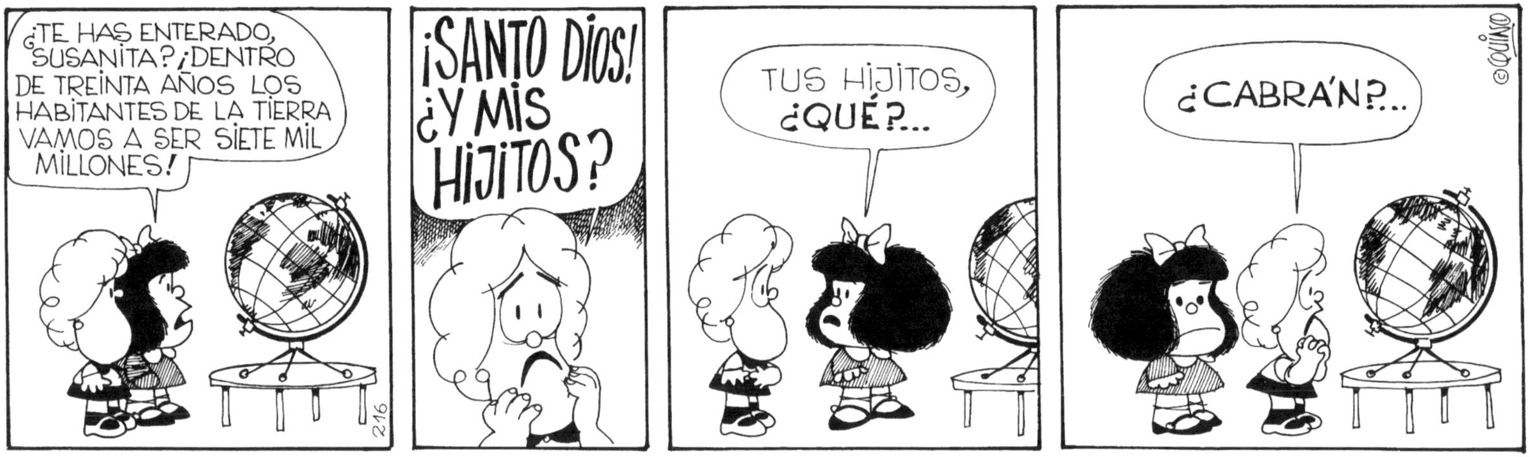
¿TE HAS ENTERADO, SUSANITA? ¡DENTRO DE TREINTA AÑOS LOS HABITANTES DE LA TIERRA VAMOS A SER SIETE MIL MILLONES!
216
¡SANTO DIOS! ¿Y MIS HIJITOS?
TUS HIJITOS, ¿QUÉ?...
¿CABRÁN?...
©QUINO

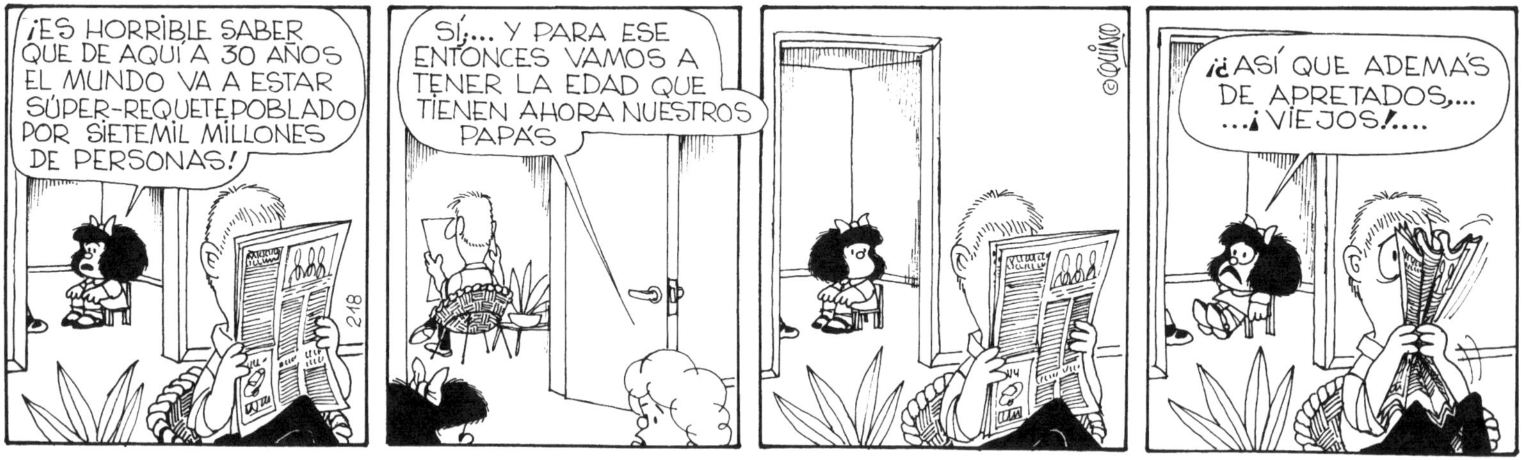
¡ES HORRIBLE SABER QUE DE AQUÍ A 30 AÑOS EL MUNDO VA A ESTAR SÚPER-REQUETEPOBLADO POR SIETEMIL MILLONES DE PERSONAS!
218
SÍ;... Y PARA ESE ENTONCES VAMOS A TENER LA EDAD QUE TIENEN AHORA NUESTROS PAPÁS
©QUINO
¡¿ASÍ QUE ADEMÁS DE APRETADOS,... ...¡VIEJOS!....

¡POR FIN TODO ANDA AL DERECHO!

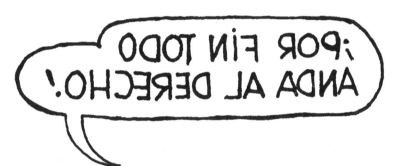

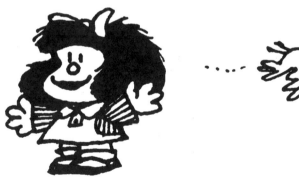

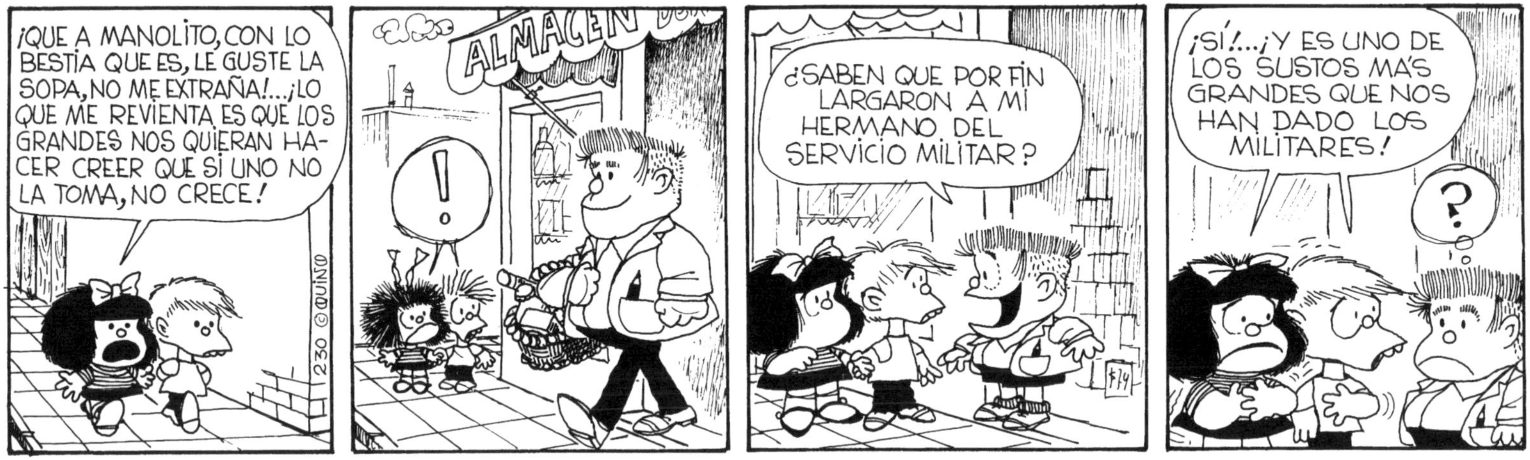
¡QUE A MANOLITO, CON LO BESTIA QUE ES, LE GUSTE LA SOPA, NO ME EXTRAÑA!... ¡LO QUE ME REVIENTA ES QUE LOS GRANDES NOS QUIERAN HACER CREER QUE SI UNO NO LA TOMA, NO CRECE!
230 © QUINO
ALMACEN
!
¿SABEN QUE POR FIN LARGARON A MI HERMANO DEL SERVICIO MILITAR?
¡SÍ!... ¡Y ES UNO DE LOS SUSTOS MÁS GRANDES QUE NOS HAN DADO LOS MILITARES!
?

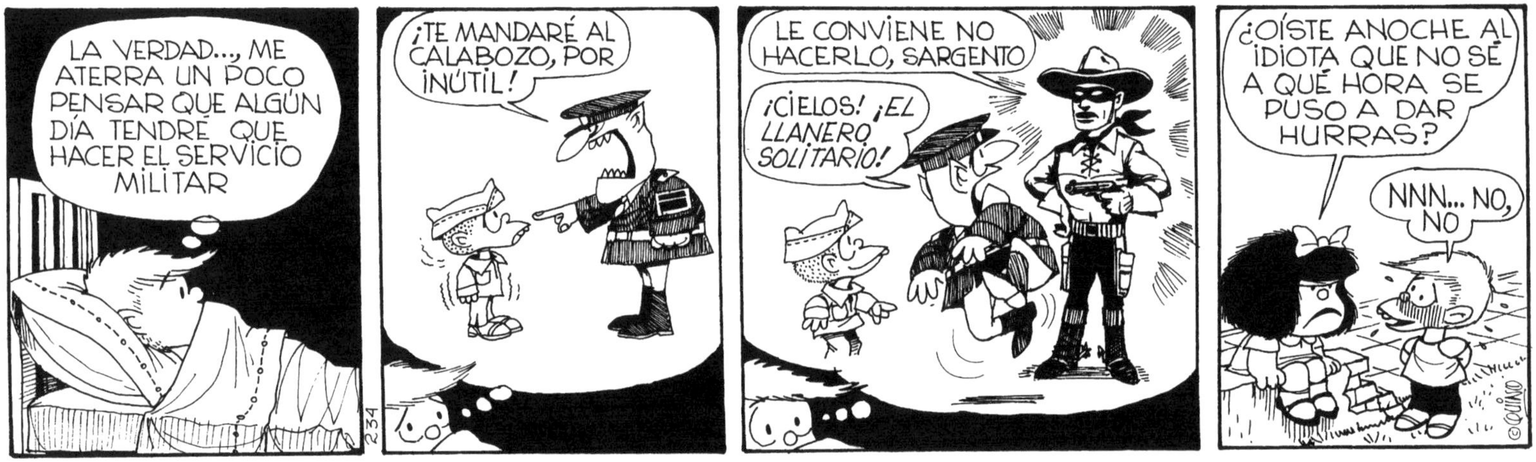
LA VERDAD..., ME ATERRA UN POCO PENSAR QUE ALGÚN DÍA TENDRÉ QUE HACER EL SERVICIO MILITAR
234
¡TE MANDARÉ AL CALABOZO, POR INÚTIL!
LE CONVIENE NO HACERLO, SARGENTO
¡CIELOS! ¡EL LLANERO SOLITARIO!
¿OÍSTE ANOCHE AL IDIOTA QUE NO SÉ A QUÉ HORA SE PUSO A DAR HURRAS?
NNN... NO, NO
© QUINO

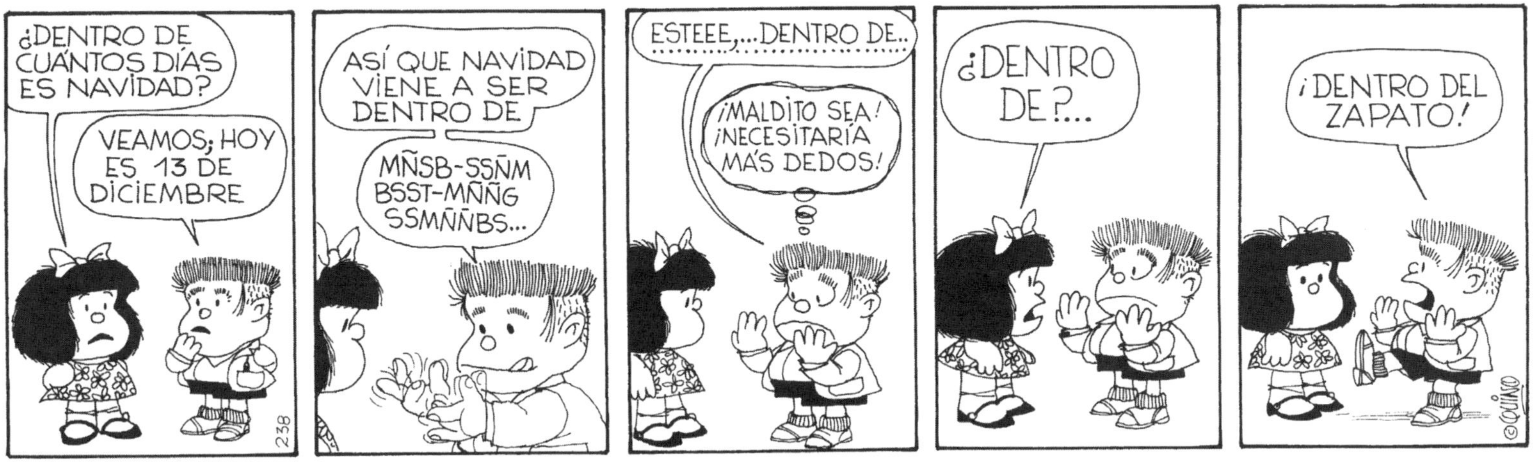
¿DENTRO DE CUÁNTOS DÍAS ES NAVIDAD?
VEAMOS; HOY ES 13 DE DICIEMBRE
238
ASÍ QUE NAVIDAD VIENE A SER DENTRO DE
MÑSB-SSÑM BSST-MÑÑG SSMÑÑBS...
ESTEEE,...DENTRO DE..
¡MALDITO SEA! ¡NECESITARÍA MÁS DEDOS!
¿DENTRO DE?...
¡DENTRO DEL ZAPATO!
© QUINO

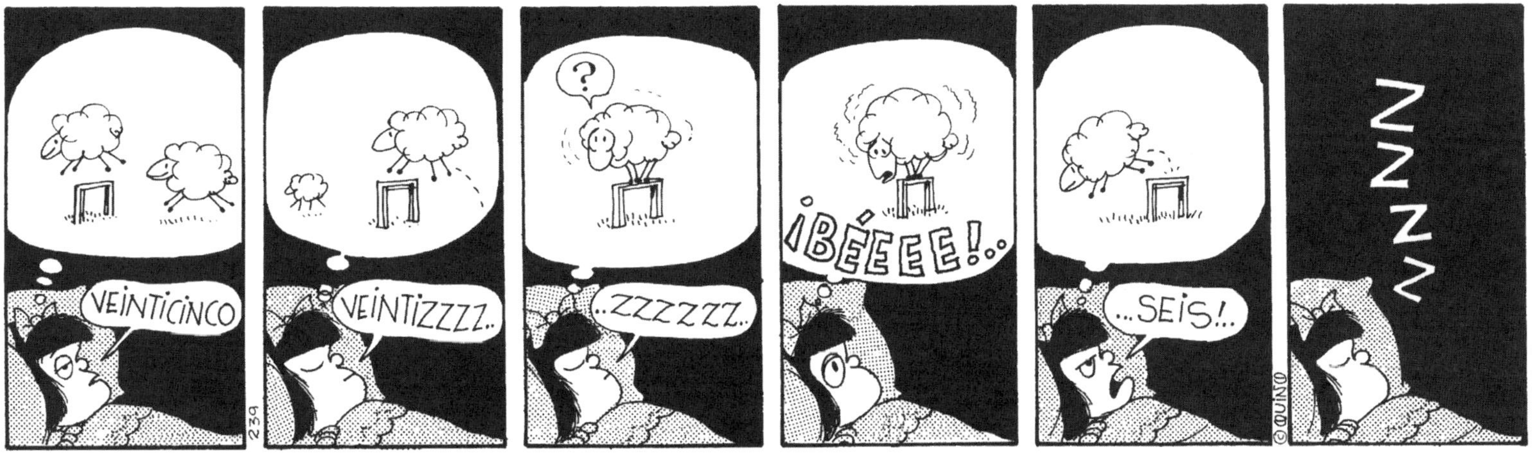
VEINTICINCO
239
VEINTIZZZZ..
?
..ZZZZZZ..
¡BÉEEEE!..
...SEIS!..
© QUINO
ZZZZ

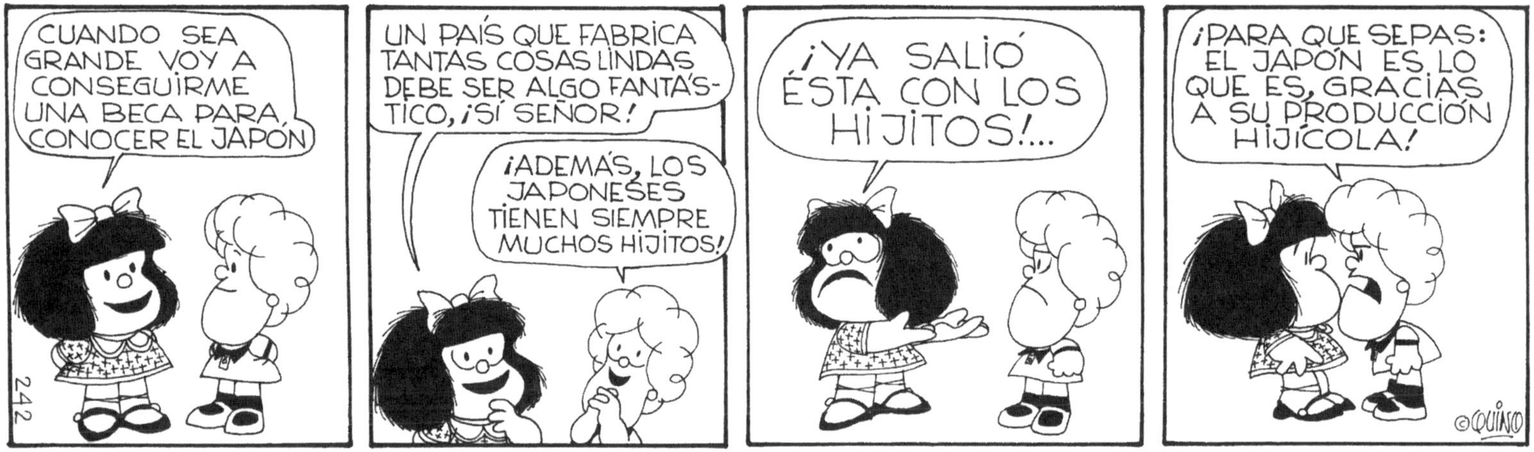
242
CUANDO SEA GRANDE VOY A CONSEGUIRME UNA BECA PARA CONOCER EL JAPÓN
UN PAÍS QUE FABRICA TANTAS COSAS LINDAS DEBE SER ALGO FANTÁSTICO, ¡SÍ SEÑOR!
¡ADEMÁS, LOS JAPONESES TIENEN SIEMPRE MUCHOS HIJITOS!
¡YA SALIÓ ÉSTA CON LOS HIJITOS!...
¡PARA QUE SEPAS: EL JAPÓN ES LO QUE ES, GRACIAS A SU PRODUCCIÓN HIJÍCOLA!
©QUINO

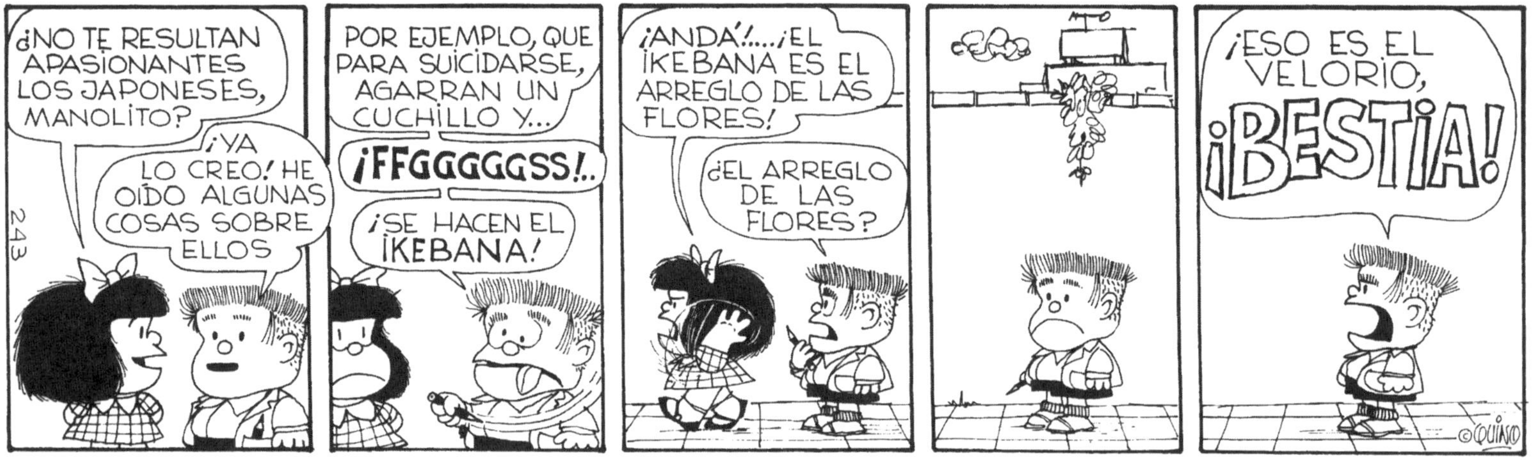
243
¿NO TE RESULTAN APASIONANTES LOS JAPONESES, MANOLITO?
¡YA LO CREO! HE OÍDO ALGUNAS COSAS SOBRE ELLOS
POR EJEMPLO, QUE PARA SUICIDARSE, AGARRAN UN CUCHILLO Y...
¡FFGGGGGSS!..
¡SE HACEN EL IKEBANA!
¡ANDÁ!...¡EL IKEBANA ES EL ARREGLO DE LAS FLORES!
¿EL ARREGLO DE LAS FLORES?
¡ESO ES EL VELORIO, ¡BESTIA!
©QUINO

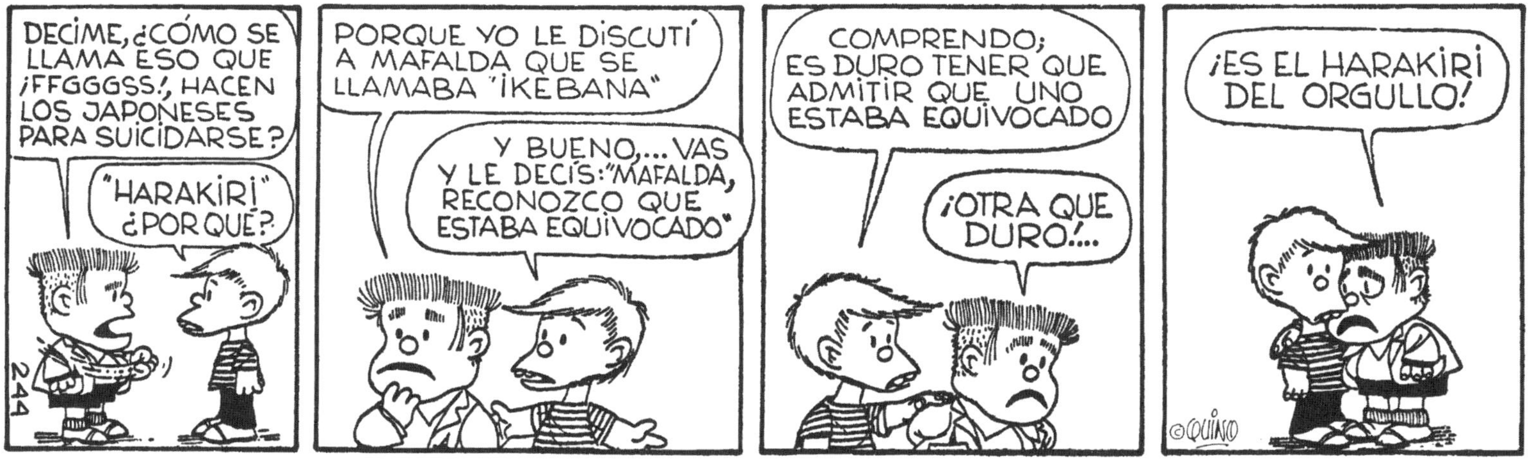
DECIME, ¿CÓMO SE LLAMA ESO QUE ¡FFGGGSS!, HACEN LOS JAPONESES PARA SUICIDARSE?
"HARAKIRI" ¿POR QUÉ?
PORQUE YO LE DISCUTÍ A MAFALDA QUE SE LLAMABA "IKEBANA"
Y BUENO,... VAS Y LE DECÍS: "MAFALDA, RECONOZCO QUE ESTABA EQUIVOCADO"
COMPRENDO; ES DURO TENER QUE ADMITIR QUE UNO ESTABA EQUIVOCADO
¡OTRA QUE DURO!...
¡ES EL HARAKIRI DEL ORGULLO!
244
©QUINO

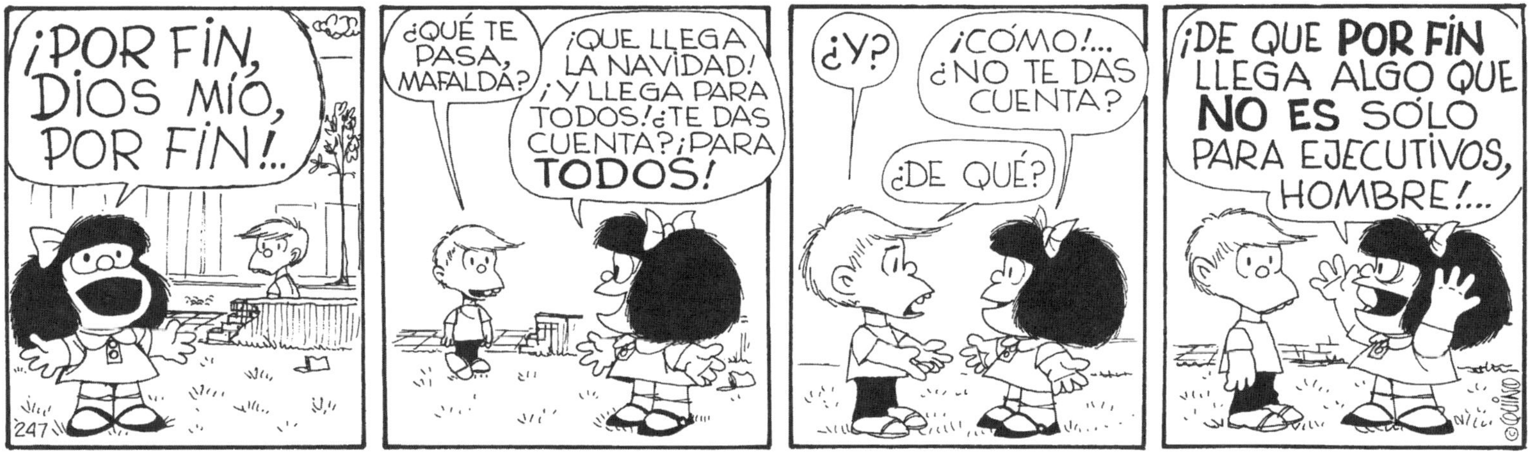
¡POR FIN, DIOS MÍO, POR FIN!...
¿QUÉ TE PASA, MAFALDA?
¡QUE LLEGA LA NAVIDAD! ¡Y LLEGA PARA TODOS! ¿TE DAS CUENTA? ¡PARA **TODOS**!
¿Y?
¡CÓMO!... ¿NO TE DAS CUENTA?
¿DE QUÉ?
¡DE QUE **POR FIN** LLEGA ALGO QUE **NO ES** SÓLO PARA EJECUTIVOS, HOMBRE!...
247
©QUINO

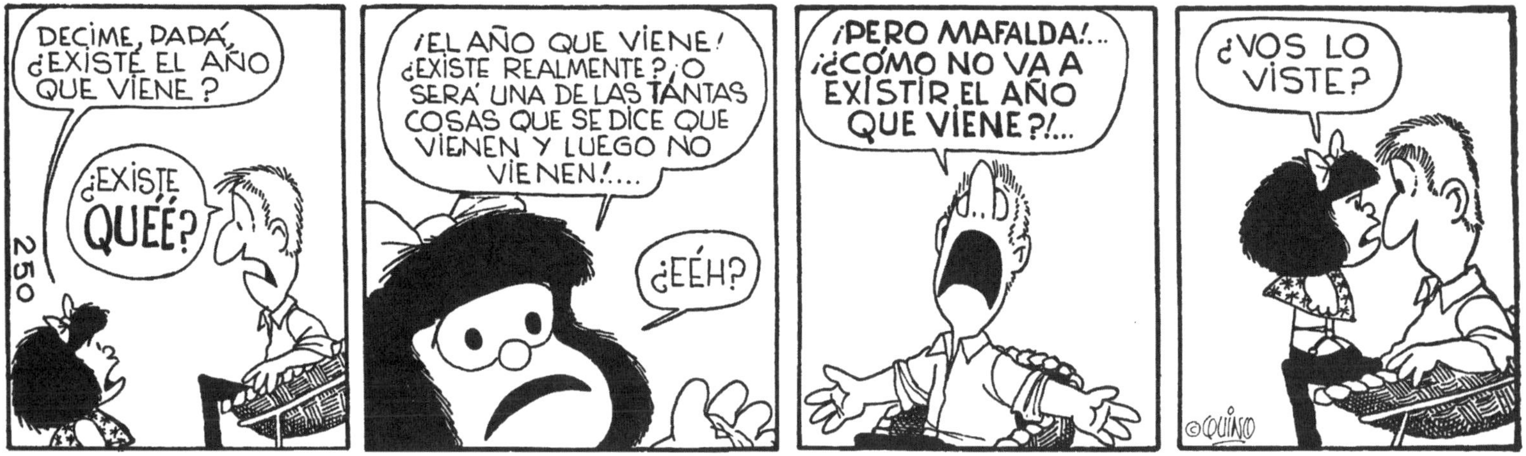
250
DECIME, PAPÁ, ¿EXISTE EL AÑO QUE VIENE?
¿EXISTE QUEÉ?
¡EL AÑO QUE VIENE! ¿EXISTE REALMENTE? ¿O SERÁ UNA DE LAS TANTAS COSAS QUE SE DICE QUE VIENEN Y LUEGO NO VIENEN!...
¿EÉH?
¡PERO MAFALDA!... ¡¿CÓMO NO VA A EXISTIR EL AÑO QUE VIENE?!...
¿VOS LO VISTE?
©QUINO

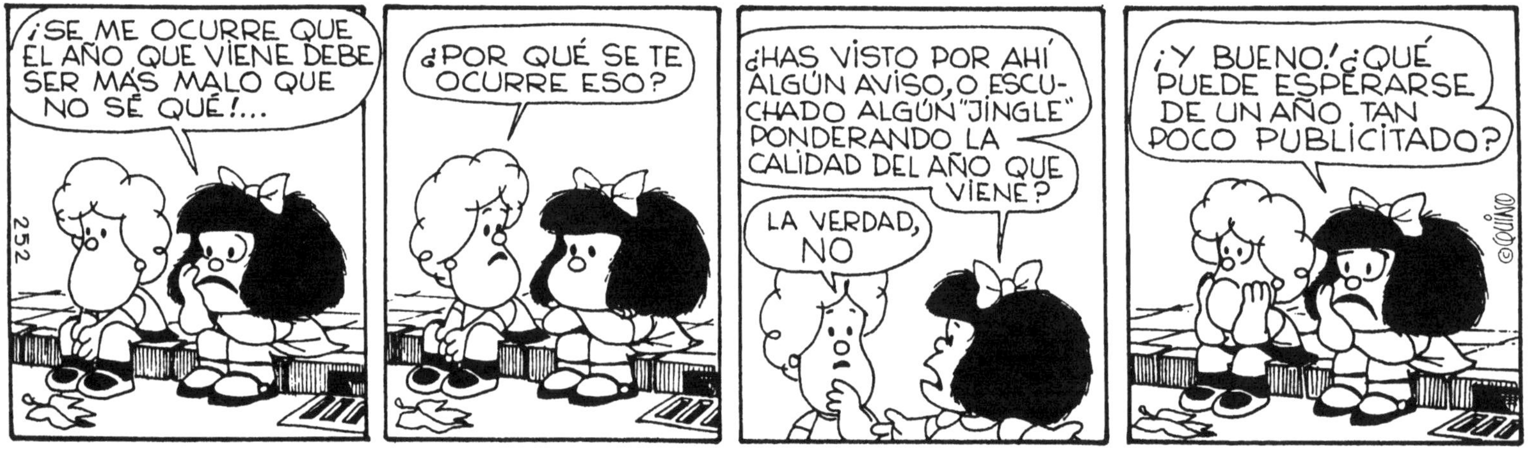
252
¡SE ME OCURRE QUE EL AÑO QUE VIENE DEBE SER MÁS MALO QUE NO SÉ QUÉ!...
¿POR QUÉ SE TE OCURRE ESO?
¿HAS VISTO POR AHÍ ALGÚN AVISO, O ESCUCHADO ALGÚN "JINGLE" PONDERANDO LA CALIDAD DEL AÑO QUE VIENE?
LA VERDAD, NO
¡Y BUENO! ¿QUÉ PUEDE ESPERARSE DE UN AÑO TAN POCO PUBLICITADO?
©QUINO

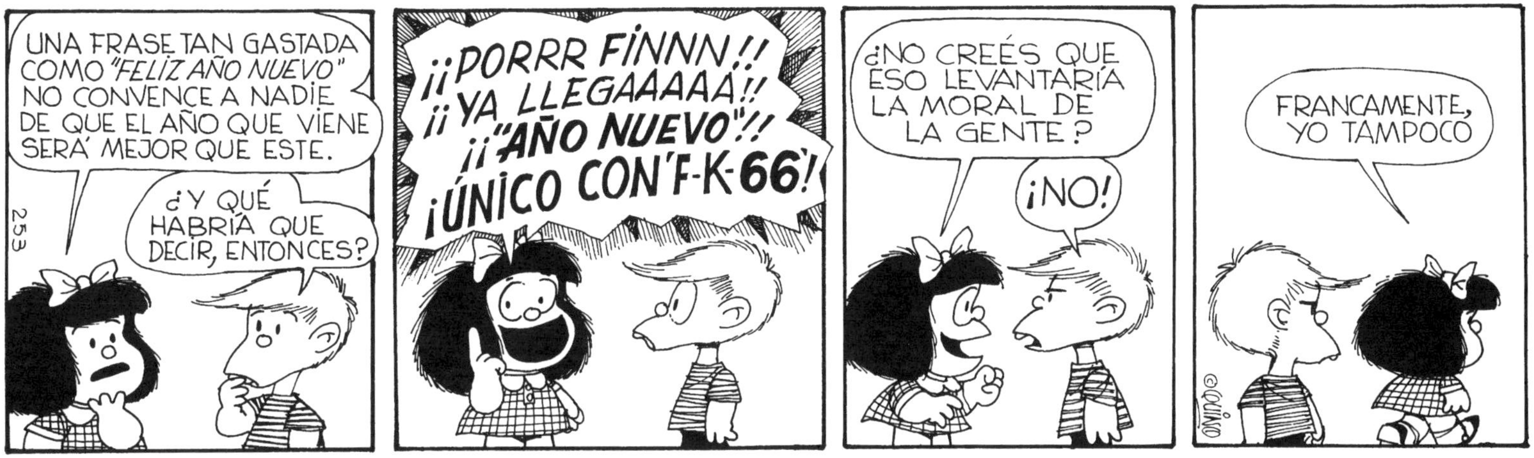
253
UNA FRASE TAN GASTADA COMO "FELIZ AÑO NUEVO" NO CONVENCE A NADIE DE QUE EL AÑO QUE VIENE SERÁ MEJOR QUE ESTE.
¿Y QUÉ HABRÍA QUE DECIR, ENTONCES?
¡¡PORRR FINNN!! ¡¡YA LLEGAAAAA!! ¡¡"AÑO NUEVO"!! ¡ÚNICO CON "F-K-66"!
¿NO CREÉS QUE ESO LEVANTARÍA LA MORAL DE LA GENTE?
¡NO!
FRANCAMENTE, YO TAMPOCO
© QUINO

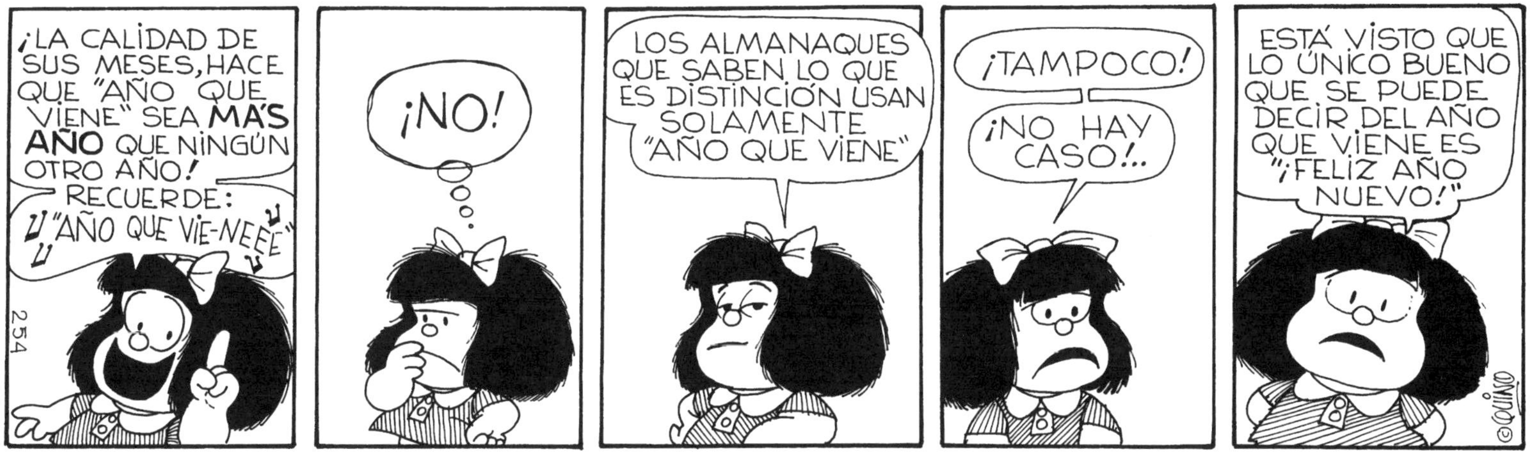
254
¡LA CALIDAD DE SUS MESES, HACE QUE "AÑO QUE VIENE" SEA **MÁS AÑO** QUE NINGÚN OTRO AÑO! RECUERDE: "AÑO QUE VIE-NEEE"
¡NO!
LOS ALMANAQUES QUE SABEN LO QUE ES DISTINCIÓN USAN SOLAMENTE "AÑO QUE VIENE"
¡TAMPOCO!
¡NO HAY CASO!..
ESTÁ VISTO QUE LO ÚNICO BUENO QUE SE PUEDE DECIR DEL AÑO QUE VIENE ES "¡FELIZ AÑO NUEVO!"
© QUINO

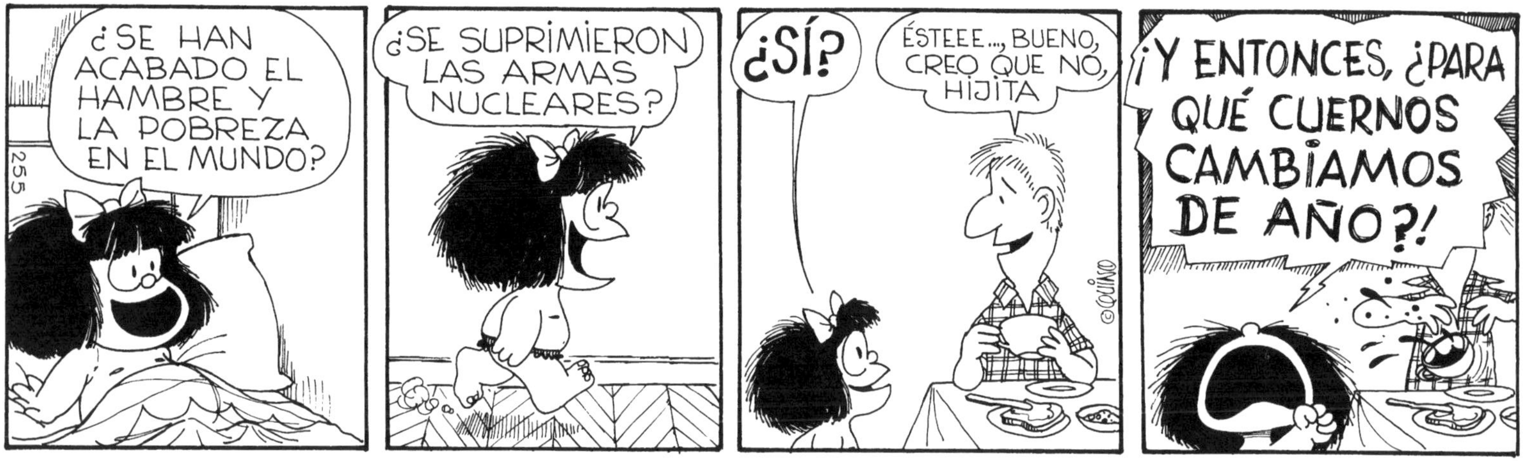
255
¿SE HAN ACABADO EL HAMBRE Y LA POBREZA EN EL MUNDO?
¿SE SUPRIMIERON LAS ARMAS NUCLEARES?
¿SÍ?
ÉSTEEE..., BUENO, CREO QUE NO, HIJITA
¡Y ENTONCES, ¿PARA QUÉ CUERNOS CAMBIAMOS DE AÑO?!

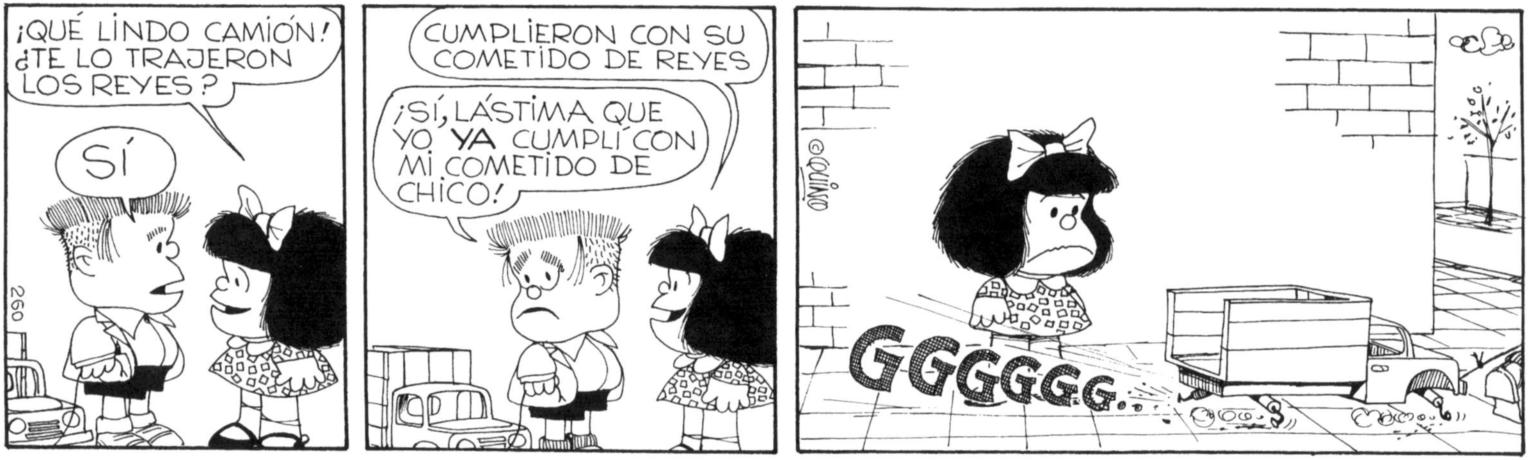
260
¡QUÉ LINDO CAMIÓN! ¿TE LO TRAJERON LOS REYES?
SÍ
CUMPLIERON CON SU COMETIDO DE REYES
¡SÍ, LÁSTIMA QUE YO YA CUMPLÍ CON MI COMETIDO DE CHICO!
GGGGGG...

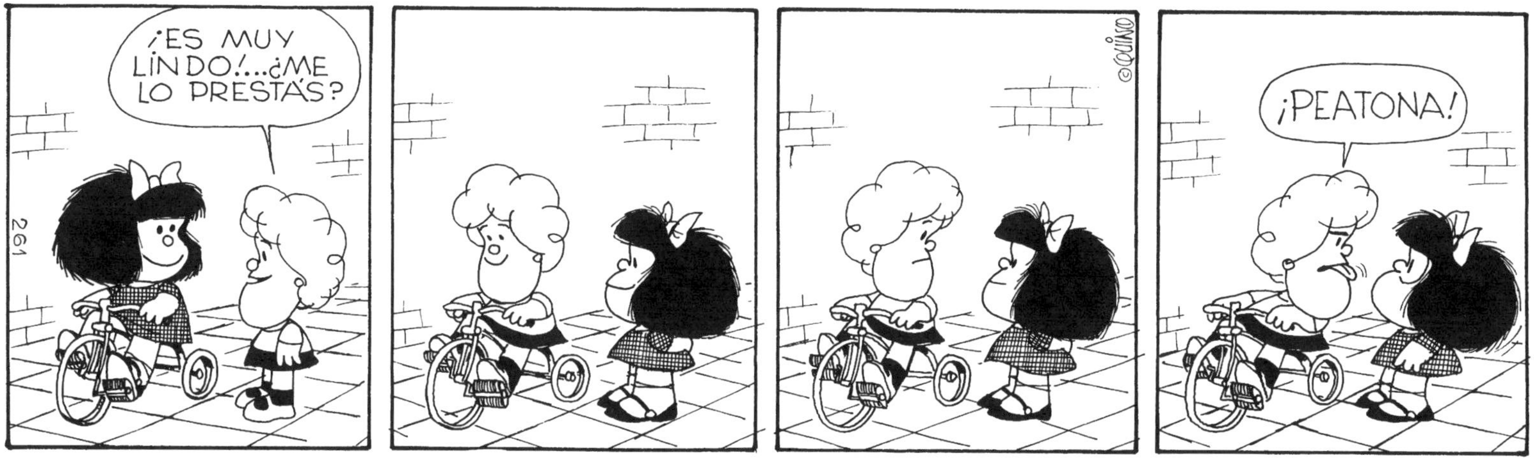
261
¡ES MUY LINDO!...¿ME LO PRESTÁS?
©QUINO
¡PEATONA!

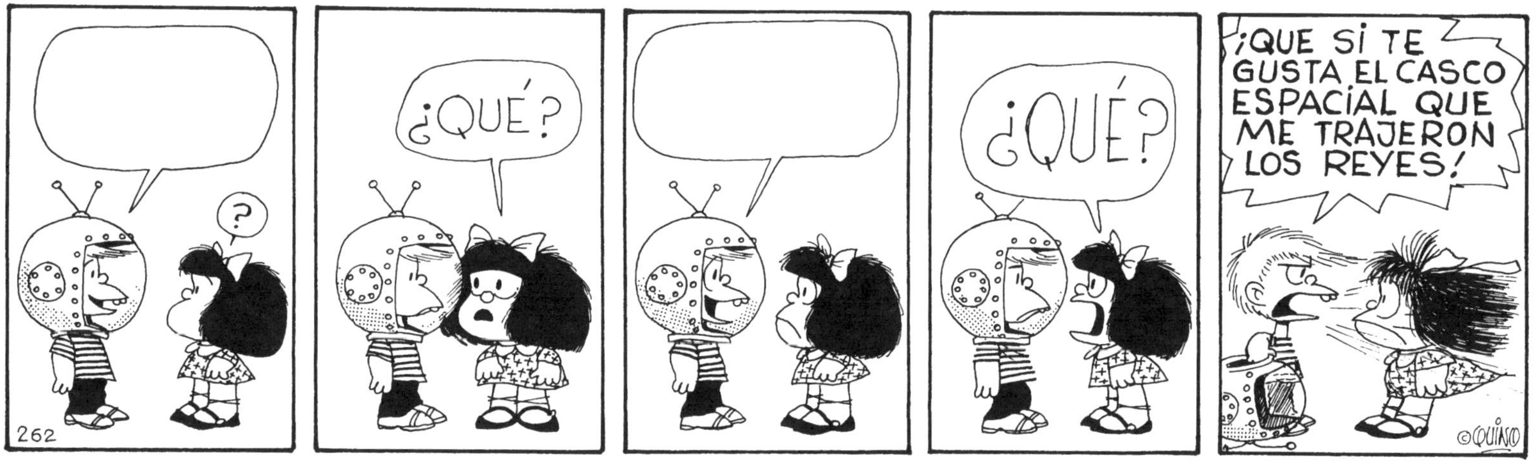
262
?
¿QUÉ?
¿QUÉ?
¡QUE SI TE GUSTA EL CASCO ESPACIAL QUE ME TRAJERON LOS REYES!
©QUINO

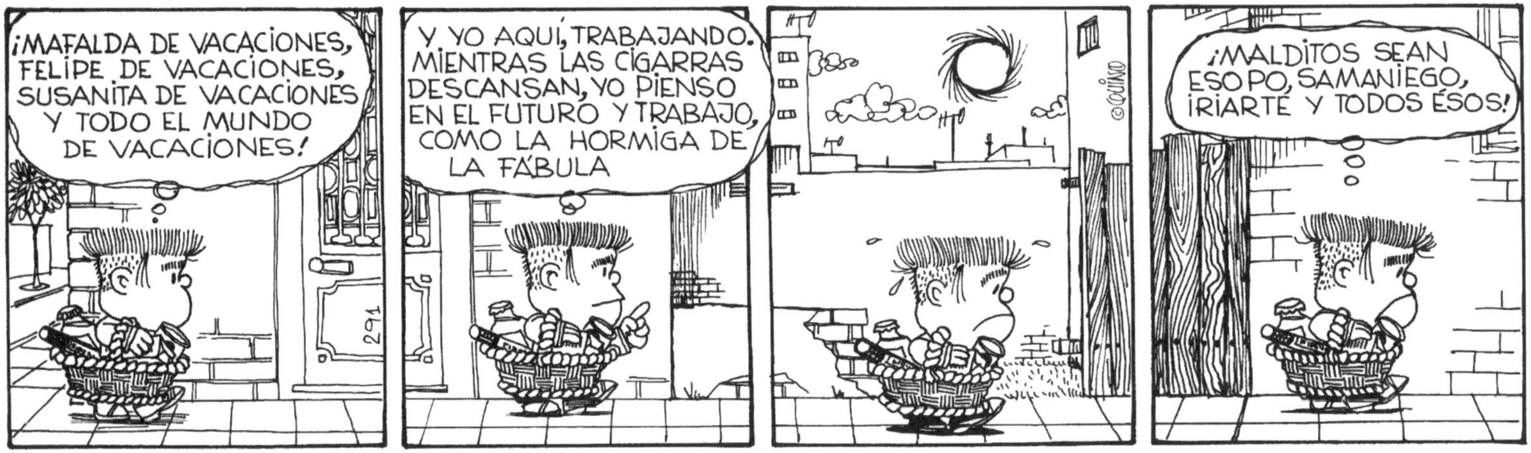
¡MAFALDA DE VACACIONES, FELIPE DE VACACIONES, SUSANITA DE VACACIONES Y TODO EL MUNDO DE VACACIONES!
291
Y YO AQUÍ, TRABAJANDO. MIENTRAS LAS CIGARRAS DESCANSAN, YO PIENSO EN EL FUTURO Y TRABAJO, COMO LA HORMIGA DE LA FÁBULA
©QUINO
¡MALDITOS SEAN ESOPO, SAMANIEGO, IRIARTE Y TODOS ÉSOS!

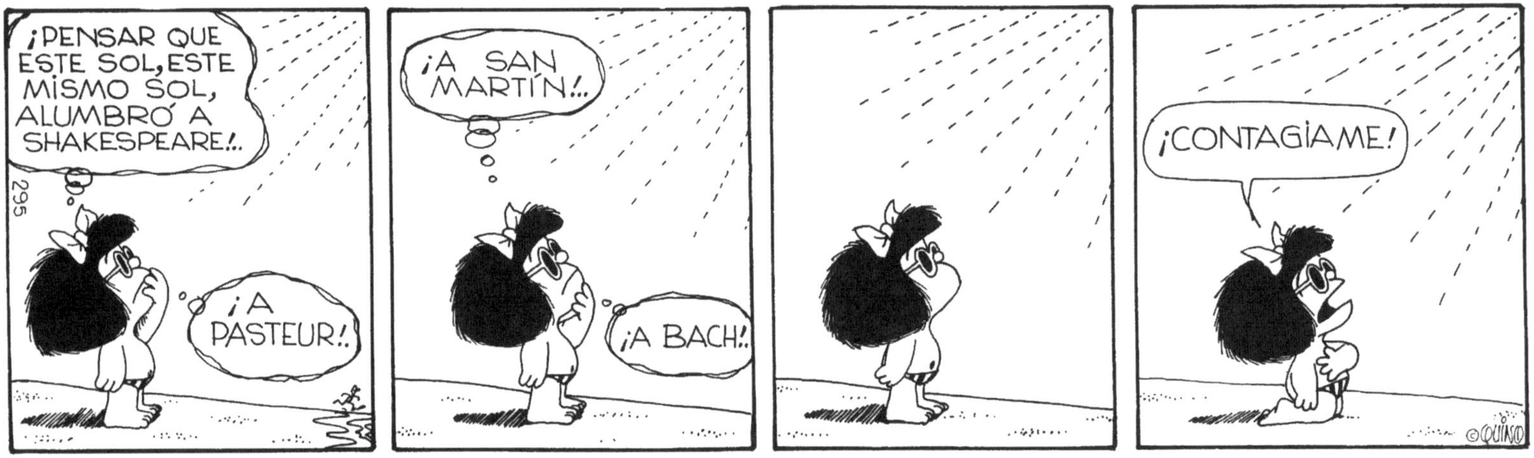
¡PENSAR QUE ESTE SOL, ESTE MISMO SOL, ALUMBRÓ A SHAKESPEARE!..
295
¡A PASTEUR!.
¡A SAN MARTÍN!..
¡A BACH!.
¡CONTAGIAME!
©QUINO

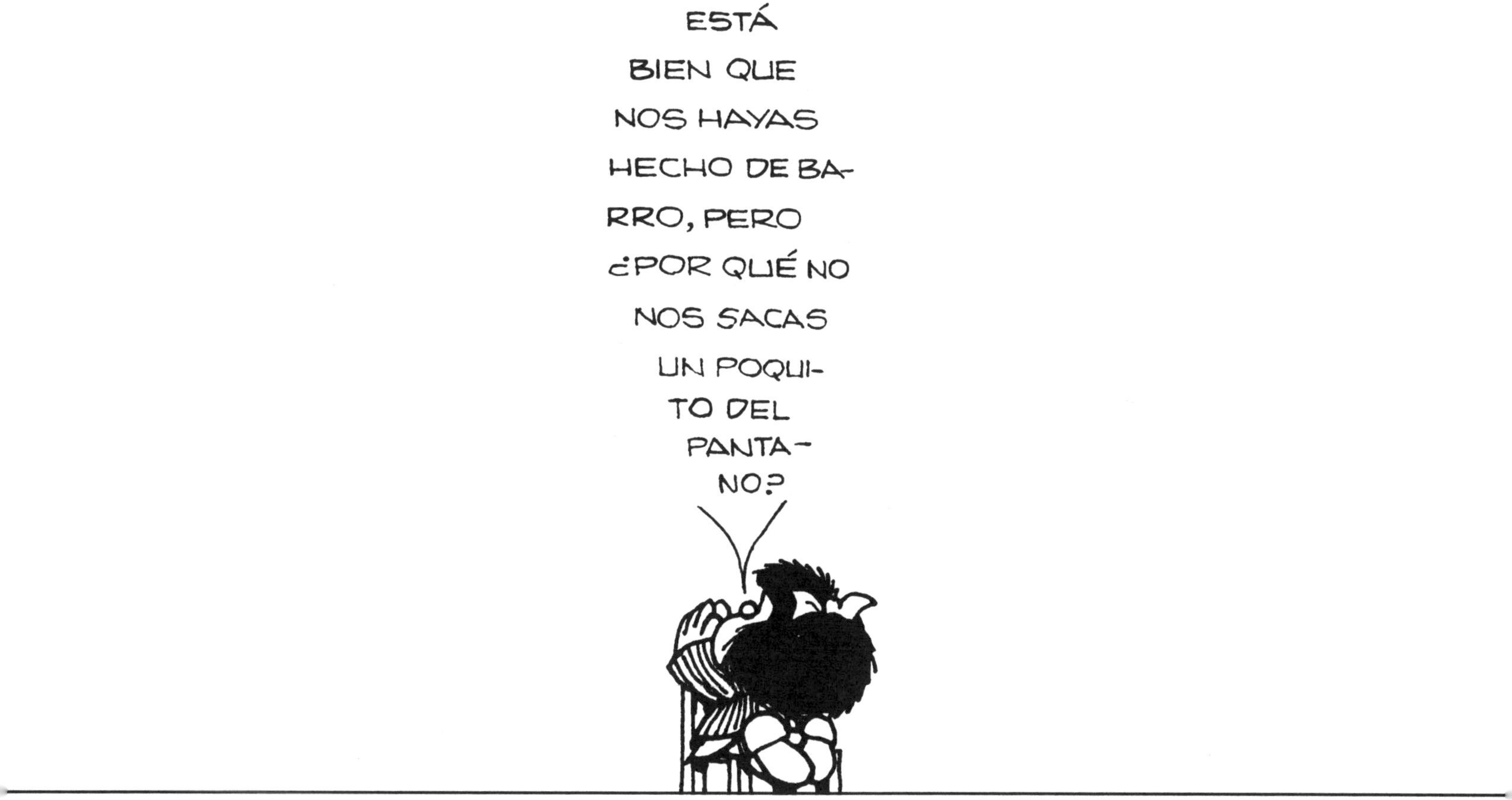
ESTÁ BIEN QUE NOS HAYAS HECHO DE BARRO, PERO ¿POR QUÉ NO NOS SACAS UN POQUITO DEL PANTANO?

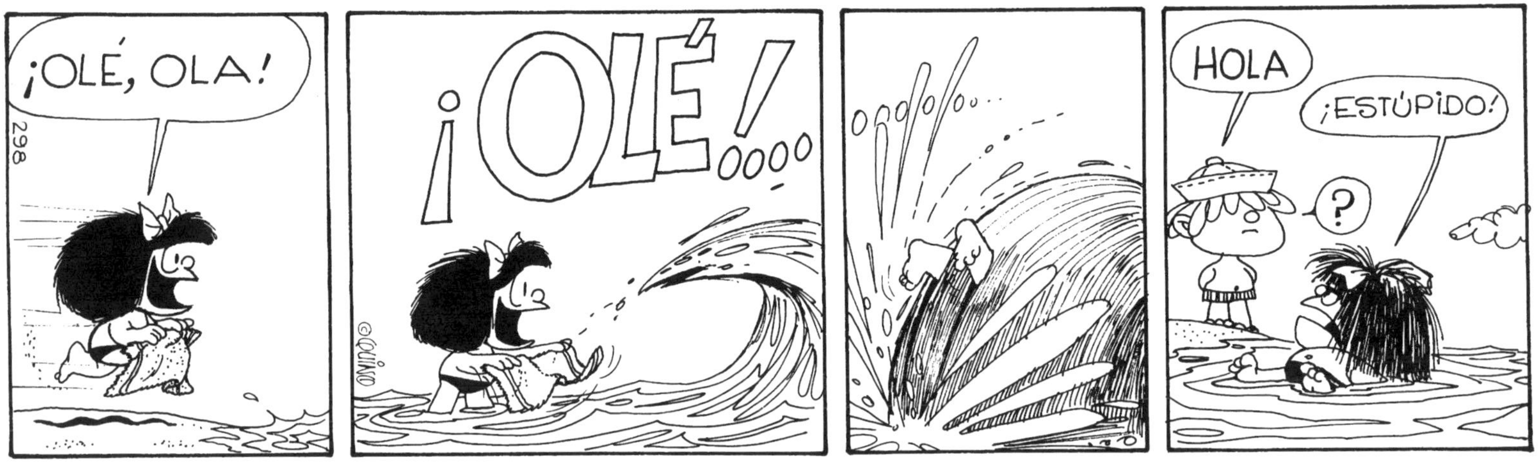
¡OLÉ, OLA!
298
¡OLÉ!oooo
©QUINO
HOLA
?
¡ESTÚPIDO!

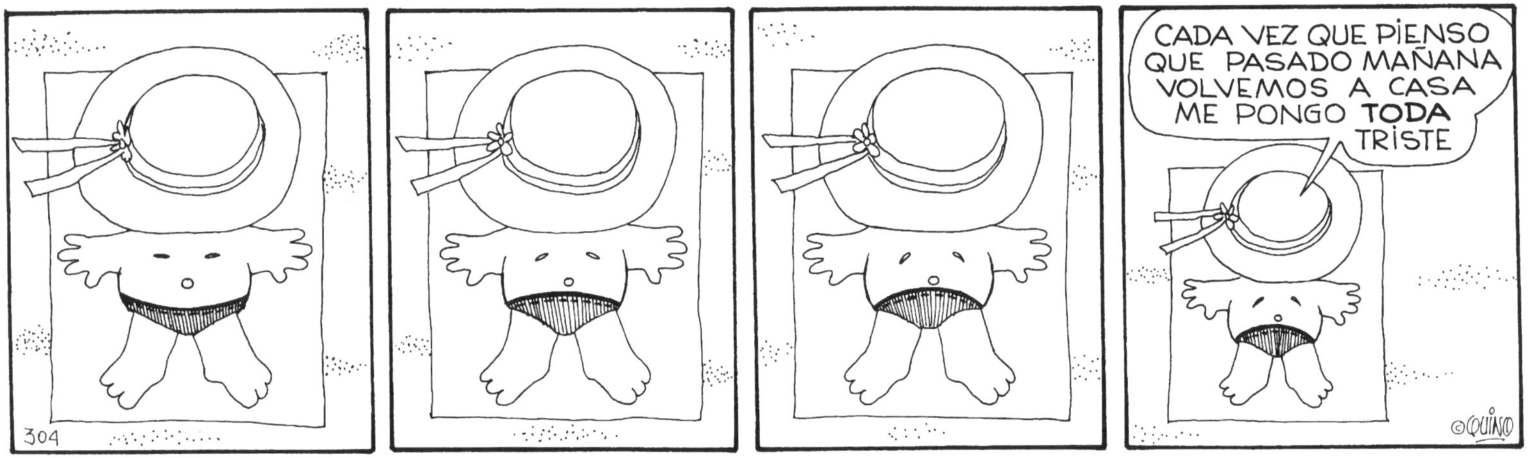
304
CADA VEZ QUE PIENSO QUE PASADO MAÑANA VOLVEMOS A CASA ME PONGO **TODA** TRISTE
©QUINO

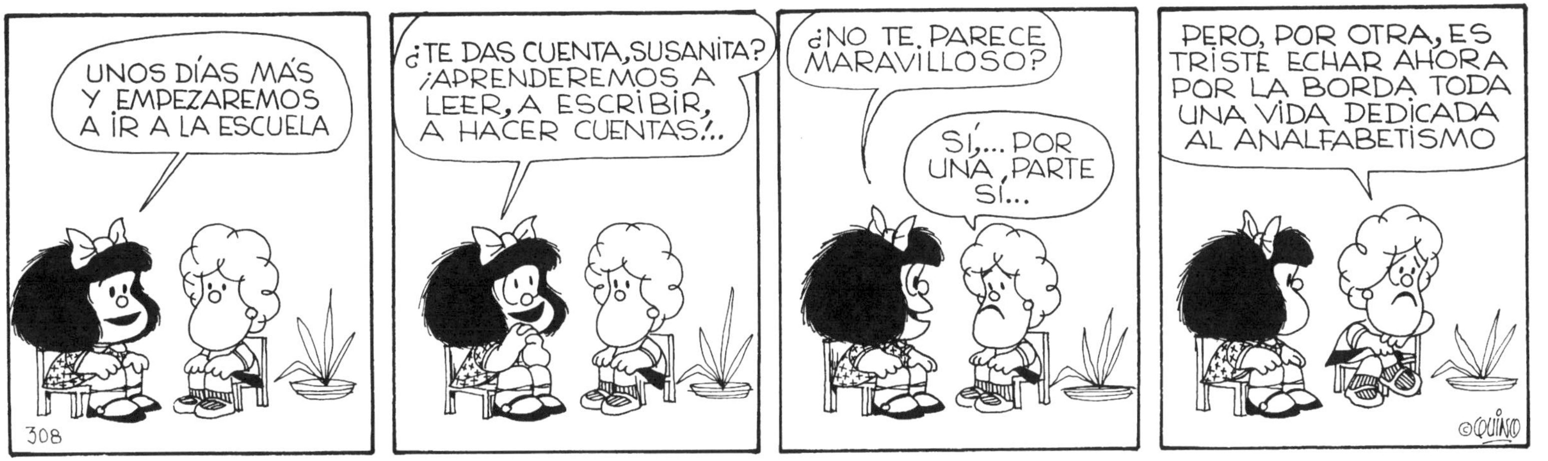
308
UNOS DÍAS MÁS Y EMPEZAREMOS A IR A LA ESCUELA
¿TE DAS CUENTA, SUSANITA? ¡APRENDEREMOS A LEER, A ESCRIBIR, A HACER CUENTAS!..
¿NO TE PARECE MARAVILLOSO?
SÍ,... POR UNA PARTE SÍ...
PERO, POR OTRA, ES TRISTE ECHAR AHORA POR LA BORDA TODA UNA VIDA DEDICADA AL ANALFABETISMO
©QUINO

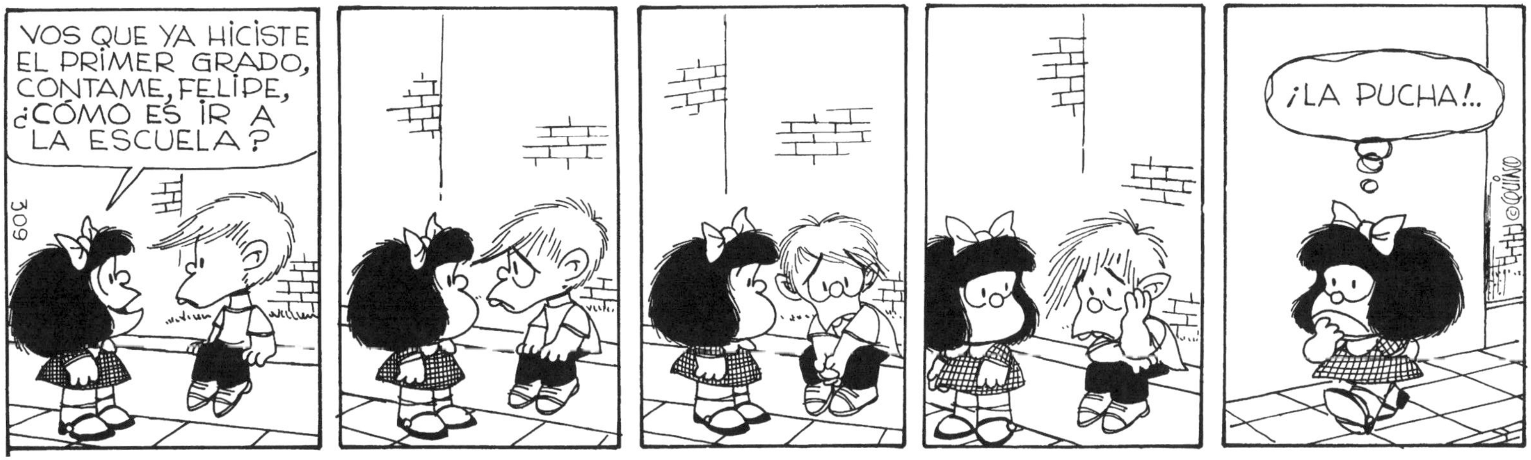
309
VOS QUE YA HICISTE EL PRIMER GRADO, CONTAME, FELIPE, ¿CÓMO ES IR A LA ESCUELA?
¡LA PUCHA!..
©QUINO

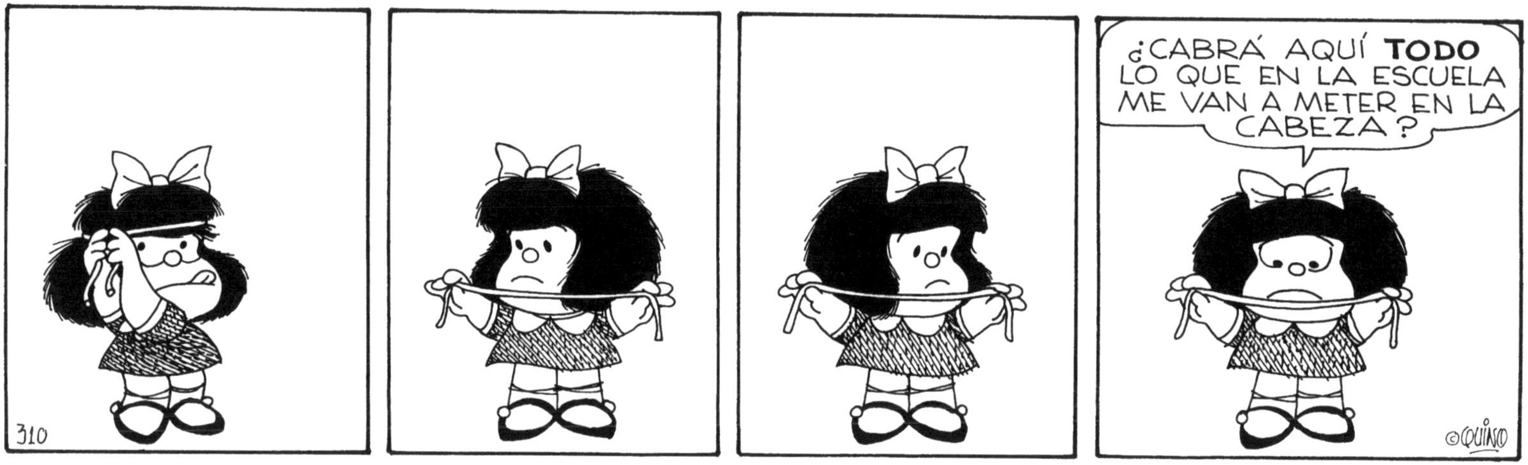
310
¿CABRÁ AQUÍ **TODO** LO QUE EN LA ESCUELA ME VAN A METER EN LA CABEZA?
©QUINO

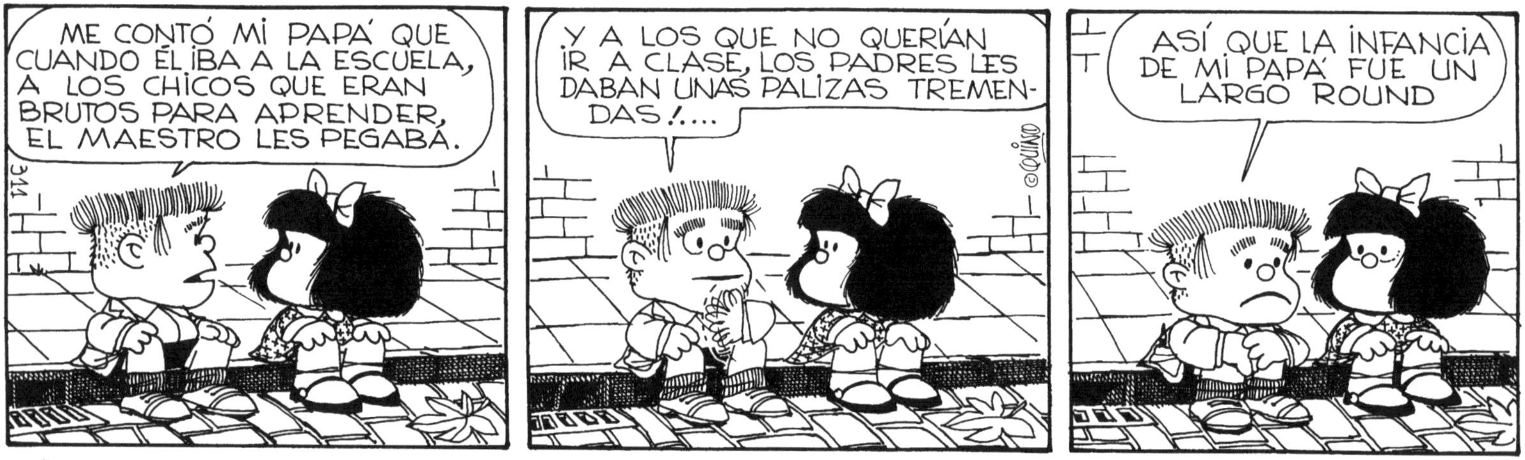
311
ME CONTÓ MI PAPÁ QUE CUANDO ÉL IBA A LA ESCUELA, A LOS CHICOS QUE ERAN BRUTOS PARA APRENDER, EL MAESTRO LES PEGABA.
Y A LOS QUE NO QUERÍAN IR A CLASE, LOS PADRES LES DABAN UNAS PALIZAS TREMENDAS!....
©QUINO
ASÍ QUE LA INFANCIA DE MI PAPÁ FUE UN LARGO ROUND

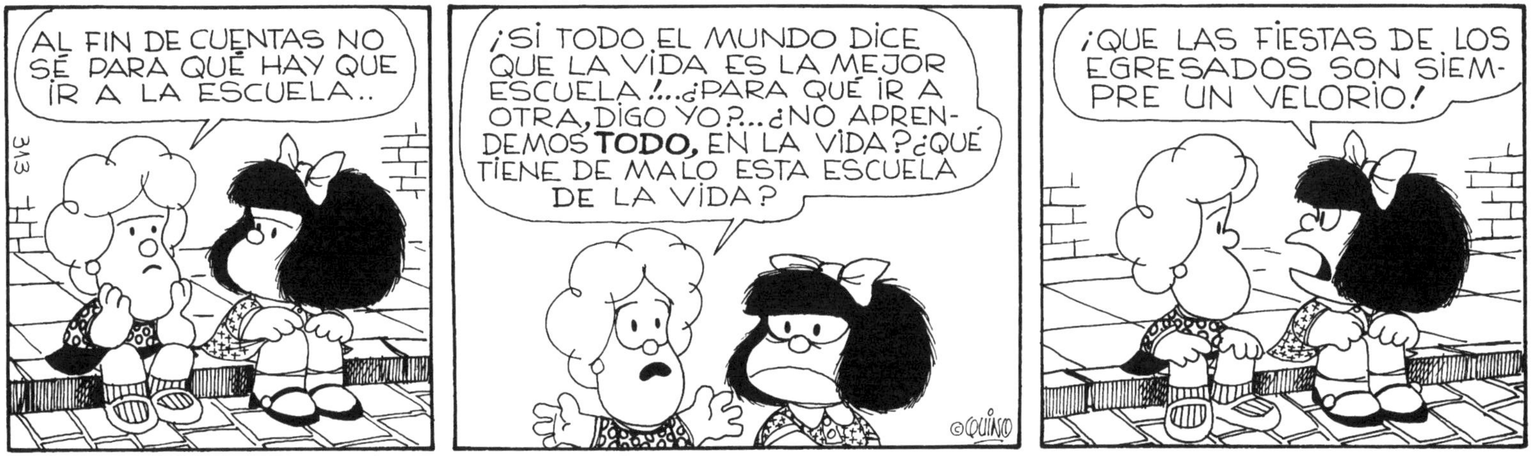
AL FIN DE CUENTAS NO SÉ PARA QUÉ HAY QUE IR A LA ESCUELA..
313
¡SI TODO EL MUNDO DICE QUE LA VIDA ES LA MEJOR ESCUELA!...¿PARA QUÉ IR A OTRA, DIGO YO?...¿NO APRENDEMOS **TODO,** EN LA VIDA?¿QUÉ TIENE DE MALO ESTA ESCUELA DE LA VIDA?
©QUINO
¡QUE LAS FIESTAS DE LOS EGRESADOS SON SIEMPRE UN VELORIO!

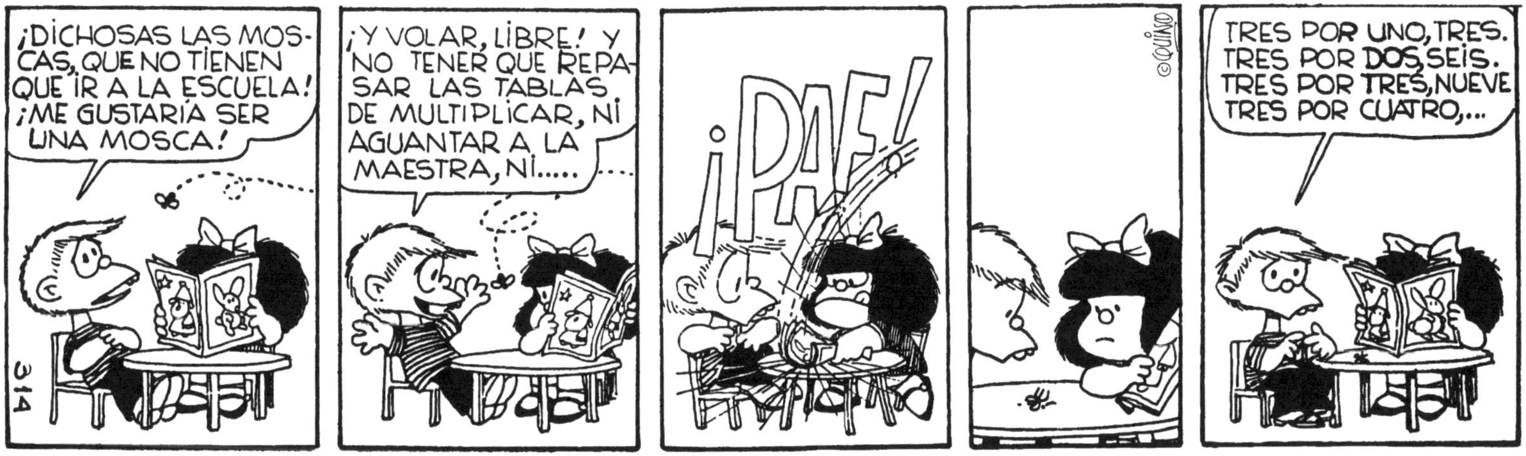
¡DICHOSAS LAS MOSCAS, QUE NO TIENEN QUE IR A LA ESCUELA! ¡ME GUSTARÍA SER UNA MOSCA!
314
¡Y VOLAR, LIBRE! Y NO TENER QUE REPASAR LAS TABLAS DE MULTIPLICAR, NI AGUANTAR A LA MAESTRA, NI.....
¡PAF!
©QUINO
TRES POR UNO, TRES. TRES POR **DOS**, SEIS. TRES POR **TRES**, NUEVE TRES POR CUATRO,...

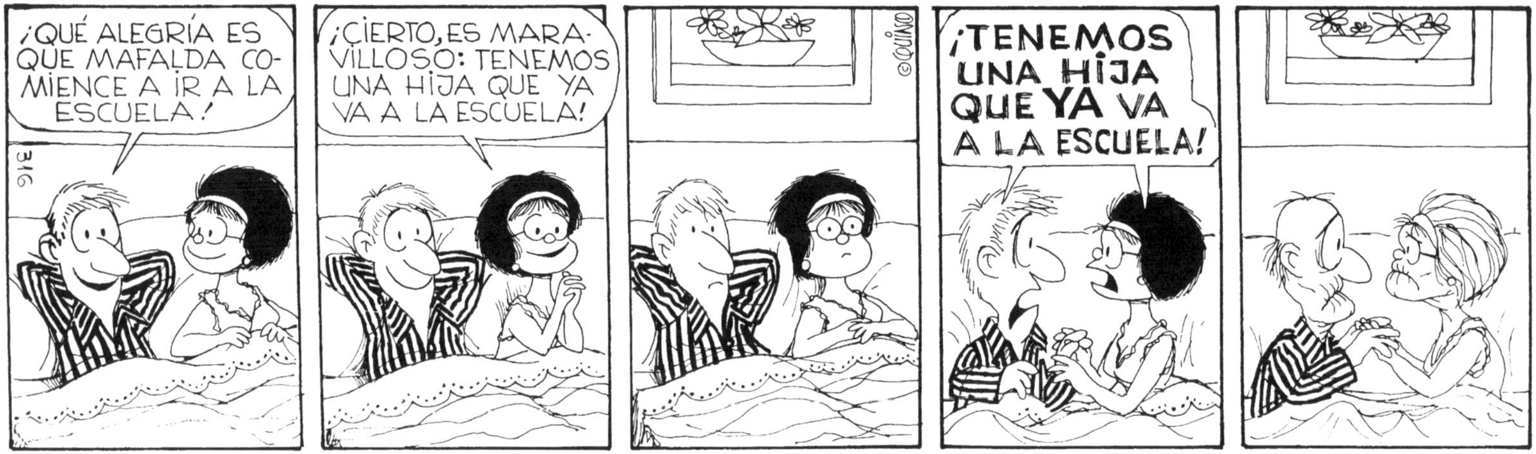
¡QUÉ ALEGRÍA ES QUE MAFALDA COMIENCE A IR A LA ESCUELA!
¡CIERTO, ES MARAVILLOSO: TENEMOS UNA HIJA QUE YA VA A LA ESCUELA!
¡TENEMOS UNA HIJA QUE YA VA A LA ESCUELA!
316

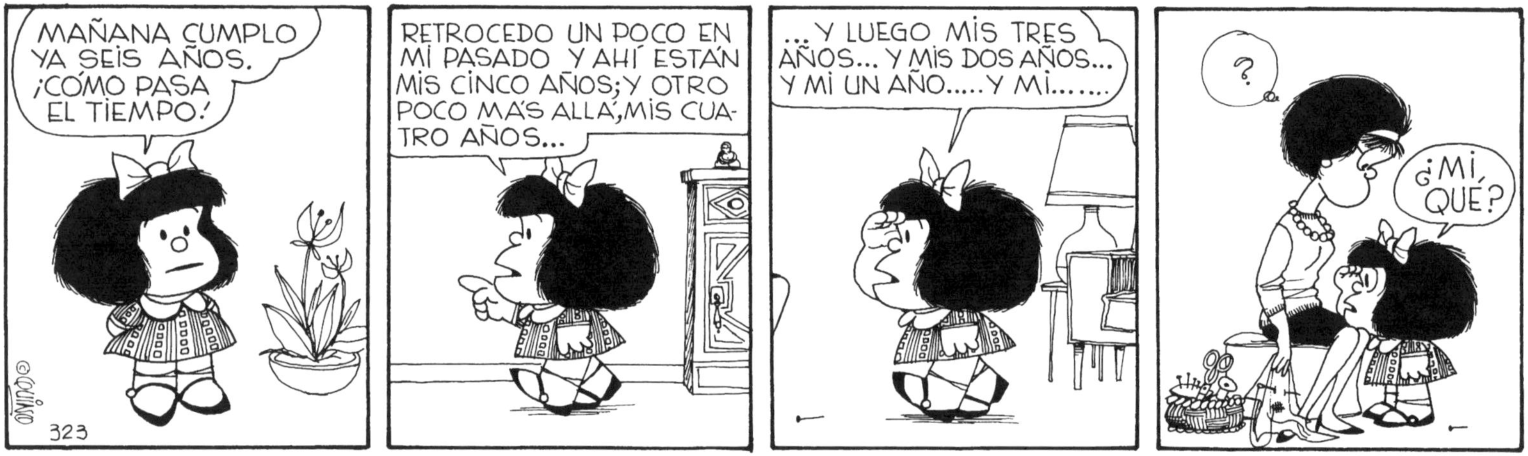
MAÑANA CUMPLO YA SEIS AÑOS. ¡CÓMO PASA EL TIEMPO!
RETROCEDO UN POCO EN MI PASADO Y AHÍ ESTÁN MIS CINCO AÑOS; Y OTRO POCO MÁS ALLÁ, MIS CUATRO AÑOS...
...Y LUEGO MIS TRES AÑOS... Y MIS DOS AÑOS... Y MI UN AÑO..... Y MI.......
?
¿MI, QUÉ?
323

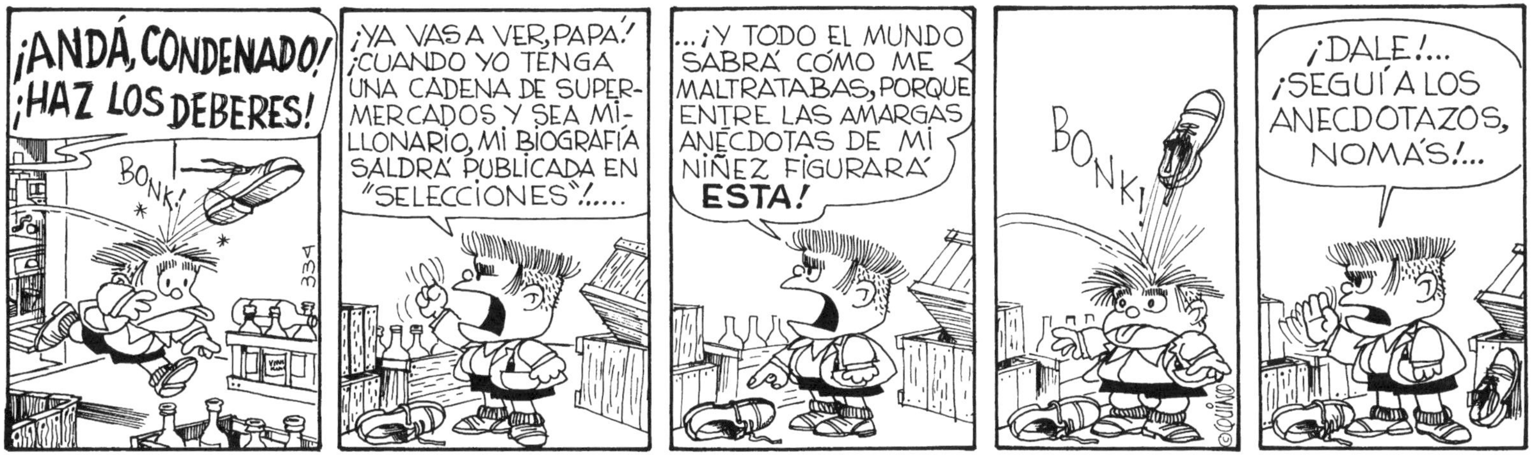
¡ANDÁ, CONDENADO! ¡HAZ LOS DEBERES!
BONK!
334
¡YA VAS A VER, PAPÁ! ¡CUANDO YO TENGA UNA CADENA DE SUPERMERCADOS Y SEA MILLONARIO, MI BIOGRAFÍA SALDRÁ PUBLICADA EN "SELECCIONES"!.....
...¡Y TODO EL MUNDO SABRÁ CÓMO ME MALTRATABAS, PORQUE ENTRE LAS AMARGAS ANÉCDOTAS DE MI NIÑEZ FIGURARÁ **ESTA**!
BONK!
©QUINO
¡DALE!... ¡SEGUÍ A LOS ANECDOTAZOS, NOMÁS!...

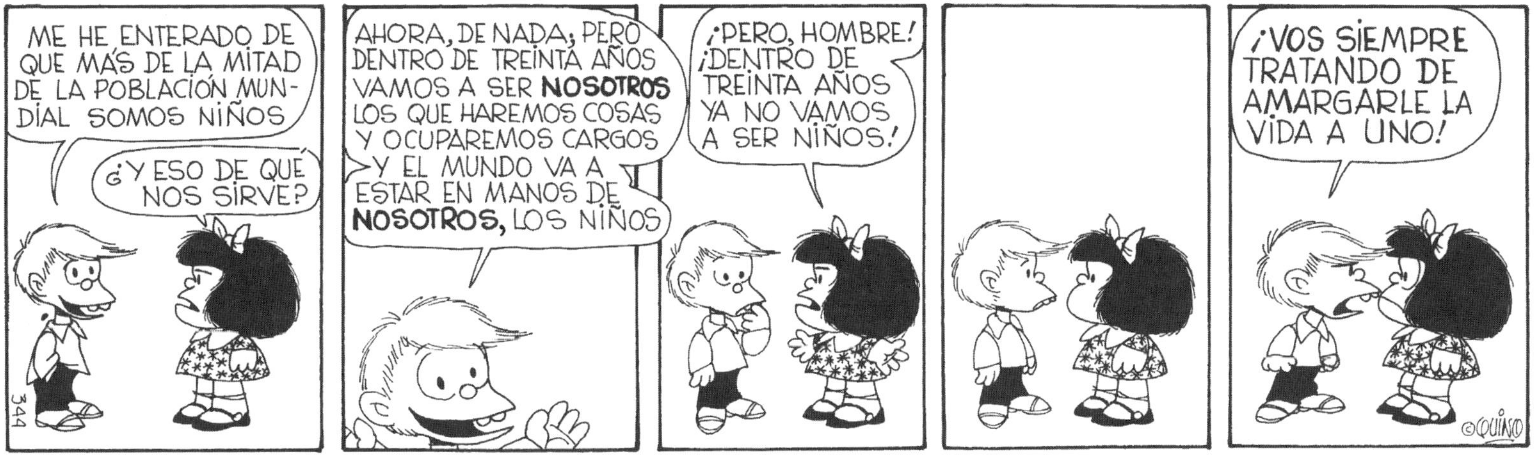
ME HE ENTERADO DE QUE MÁS DE LA MITAD DE LA POBLACIÓN MUNDIAL SOMOS NIÑOS
¿Y ESO DE QUÉ NOS SIRVE?
344
AHORA, DE NADA, PERO DENTRO DE TREINTA AÑOS VAMOS A SER **NOSOTROS** LOS QUE HAREMOS COSAS Y OCUPAREMOS CARGOS Y EL MUNDO VA A ESTAR EN MANOS DE **NOSOTROS**, LOS NIÑOS
¡PERO, HOMBRE! ¡DENTRO DE TREINTA AÑOS YA NO VAMOS A SER NIÑOS!
¡VOS SIEMPRE TRATANDO DE AMARGARLE LA VIDA A UNO!
©QUINO

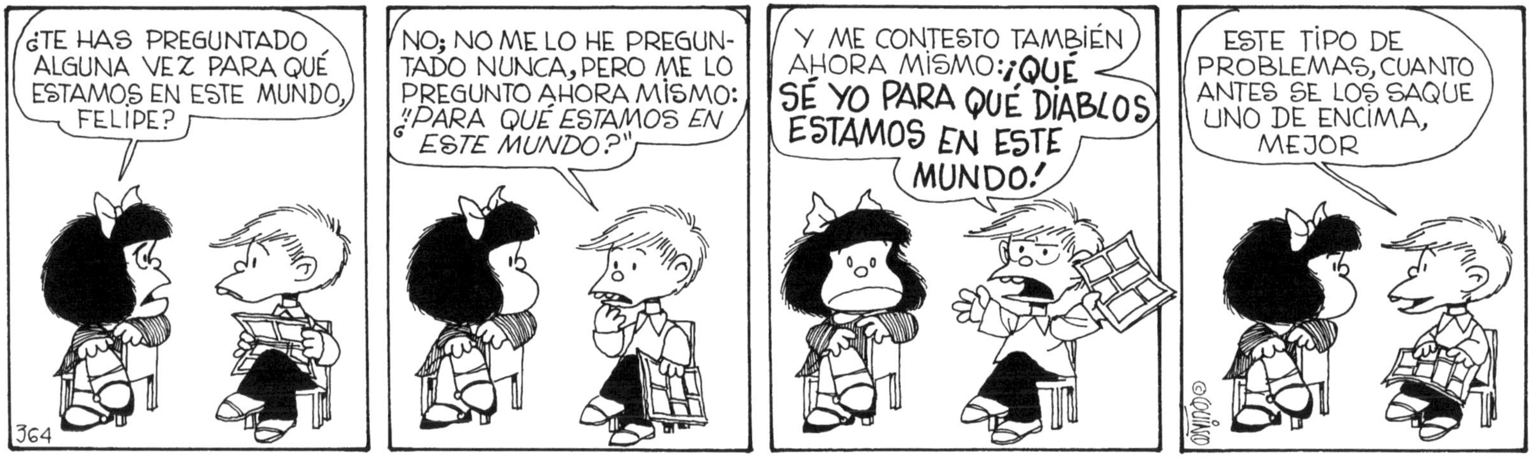
¿TE HAS PREGUNTADO ALGUNA VEZ PARA QUÉ ESTAMOS EN ESTE MUNDO, FELIPE?
NO; NO ME LO HE PREGUNTADO NUNCA, PERO ME LO PREGUNTO AHORA MISMO: ¿"PARA QUÉ ESTAMOS EN ESTE MUNDO?"
Y ME CONTESTO TAMBIÉN AHORA MISMO: ¡QUÉ SÉ YO PARA QUÉ DIABLOS ESTAMOS EN ESTE MUNDO!
ESTE TIPO DE PROBLEMAS, CUANTO ANTES SE LOS SAQUE UNO DE ENCIMA, MEJOR
364
©QUINO

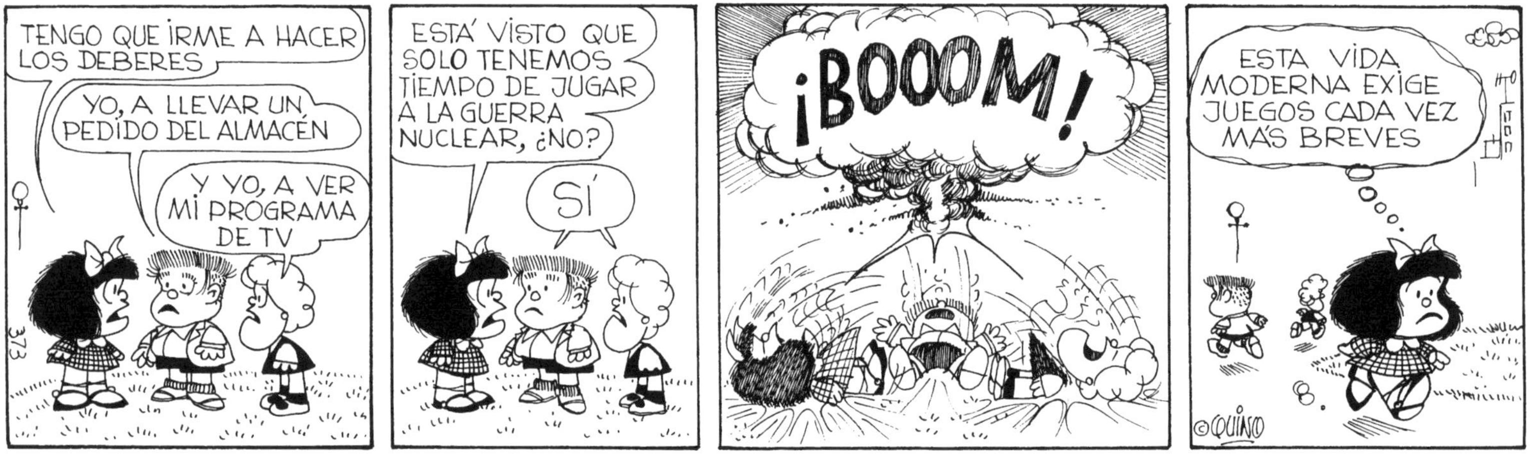
TENGO QUE IRME A HACER LOS DEBERES
YO, A LLEVAR UN PEDIDO DEL ALMACÉN
Y YO, A VER MI PROGRAMA DE TV
ESTÁ VISTO QUE SOLO TENEMOS TIEMPO DE JUGAR A LA GUERRA NUCLEAR, ¿NO?
SÍ
¡BOOOM!
ESTA VIDA MODERNA EXIGE JUEGOS CADA VEZ MÁS BREVES
373
©QUINO

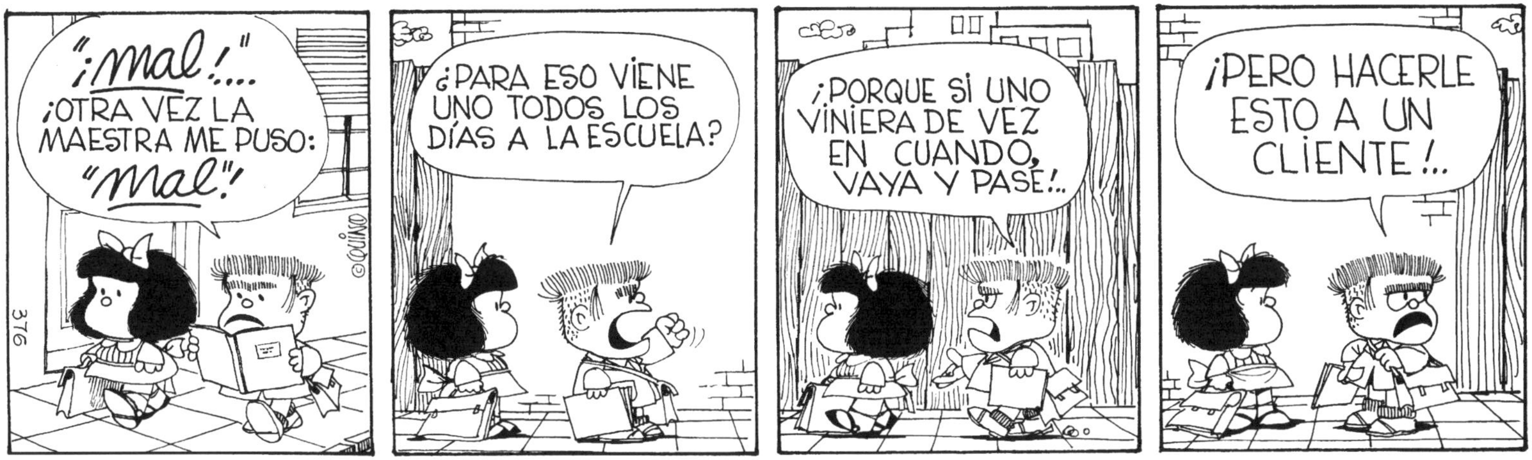
"¡mal!"... ¡OTRA VEZ LA MAESTRA ME PUSO: "mal"!
376
©QUINO
¿PARA ESO VIENE UNO TODOS LOS DÍAS A LA ESCUELA?
¡PORQUE SI UNO VINIERA DE VEZ EN CUANDO, VAYA Y PASE!..
¡PERO HACERLE ESTO A UN CLIENTE!..

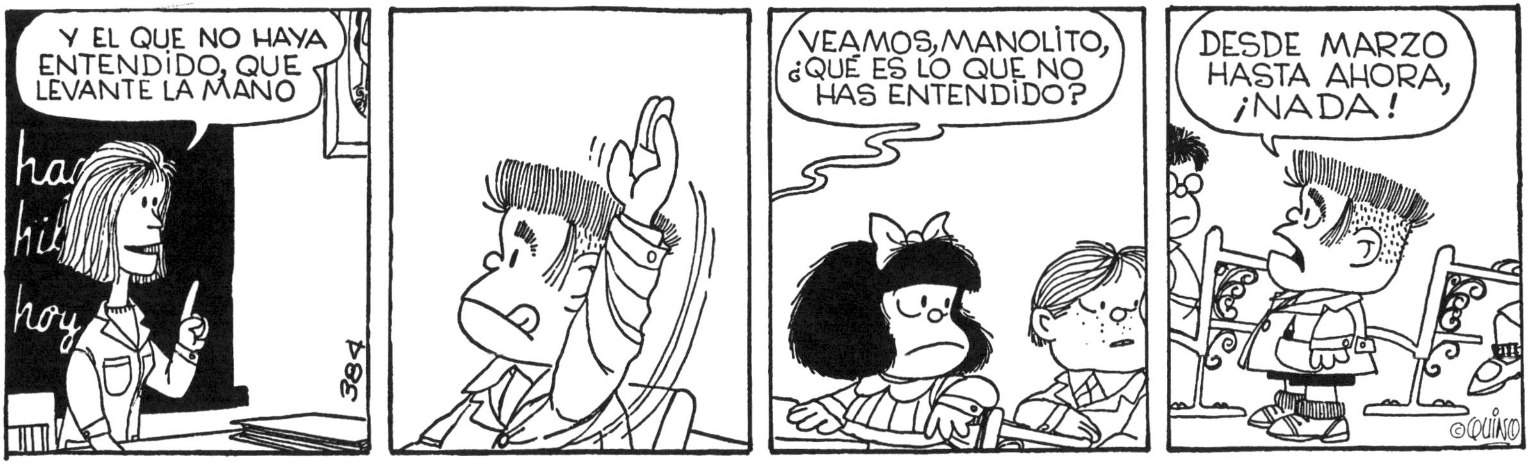
Y EL QUE NO HAYA ENTENDIDO, QUE LEVANTE LA MANO
384
VEAMOS, MANOLITO, ¿QUÉ ES LO QUE NO HAS ENTENDIDO?
DESDE MARZO HASTA AHORA, ¡NADA!
©QUINO

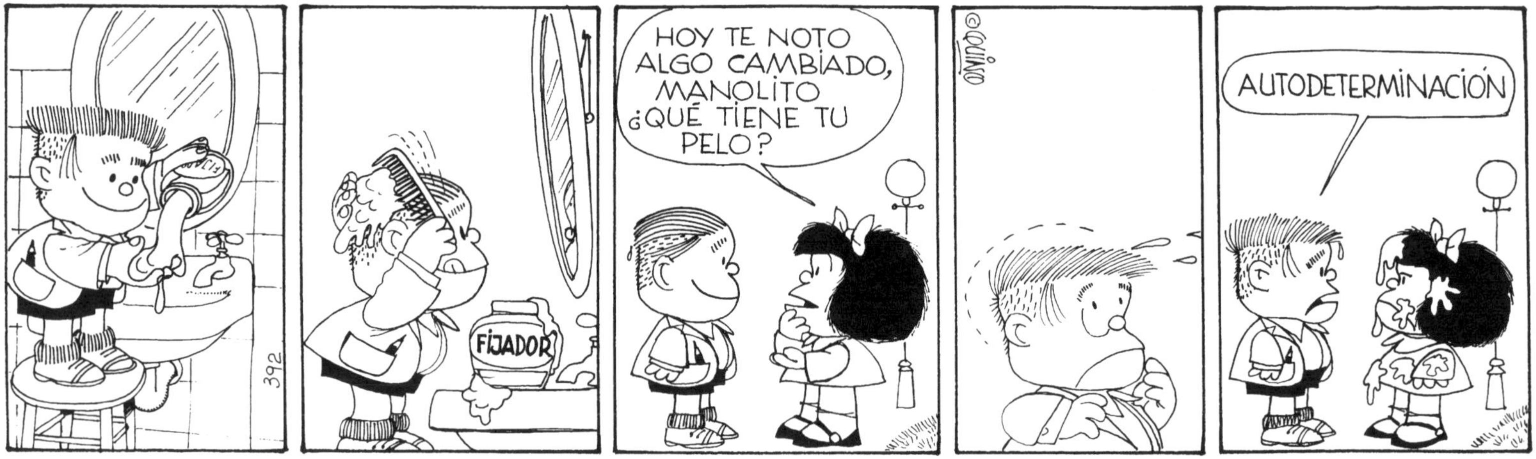
392
FIJADOR
HOY TE NOTO ALGO CAMBIADO, MANOLITO ¿QUÉ TIENE TU PELO?
©QUINO
AUTODETERMINACIÓN

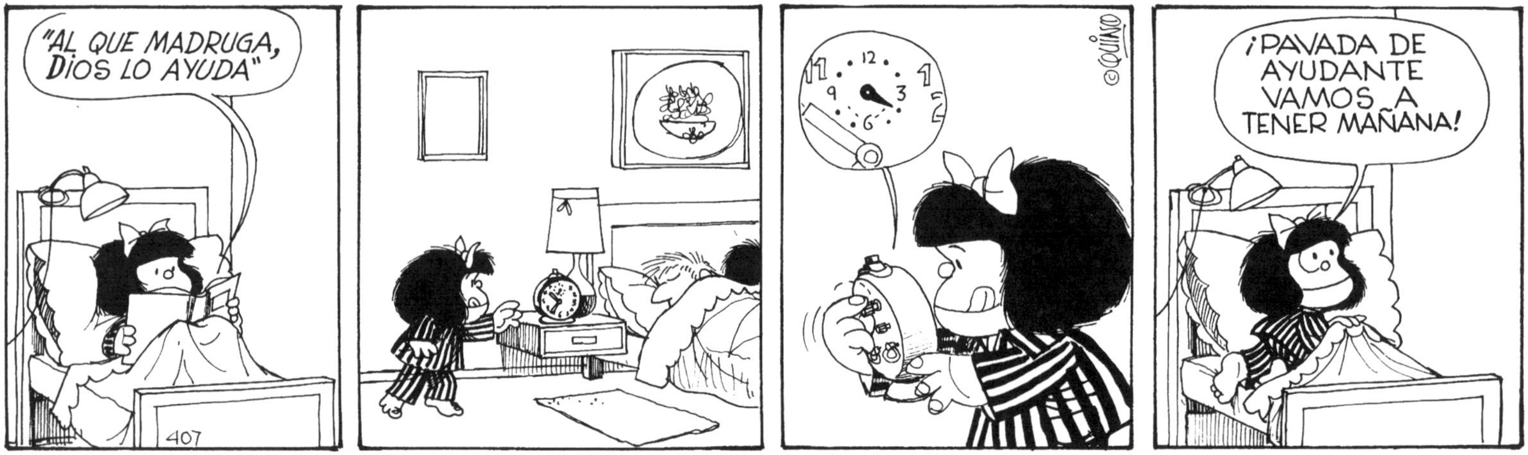
"AL QUE MADRUGA, DIOS LO AYUDA"
407
©QUINO
¡PAVADA DE AYUDANTE VAMOS A TENER MAÑANA!

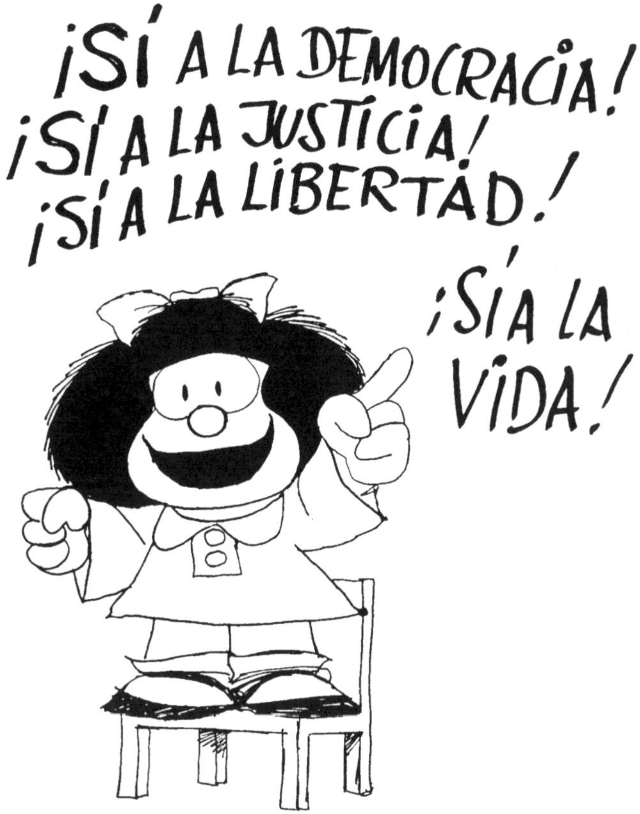
¡SÍ A LA DEMOCRACIA!
¡SÍ A LA JUSTICIA!
¡SÍ A LA LIBERTAD!
¡SÍ A LA VIDA!

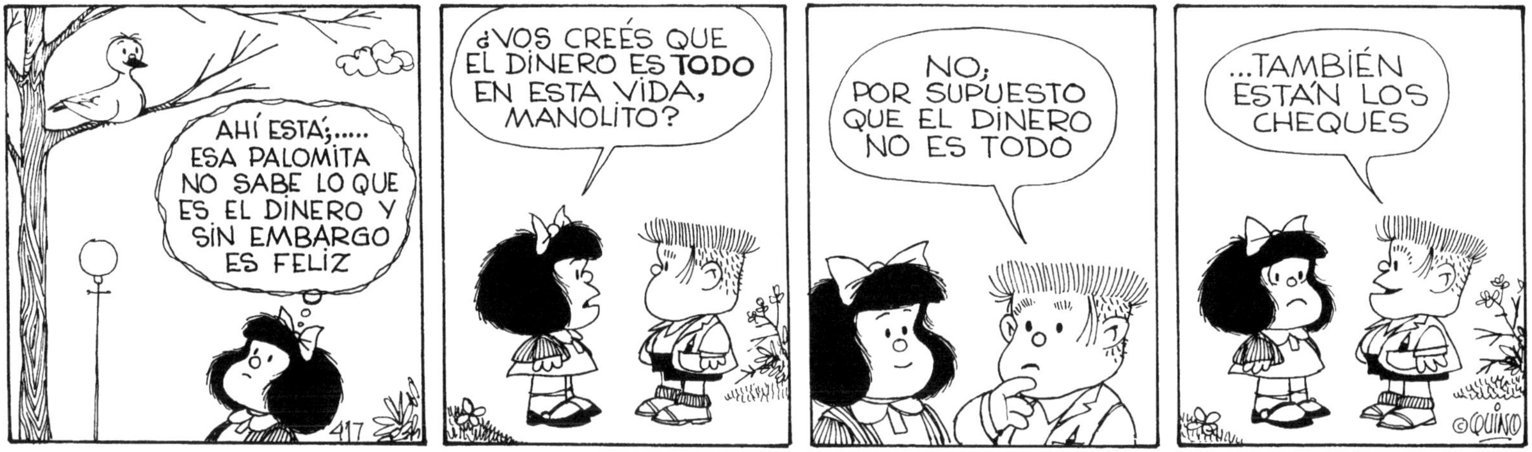
AHÍ ESTÁ;.....
ESA PALOMITA
NO SABE LO QUE
ES EL DINERO Y
SIN EMBARGO
ES FELIZ
417
¿VOS CREÉS QUE
EL DINERO ES **TODO**
EN ESTA VIDA,
MANOLITO?
NO;
POR SUPUESTO
QUE EL DINERO
NO ES TODO
...TAMBIÉN
ESTÁN LOS
CHEQUES
©QUINO

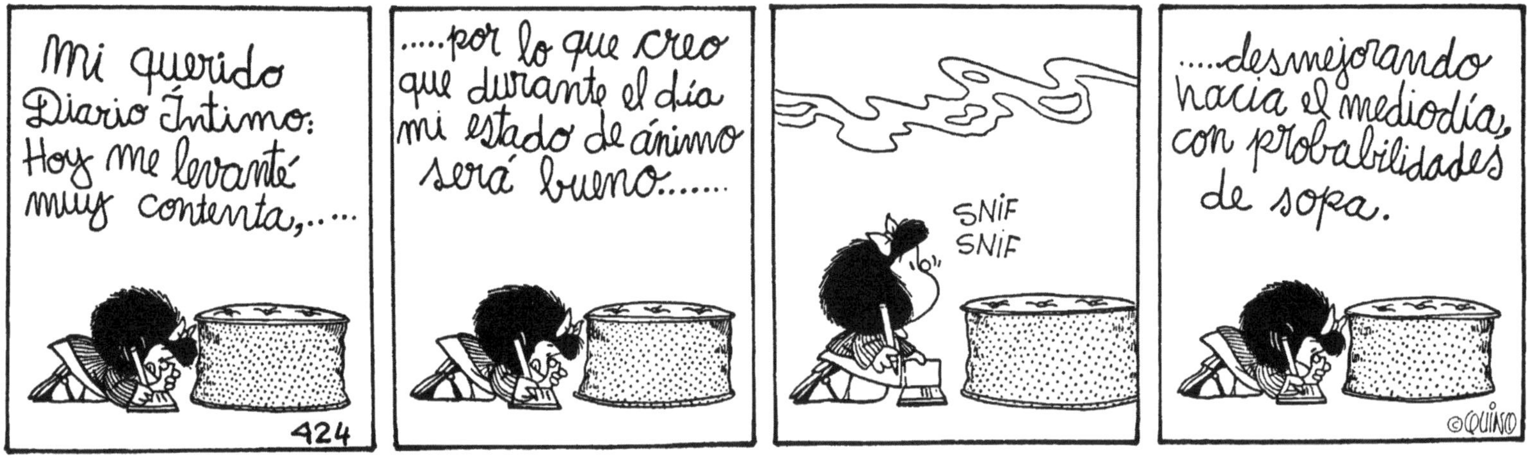
Mi querido
Diario Íntimo:
Hoy me levanté
muy contenta,.....
424
.....por lo que creo
que durante el día
mi estado de ánimo
será bueno......
SNIF
SNIF
.....desmejorando
hacia el mediodía,
con probabilidades
de sopa.
©QUINO

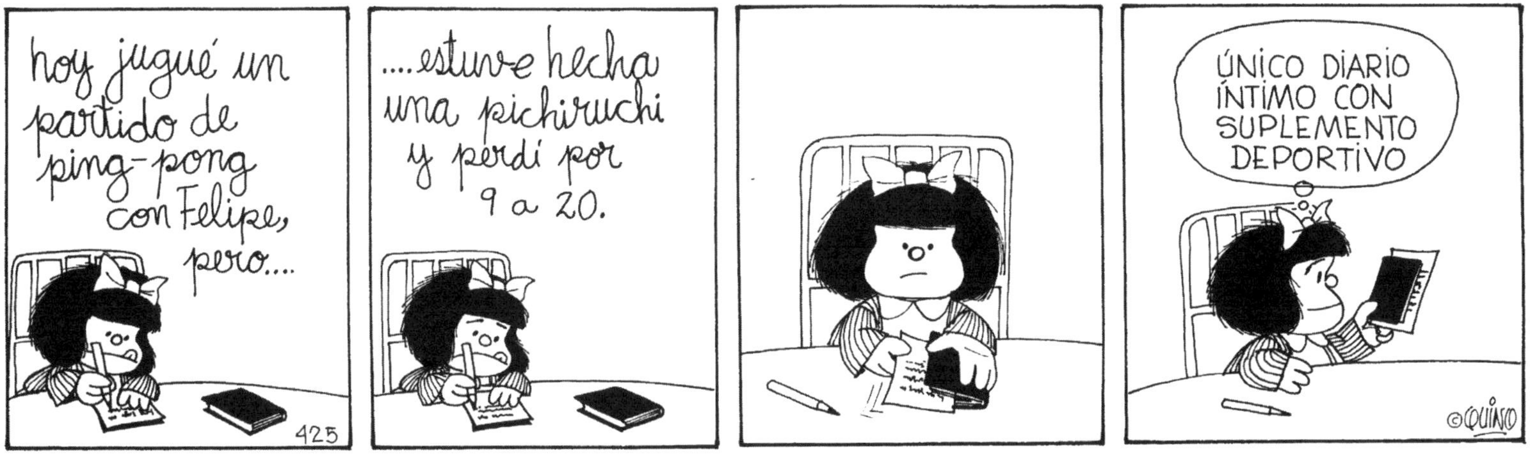
hoy jugué un partido de ping-pong con Felipe, pero....
425
....estuve hecha una pichiruchi y perdí por 9 a 20.
ÚNICO DIARIO ÍNTIMO CON SUPLEMENTO DEPORTIVO
©QUINO

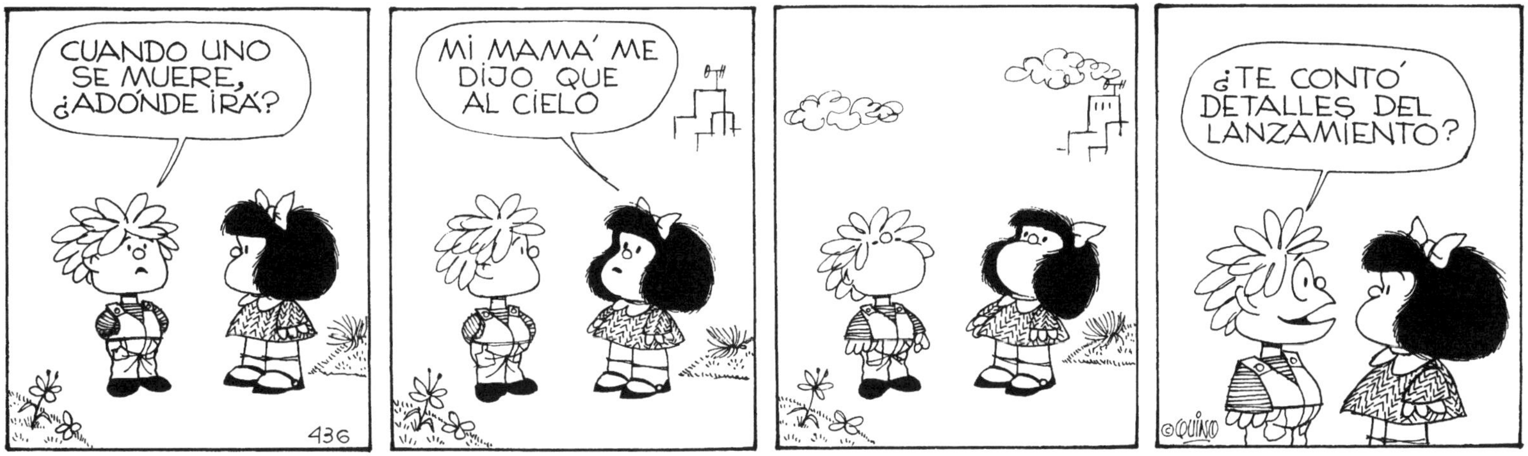
CUANDO UNO SE MUERE, ¿ADÓNDE IRÁ?
436
MI MAMÁ ME DIJO QUE AL CIELO
¿TE CONTÓ DETALLES DEL LANZAMIENTO?
©QUINO

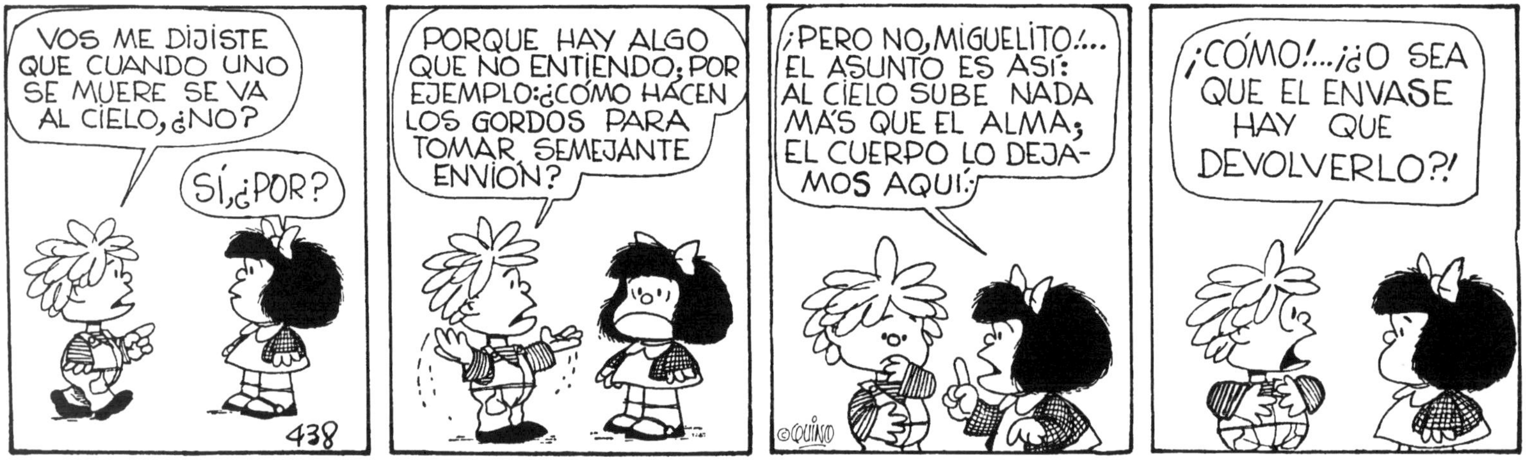
VOS ME DIJISTE QUE CUANDO UNO SE MUERE SE VA AL CIELO, ¿NO?
SÍ, ¿POR?
438
PORQUE HAY ALGO QUE NO ENTIENDO; POR EJEMPLO: ¿CÓMO HACEN LOS GORDOS PARA TOMAR SEMEJANTE ENVIÓN?
¡PERO NO, MIGUELITO!... EL ASUNTO ES ASÍ: AL CIELO SUBE NADA MÁS QUE EL ALMA; EL CUERPO LO DEJAMOS AQUÍ!
©QUINO
¡CÓMO!... ¡¿O SEA QUE EL ENVASE HAY QUE DEVOLVERLO?!

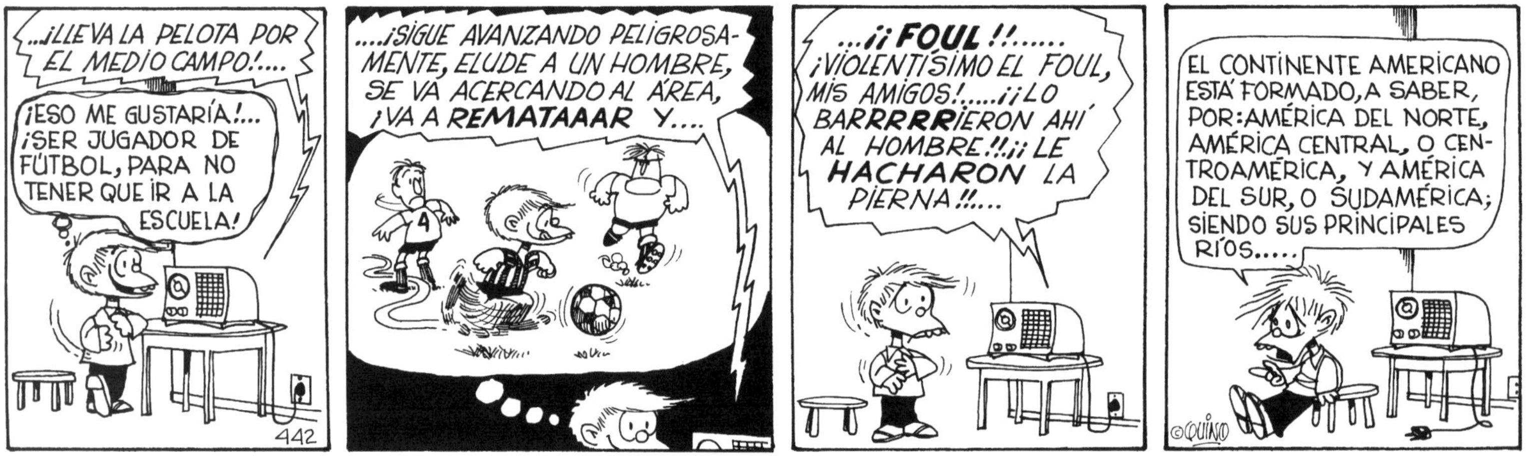
...¡LLEVA LA PELOTA POR EL MEDIO CAMPO!....
¡ESO ME GUSTARÍA!... ¡SER JUGADOR DE FÚTBOL, PARA NO TENER QUE IR A LA ESCUELA!
442
....¡SIGUE AVANZANDO PELIGROSAMENTE, ELUDE A UN HOMBRE, SE VA ACERCANDO AL ÁREA, ¡VA A REMATAAAR Y....
4
...¡¡ FOUL !!...... ¡VIOLENTÍSIMO EL FOUL, MIS AMIGOS!.....¡¡LO BARRRRRIERON AHÍ AL HOMBRE!!¡¡ LE HACHARON LA PIERNA!!...
EL CONTINENTE AMERICANO ESTÁ FORMADO, A SABER, POR: AMÉRICA DEL NORTE, AMÉRICA CENTRAL, O CENTROAMÉRICA, Y AMÉRICA DEL SUR, O SUDAMÉRICA; SIENDO SUS PRINCIPALES RÍOS.....
©QUINO

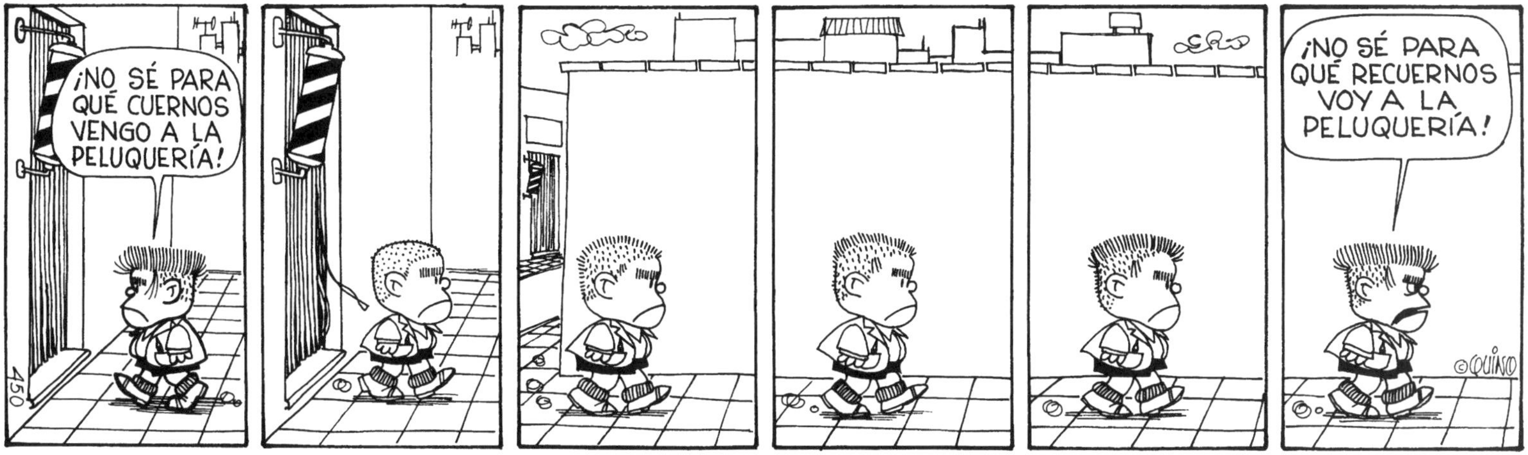
450
¡NO SÉ PARA QUÉ CUERNOS VENGO A LA PELUQUERÍA!
¡NO SÉ PARA QUÉ RECUERNOS VOY A LA PELUQUERÍA!
©QUINO

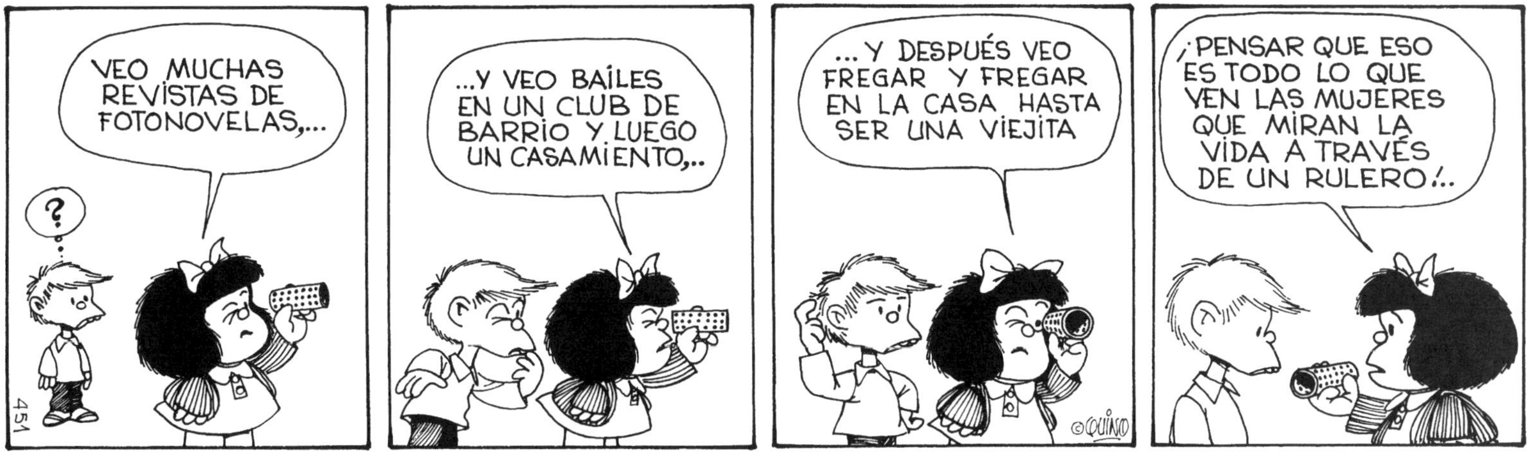
451
VEO MUCHAS REVISTAS DE FOTONOVELAS,...
?
...Y VEO BAILES EN UN CLUB DE BARRIO Y LUEGO UN CASAMIENTO,..
...Y DESPUÉS VEO FREGAR Y FREGAR EN LA CASA HASTA SER UNA VIEJITA
©QUINO
¡PENSAR QUE ESO ES TODO LO QUE VEN LAS MUJERES QUE MIRAN LA VIDA A TRAVÉS DE UN RULERO!..

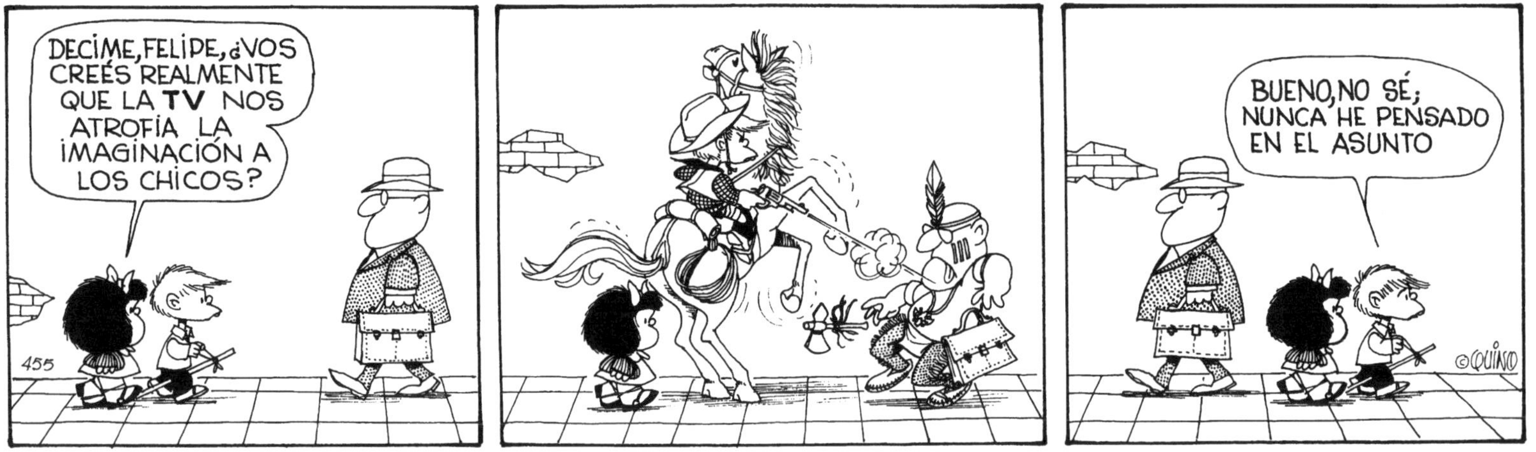
DECIME, FELIPE, ¿VOS CREÉS REALMENTE QUE LA TV NOS ATROFIA LA IMAGINACIÓN A LOS CHICOS?
455
BUENO, NO SÉ; NUNCA HE PENSADO EN EL ASUNTO
©QUINO

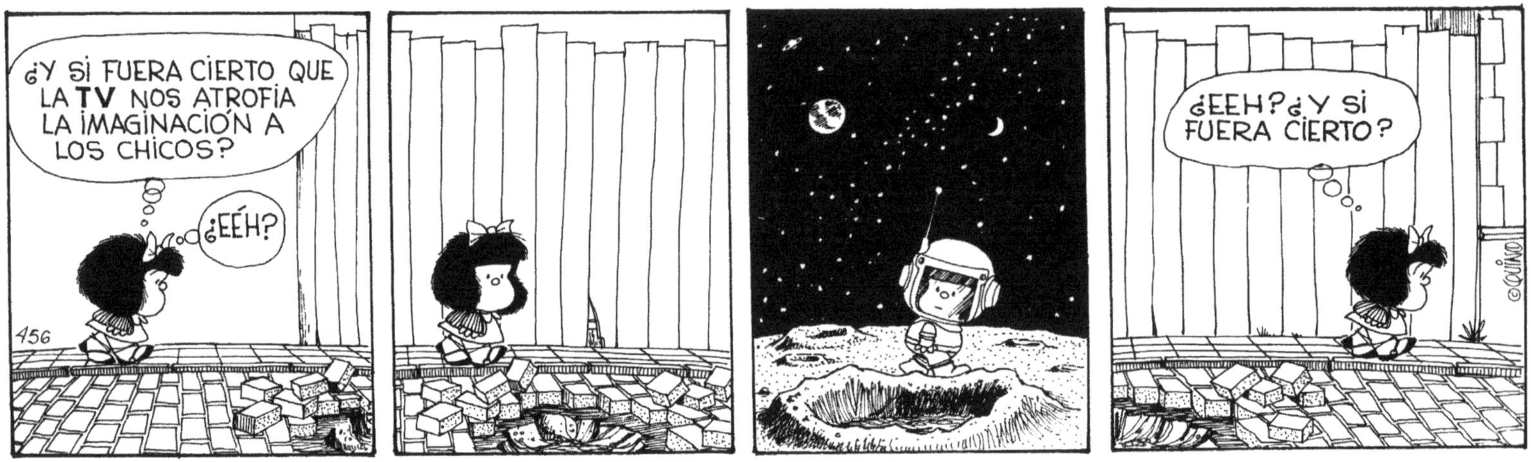
¿Y SI FUERA CIERTO QUE LA TV NOS ATROFIA LA IMAGINACIÓN A LOS CHICOS?
¿EÉH?
456
¿EEH? ¿Y SI FUERA CIERTO?
©QUINO

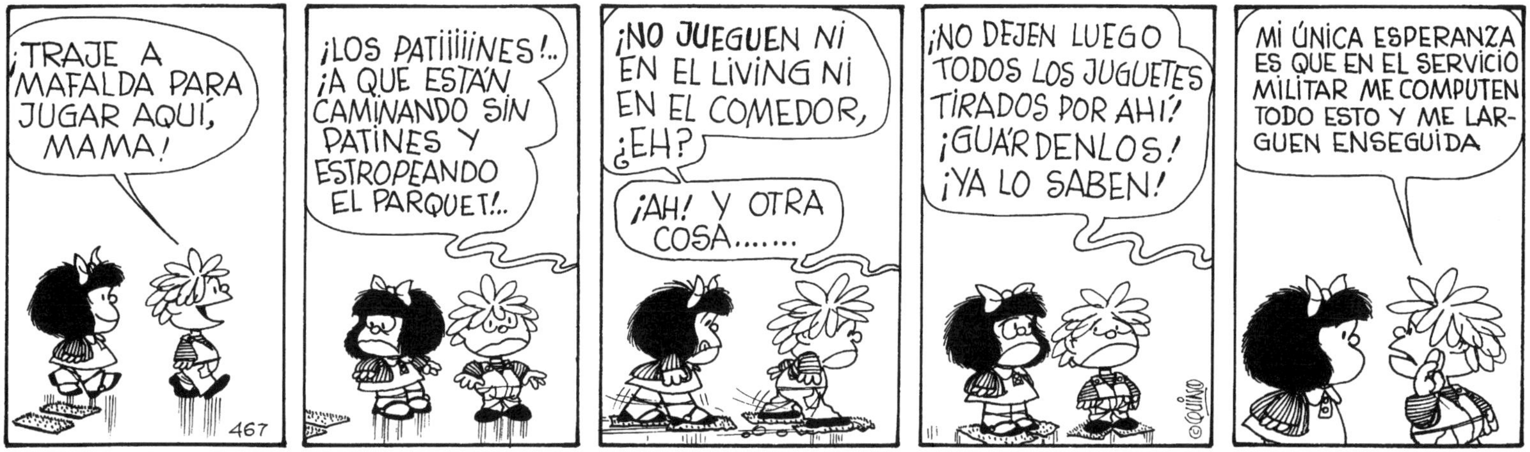
¡TRAJE A MAFALDA PARA JUGAR AQUÍ, MAMÁ!
467
¡LOS PATIIIIIINES!.. ¡A QUE ESTÁN CAMINANDO SIN PATINES Y ESTROPEANDO EL PARQUET!..
¡NO JUEGUEN NI EN EL LIVING NI EN EL COMEDOR, ¿EH?
¡AH! Y OTRA COSA.......
¡NO DEJEN LUEGO TODOS LOS JUGUETES TIRADOS POR AHÍ! ¡GUÁRDENLOS! ¡YA LO SABEN!
©QUINO
MI ÚNICA ESPERANZA ES QUE EN EL SERVICIO MILITAR ME COMPUTEN TODO ESTO Y ME LARGUEN ENSEGUIDA

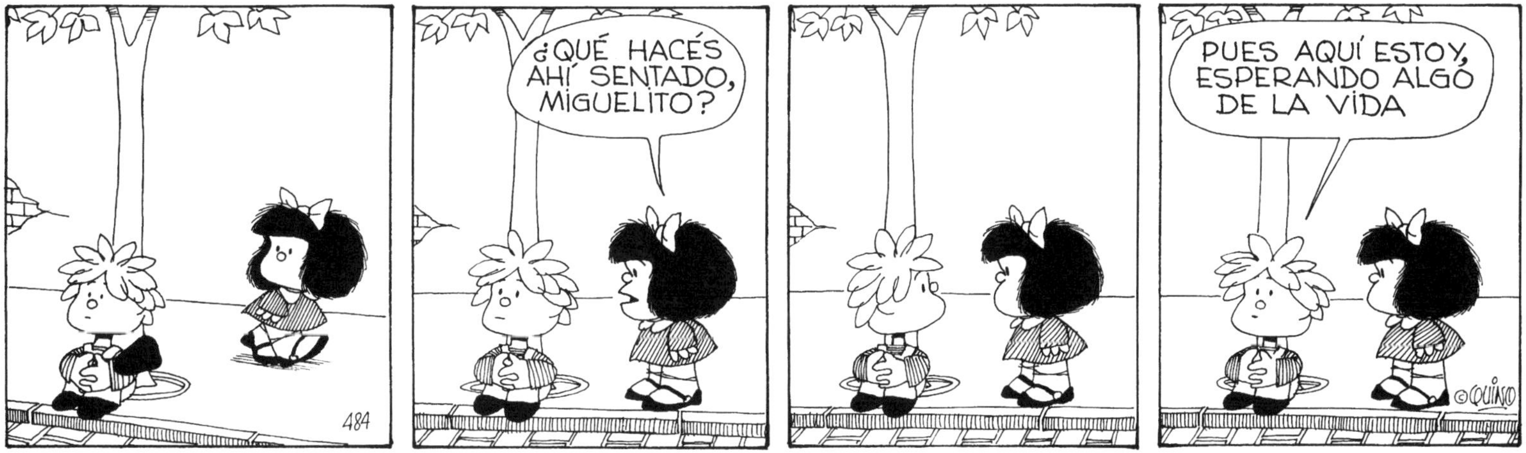
484
¿QUÉ HACÉS AHÍ SENTADO, MIGUELITO?
PUES AQUÍ ESTOY, ESPERANDO ALGO DE LA VIDA
©QUINO

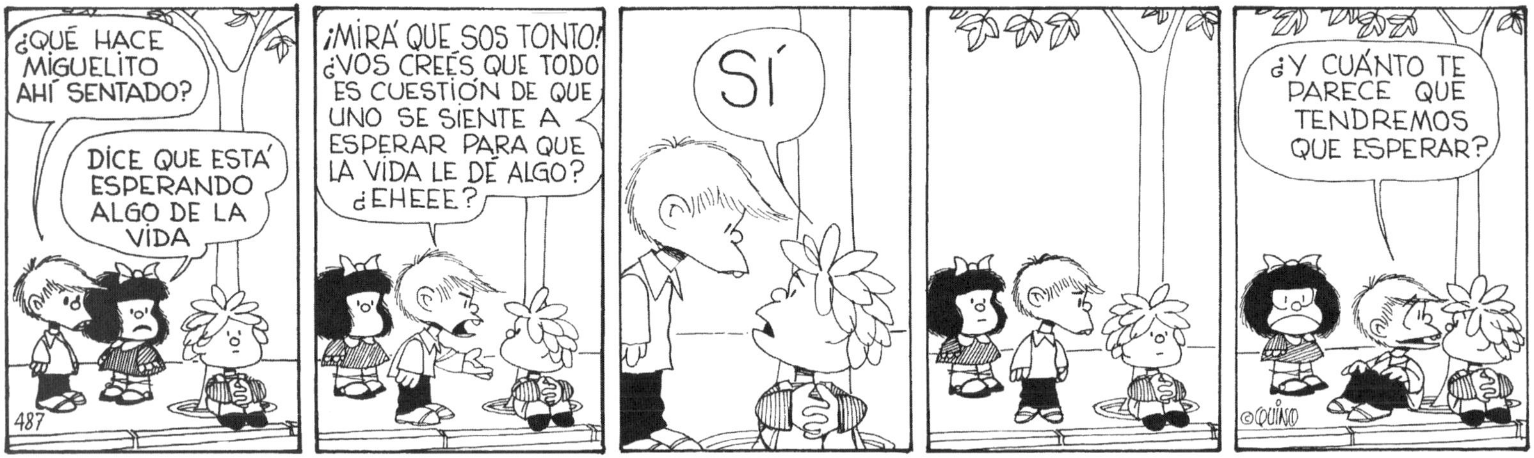
¿QUÉ HACE MIGUELITO AHÍ SENTADO?
DICE QUE ESTÁ ESPERANDO ALGO DE LA VIDA
487
¡MIRÁ QUE SOS TONTO! ¿VOS CREÉS QUE TODO ES CUESTIÓN DE QUE UNO SE SIENTE A ESPERAR PARA QUE LA VIDA LE DÉ ALGO? ¿EHEEE?
SÍ
¿Y CUÁNTO TE PARECE QUE TENDREMOS QUE ESPERAR?
©QUINO

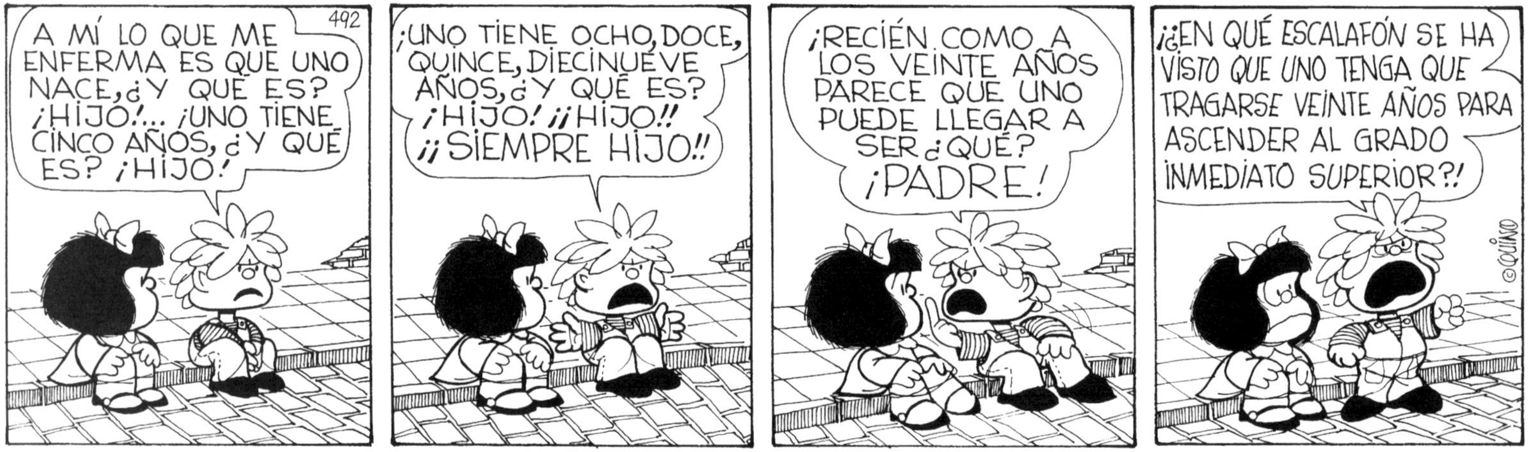
492
A MÍ LO QUE ME ENFERMA ES QUE UNO NACE, ¿Y QUÉ ES? ¡HIJO!... ¡UNO TIENE CINCO AÑOS, ¿Y QUÉ ES? ¡HIJO!
¡UNO TIENE OCHO, DOCE, QUINCE, DIECINUEVE AÑOS, ¿Y QUÉ ES? ¡HIJO! ¡¡HIJO!! ¡¡SIEMPRE HIJO!!
¡RECIÉN COMO A LOS VEINTE AÑOS PARECE QUE UNO PUEDE LLEGAR A SER ¿QUÉ? ¡PADRE!
¡¿EN QUÉ ESCALAFÓN SE HA VISTO QUE UNO TENGA QUE TRAGARSE VEINTE AÑOS PARA ASCENDER AL GRADO INMEDIATO SUPERIOR?!
©QUINO

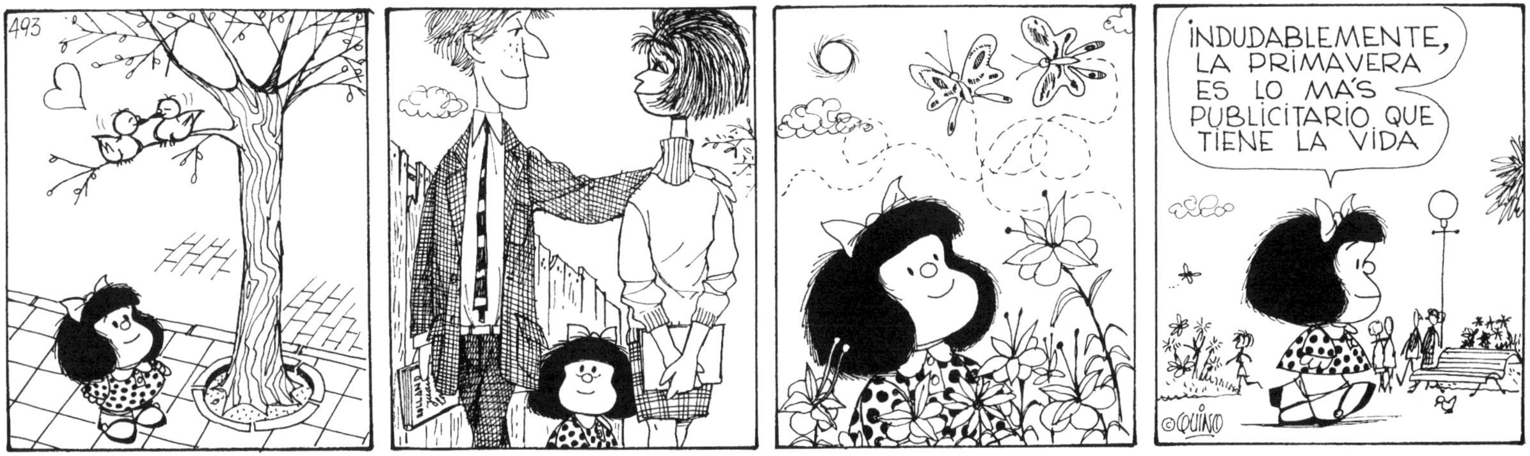
493
INDUDABLEMENTE, LA PRIMAVERA ES LO MÁS PUBLICITARIO QUE TIENE LA VIDA
©QUINO

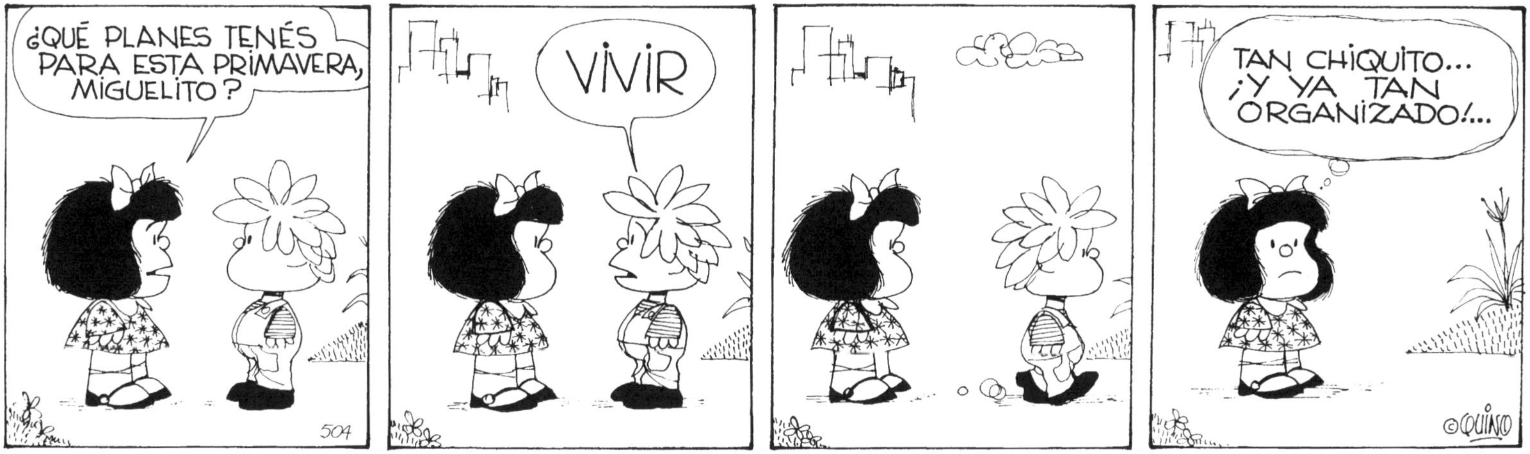
¿QUÉ PLANES TENÉS PARA ESTA PRIMAVERA, MIGUELITO?
504
VIVIR
TAN CHIQUITO... ¡Y YA TAN ORGANIZADO!...
©QUINO

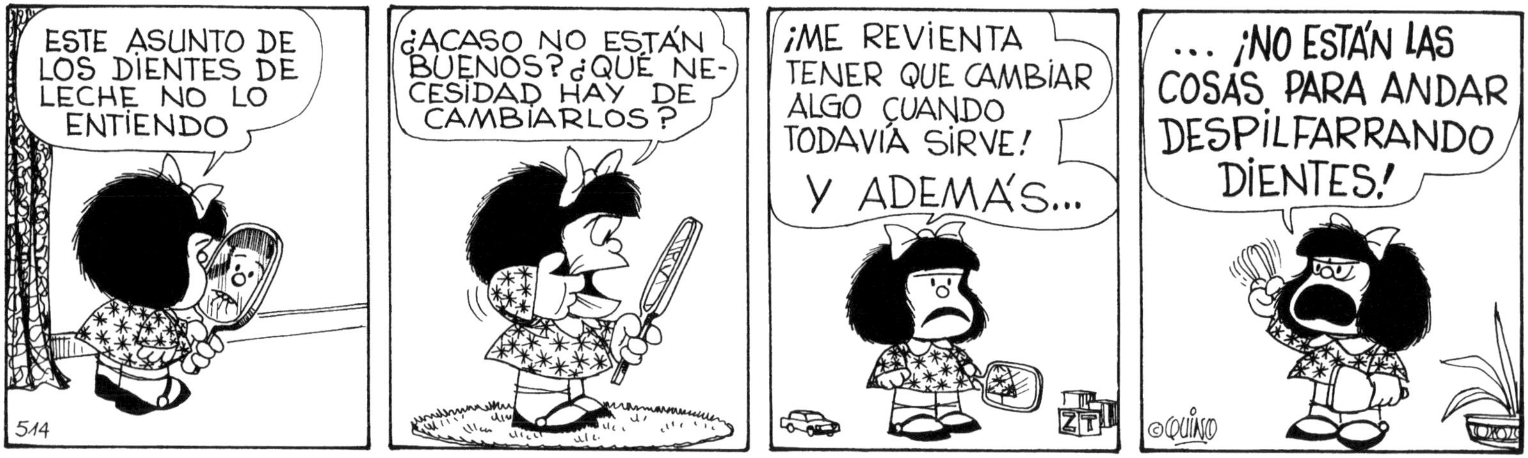
ESTE ASUNTO DE LOS DIENTES DE LECHE NO LO ENTIENDO
514
¿ACASO NO ESTÁN BUENOS? ¿QUÉ NECESIDAD HAY DE CAMBIARLOS?
¡ME REVIENTA TENER QUE CAMBIAR ALGO CUANDO TODAVÍA SIRVE!
Y ADEMÁS...
... ¡NO ESTÁN LAS COSAS PARA ANDAR DESPILFARRANDO DIENTES!
©QUINO

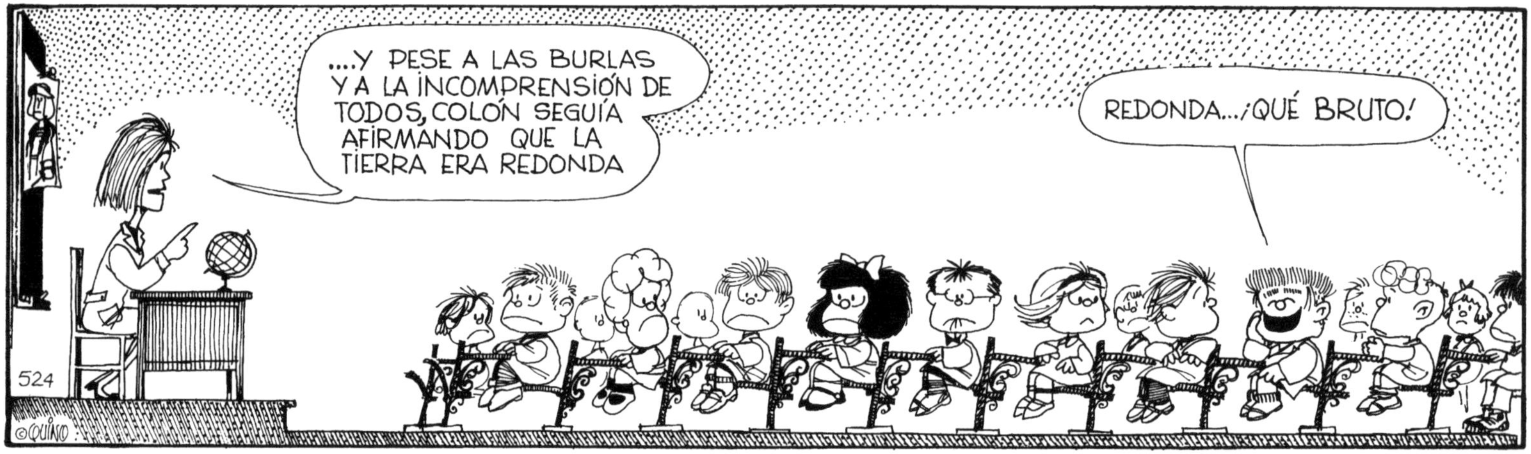
....Y PESE A LAS BURLAS Y A LA INCOMPRENSIÓN DE TODOS, COLÓN SEGUÍA AFIRMANDO QUE LA TIERRA ERA REDONDA
REDONDA...¡QUÉ BRUTO!
524
©QUINO

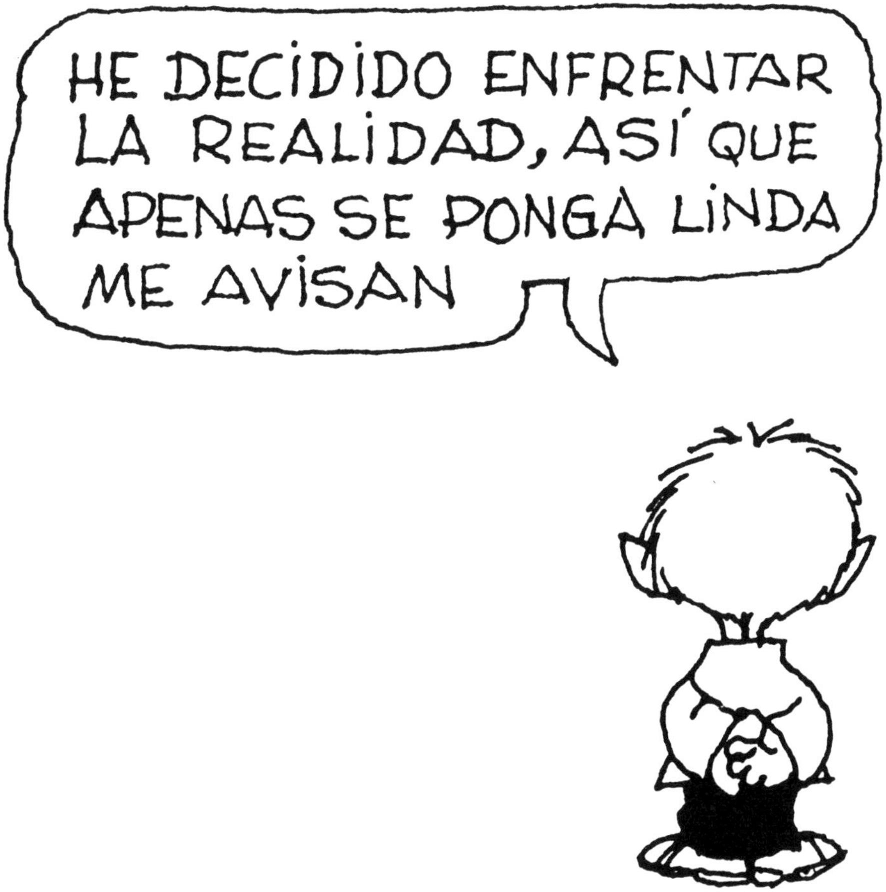
HE DECIDIDO ENFRENTAR LA REALIDAD, ASÍ QUE APENAS SE PONGA LINDA ME AVISAN

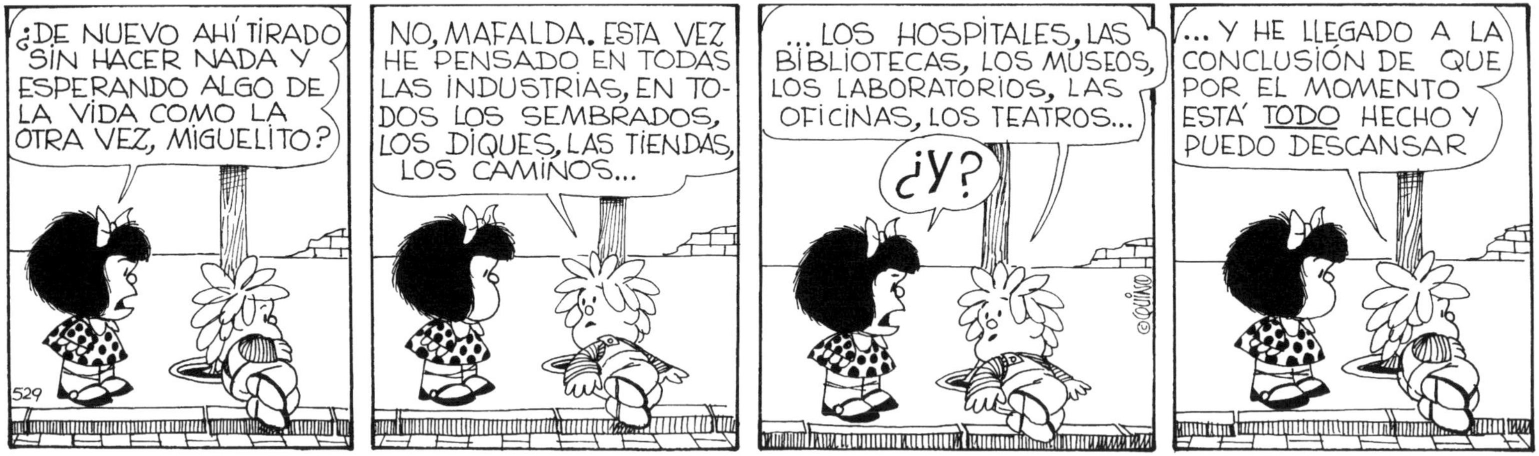
¿DE NUEVO AHÍ TIRADO SIN HACER NADA Y ESPERANDO ALGO DE LA VIDA COMO LA OTRA VEZ, MIGUELITO?
529
NO, MAFALDA. ESTA VEZ HE PENSADO EN TODAS LAS INDUSTRIAS, EN TODOS LOS SEMBRADOS, LOS DIQUES, LAS TIENDAS, LOS CAMINOS...
... LOS HOSPITALES, LAS BIBLIOTECAS, LOS MUSEOS, LOS LABORATORIOS, LAS OFICINAS, LOS TEATROS...
¿Y?
©QUINO
... Y HE LLEGADO A LA CONCLUSIÓN DE QUE POR EL MOMENTO ESTÁ TODO HECHO Y PUEDO DESCANSAR

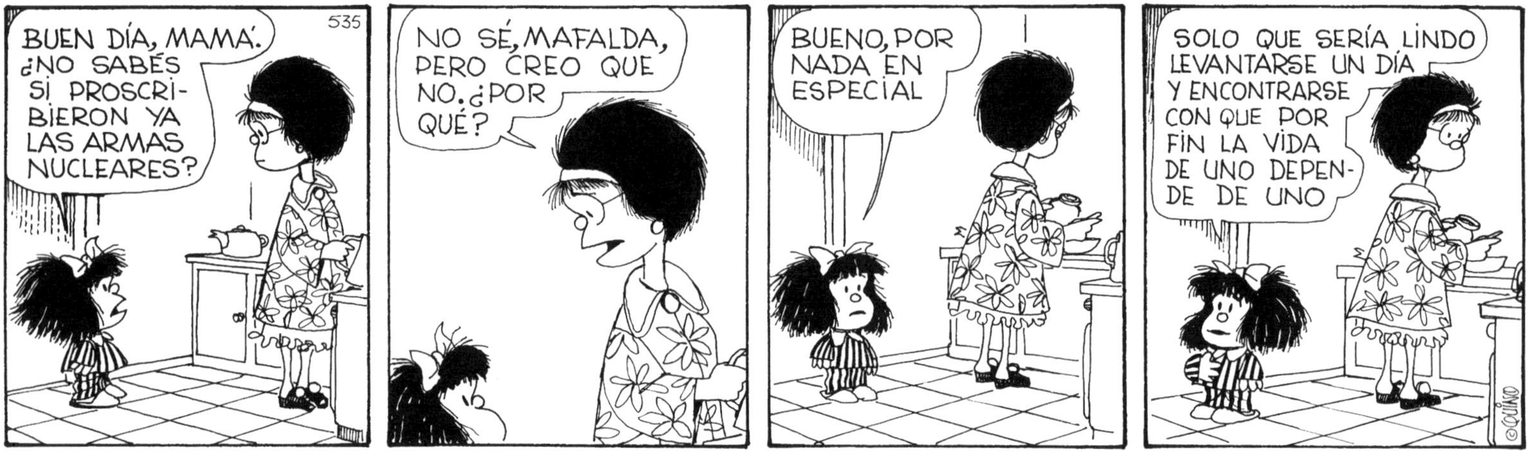
535
BUEN DÍA, MAMÁ. ¿NO SABÉS SI PROSCRIBIERON YA LAS ARMAS NUCLEARES?
NO SÉ, MAFALDA, PERO CREO QUE NO. ¿POR QUÉ?
BUENO, POR NADA EN ESPECIAL
SOLO QUE SERÍA LINDO LEVANTARSE UN DÍA Y ENCONTRARSE CON QUE POR FIN LA VIDA DE UNO DEPENDE DE UNO
©QUINO

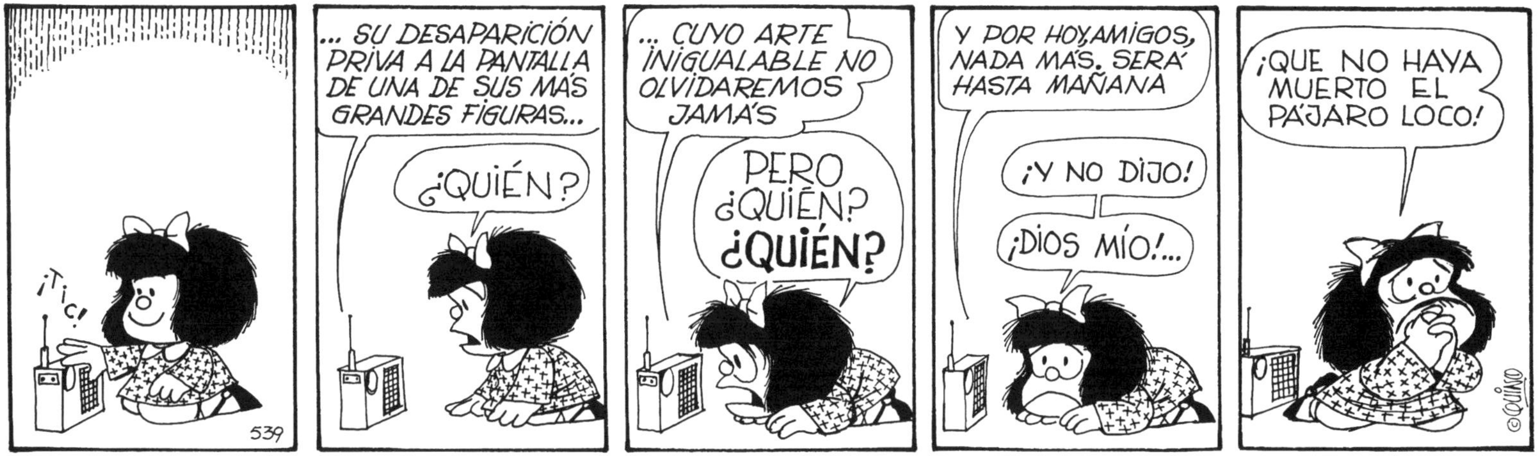
¡TIC!
539
... SU DESAPARICIÓN PRIVA A LA PANTALLA DE UNA DE SUS MÁS GRANDES FIGURAS...
¿QUIÉN?
... CUYO ARTE INIGUALABLE NO OLVIDAREMOS JAMÁS
PERO ¿QUIÉN? ¿QUIÉN?
Y POR HOY, AMIGOS, NADA MÁS. SERÁ HASTA MAÑANA
¡Y NO DIJO!
¡DIOS MÍO!...
¡QUE NO HAYA MUERTO EL PÁJARO LOCO!
©QUINO

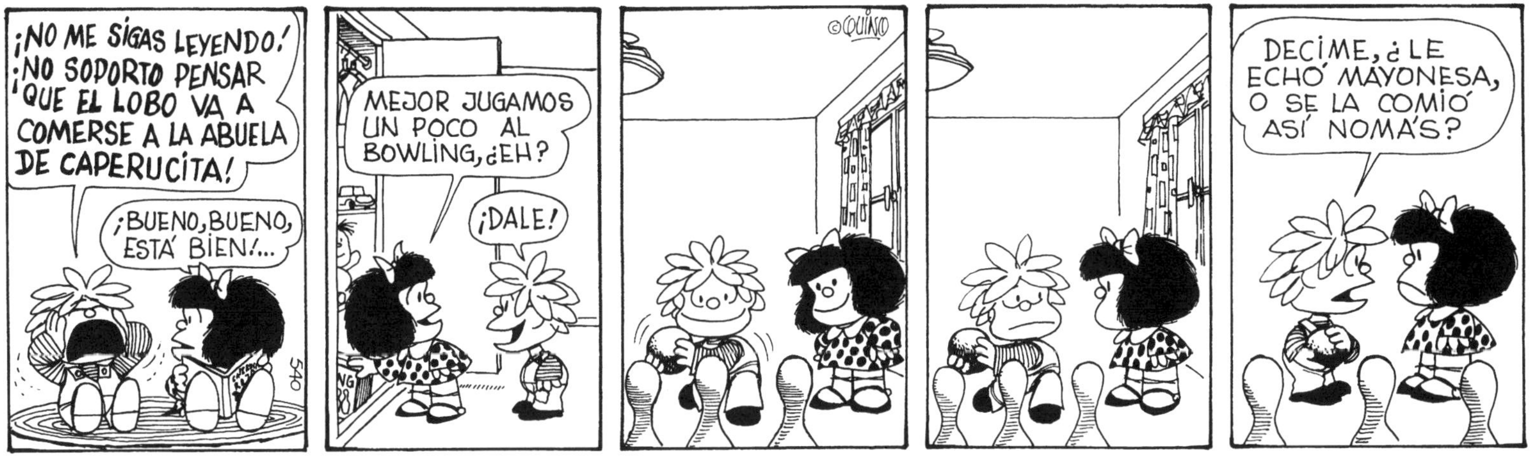
¡NO ME SIGAS LEYENDO! ¡NO SOPORTO PENSAR QUE EL LOBO VA A COMERSE A LA ABUELA DE CAPERUCITA!
¡BUENO, BUENO, ESTÁ BIEN!...
540
MEJOR JUGAMOS UN POCO AL BOWLING, ¿EH?
¡DALE!
©QUINO
DECIME, ¿LE ECHÓ MAYONESA, O SE LA COMIÓ ASÍ NOMÁS?

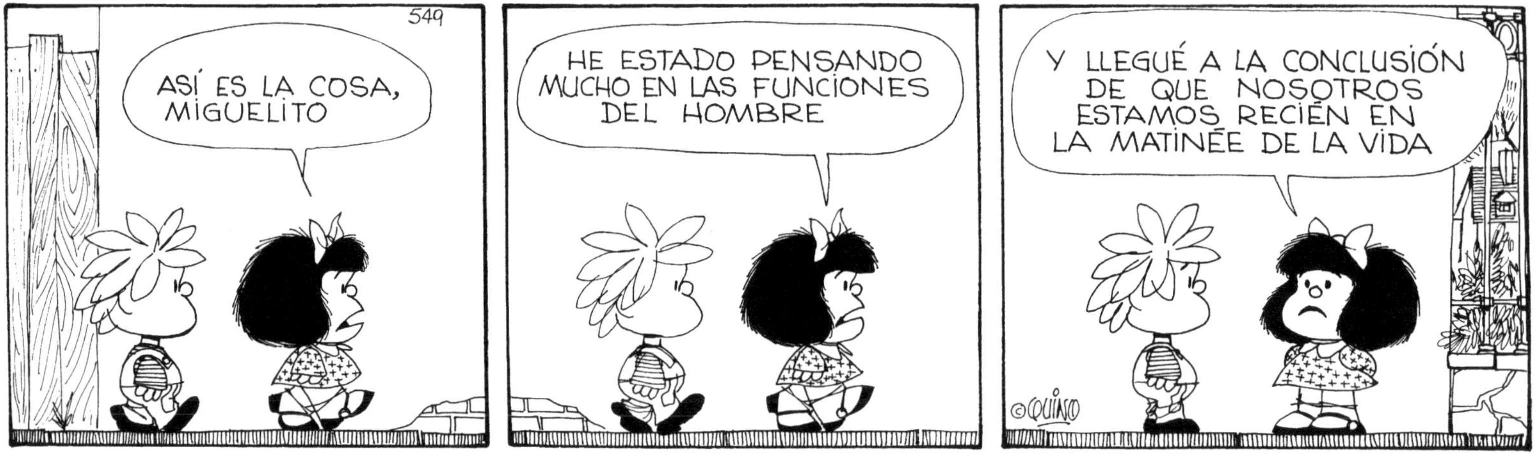
549
ASÍ ES LA COSA, MIGUELITO
HE ESTADO PENSANDO MUCHO EN LAS FUNCIONES DEL HOMBRE
Y LLEGUÉ A LA CONCLUSIÓN DE QUE NOSOTROS ESTAMOS RECIÉN EN LA MATINÉE DE LA VIDA
©QUINO

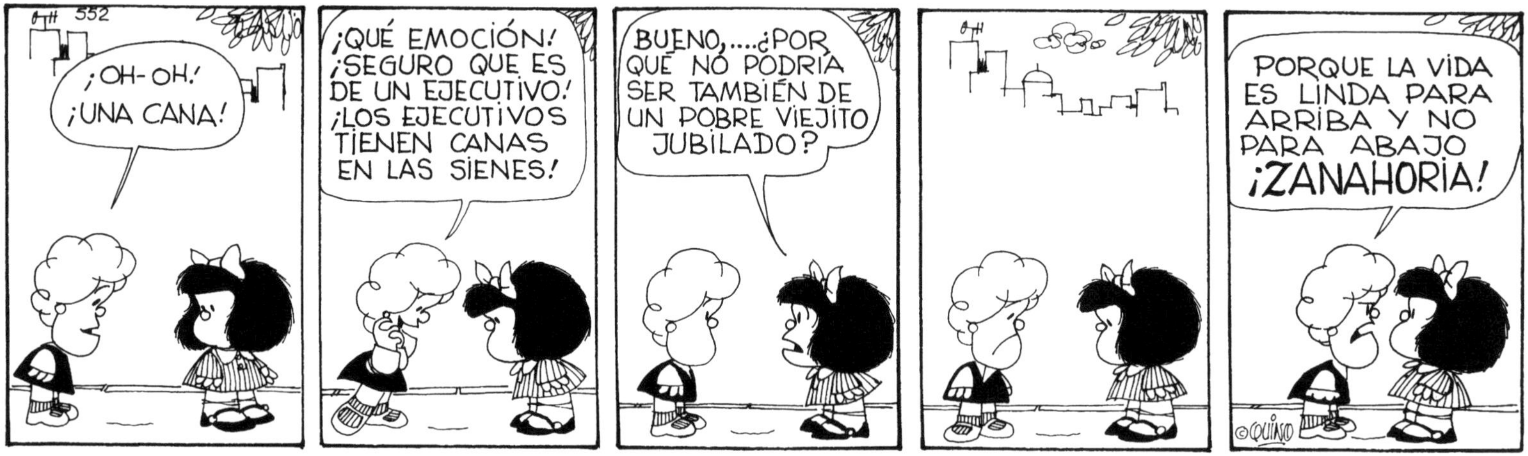
552
¡OH-OH! ¡UNA CANA!
¡QUÉ EMOCIÓN! ¡SEGURO QUE ES DE UN EJECUTIVO! ¡LOS EJECUTIVOS TIENEN CANAS EN LAS SIENES!
BUENO,....¿POR QUÉ NO PODRÍA SER TAMBIÉN DE UN POBRE VIEJITO JUBILADO?
PORQUE LA VIDA ES LINDA PARA ARRIBA Y NO PARA ABAJO ¡ZANAHORIA!
©QUINO

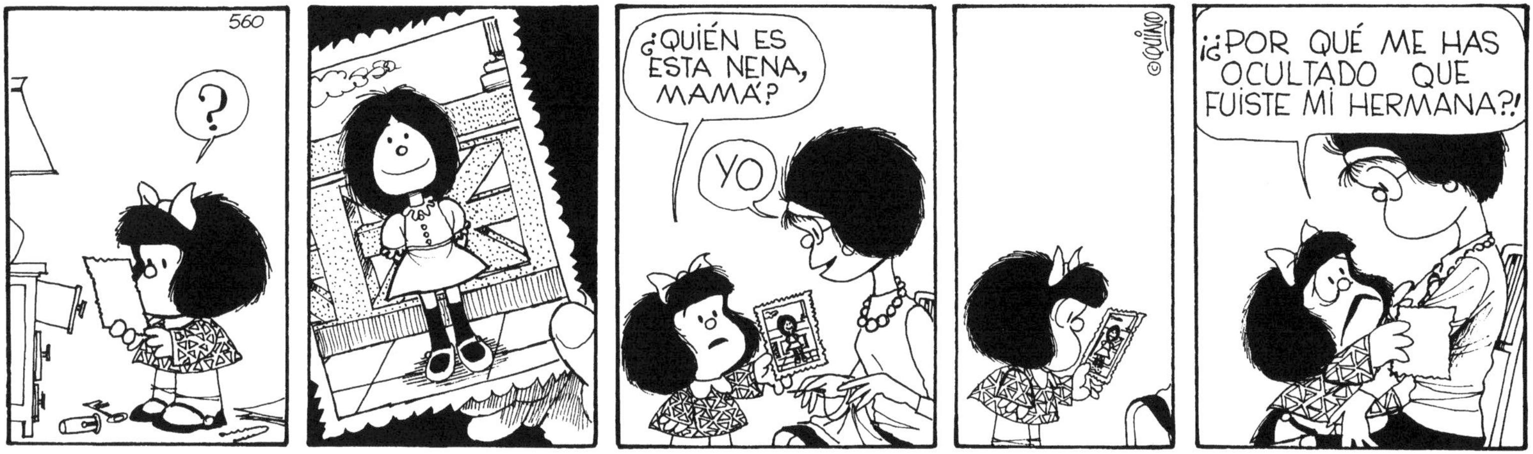
560
?
¿QUIÉN ES ESTA NENA, MAMÁ?
YO
©QUINO
¡¿POR QUÉ ME HAS OCULTADO QUE FUISTE MI HERMANA?!

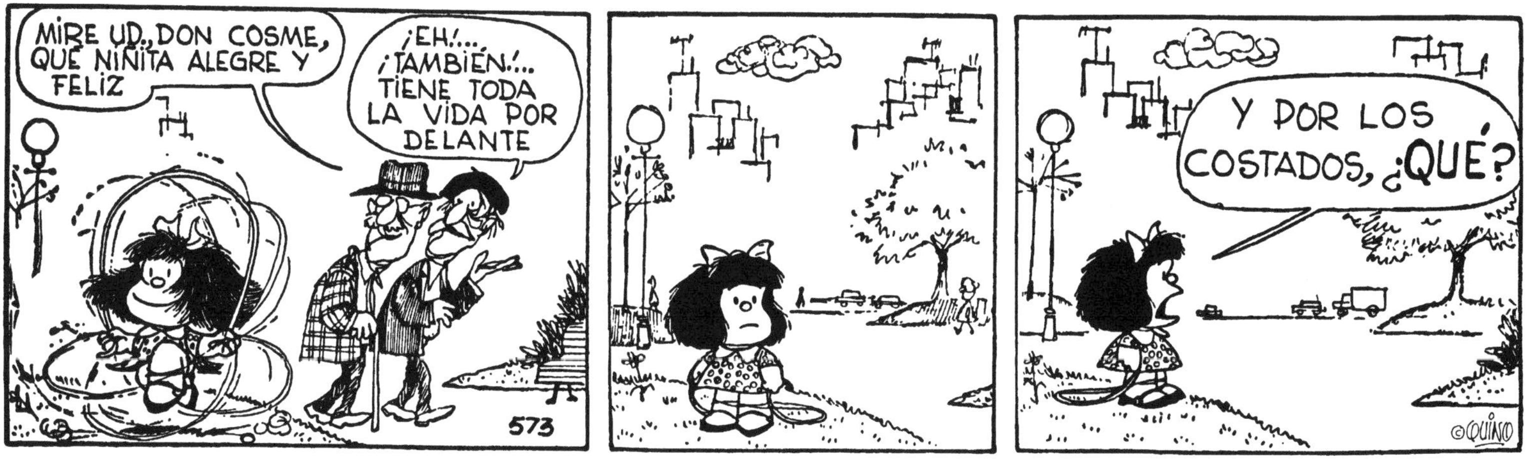
MIRE UD., DON COSME, QUÉ NIÑITA ALEGRE Y FELIZ
¡EH!... ¡TAMBIÉN!... TIENE TODA LA VIDA POR DELANTE
573
Y POR LOS COSTADOS, ¿QUÉ?
©QUINO

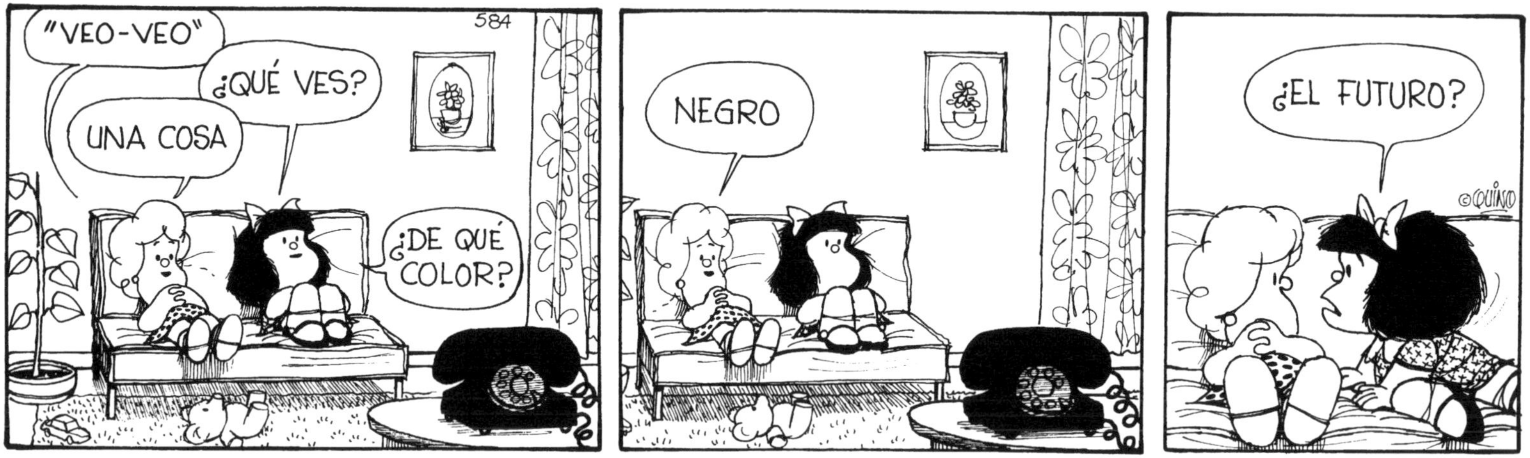
584
"VEO-VEO"
¿QUÉ VES?
UNA COSA
¿DE QUÉ COLOR?
NEGRO
¿EL FUTURO?
©QUINO

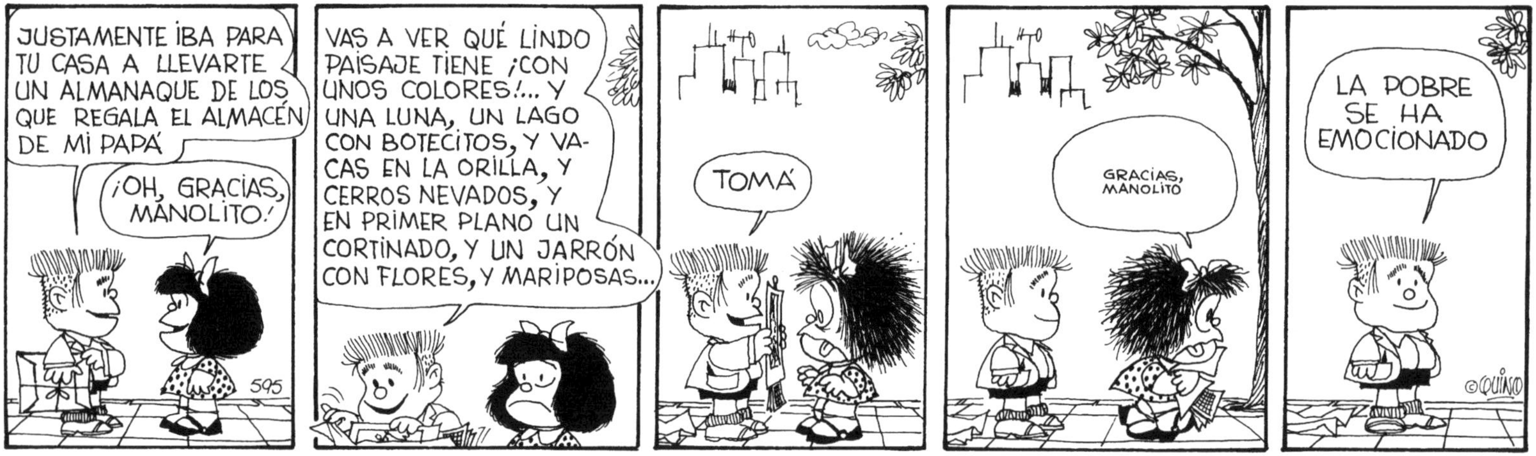
JUSTAMENTE IBA PARA TU CASA A LLEVARTE UN ALMANAQUE DE LOS QUE REGALA EL ALMACÉN DE MI PAPÁ
¡OH, GRACIAS, MANOLITO!
595
VAS A VER QUÉ LINDO PAISAJE TIENE ¡CON UNOS COLORES!... Y UNA LUNA, UN LAGO CON BOTECITOS, Y VACAS EN LA ORILLA, Y CERROS NEVADOS, Y EN PRIMER PLANO UN CORTINADO, Y UN JARRÓN CON FLORES, Y MARIPOSAS...
TOMÁ
GRACIAS, MANOLITO
LA POBRE SE HA EMOCIONADO
©QUINO

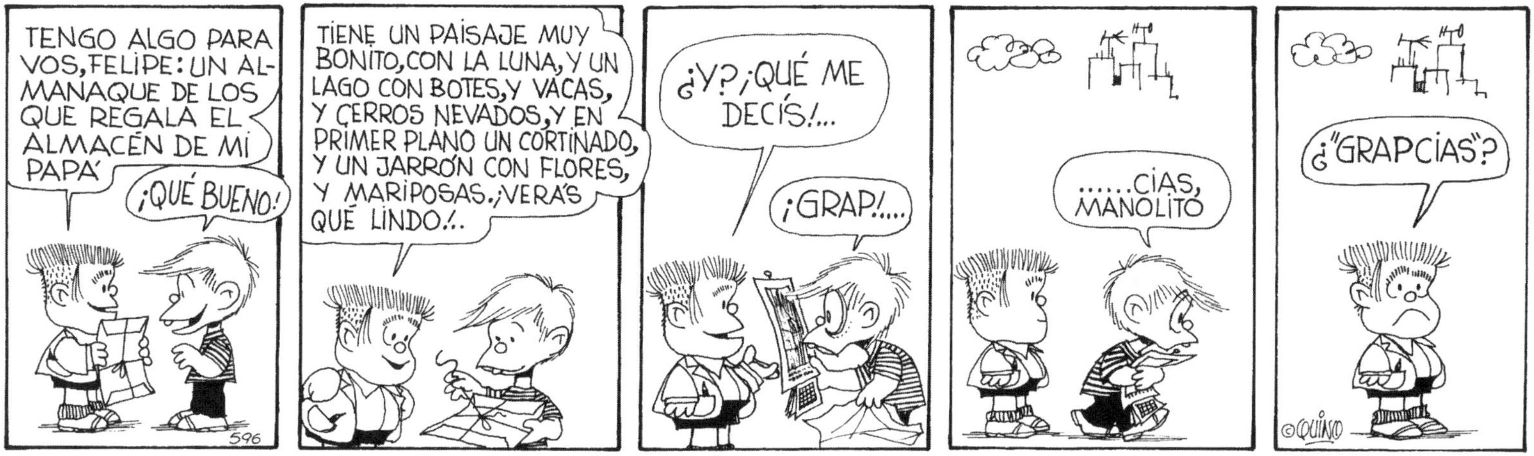
TENGO ALGO PARA VOS, FELIPE: UN ALMANAQUE DE LOS QUE REGALA EL ALMACÉN DE MI PAPÁ
¡QUÉ BUENO!
TIENE UN PAISAJE MUY BONITO, CON LA LUNA, Y UN LAGO CON BOTES, Y VACAS, Y CERROS NEVADOS, Y EN PRIMER PLANO UN CORTINADO, Y UN JARRÓN CON FLORES, Y MARIPOSAS. ¡VERÁS QUÉ LINDO!..
¿Y? ¡QUÉ ME DECÍS!...
¡GRAP!....
......CIAS, MANOLITO
¿"GRAPCIAS"?
596
©QUINO

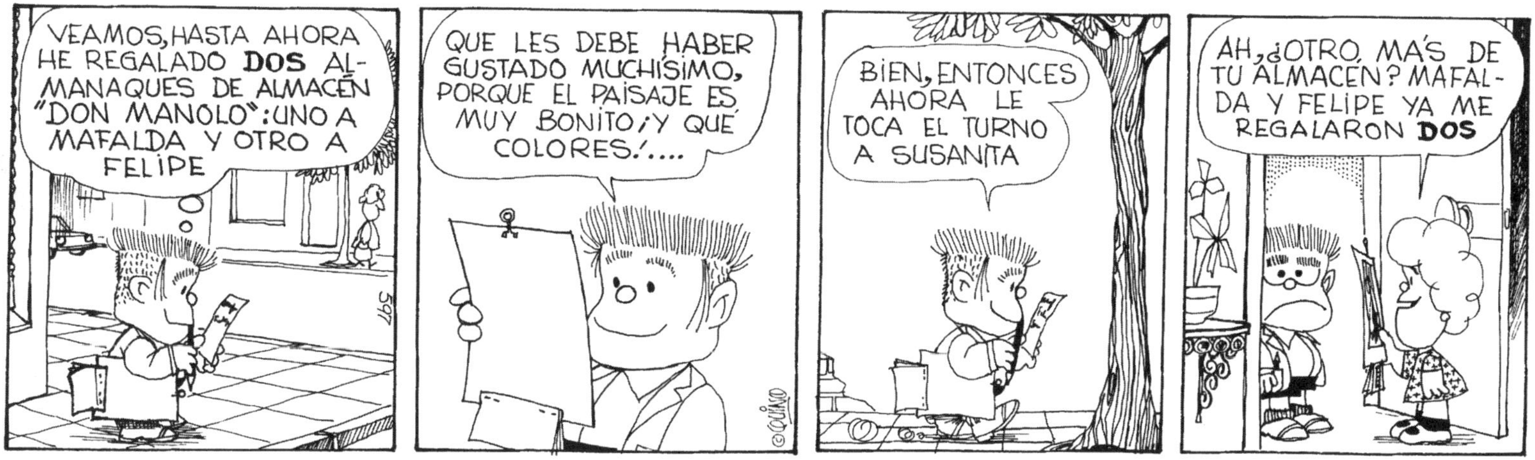
VEAMOS, HASTA AHORA HE REGALADO DOS ALMANAQUES DE ALMACÉN "DON MANOLO": UNO A MAFALDA Y OTRO A FELIPE
QUE LES DEBE HABER GUSTADO MUCHÍSIMO, PORQUE EL PAISAJE ES MUY BONITO ¡Y QUÉ COLORES!....
BIEN, ENTONCES AHORA LE TOCA EL TURNO A SUSANITA
AH, ¿OTRO MÁS DE TU ALMACÉN? MAFALDA Y FELIPE YA ME REGALARON DOS
597
©QUINO

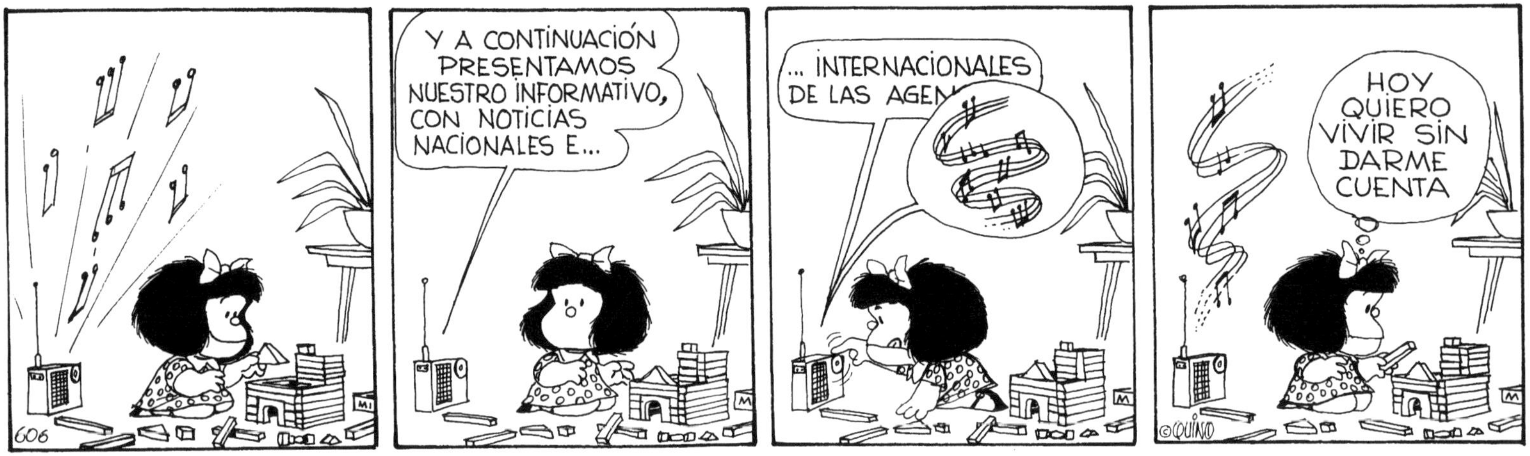
606
Y A CONTINUACIÓN PRESENTAMOS NUESTRO INFORMATIVO, CON NOTICIAS NACIONALES E...
... INTERNACIONALES DE LAS AGEN
HOY QUIERO VIVIR SIN DARME CUENTA
©QUINO

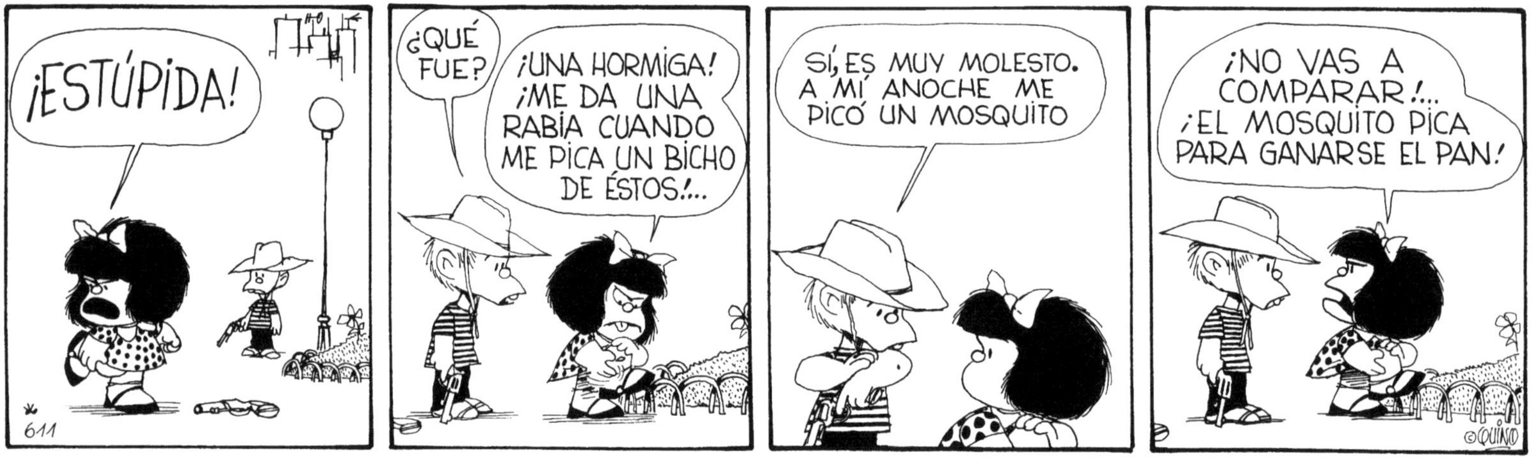
611
¡ESTÚPIDA!
¿QUÉ FUE?
¡UNA HORMIGA! ¡ME DA UNA RABIA CUANDO ME PICA UN BICHO DE ÉSTOS!...
SÍ, ES MUY MOLESTO. A MÍ ANOCHE ME PICÓ UN MOSQUITO
¡NO VAS A COMPARAR!... ¡EL MOSQUITO PICA PARA GANARSE EL PAN!
©QUINO

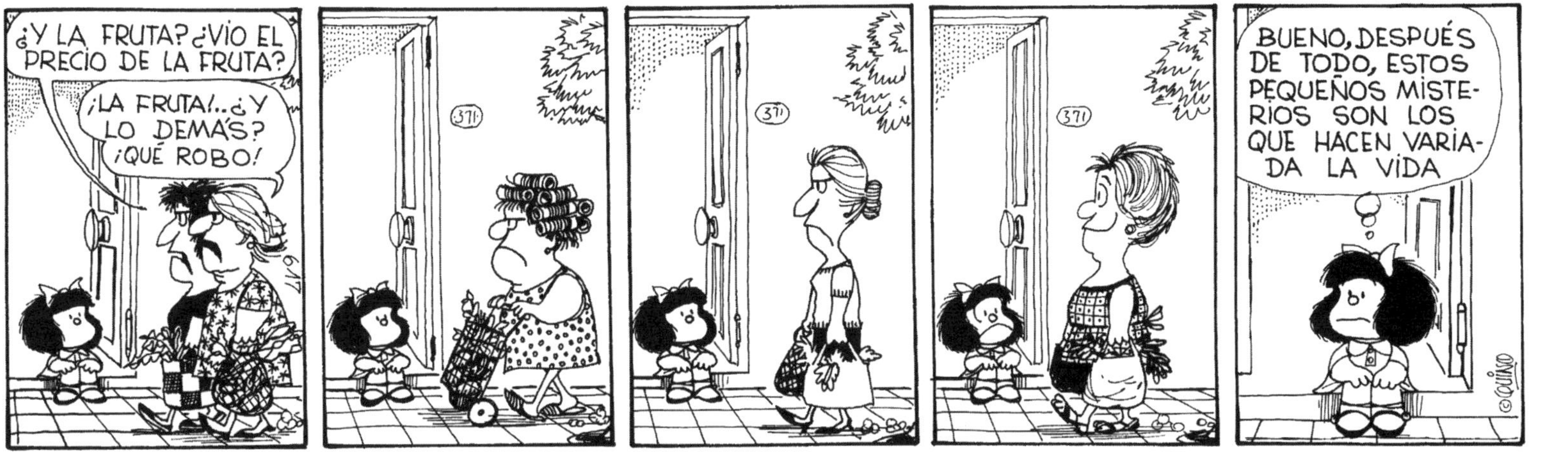
¿Y LA FRUTA? ¿VIO EL PRECIO DE LA FRUTA?
¡LA FRUTA!.. ¿Y LO DEMÁS? ¡QUÉ ROBO!
371
371
371
BUENO, DESPUÉS DE TODO, ESTOS PEQUEÑOS MISTERIOS SON LOS QUE HACEN VARIADA LA VIDA
©QUINO

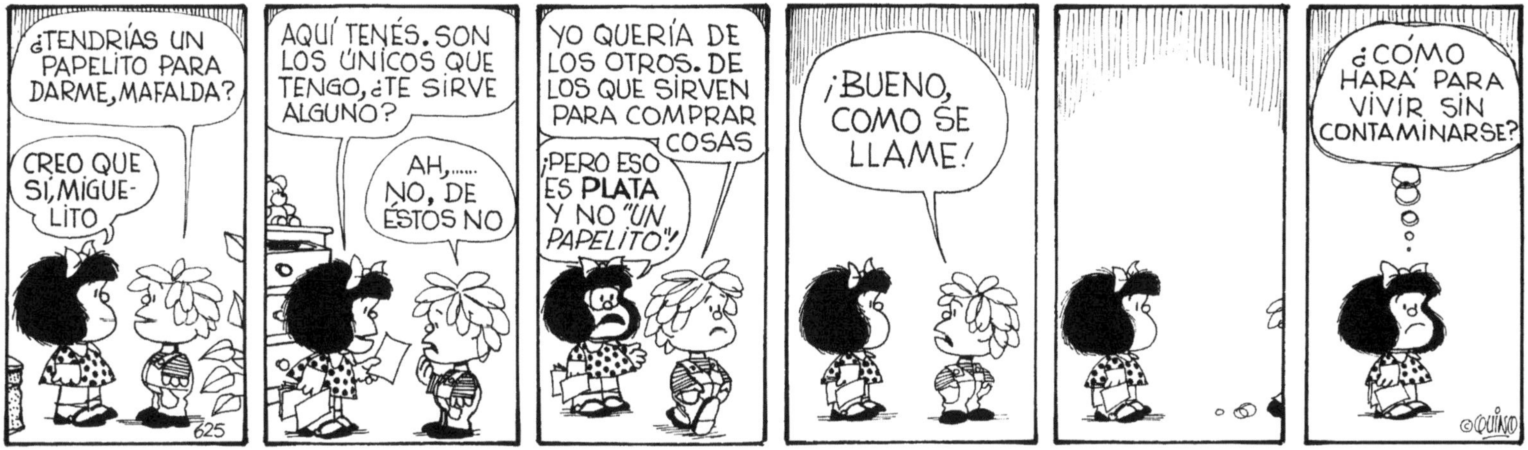
¿TENDRÍAS UN PAPELITO PARA DARME, MAFALDA?
CREO QUE SÍ, MIGUELITO
625
AQUÍ TENÉS. SON LOS ÚNICOS QUE TENGO, ¿TE SIRVE ALGUNO?
AH,...... NO, DE ÉSTOS NO
YO QUERÍA DE LOS OTROS. DE LOS QUE SIRVEN PARA COMPRAR COSAS
¡PERO ESO ES PLATA Y NO "UN PAPELITO"!
¡BUENO, COMO SE LLAME!
¿CÓMO HARÁ PARA VIVIR SIN CONTAMINARSE?
©QUINO

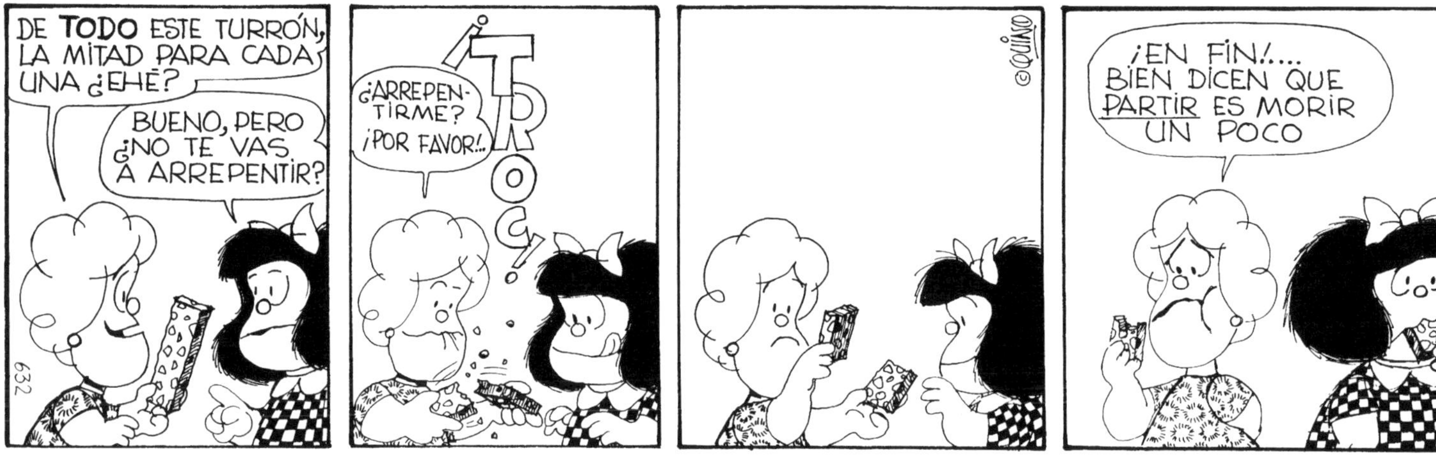
DE TODO ESTE TURRÓN, LA MITAD PARA CADA UNA ¿EHÉ?
BUENO, PERO ¿NO TE VAS A ARREPENTIR?
¿ARREPENTIRME? ¡POR FAVOR!..
¡TROC!
¡EN FIN!.... BIEN DICEN QUE PARTIR ES MORIR UN POCO

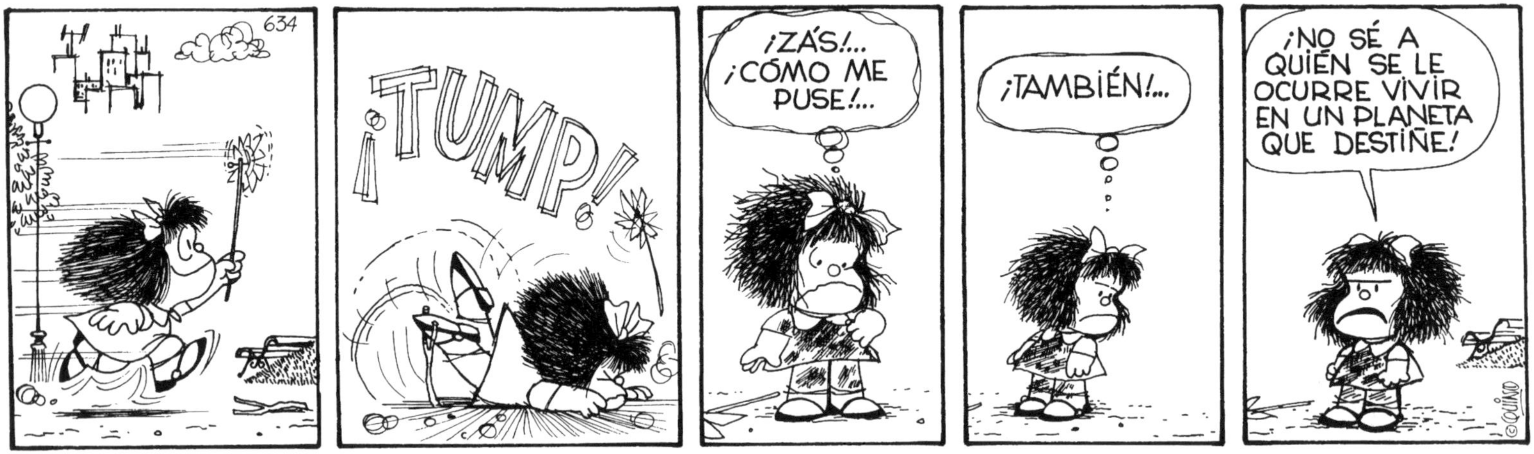
¡TUMP!
¡ZÁS!... ¡CÓMO ME PUSE!...
¡TAMBIÉN!...
¡NO SÉ A QUIÉN SE LE OCURRE VIVIR EN UN PLANETA QUE DESTIÑE!

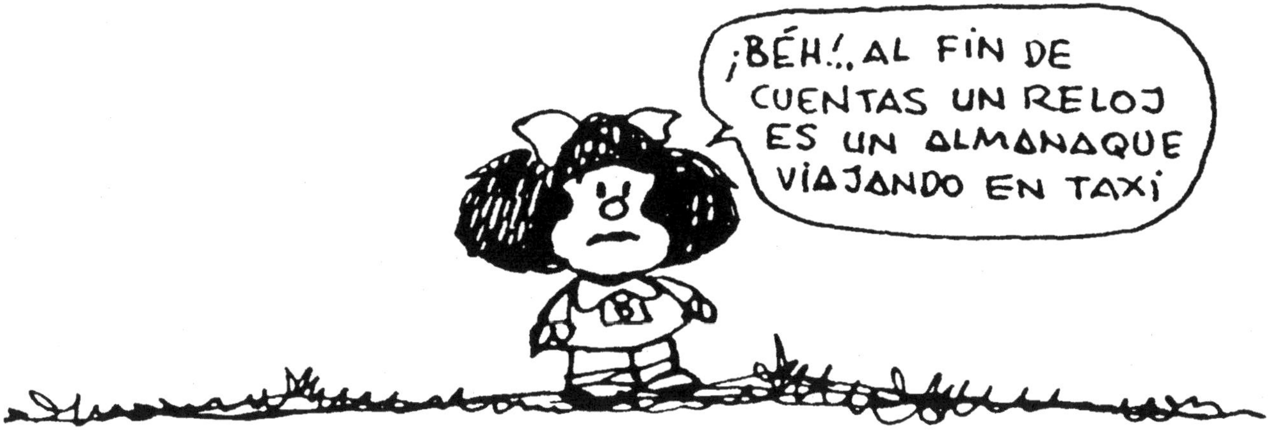
¡BÉH!.. AL FIN DE CUENTAS UN RELOJ ES UN ALMANAQUE VIAJANDO EN TAXI

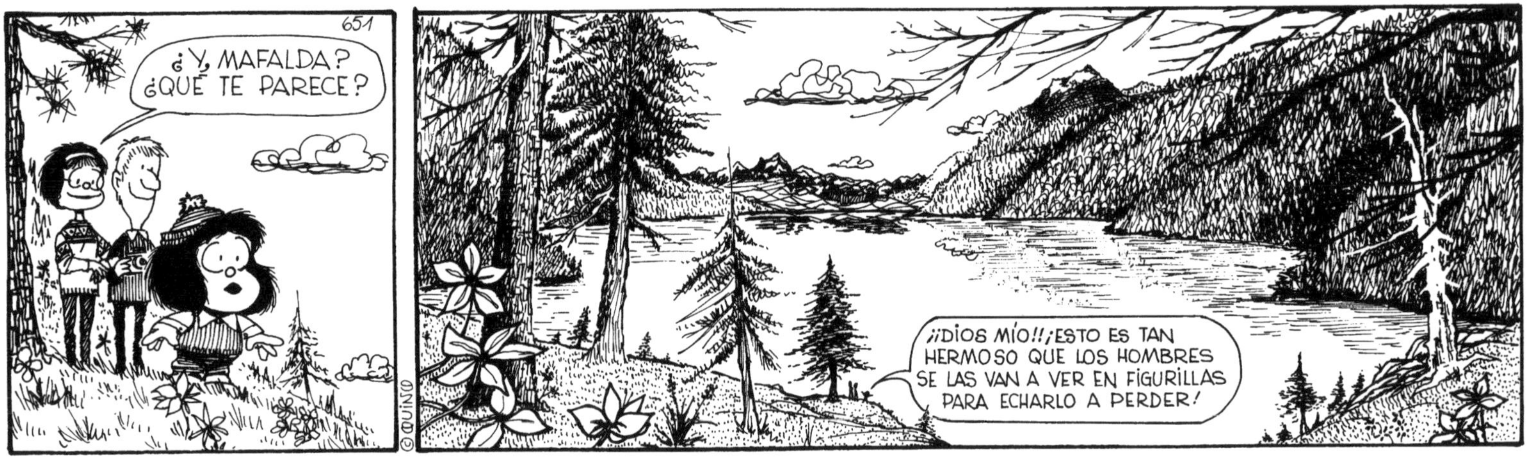
651
¿Y, MAFALDA? ¿QUÉ TE PARECE?
¡¡DIOS MÍO!! ¡ESTO ES TAN HERMOSO QUE LOS HOMBRES SE LAS VAN A VER EN FIGURILLAS PARA ECHARLO A PERDER!
© QUINO

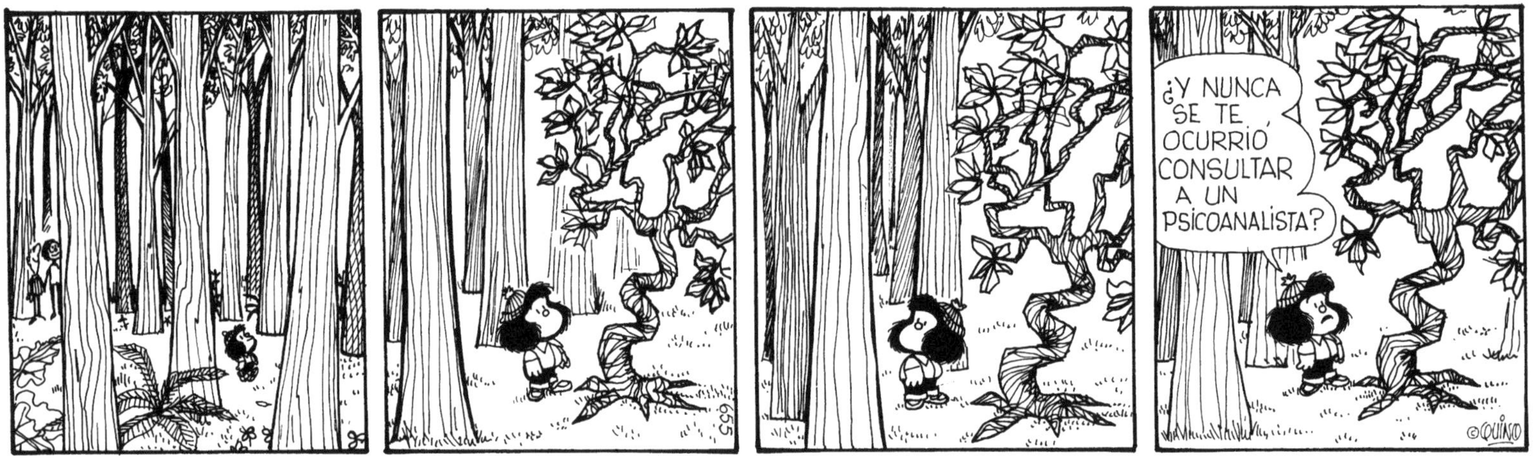
655
¿Y NUNCA SE TE OCURRIÓ CONSULTAR A UN PSICOANALISTA?
© QUINO

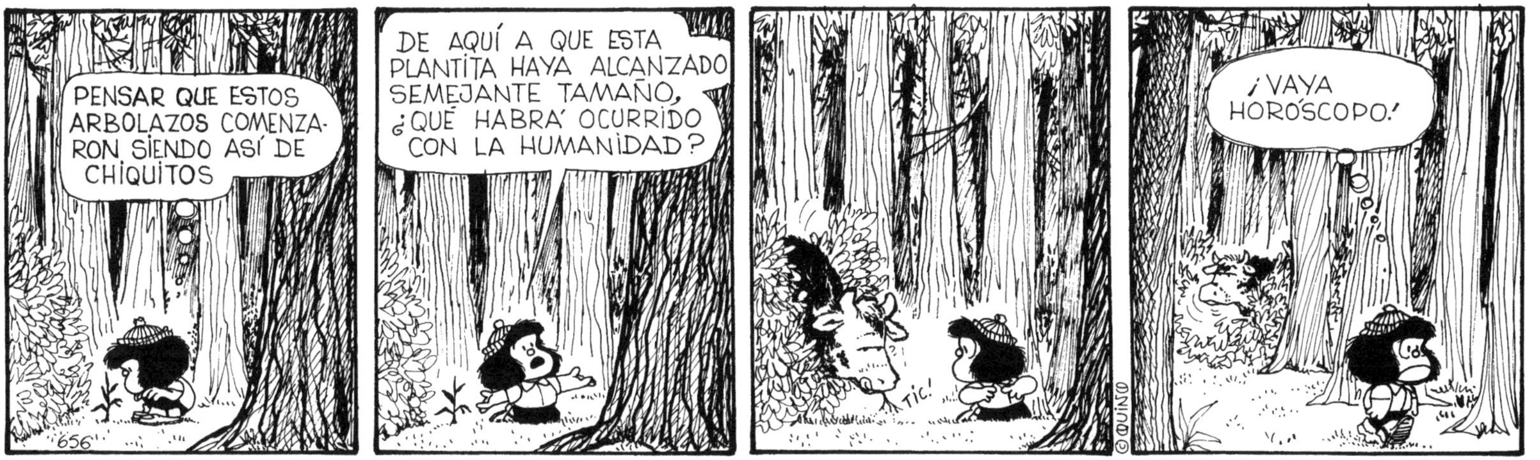
PENSAR QUE ESTOS ARBOLAZOS COMENZARON SIENDO ASÍ DE CHIQUITOS
DE AQUÍ A QUE ESTA PLANTITA HAYA ALCANZADO SEMEJANTE TAMAÑO, ¿QUÉ HABRÁ OCURRIDO CON LA HUMANIDAD?
TIC!
¡VAYA HORÓSCOPO!
656
©QUINO

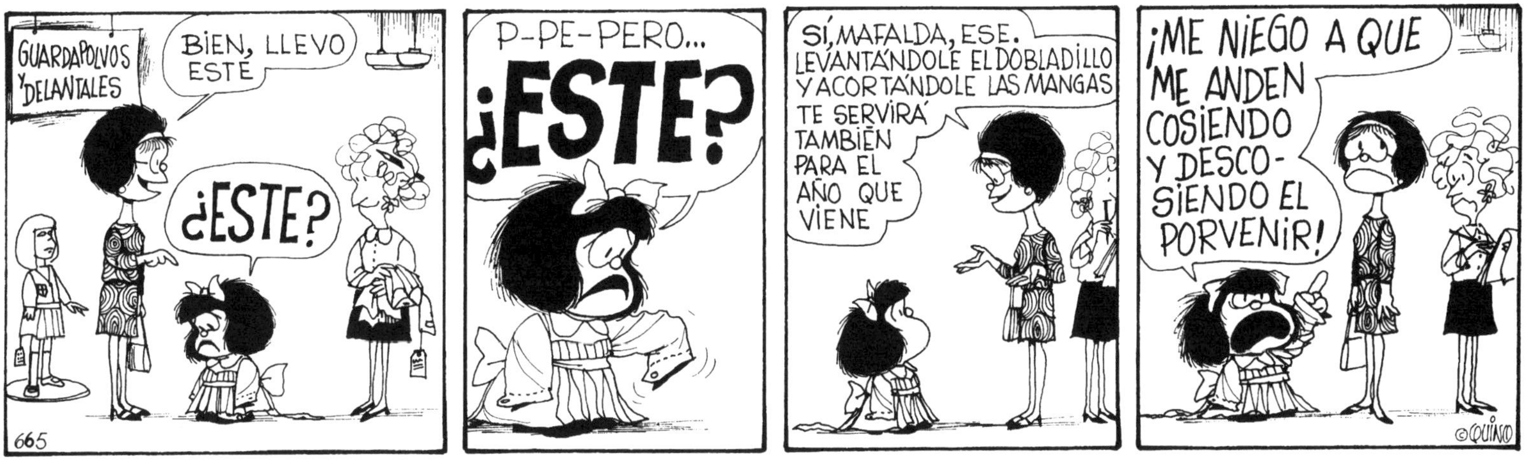
GUARDAPOLVOS Y DELANTALES
BIEN, LLEVO ESTE
¿ESTE?
665
P-PE-PERO... ¿ESTE?
SÍ, MAFALDA, ESE. LEVANTÁNDOLE EL DOBLADILLO Y ACORTÁNDOLE LAS MANGAS TE SERVIRÁ TAMBIÉN PARA EL AÑO QUE VIENE
¡ME NIEGO A QUE ME ANDEN COSIENDO Y DESCOSIENDO EL PORVENIR!
©QUINO

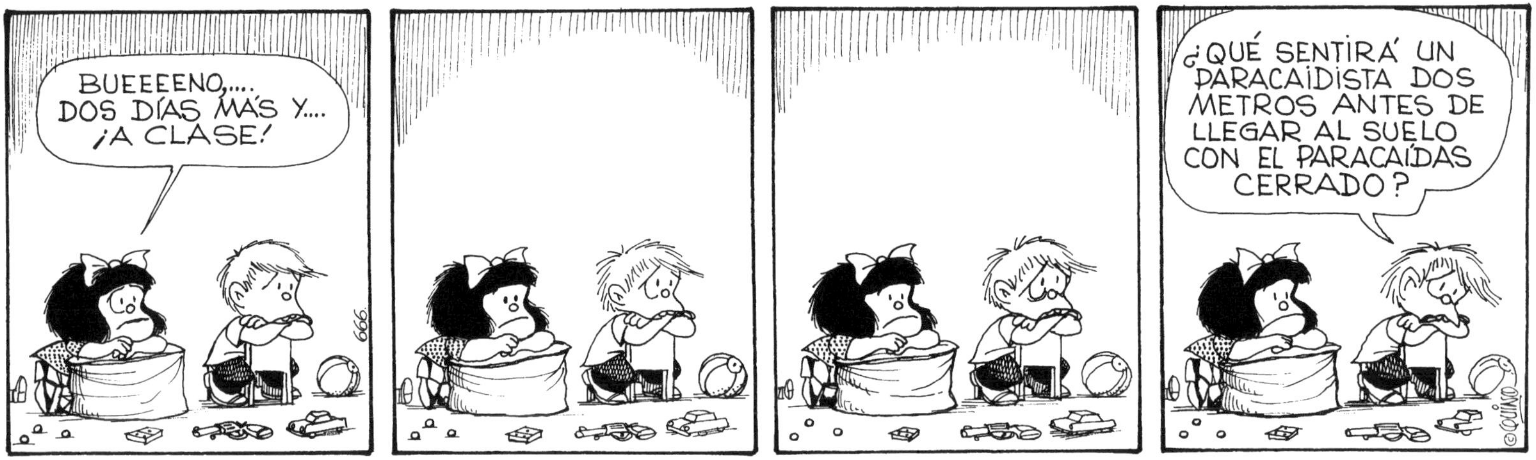
BUEEEENO,....
DOS DÍAS MÁS Y....
¡A CLASE!
¿QUÉ SENTIRÁ UN PARACAIDISTA DOS METROS ANTES DE LLEGAR AL SUELO CON EL PARACAÍDAS CERRADO?

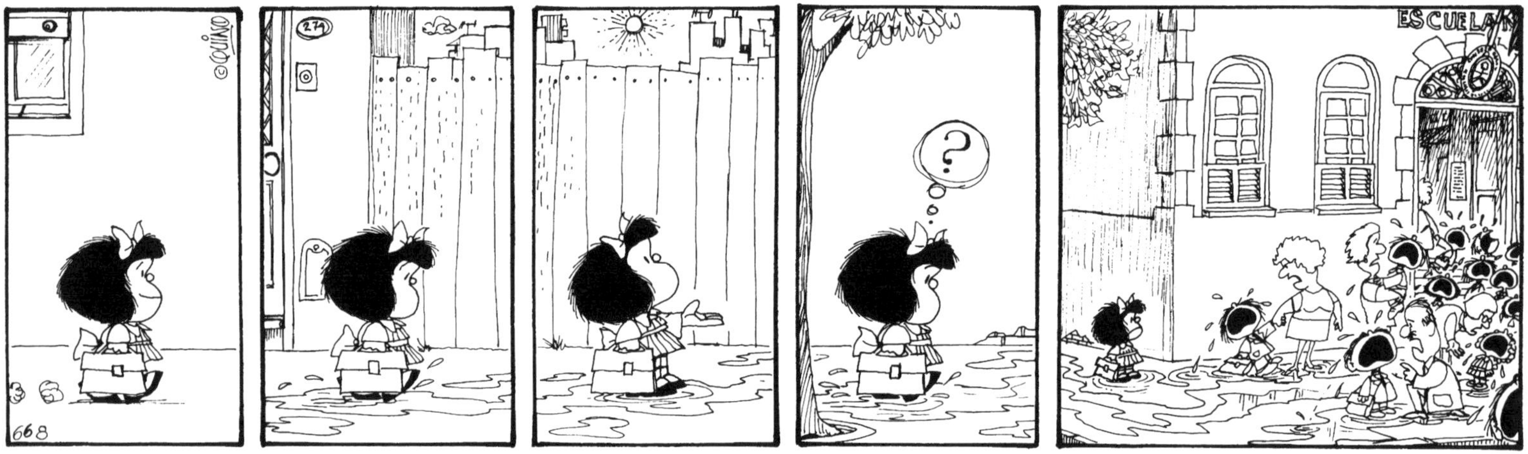
?
ESCUELA

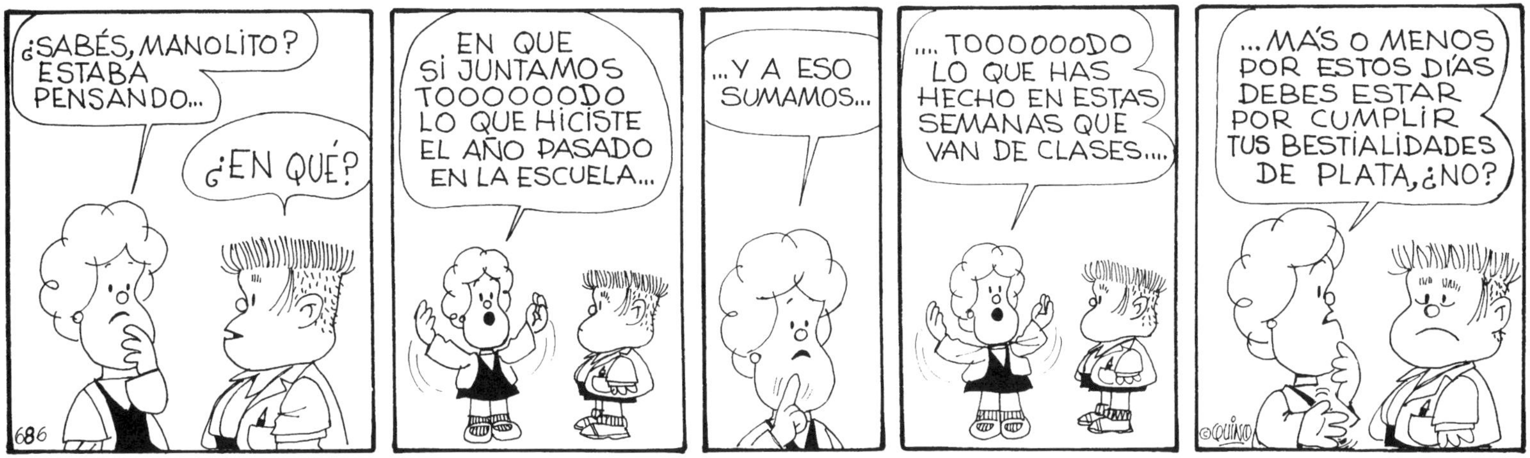
¿SABÉS, MANOLITO? ESTABA PENSANDO...
¿EN QUÉ?
EN QUE SI JUNTAMOS TOOOOOODO LO QUE HICISTE EL AÑO PASADO EN LA ESCUELA...
...Y A ESO SUMAMOS...
.... TOOOOOODO LO QUE HAS HECHO EN ESTAS SEMANAS QUE VAN DE CLASES....
...MÁS O MENOS POR ESTOS DÍAS DEBES ESTAR POR CUMPLIR TUS BESTIALIDADES DE PLATA, ¿NO?
686
©QUINO

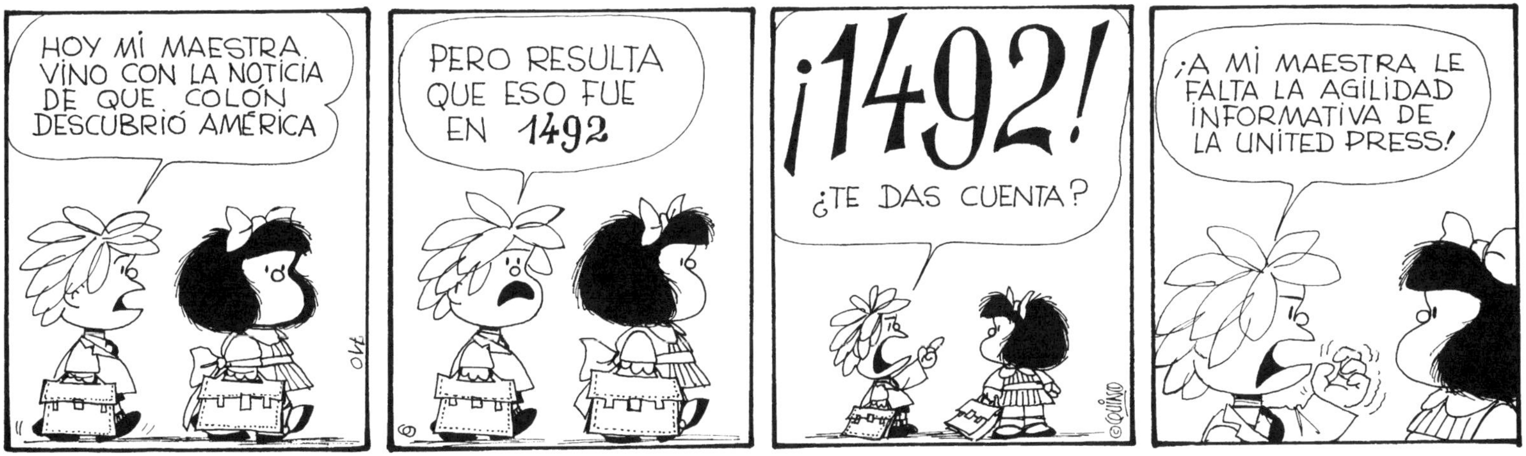
HOY MI MAESTRA VINO CON LA NOTICIA DE QUE COLÓN DESCUBRIÓ AMÉRICA
PERO RESULTA QUE ESO FUE EN 1492
¡1492!
¿TE DAS CUENTA?
¡A MI MAESTRA LE FALTA LA AGILIDAD INFORMATIVA DE LA UNITED PRESS!
©QUINO

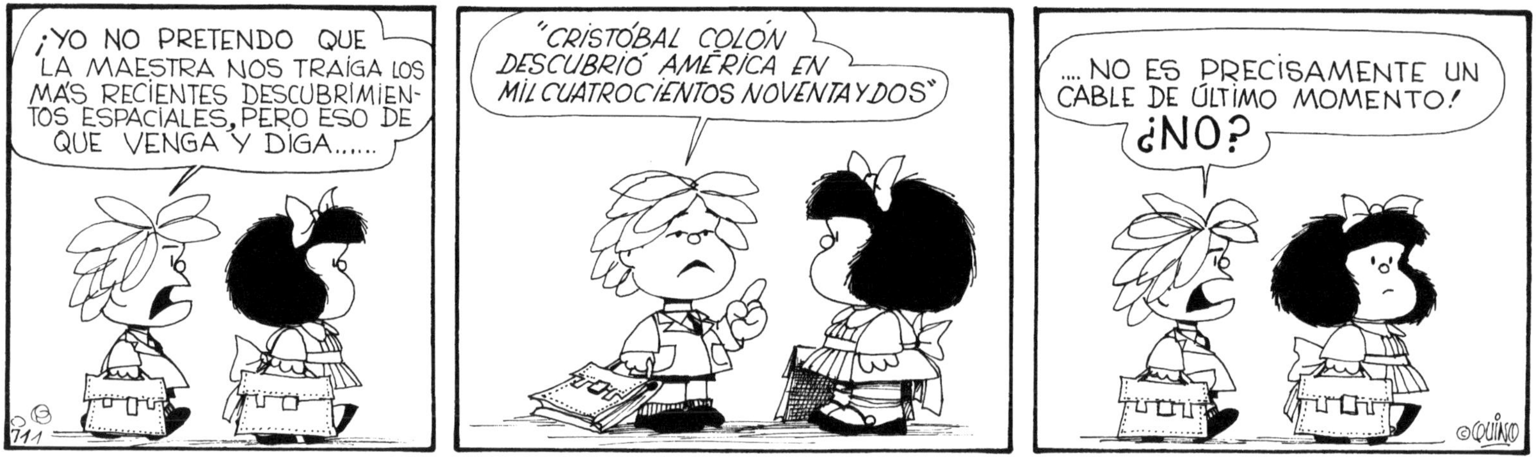
¡YO NO PRETENDO QUE LA MAESTRA NOS TRAIGA LOS MÁS RECIENTES DESCUBRIMIENTOS ESPACIALES, PERO ESO DE QUE VENGA Y DIGA......
"CRISTÓBAL COLÓN DESCUBRIÓ AMÉRICA EN MIL CUATROCIENTOS NOVENTA Y DOS"
.... NO ES PRECISAMENTE UN CABLE DE ÚLTIMO MOMENTO!
¿NO?
711
©QUINO

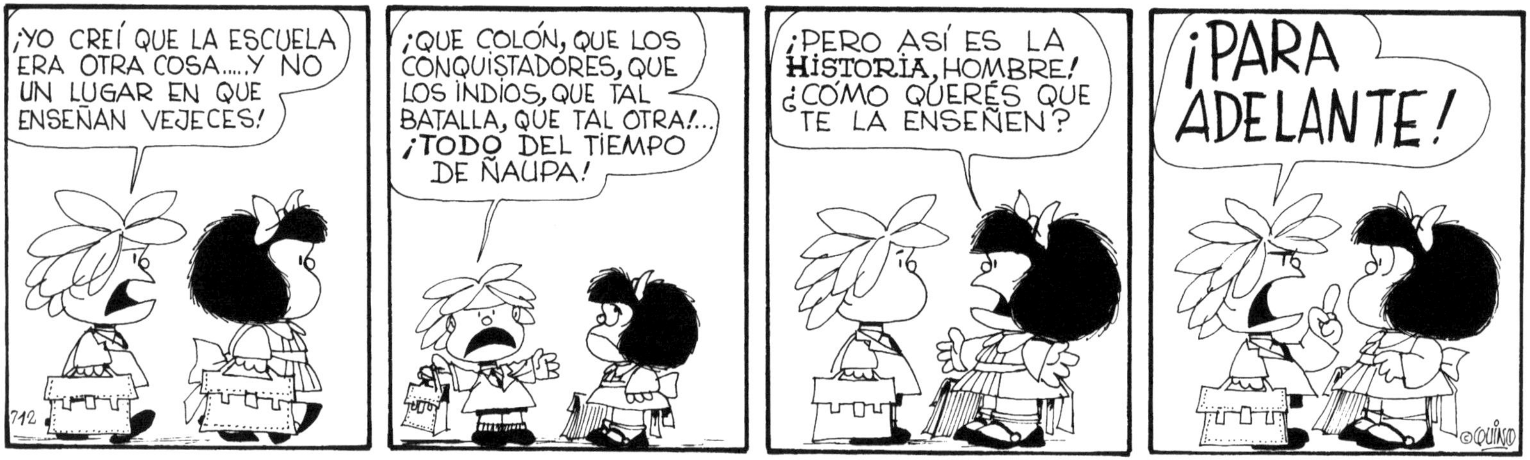
¡YO CREÍ QUE LA ESCUELA ERA OTRA COSA.....Y NO UN LUGAR EN QUE ENSEÑAN VEJECES!
¡QUE COLÓN, QUE LOS CONQUISTADORES, QUE LOS INDIOS, QUE TAL BATALLA, QUE TAL OTRA!... ¡TODO DEL TIEMPO DE ÑAUPA!
¡PERO ASÍ ES LA HISTORIA, HOMBRE! ¿CÓMO QUERÉS QUE TE LA ENSEÑEN?
¡PARA ADELANTE!
712
©QUINO

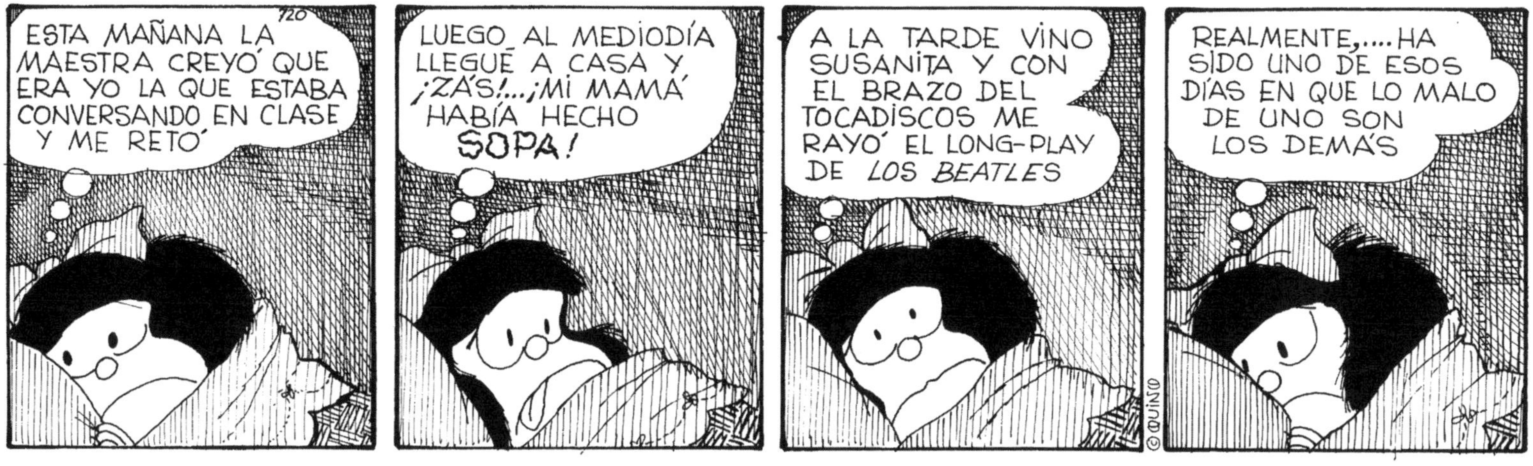
720
ESTA MAÑANA LA MAESTRA CREYÓ QUE ERA YO LA QUE ESTABA CONVERSANDO EN CLASE Y ME RETÓ
LUEGO AL MEDIODÍA LLEGUÉ A CASA Y ¡ZÁS!...¡MI MAMÁ HABÍA HECHO SOPA!
A LA TARDE VINO SUSANITA Y CON EL BRAZO DEL TOCADISCOS ME RAYÓ EL LONG-PLAY DE *LOS BEATLES*
©QUINO
REALMENTE,.... HA SIDO UNO DE ESOS DÍAS EN QUE LO MALO DE UNO SON LOS DEMÁS

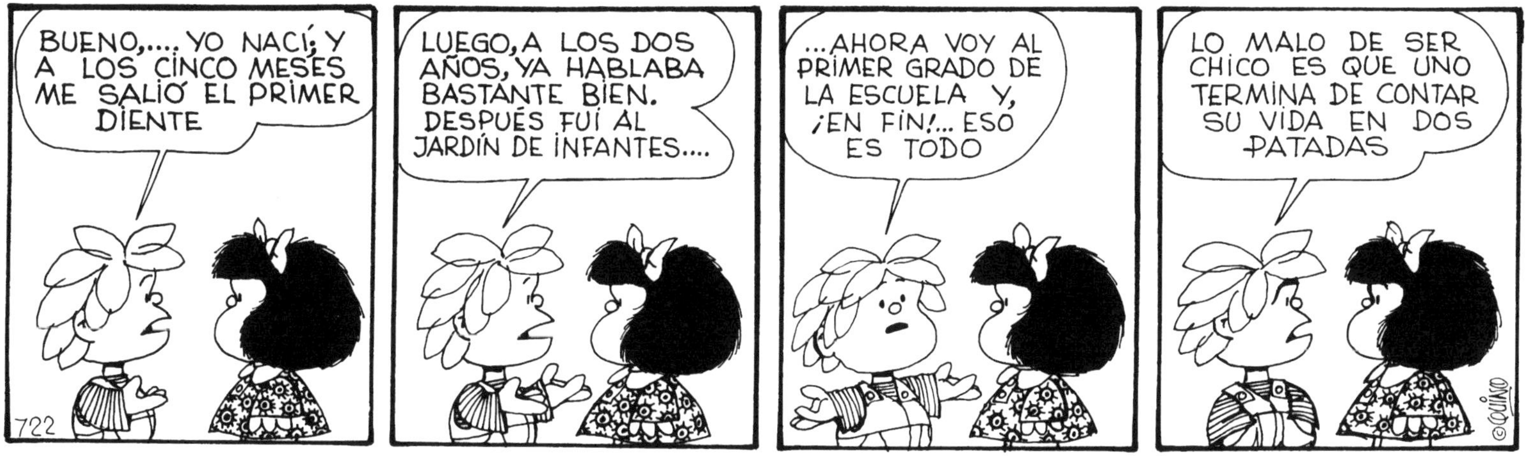
BUENO,.... YO NACÍ; Y A LOS CINCO MESES ME SALIÓ EL PRIMER DIENTE
722
LUEGO, A LOS DOS AÑOS, YA HABLABA BASTANTE BIEN. DESPUÉS FUI AL JARDÍN DE INFANTES....
...AHORA VOY AL PRIMER GRADO DE LA ESCUELA Y, ¡EN FIN!... ESO ES TODO
LO MALO DE SER CHICO ES QUE UNO TERMINA DE CONTAR SU VIDA EN DOS PATADAS
©QUINO

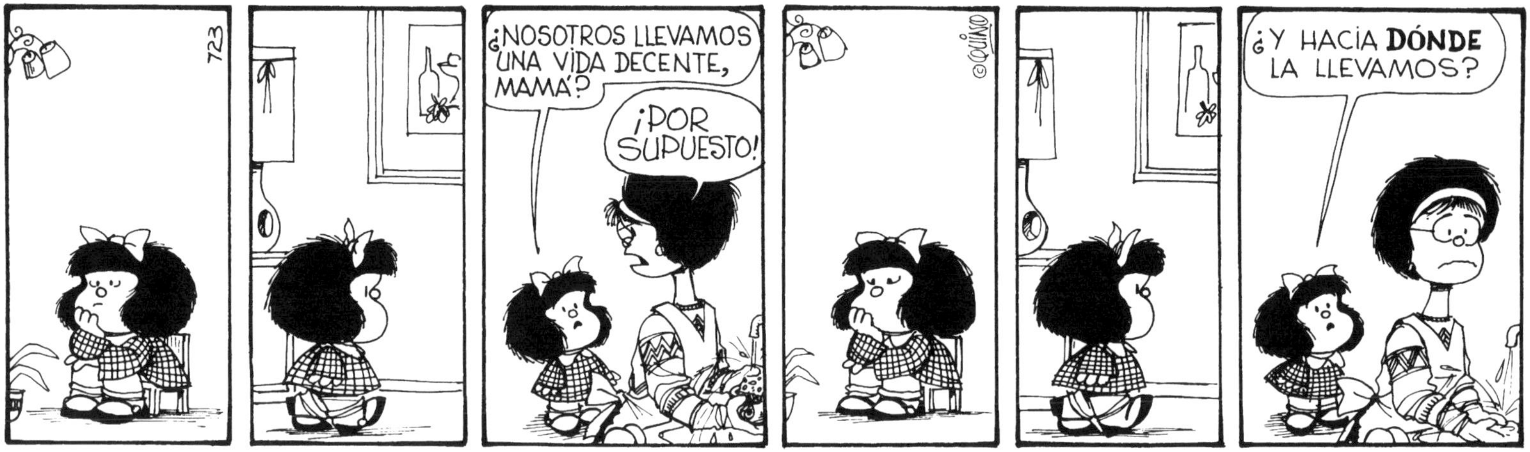
723
¿NOSOTROS LLEVAMOS UNA VIDA DECENTE, MAMÁ?
¡POR SUPUESTO!
©QUINO
¿Y HACIA **DÓNDE** LA LLEVAMOS?

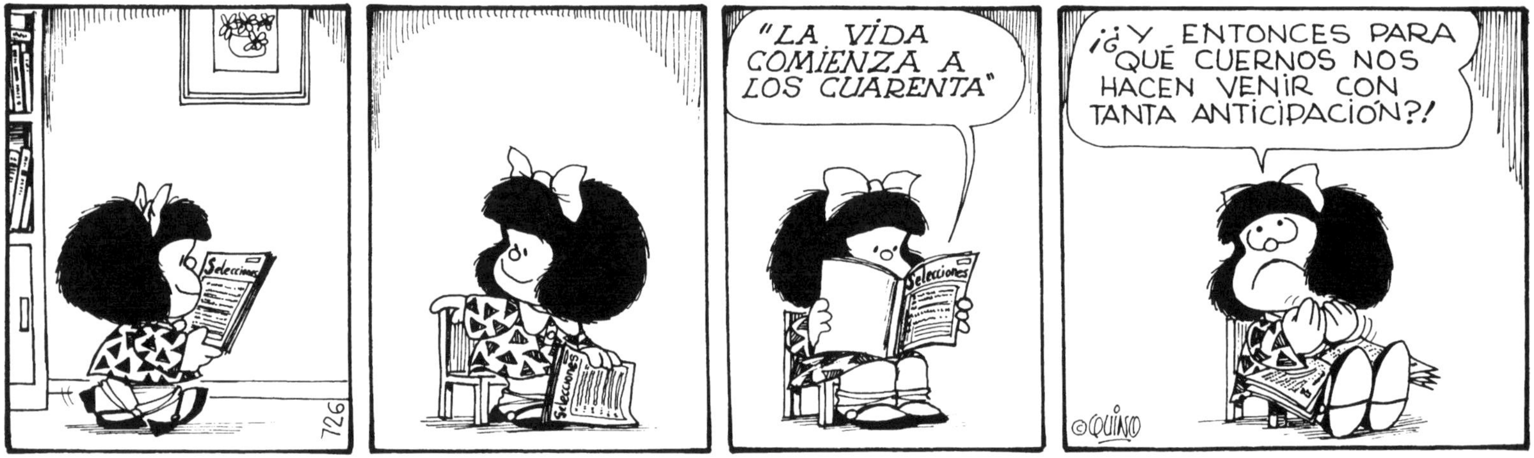
726
"LA VIDA COMIENZA A LOS CUARENTA"
¡¿Y ENTONCES PARA QUÉ CUERNOS NOS HACEN VENIR CON TANTA ANTICIPACIÓN?!
©QUINO

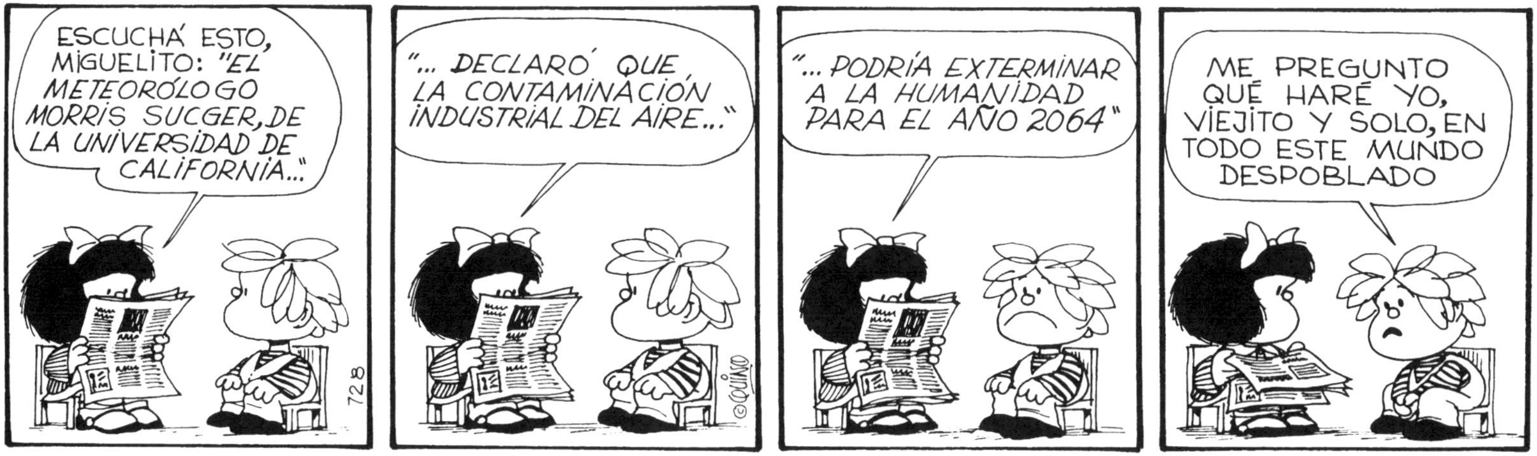
ESCUCHÁ ESTO, MIGUELITO: "EL METEORÓLOGO MORRIS SUCGER, DE LA UNIVERSIDAD DE CALIFORNIA..."
"... DECLARÓ QUE LA CONTAMINACIÓN INDUSTRIAL DEL AIRE..."
"... PODRÍA EXTERMINAR A LA HUMANIDAD PARA EL AÑO 2064"
ME PREGUNTO QUÉ HARÉ YO, VIEJITO Y SOLO, EN TODO ESTE MUNDO DESPOBLADO
728
©QUINO

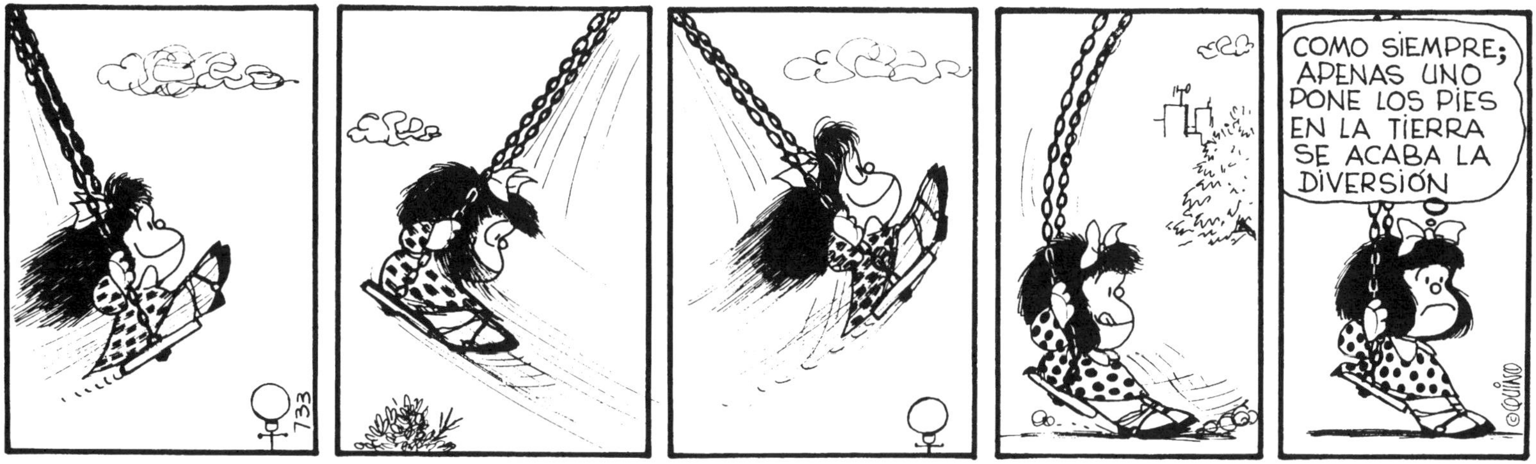
733
COMO SIEMPRE; APENAS UNO PONE LOS PIES EN LA TIERRA SE ACABA LA DIVERSIÓN
©QUINO

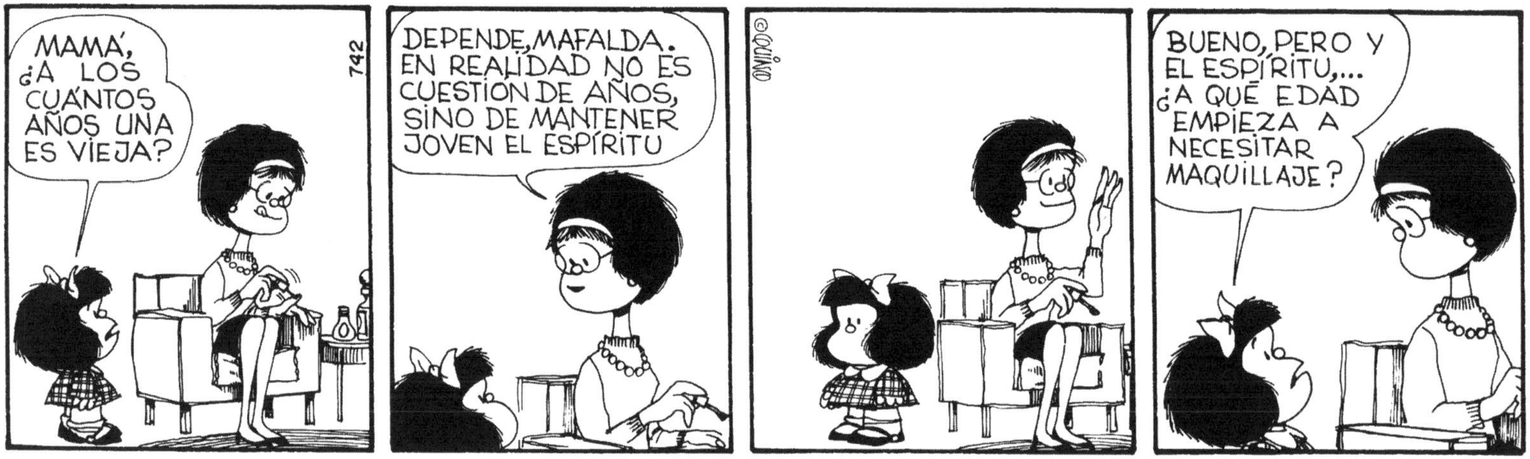
MAMÁ, ¿A LOS CUÁNTOS AÑOS UNA ES VIEJA?
742
DEPENDE, MAFALDA. EN REALIDAD NO ES CUESTIÓN DE AÑOS, SINO DE MANTENER JOVEN EL ESPÍRITU
©QUINO
BUENO, PERO Y EL ESPÍRITU,... ¿A QUÉ EDAD EMPIEZA A NECESITAR MAQUILLAJE?

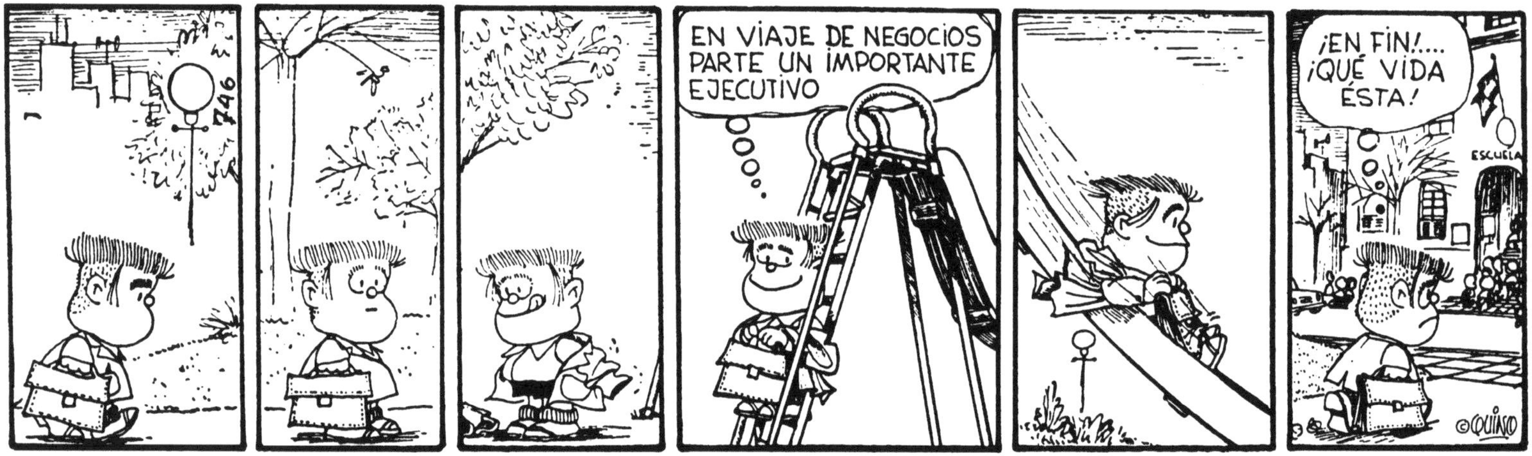
746
EN VIAJE DE NEGOCIOS PARTE UN IMPORTANTE EJECUTIVO
¡EN FIN!.... ¡QUÉ VIDA ÉSTA!
ESCUELA
©QUINO

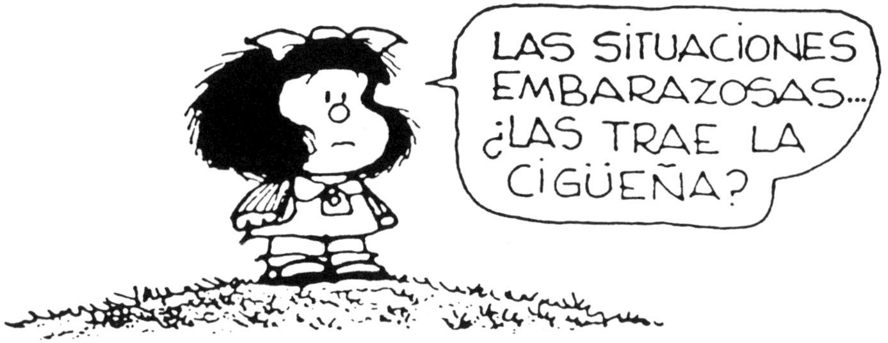
LAS SITUACIONES EMBARAZOSAS... ¿LAS TRAE LA CIGÜEÑA?

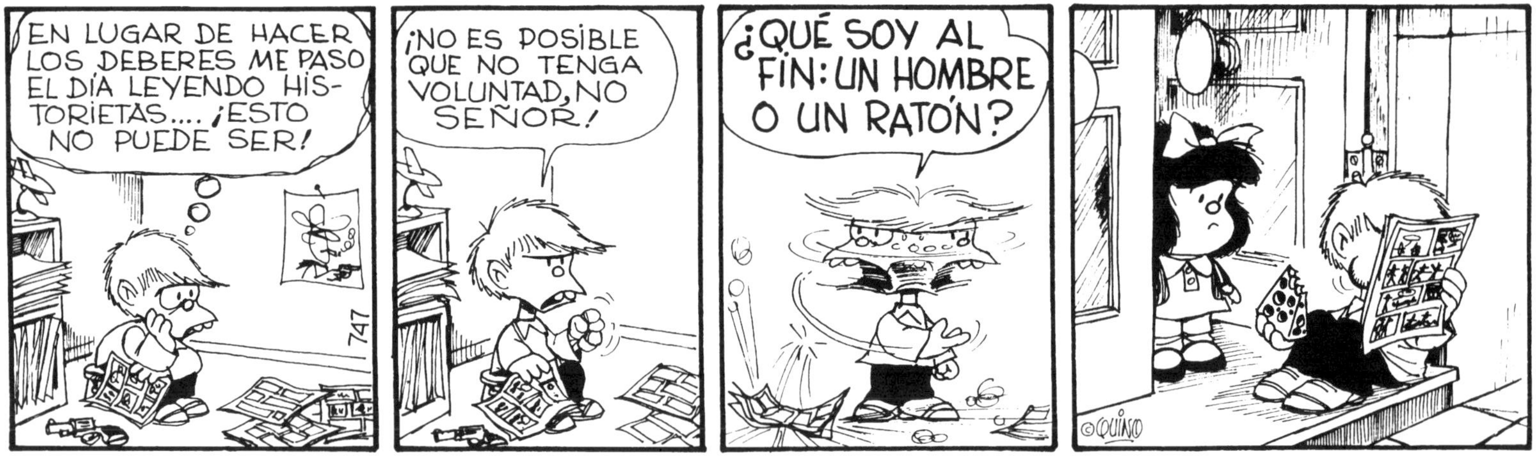
EN LUGAR DE HACER LOS DEBERES ME PASO EL DÍA LEYENDO HISTORIETAS.... ¡ESTO NO PUEDE SER!
747
¡NO ES POSIBLE QUE NO TENGA VOLUNTAD, NO SEÑOR!
¿QUÉ SOY AL FIN: UN HOMBRE O UN RATÓN?
©QUINO

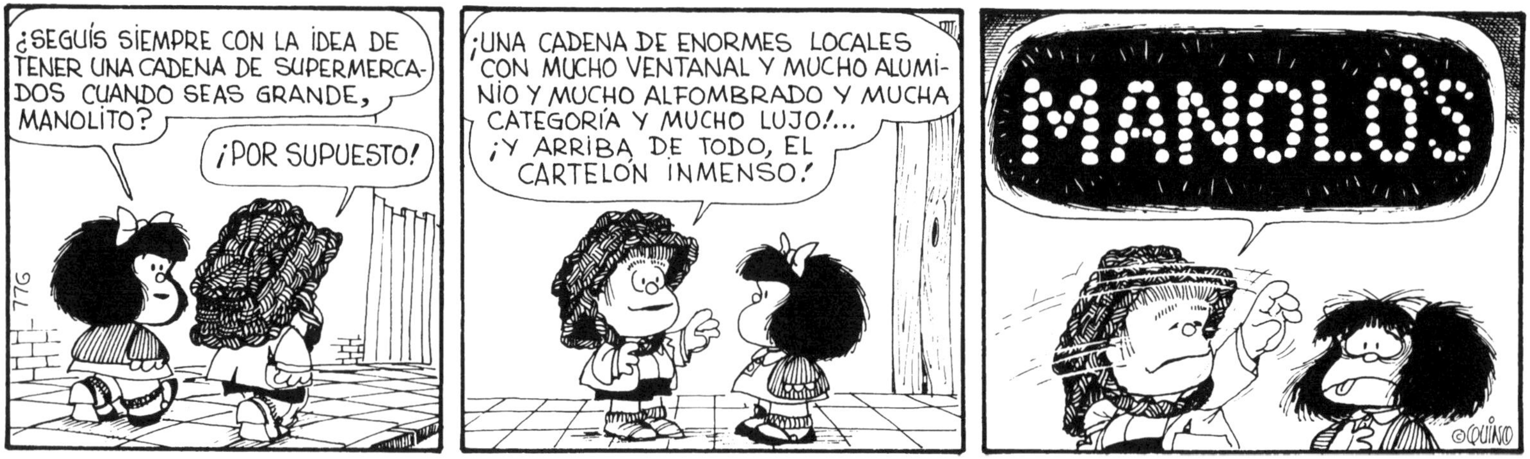
¿SEGUÍS SIEMPRE CON LA IDEA DE TENER UNA CADENA DE SUPERMERCADOS CUANDO SEAS GRANDE, MANOLITO?
¡POR SUPUESTO!
¡UNA CADENA DE ENORMES LOCALES CON MUCHO VENTANAL Y MUCHO ALUMINIO Y MUCHO ALFOMBRADO Y MUCHA CATEGORÍA Y MUCHO LUJO!... ¡Y ARRIBA DE TODO, EL CARTELÓN INMENSO!
MANOLO'S
©QUINO

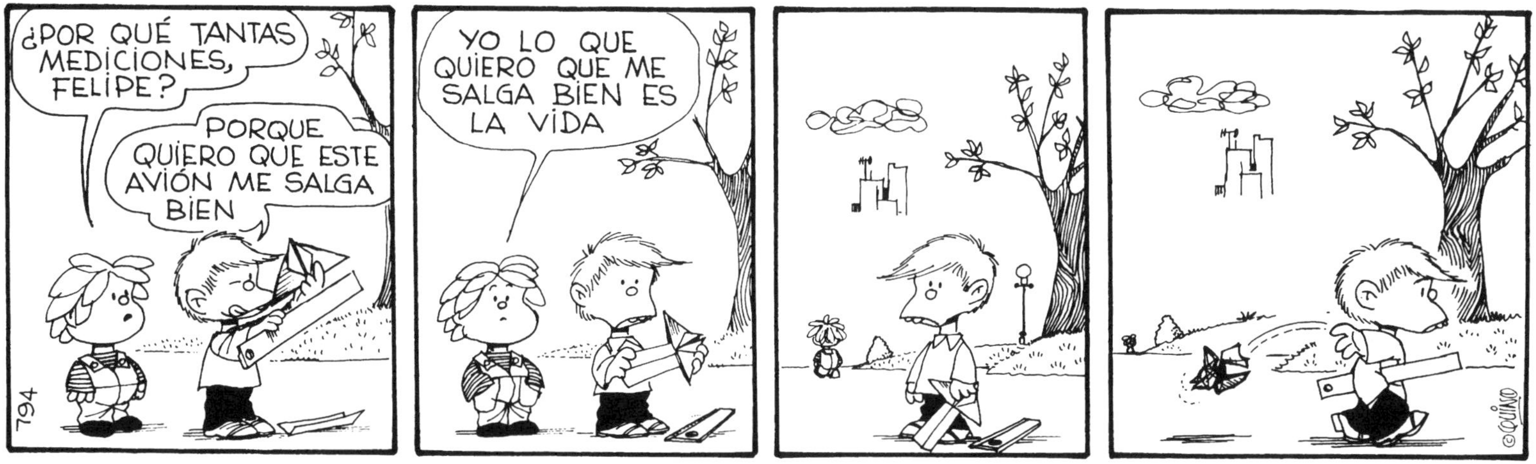
¿POR QUÉ TANTAS MEDICIONES, FELIPE?
PORQUE QUIERO QUE ESTE AVIÓN ME SALGA BIEN
YO LO QUE QUIERO QUE ME SALGA BIEN ES LA VIDA
794
©QUINO

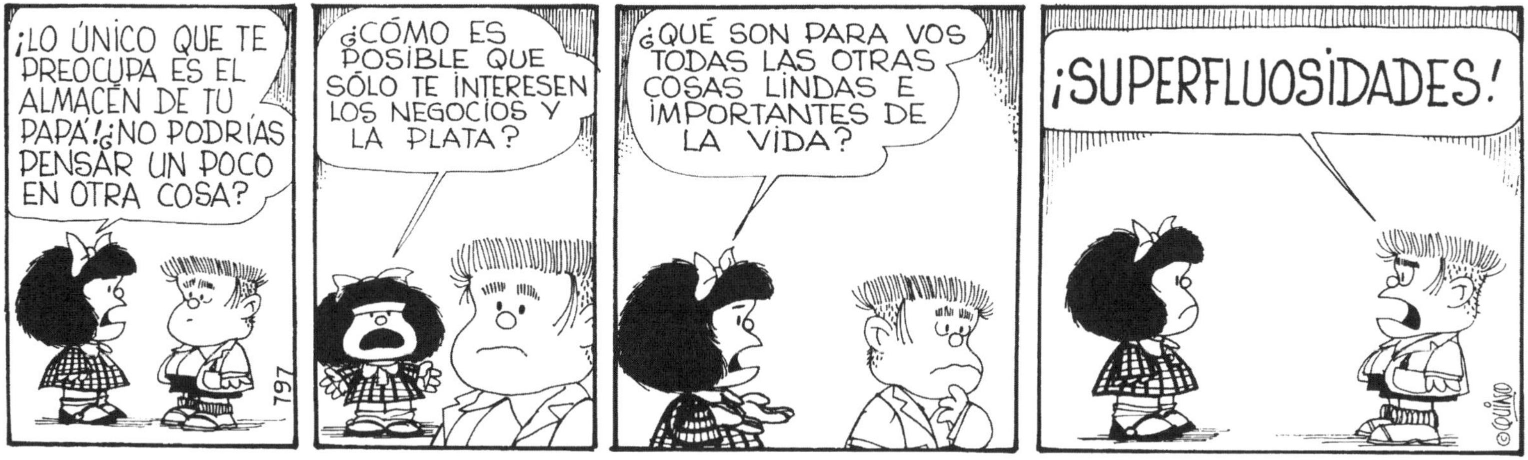
¡LO ÚNICO QUE TE PREOCUPA ES EL ALMACÉN DE TU PAPÁ! ¿NO PODRÍAS PENSAR UN POCO EN OTRA COSA?
797
¿CÓMO ES POSIBLE QUE SÓLO TE INTERESEN LOS NEGOCIOS Y LA PLATA?
¿QUÉ SON PARA VOS TODAS LAS OTRAS COSAS LINDAS E IMPORTANTES DE LA VIDA?
¡SUPERFLUOSIDADES!
©QUINO

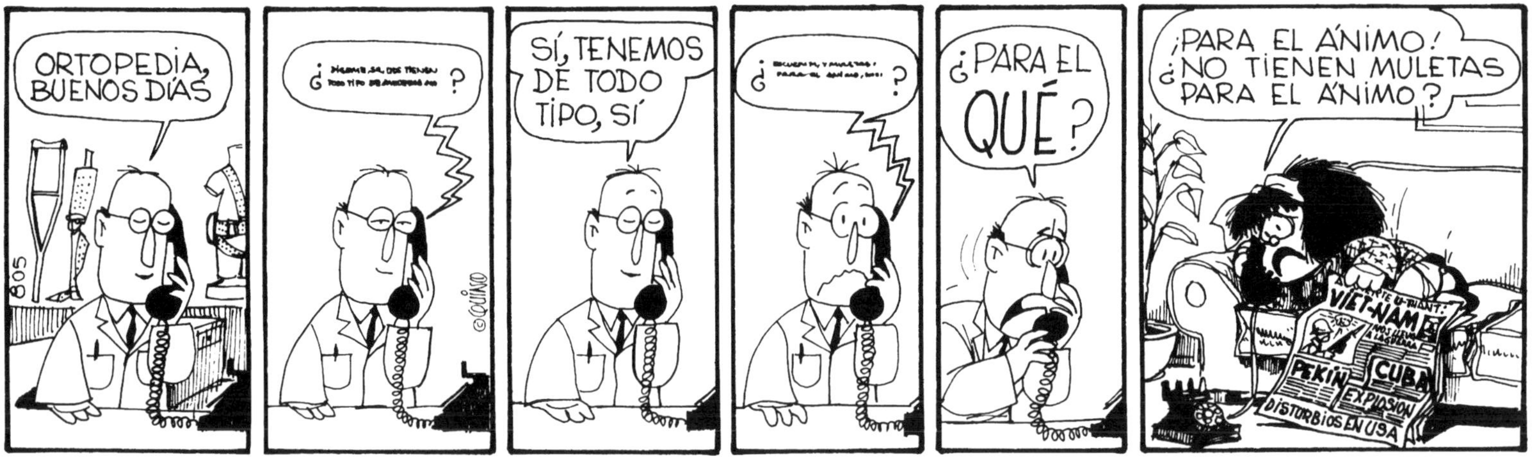
805
ORTOPEDIA, BUENOS DÍAS
SÍ, TENEMOS DE TODO TIPO, SÍ
¿PARA EL QUÉ?
¡PARA EL ÁNIMO! ¿NO TIENEN MULETAS PARA EL ÁNIMO?
VIET-NAM
PEKIN
CUBA
EXPLOSION
DISTURBIOS EN USA
© QUINO

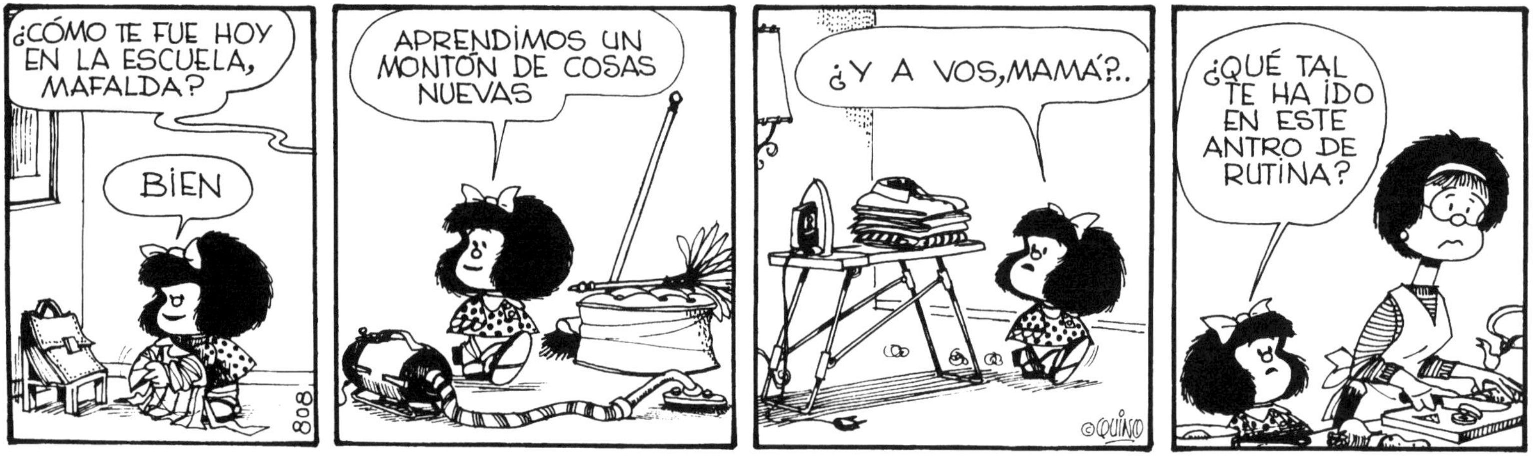
¿CÓMO TE FUE HOY EN LA ESCUELA, MAFALDA?
BIEN
808
APRENDIMOS UN MONTÓN DE COSAS NUEVAS
¿Y A VOS, MAMÁ?..
© QUINO
¿QUÉ TAL TE HA IDO EN ESTE ANTRO DE RUTINA?

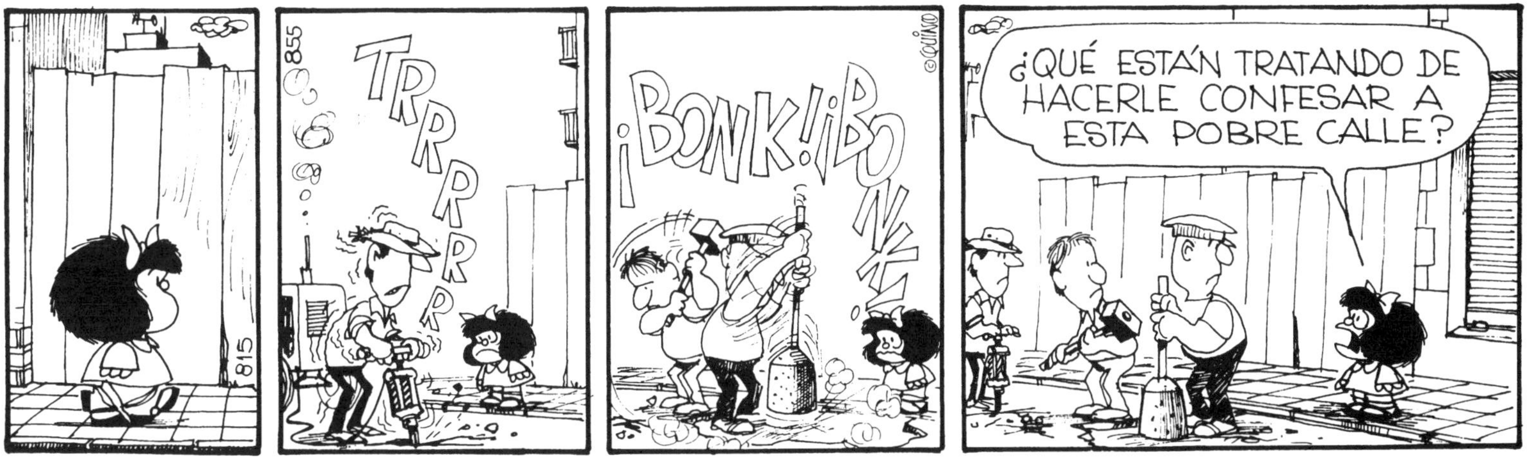

815
855
TRRRRRRR
¡BONK!¡BONK!
©QUINO
¿QUÉ ESTÁN TRATANDO DE HACERLE CONFESAR A ESTA POBRE CALLE?

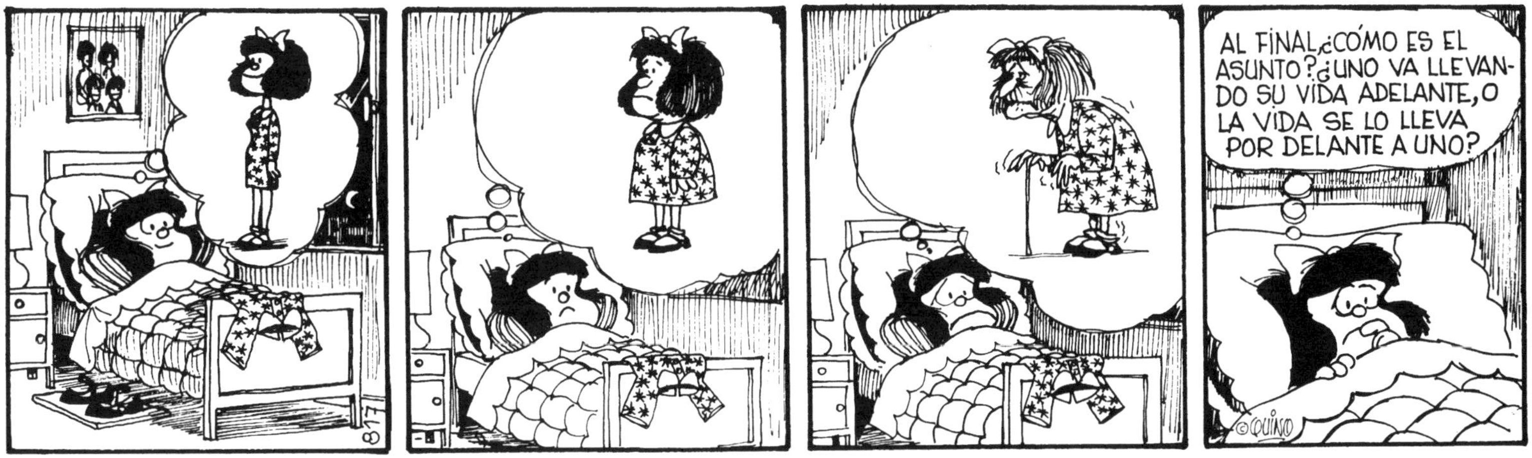

817
AL FINAL,¿CÓMO ES EL ASUNTO?¿UNO VA LLEVANDO SU VIDA ADELANTE, O LA VIDA SE LO LLEVA POR DELANTE A UNO?
©QUINO

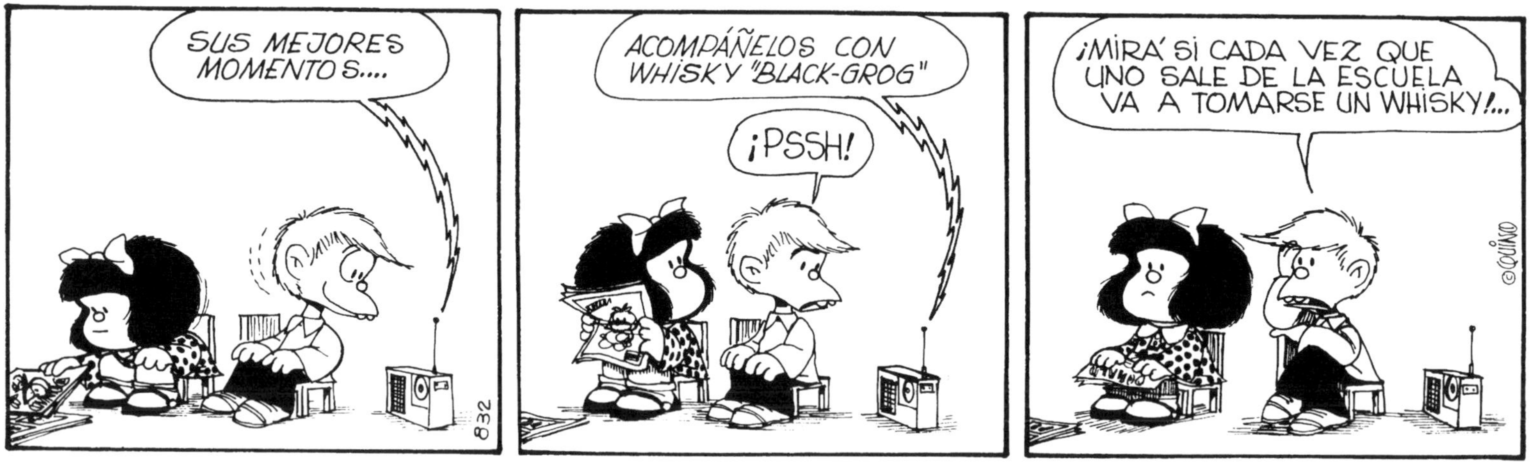
SUS MEJORES MOMENTOS....
832
ACOMPÁÑELOS CON WHISKY "BLACK-GROG"
¡PSSH!
¡MIRÁ SI CADA VEZ QUE UNO SALE DE LA ESCUELA VA A TOMARSE UN WHISKY!...
©QUINO

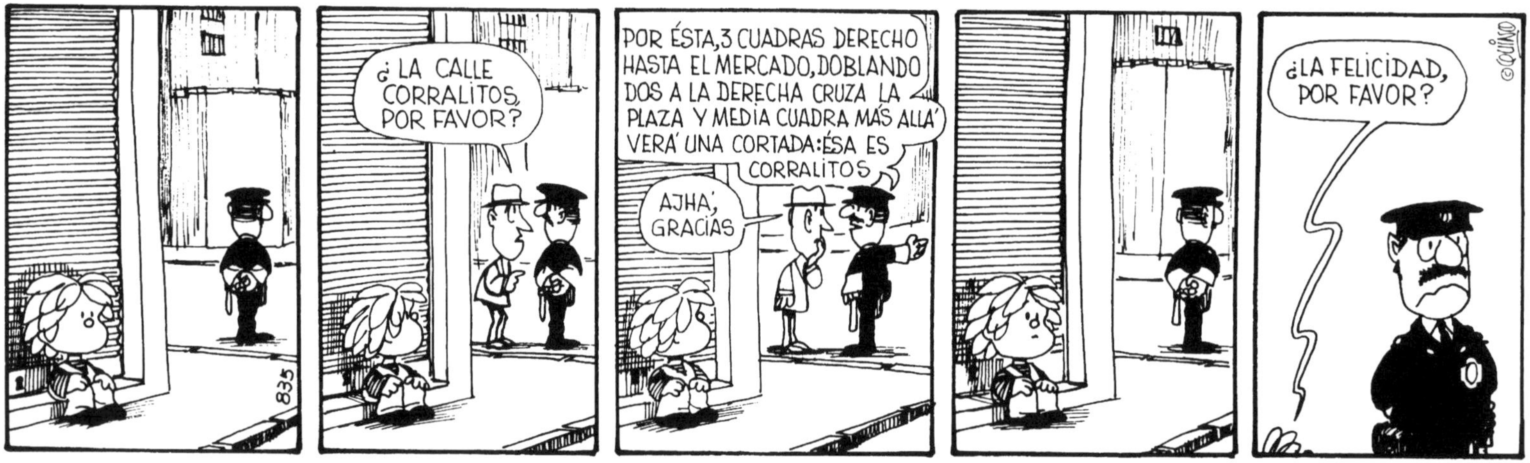
835
¿LA CALLE CORRALITOS, POR FAVOR?
POR ÉSTA, 3 CUADRAS DERECHO HASTA EL MERCADO, DOBLANDO DOS A LA DERECHA CRUZA LA PLAZA Y MEDIA CUADRA MÁS ALLÁ VERÁ UNA CORTADA: ÉSA ES CORRALITOS
AJHA, GRACIAS
¿LA FELICIDAD, POR FAVOR?
©QUINO

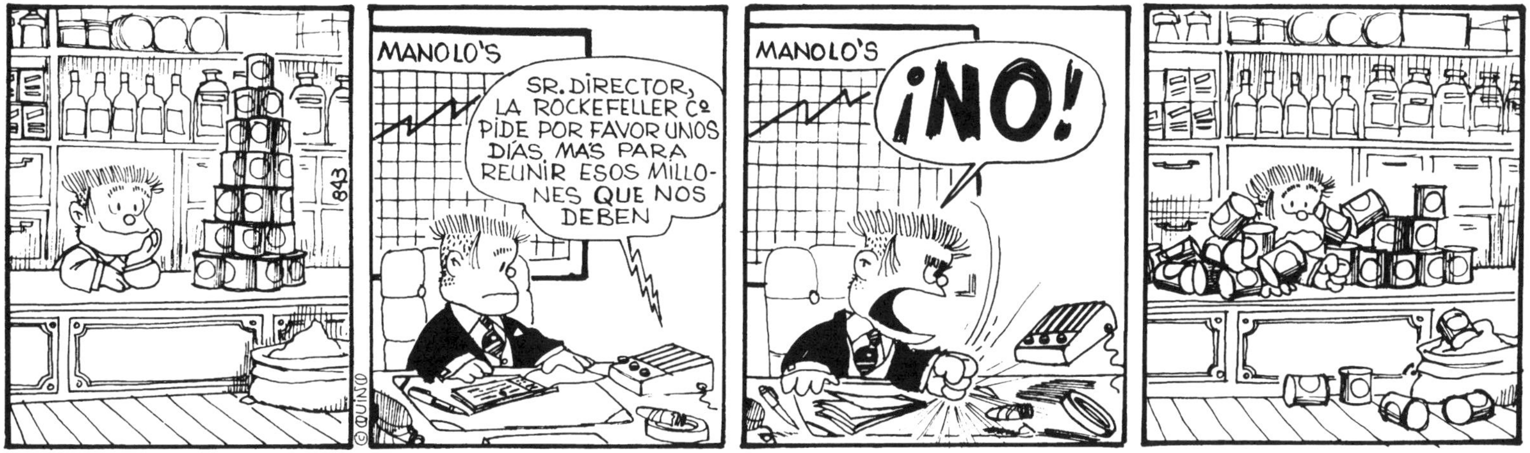
MANOLO'S
SR. DIRECTOR, LA ROCKEFELLER Cº PIDE POR FAVOR UNOS DÍAS MÁS PARA REUNIR ESOS MILLONES QUE NOS DEBEN
MANOLO'S
¡NO!

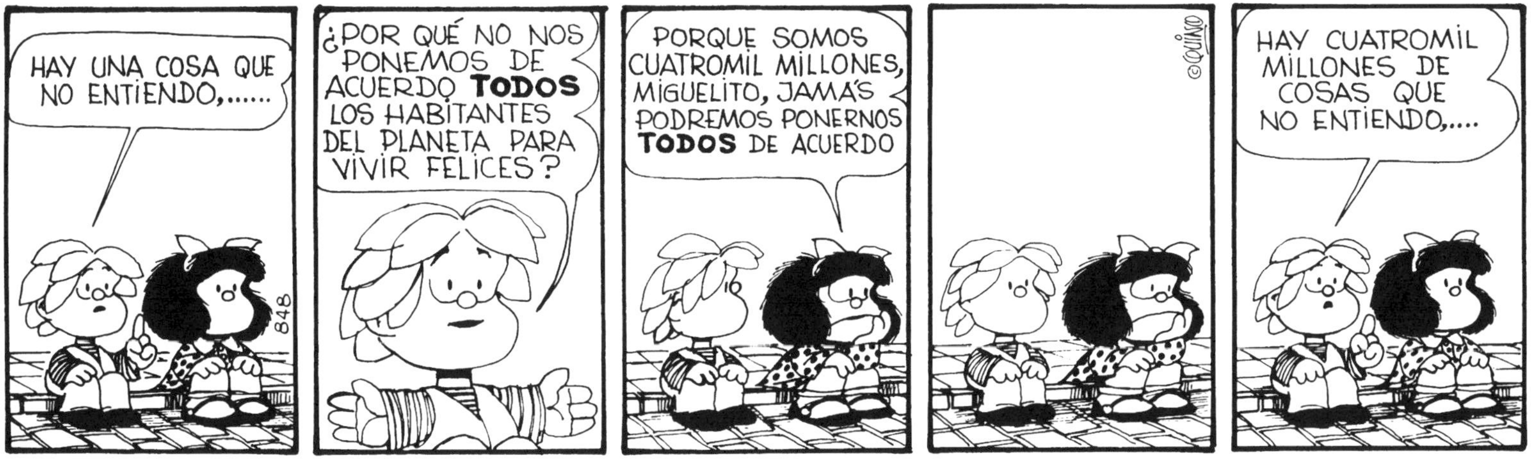
HAY UNA COSA QUE NO ENTIENDO,......
¿POR QUÉ NO NOS PONEMOS DE ACUERDO TODOS LOS HABITANTES DEL PLANETA PARA VIVIR FELICES?
PORQUE SOMOS CUATROMIL MILLONES, MIGUELITO, JAMÁS PODREMOS PONERNOS TODOS DE ACUERDO
HAY CUATROMIL MILLONES DE COSAS QUE NO ENTIENDO,....

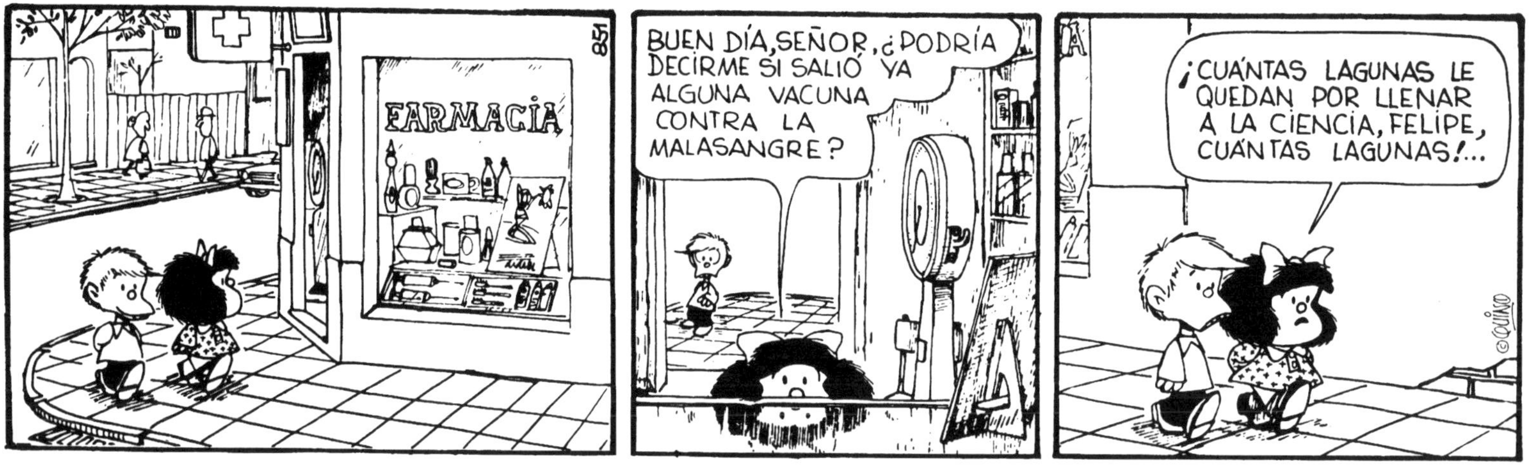

851
FARMACIA
BUEN DÍA, SEÑOR, ¿PODRÍA DECIRME SI SALIÓ YA ALGUNA VACUNA CONTRA LA MALASANGRE?
¡CUÁNTAS LAGUNAS LE QUEDAN POR LLENAR A LA CIENCIA, FELIPE, CUÁNTAS LAGUNAS!...
©QUINO

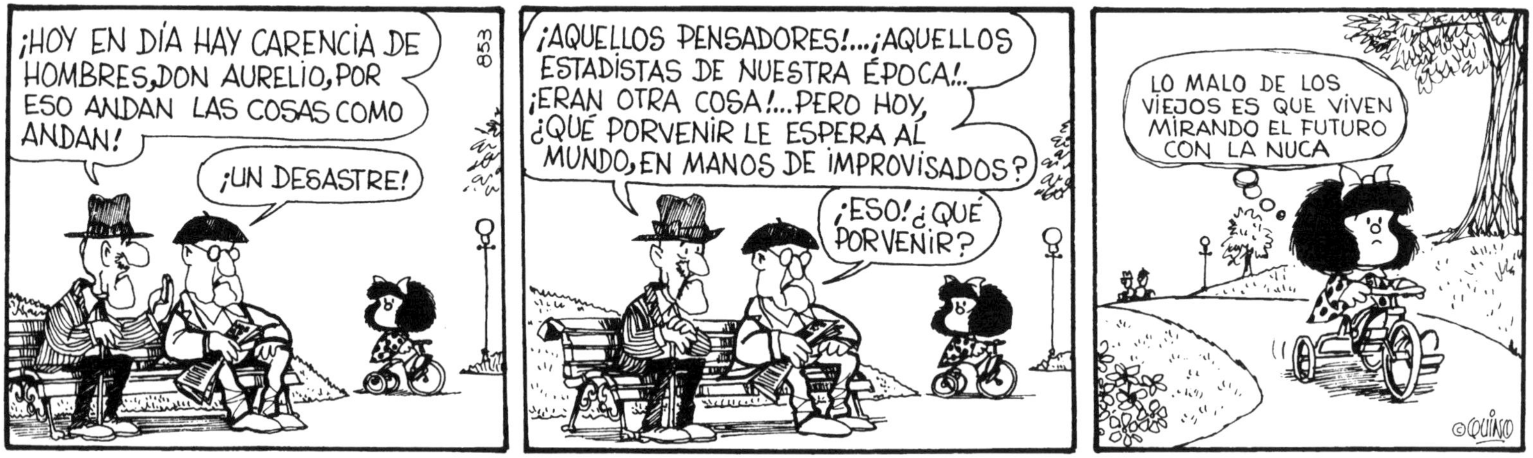

853
¡HOY EN DÍA HAY CARENCIA DE HOMBRES, DON AURELIO, POR ESO ANDAN LAS COSAS COMO ANDAN!
¡UN DESASTRE!
¡AQUELLOS PENSADORES!...¡AQUELLOS ESTADISTAS DE NUESTRA ÉPOCA!.. ¡ERAN OTRA COSA!...PERO HOY, ¿QUÉ PORVENIR LE ESPERA AL MUNDO, EN MANOS DE IMPROVISADOS?
¡ESO! ¿QUÉ PORVENIR?
LO MALO DE LOS VIEJOS ES QUE VIVEN MIRANDO EL FUTURO CON LA NUCA
©QUINO

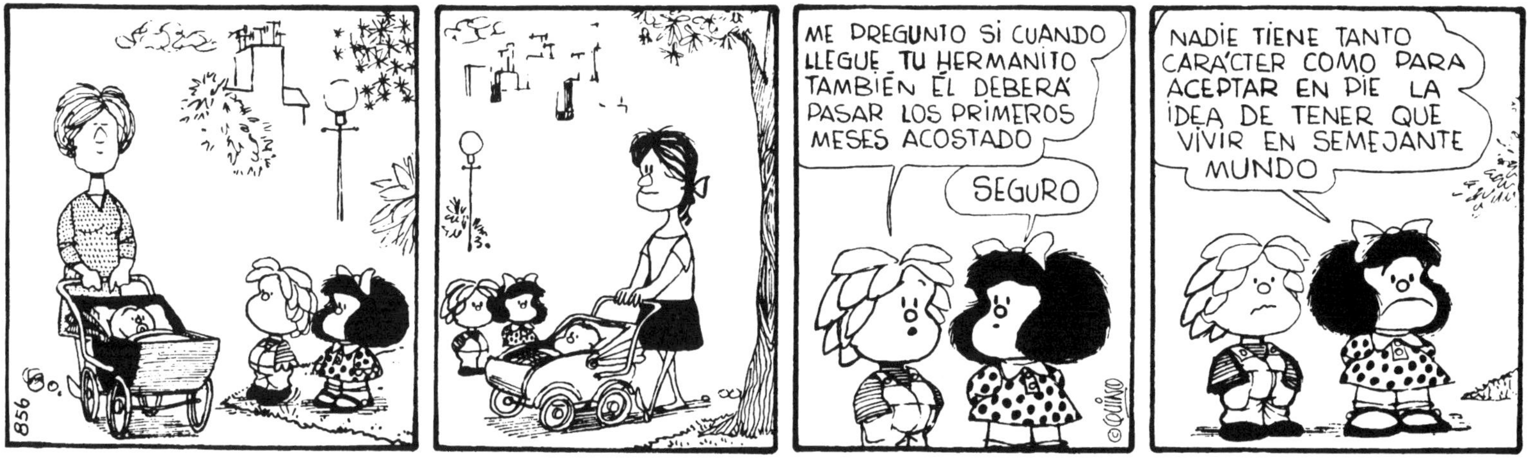
856
ME PREGUNTO SI CUANDO LLEGUE TU HERMANITO TAMBIÉN ÉL DEBERÁ PASAR LOS PRIMEROS MESES ACOSTADO
SEGURO
NADIE TIENE TANTO CARÁCTER COMO PARA ACEPTAR EN PIE LA IDEA DE TENER QUE VIVIR EN SEMEJANTE MUNDO
©QUINO

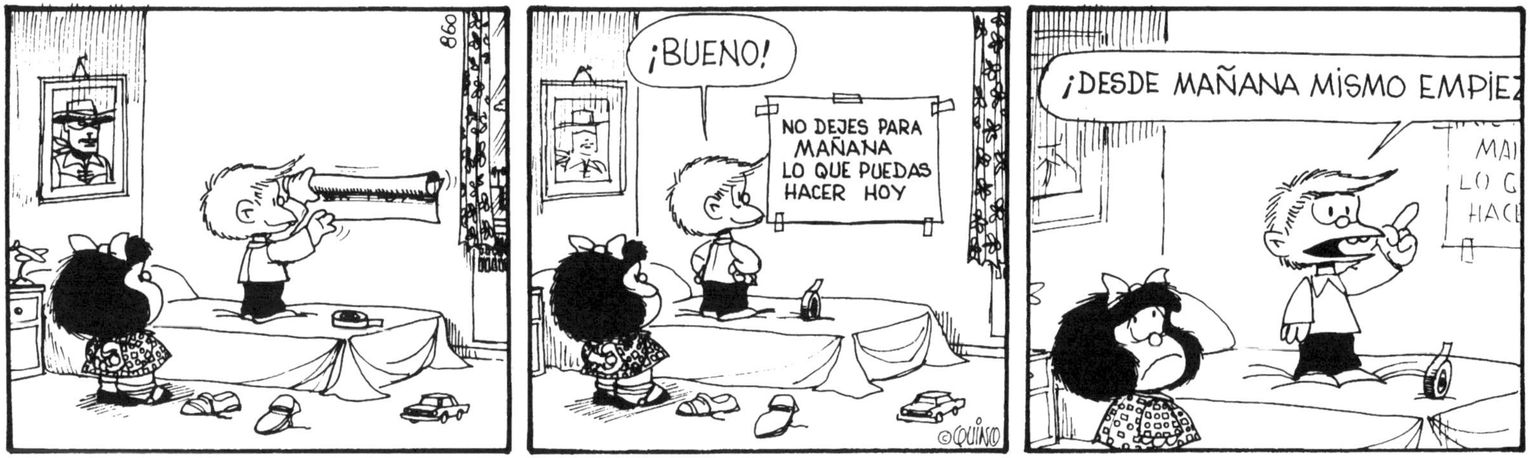
860
¡BUENO!
NO DEJES PARA MAÑANA LO QUE PUEDAS HACER HOY
©QUINO
¡DESDE MAÑANA MISMO EMPIEZ

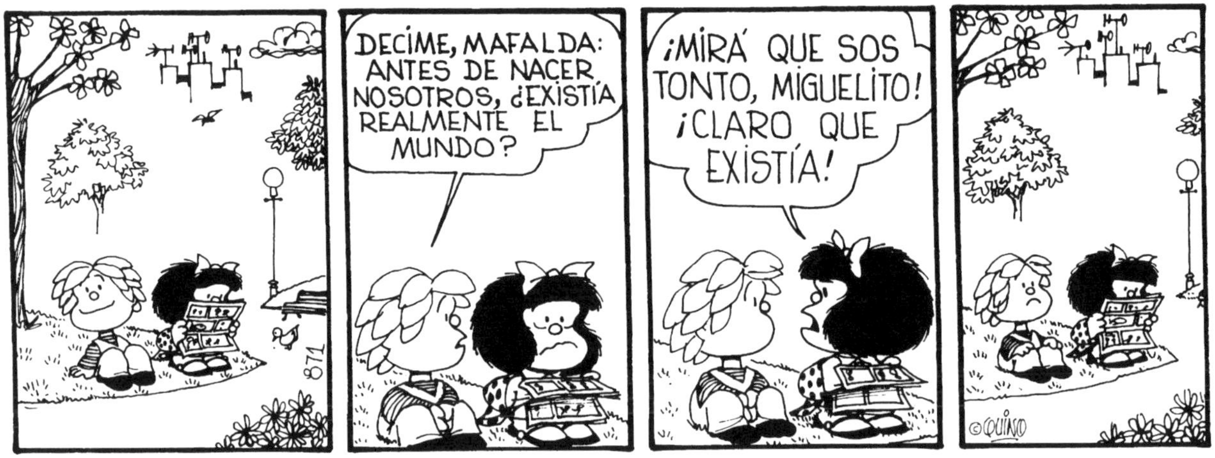
DECIME, MAFALDA: ANTES DE NACER NOSOTROS, ¿EXISTÍA REALMENTE EL MUNDO?
¡MIRÁ QUE SOS TONTO, MIGUELITO! ¡CLARO QUE EXISTÍA!
¿Y PARA QUÉ?

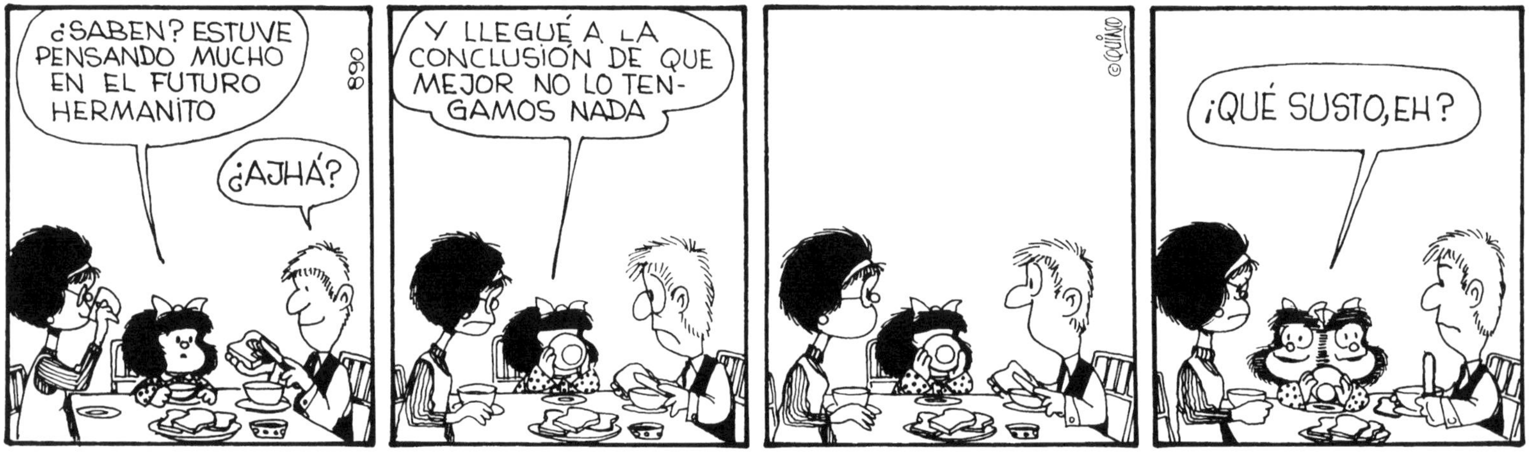
¿SABEN? ESTUVE PENSANDO MUCHO EN EL FUTURO HERMANITO
¿AJHÁ?
Y LLEGUÉ A LA CONCLUSIÓN DE QUE MEJOR NO LO TENGAMOS NADA
¡QUÉ SUSTO, EH?

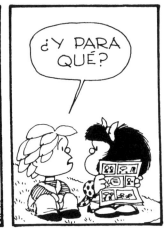

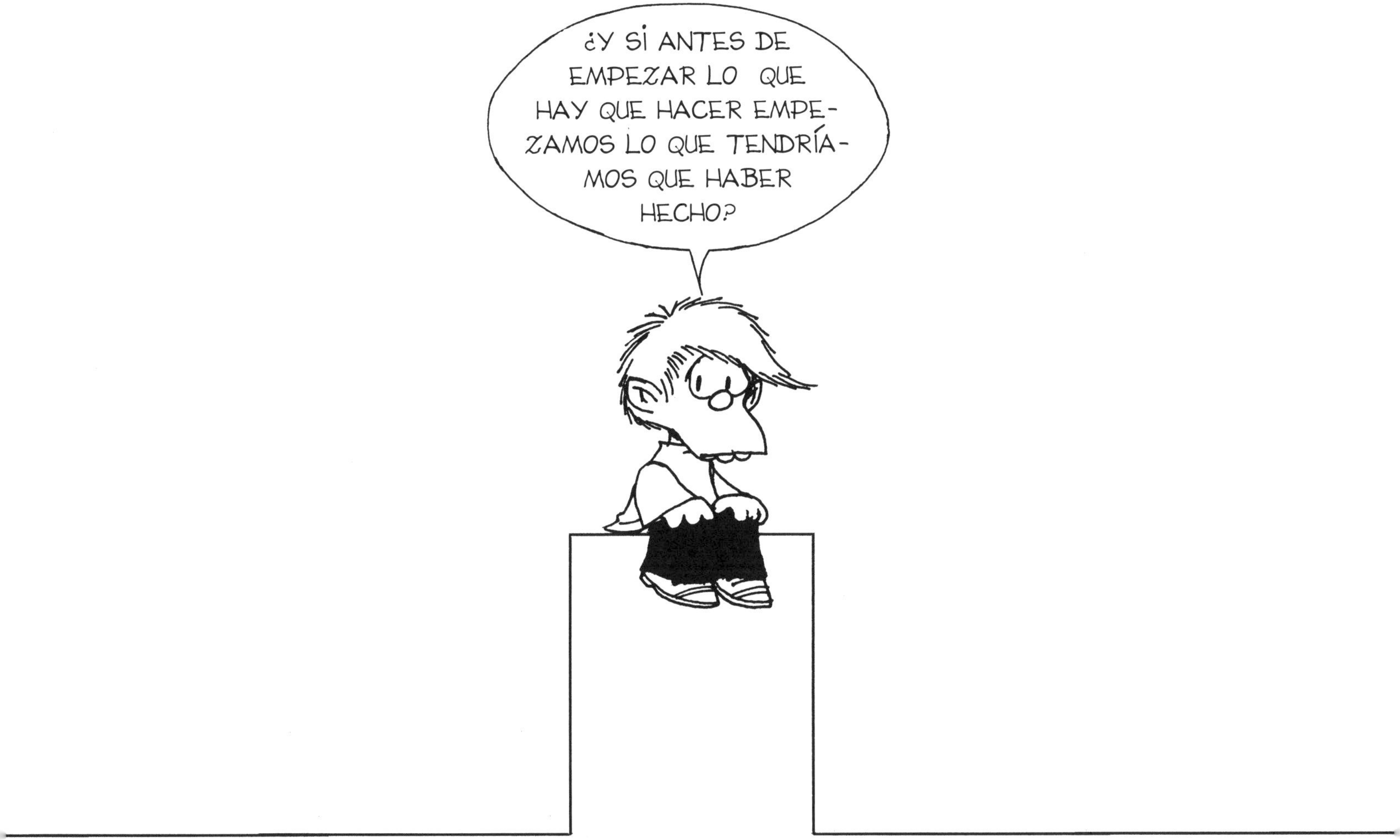
¿Y SI ANTES DE EMPEZAR LO QUE HAY QUE HACER EMPEZAMOS LO QUE TENDRÍAMOS QUE HABER HECHO?

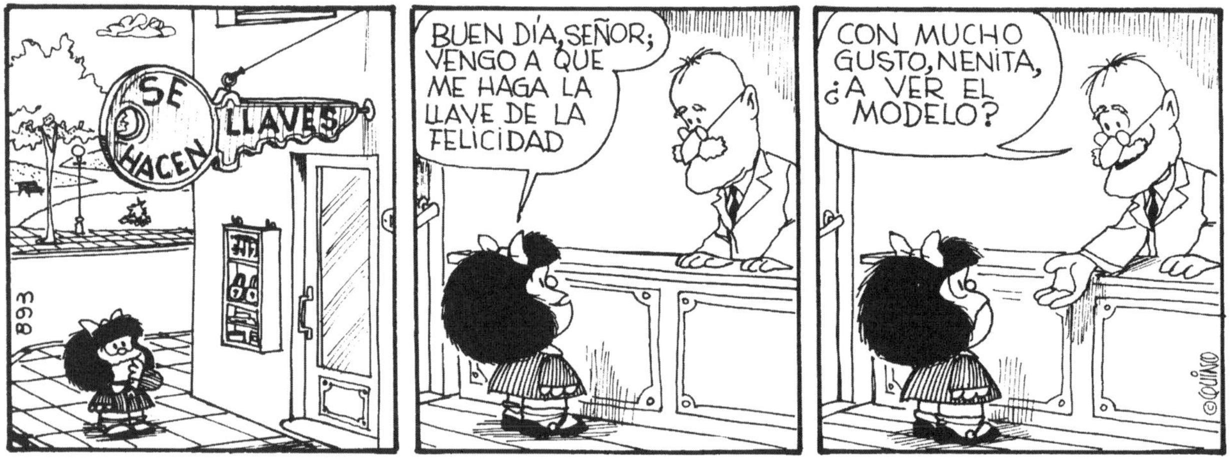
SE HACEN LLAVES
893
BUEN DÍA, SEÑOR; VENGO A QUE ME HAGA LA LLAVE DE LA FELICIDAD
CON MUCHO GUSTO, NENITA, ¿A VER EL MODELO?
©QUINO
¡ASTUTO VIEJITO!

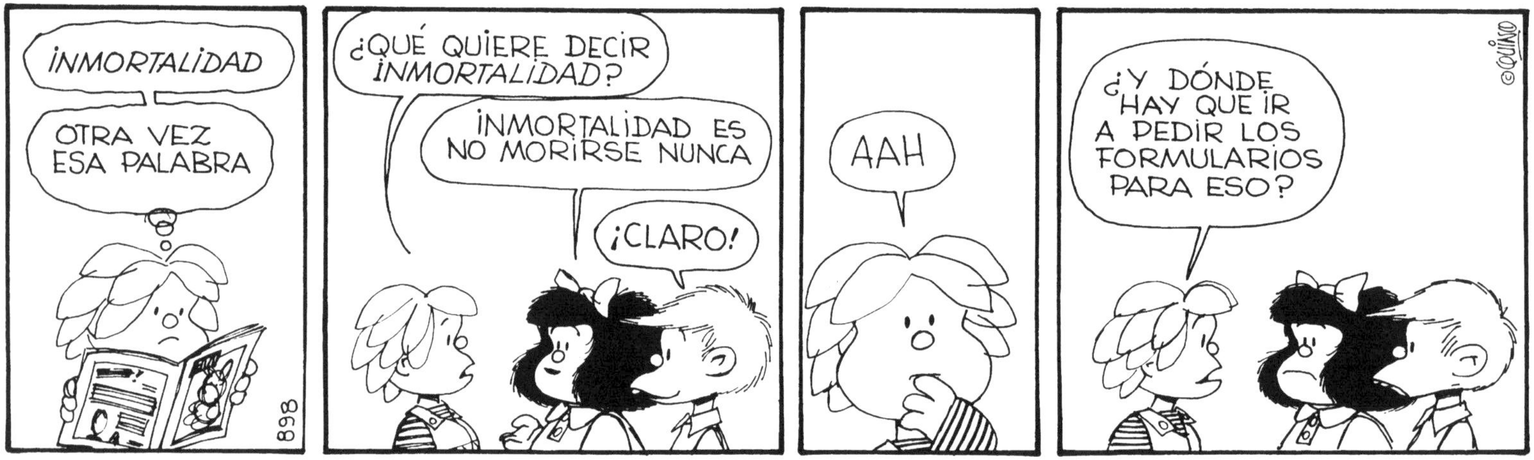
INMORTALIDAD
OTRA VEZ ESA PALABRA
898
¿QUÉ QUIERE DECIR INMORTALIDAD?
INMORTALIDAD ES NO MORIRSE NUNCA
¡CLARO!
AAH
©QUINO
¿Y DÓNDE HAY QUE IR A PEDIR LOS FORMULARIOS PARA ESO?

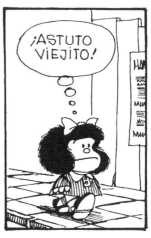

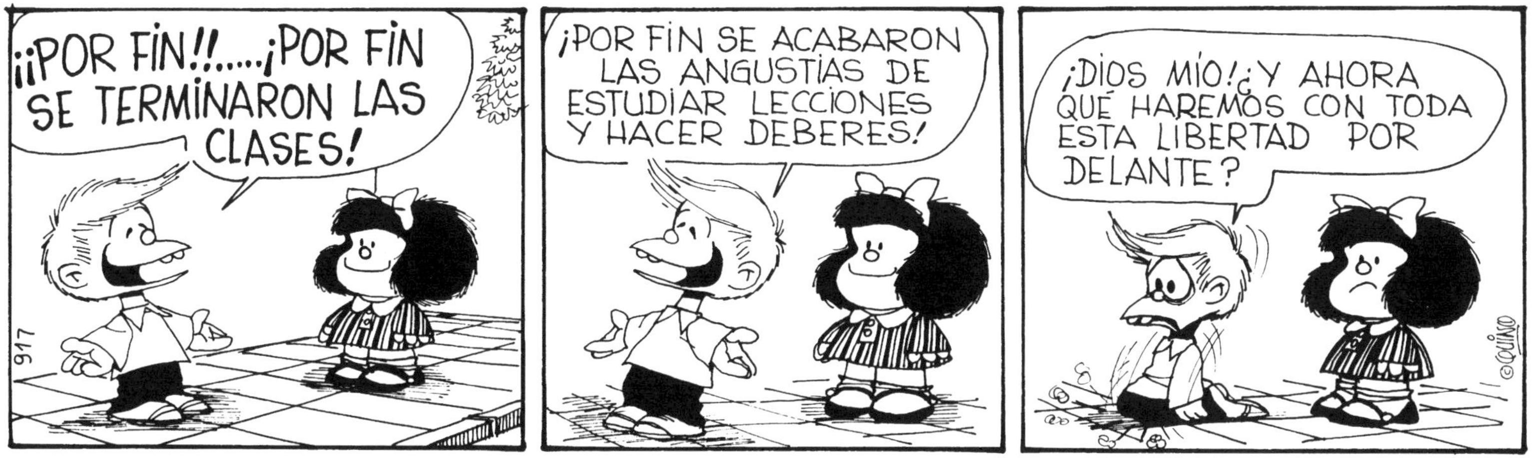
¡¡POR FIN!!.....¡POR FIN SE TERMINARON LAS CLASES!
¡POR FIN SE ACABARON LAS ANGUSTIAS DE ESTUDIAR LECCIONES Y HACER DEBERES!
¡DIOS MÍO! ¿Y AHORA QUÉ HAREMOS CON TODA ESTA LIBERTAD POR DELANTE?

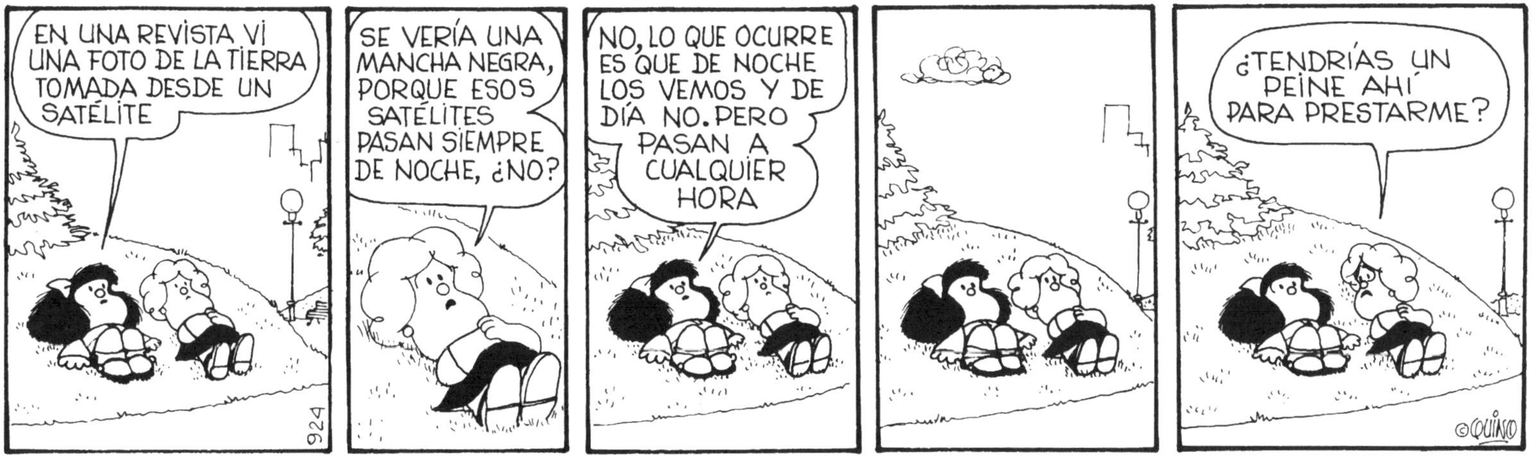
EN UNA REVISTA VI UNA FOTO DE LA TIERRA TOMADA DESDE UN SATÉLITE
SE VERÍA UNA MANCHA NEGRA, PORQUE ESOS SATÉLITES PASAN SIEMPRE DE NOCHE, ¿NO?
NO, LO QUE OCURRE ES QUE DE NOCHE LOS VEMOS Y DE DÍA NO. PERO PASAN A CUALQUIER HORA
¿TENDRÍAS UN PEINE AHÍ PARA PRESTARME?

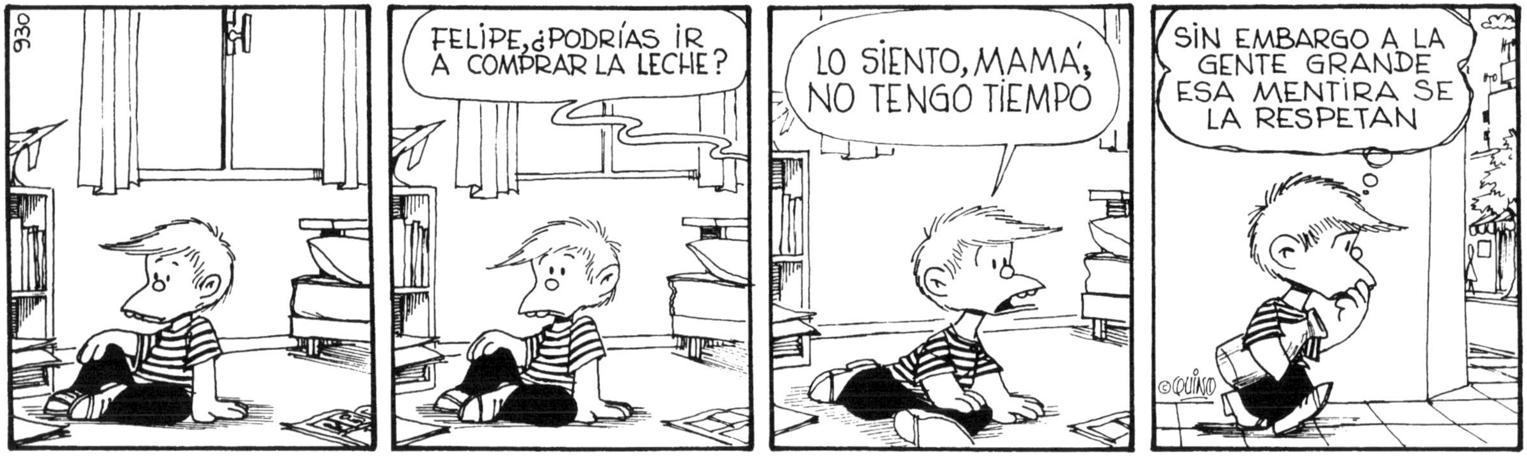
930
FELIPE, ¿PODRÍAS IR A COMPRAR LA LECHE?
LO SIENTO, MAMÁ, NO TENGO TIEMPO
SIN EMBARGO A LA GENTE GRANDE ESA MENTIRA SE LA RESPETAN
©QUINO

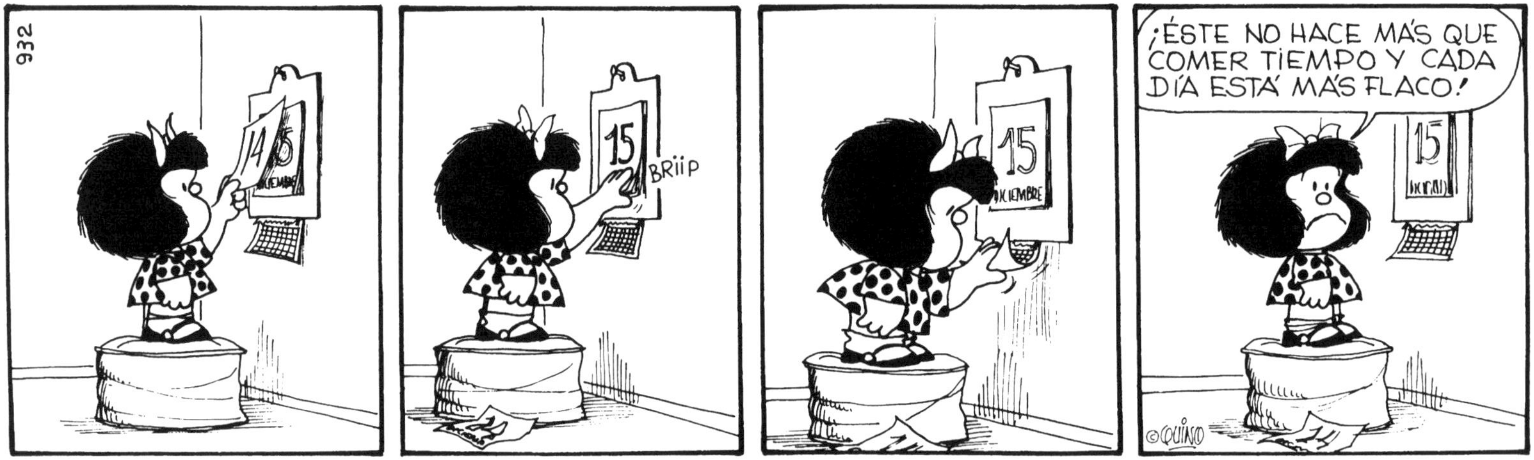
932
14
15
BRIIP
15
¡ÉSTE NO HACE MÁS QUE COMER TIEMPO Y CADA DÍA ESTÁ MÁS FLACO!
©QUINO

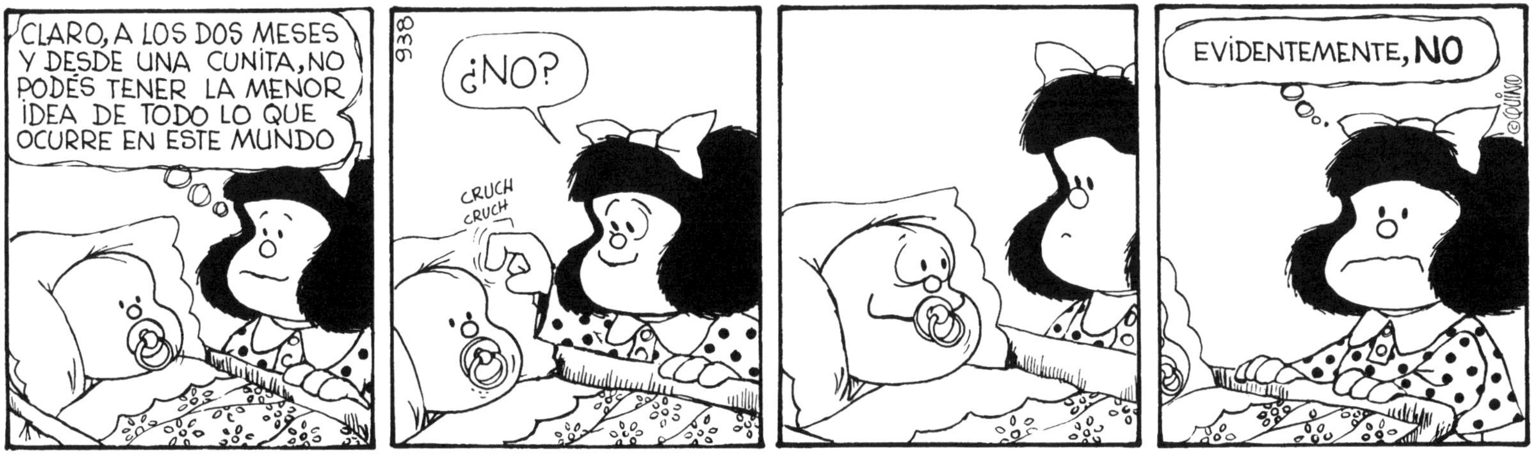
938
CLARO, A LOS DOS MESES Y DESDE UNA CUNITA, NO PODÉS TENER LA MENOR IDEA DE TODO LO QUE OCURRE EN ESTE MUNDO
¿NO?
CRUCH CRUCH
EVIDENTEMENTE, **NO**
© QUINO

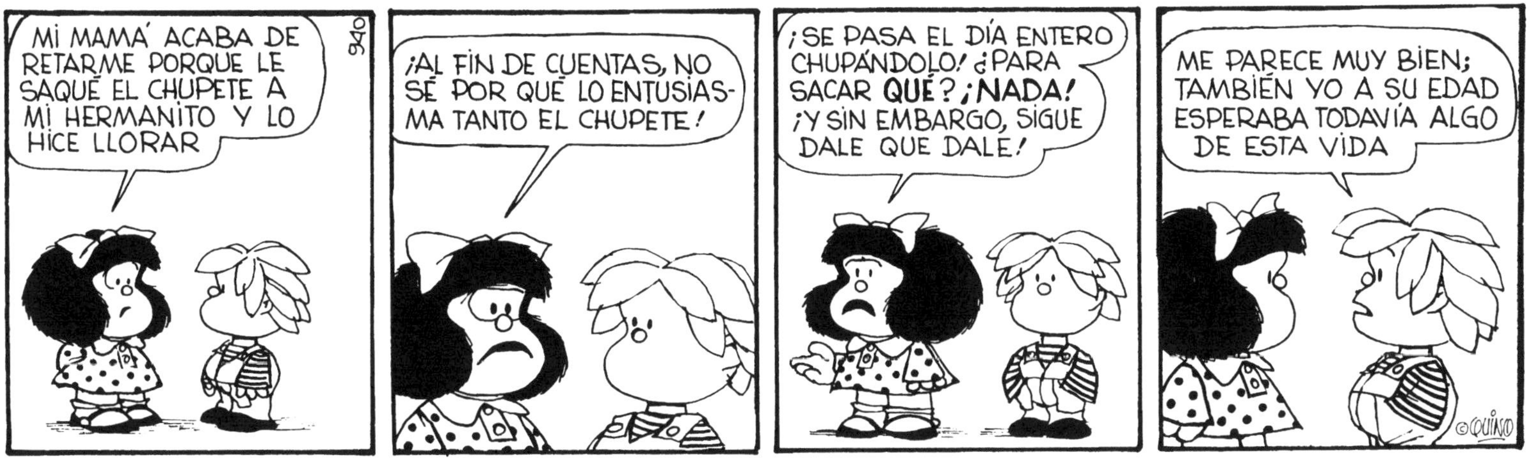
940
MI MAMÁ ACABA DE RETARME PORQUE LE SAQUÉ EL CHUPETE A MI HERMANITO Y LO HICE LLORAR
¡AL FIN DE CUENTAS, NO SÉ POR QUÉ LO ENTUSIASMA TANTO EL CHUPETE!
¡SE PASA EL DÍA ENTERO CHUPÁNDOLO! ¿PARA SACAR **QUÉ**? **¡NADA!** ¡Y SIN EMBARGO, SIGUE DALE QUE DALE!
ME PARECE MUY BIEN; TAMBIÉN YO A SU EDAD ESPERABA TODAVÍA ALGO DE ESTA VIDA
© QUINO

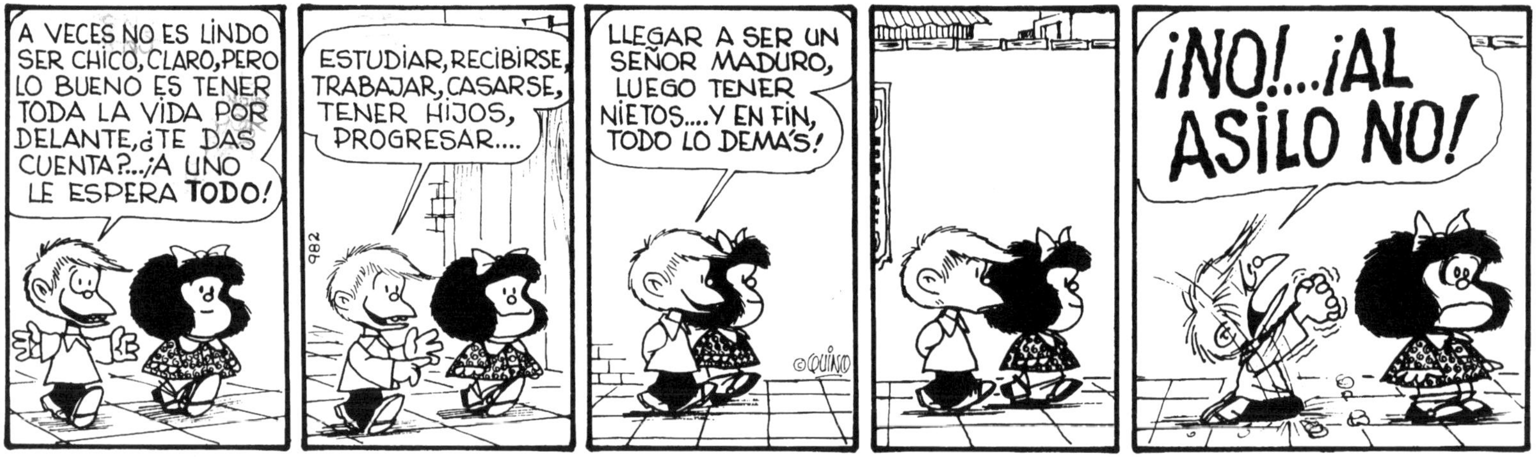
A VECES NO ES LINDO SER CHICO, CLARO, PERO LO BUENO ES TENER TODA LA VIDA POR DELANTE, ¿TE DAS CUENTA?...¡A UNO LE ESPERA **TODO**!
ESTUDIAR, RECIBIRSE, TRABAJAR, CASARSE, TENER HIJOS, PROGRESAR....
982
LLEGAR A SER UN SEÑOR MADURO, LUEGO TENER NIETOS....Y EN FIN, TODO LO DEMÁS!
©QUINO
¡NO!...¡AL ASILO NO!

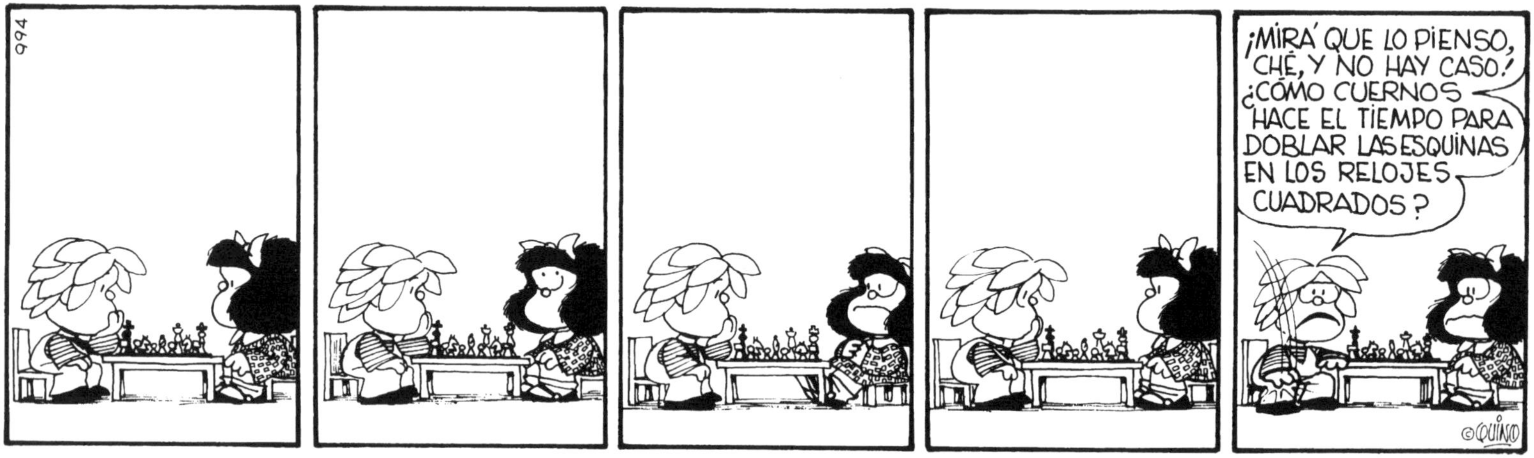
994
¡MIRÁ QUE LO PIENSO, CHÉ, Y NO HAY CASO! ¿CÓMO CUERNOS HACE EL TIEMPO PARA DOBLAR LAS ESQUINAS EN LOS RELOJES CUADRADOS?
©QUINO

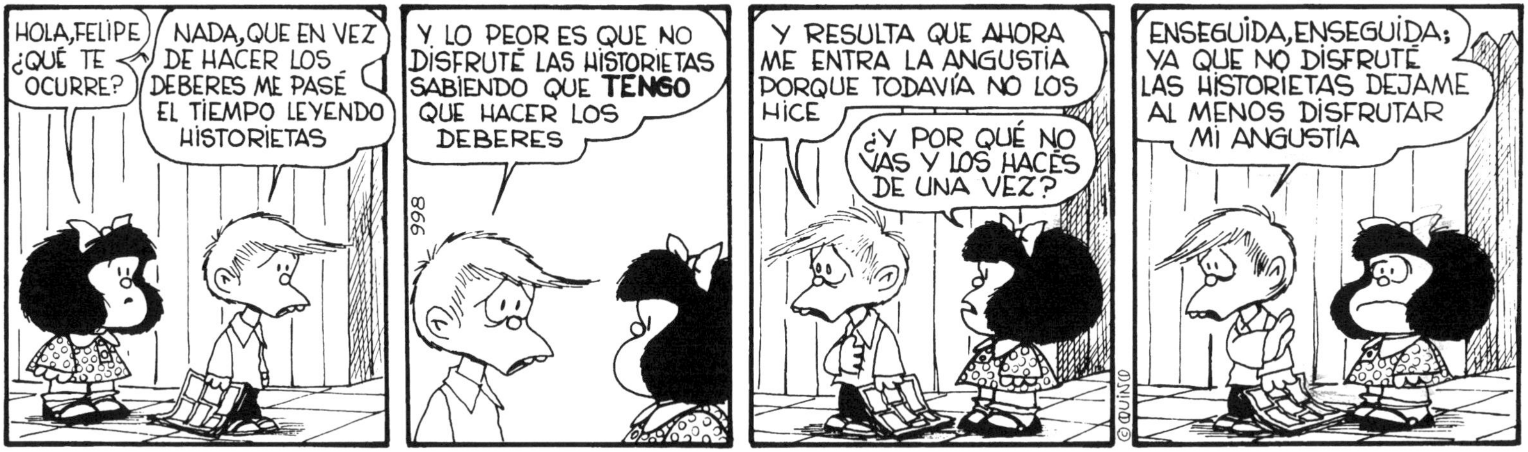
HOLA, FELIPE ¿QUÉ TE OCURRE?
NADA, QUE EN VEZ DE HACER LOS DEBERES ME PASÉ EL TIEMPO LEYENDO HISTORIETAS
Y LO PEOR ES QUE NO DISFRUTÉ LAS HISTORIETAS SABIENDO QUE **TENGO** QUE HACER LOS DEBERES
998
Y RESULTA QUE AHORA ME ENTRA LA ANGUSTIA PORQUE TODAVÍA NO LOS HICE
¿Y POR QUÉ NO VAS Y LOS HACÉS DE UNA VEZ?
ENSEGUIDA, ENSEGUIDA; YA QUE NO DISFRUTÉ LAS HISTORIETAS DEJAME AL MENOS DISFRUTAR MI ANGUSTIA
© QUINO

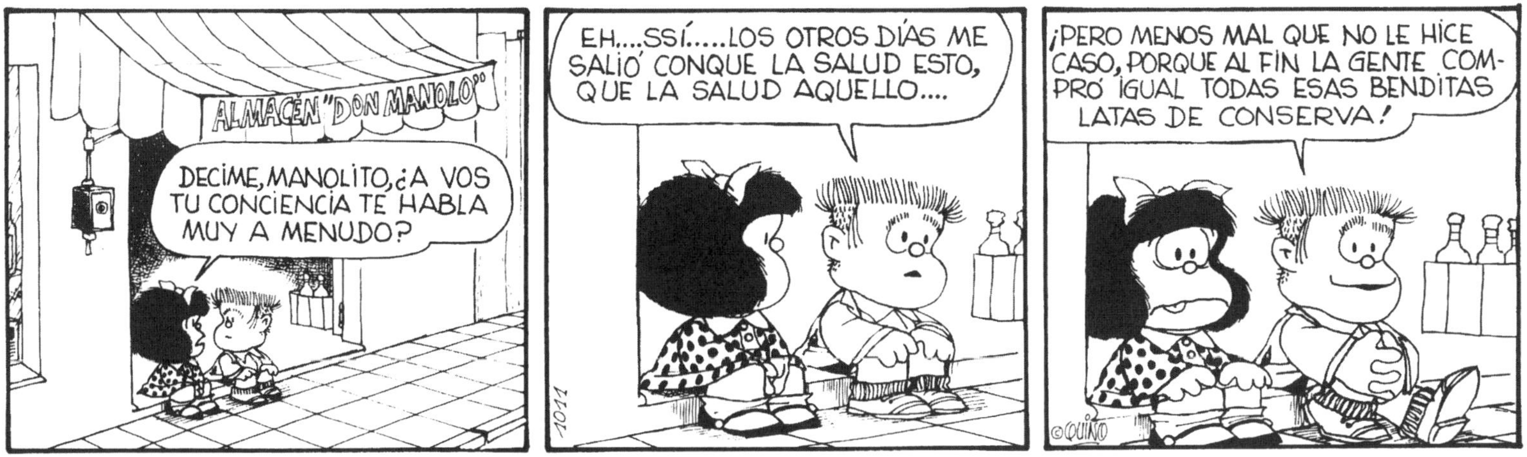
ALMACÉN "DON MANOLO"
DECIME, MANOLITO, ¿A VOS TU CONCIENCIA TE HABLA MUY A MENUDO?
1011
EH.... SSÍ..... LOS OTROS DÍAS ME SALIÓ CONQUE LA SALUD ESTO, QUE LA SALUD AQUELLO....
¡PERO MENOS MAL QUE NO LE HICE CASO, PORQUE AL FIN LA GENTE COMPRÓ IGUAL TODAS ESAS BENDITAS LATAS DE CONSERVA!
© QUINO

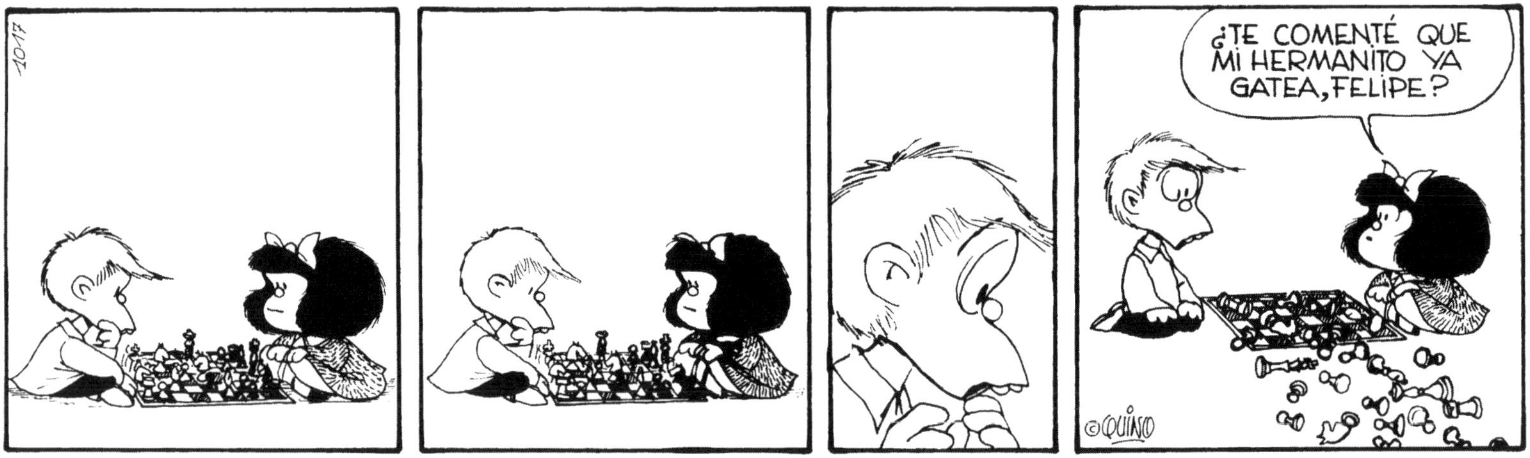
1017
¿TE COMENTÉ QUE MI HERMANITO YA GATEA, FELIPE?
©QUINO

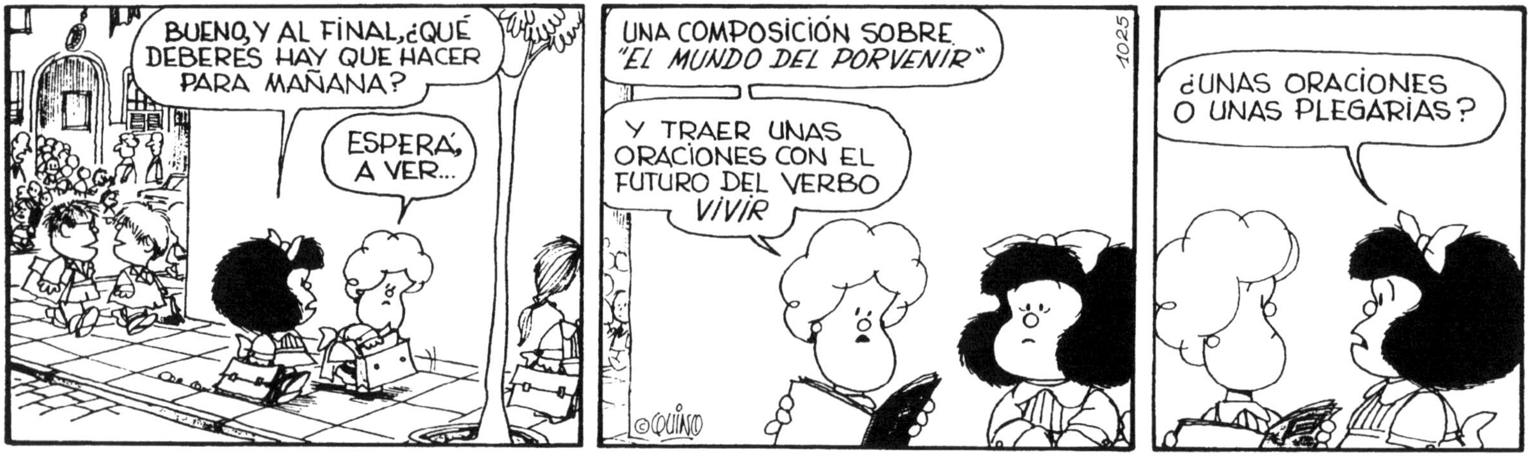
BUENO, Y AL FINAL, ¿QUÉ DEBERES HAY QUE HACER PARA MAÑANA?
ESPERÁ, A VER...
UNA COMPOSICIÓN SOBRE *"EL MUNDO DEL PORVENIR"*
Y TRAER UNAS ORACIONES CON EL FUTURO DEL VERBO *VIVIR*
1025
©QUINO
¿UNAS ORACIONES O UNAS PLEGARIAS?

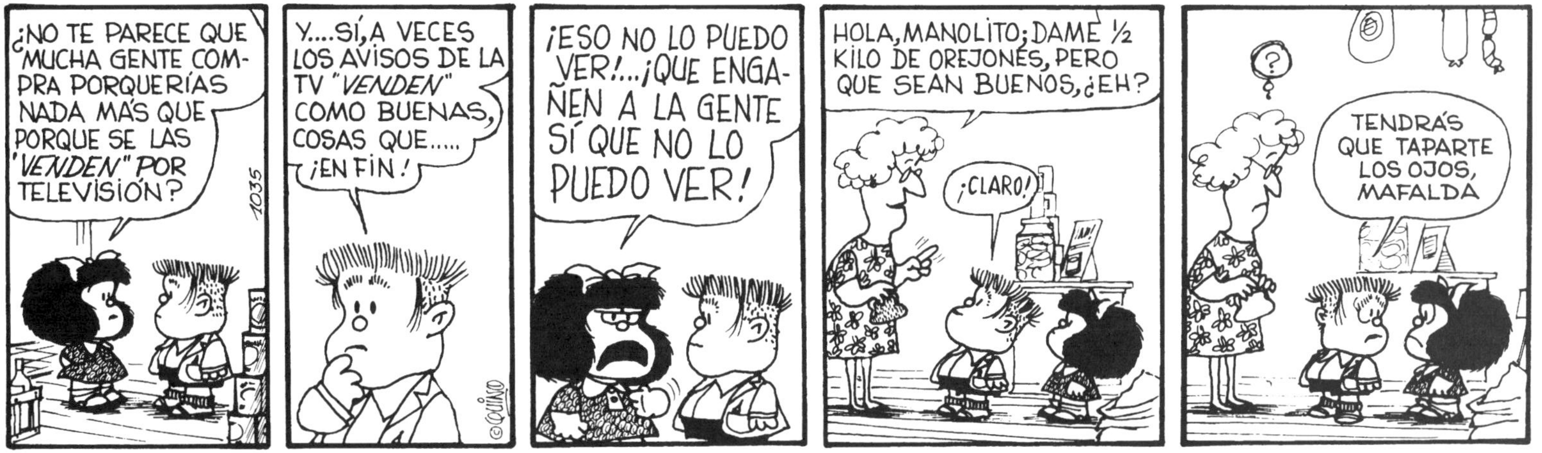
¿NO TE PARECE QUE MUCHA GENTE COMPRA PORQUERÍAS NADA MÁS QUE PORQUE SE LAS "VENDEN" POR TELEVISIÓN?
Y....SÍ, A VECES LOS AVISOS DE LA TV "VENDEN" COMO BUENAS, COSAS QUE..... ¡EN FIN!
¡ESO NO LO PUEDO VER!...¡QUE ENGAÑEN A LA GENTE SÍ QUE NO LO PUEDO VER!
HOLA, MANOLITO; DAME ½ KILO DE OREJONES, PERO QUE SEAN BUENOS, ¿EH?
¡CLARO!
TENDRÁS QUE TAPARTE LOS OJOS, MAFALDA

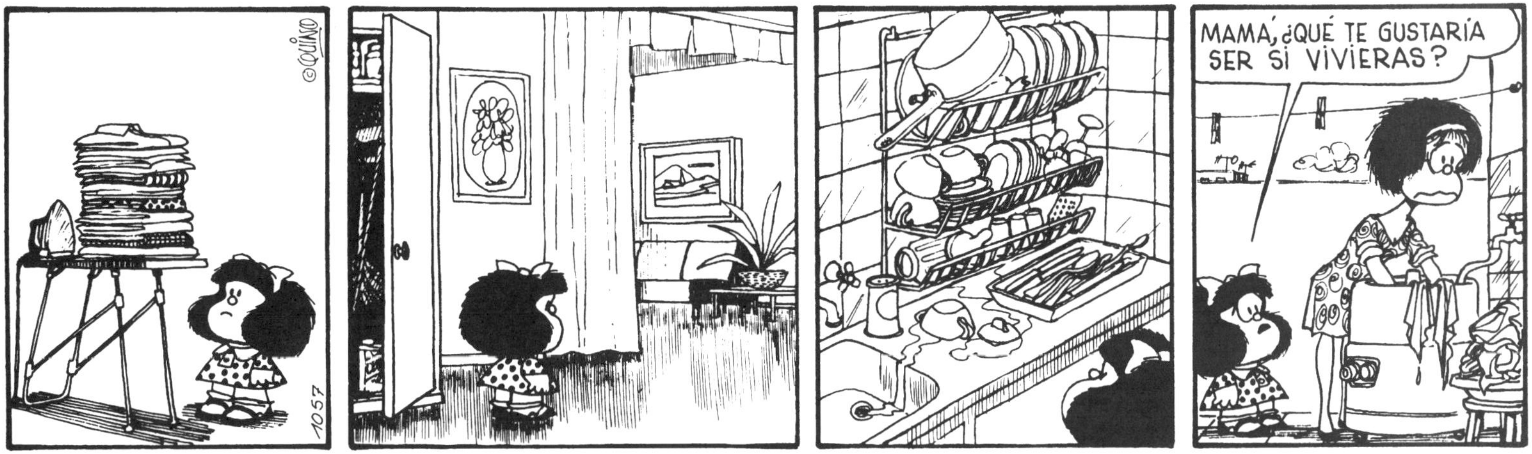
MAMÁ, ¿QUÉ TE GUSTARÍA SER SI VIVIERAS?

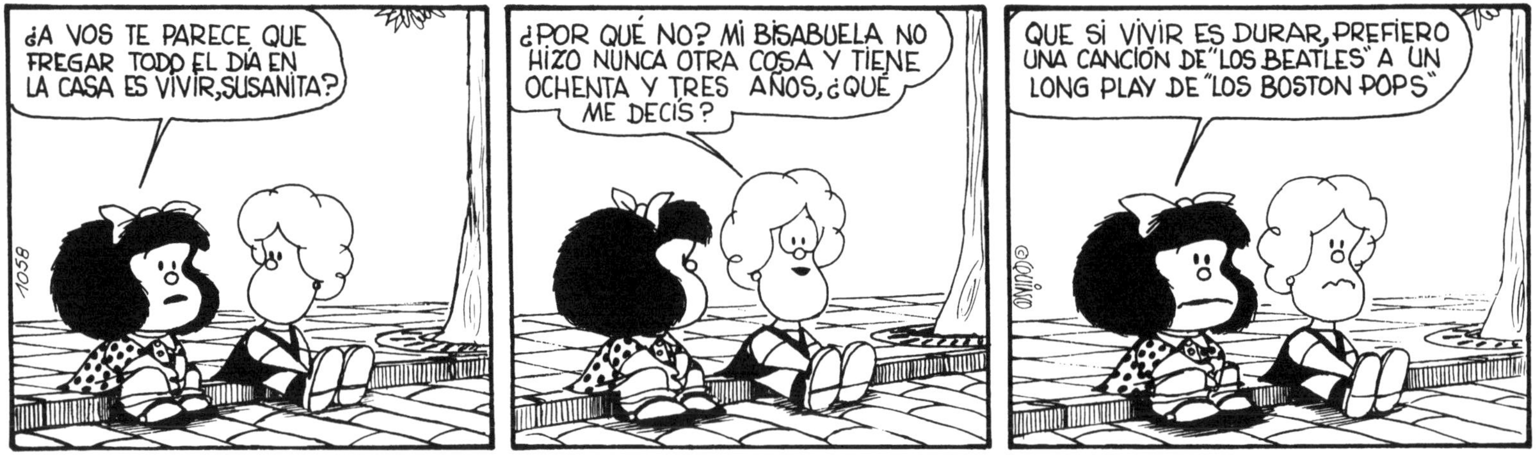
¿A VOS TE PARECE QUE FREGAR TODO EL DÍA EN LA CASA ES VIVIR, SUSANITA?
¿POR QUÉ NO? MI BISABUELA NO HIZO NUNCA OTRA COSA Y TIENE OCHENTA Y TRES AÑOS, ¿QUÉ ME DECÍS?
QUE SI VIVIR ES DURAR, PREFIERO UNA CANCIÓN DE "LOS BEATLES" A UN LONG PLAY DE "LOS BOSTON POPS"
1058
© QUINO

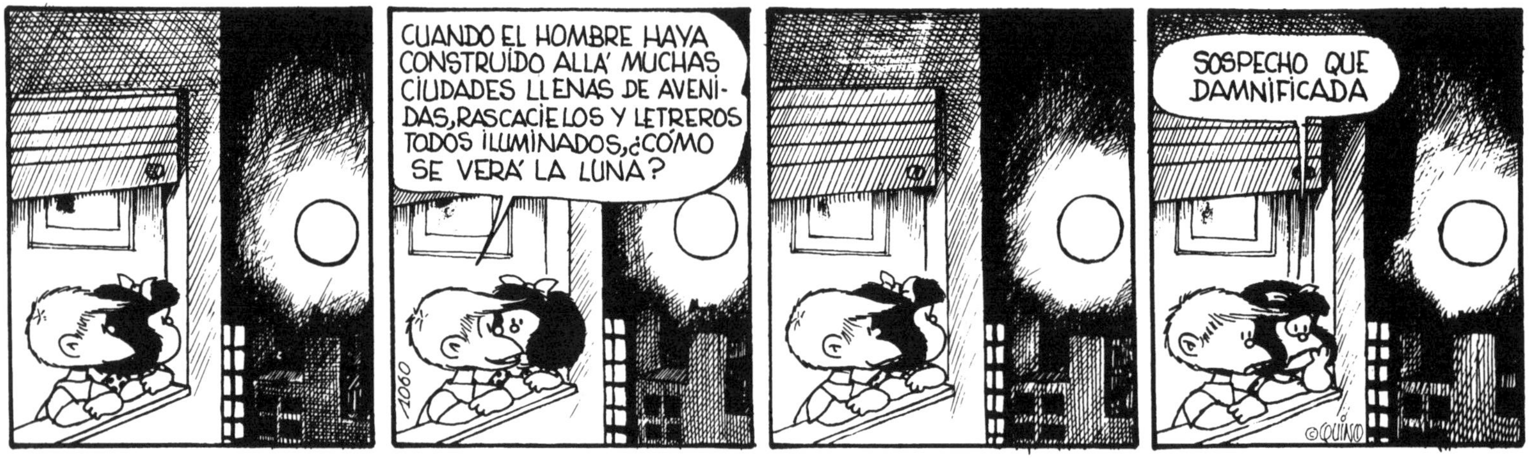
CUANDO EL HOMBRE HAYA CONSTRUIDO ALLÁ MUCHAS CIUDADES LLENAS DE AVENIDAS, RASCACIELOS Y LETREROS TODOS ILUMINADOS, ¿CÓMO SE VERÁ LA LUNA?
SOSPECHO QUE DAMNIFICADA
1060
© QUINO

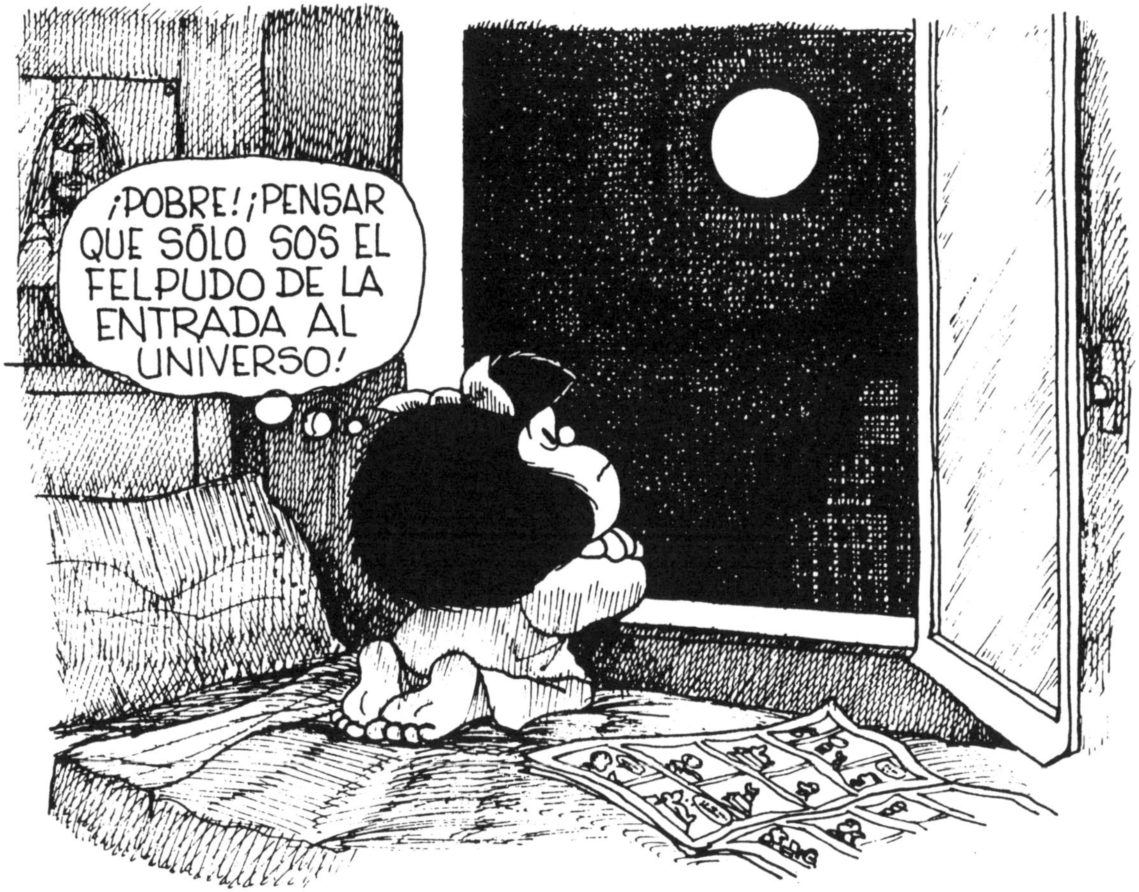
¡POBRE! ¡PENSAR QUE SÓLO SOS EL FELPUDO DE LA ENTRADA AL UNIVERSO!

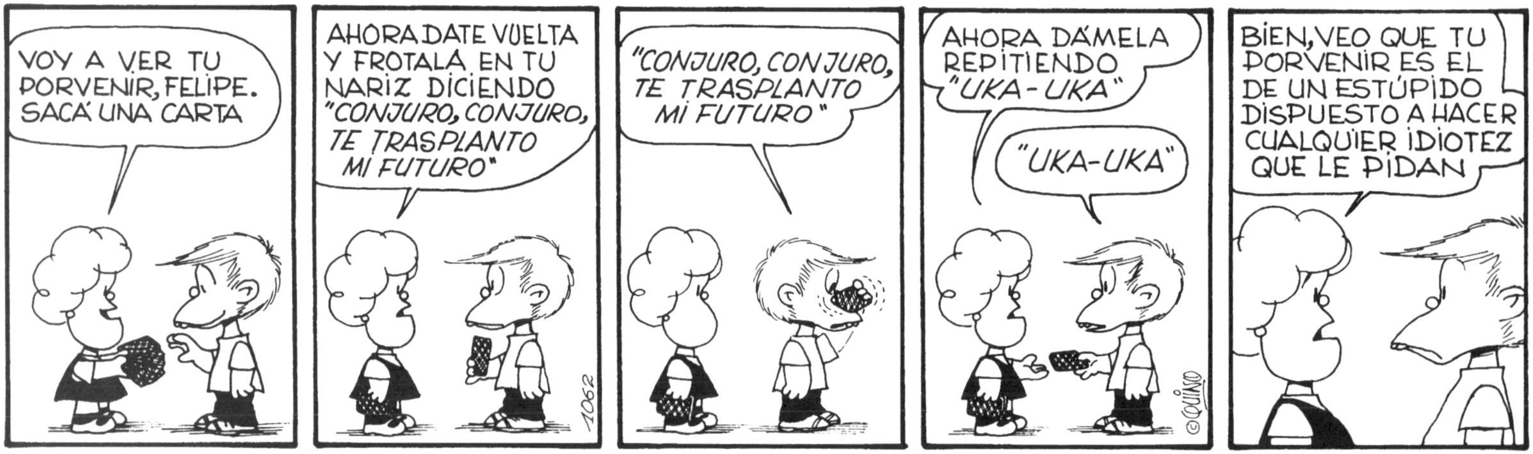
VOY A VER TU PORVENIR, FELIPE. SACÁ UNA CARTA
AHORA DATE VUELTA Y FROTALA EN TU NARIZ DICIENDO "CONJURO, CONJURO, TE TRASPLANTO MI FUTURO"
"CONJURO, CONJURO, TE TRASPLANTO MI FUTURO"
AHORA DÁMELA REPITIENDO "UKA-UKA"
"UKA-UKA"
BIEN, VEO QUE TU PORVENIR ES EL DE UN ESTÚPIDO DISPUESTO A HACER CUALQUIER IDIOTEZ QUE LE PIDAN

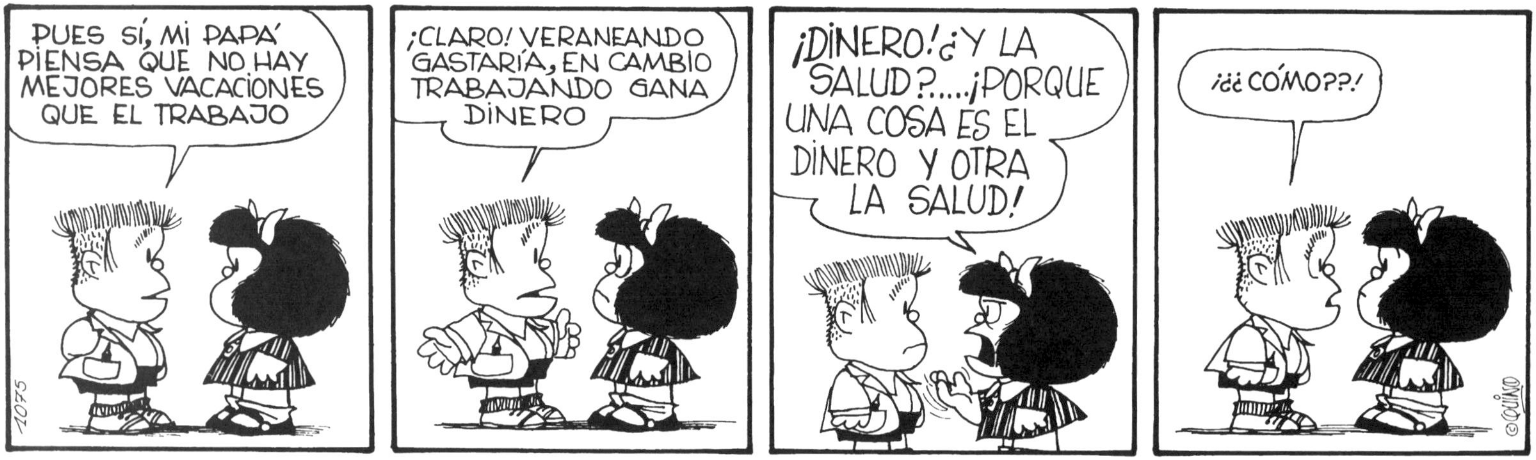
PUES SÍ, MI PAPÁ PIENSA QUE NO HAY MEJORES VACACIONES QUE EL TRABAJO
¡CLARO! VERANEANDO GASTARÍA, EN CAMBIO TRABAJANDO GANA DINERO
¡DINERO! ¿Y LA SALUD?.....¡PORQUE UNA COSA ES EL DINERO Y OTRA LA SALUD!
¡¿¿CÓMO??!

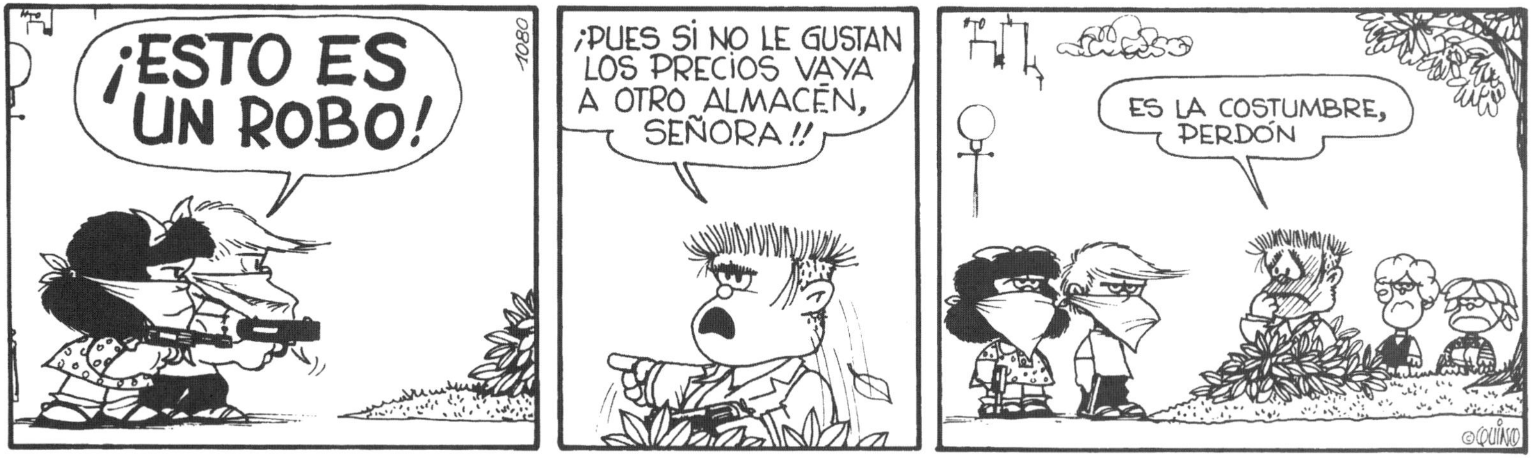
1080
¡ESTO ES UN ROBO!
¡PUES SI NO LE GUSTAN LOS PRECIOS VAYA A OTRO ALMACÉN, SEÑORA!!
ES LA COSTUMBRE, PERDÓN
©QUINO

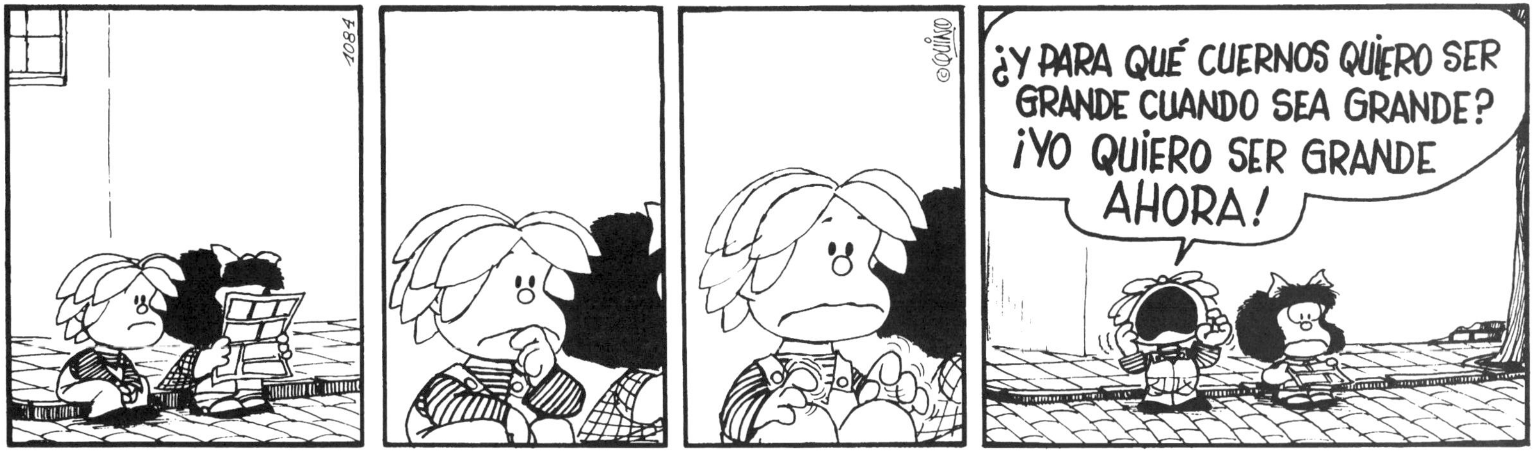
1084
©QUINO
¿Y PARA QUÉ CUERNOS QUIERO SER GRANDE CUANDO SEA GRANDE? ¡YO QUIERO SER GRANDE AHORA!

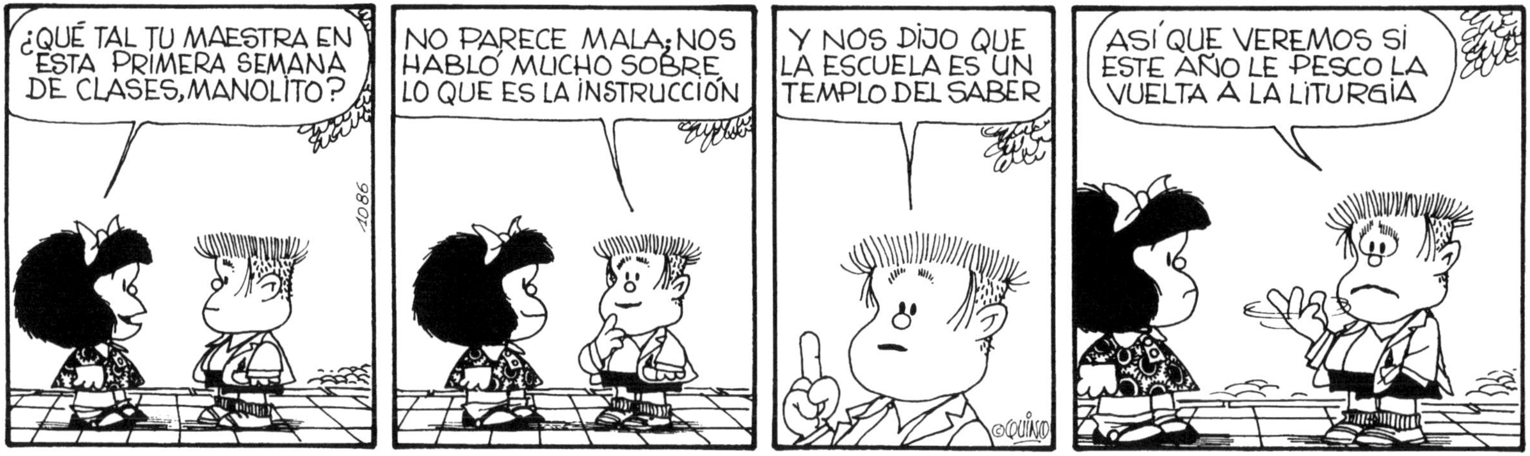
¿QUÉ TAL TU MAESTRA EN ESTA PRIMERA SEMANA DE CLASES, MANOLITO?
1086
NO PARECE MALA; NOS HABLÓ MUCHO SOBRE LO QUE ES LA INSTRUCCIÓN
Y NOS DIJO QUE LA ESCUELA ES UN TEMPLO DEL SABER
©QUINO
ASÍ QUE VEREMOS SI ESTE AÑO LE PESCO LA VUELTA A LA LITURGIA

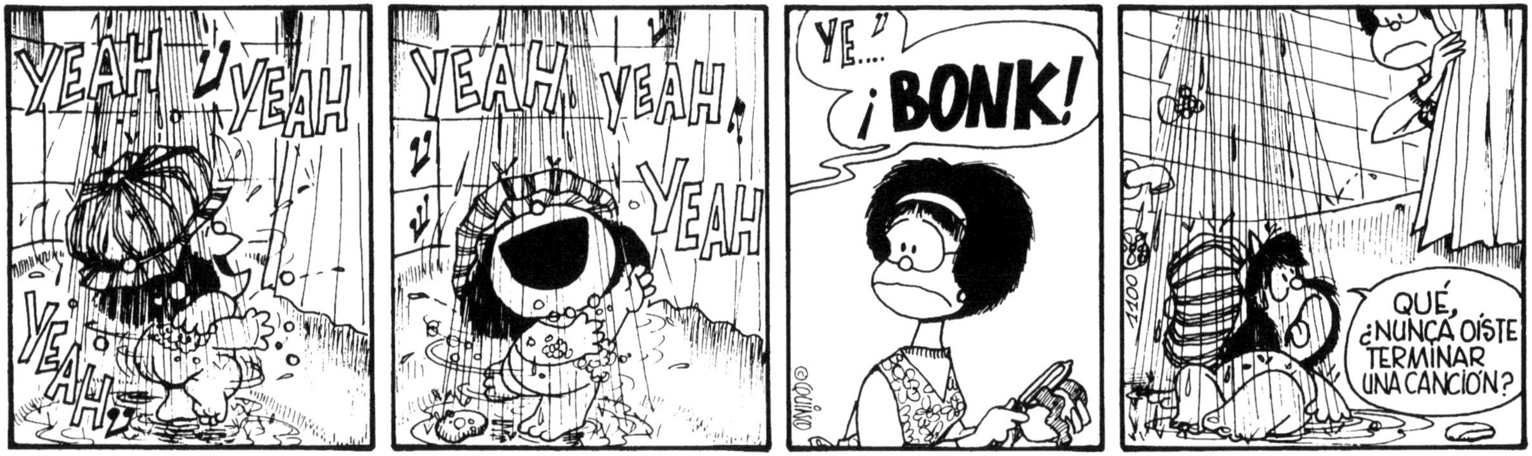
YEAH YEAH
YEAH
YEAH YEAH
YEAH
YE....
¡BONK!
©QUINO
1100
QUÉ, ¿NUNCA OÍSTE TERMINAR UNA CANCIÓN?

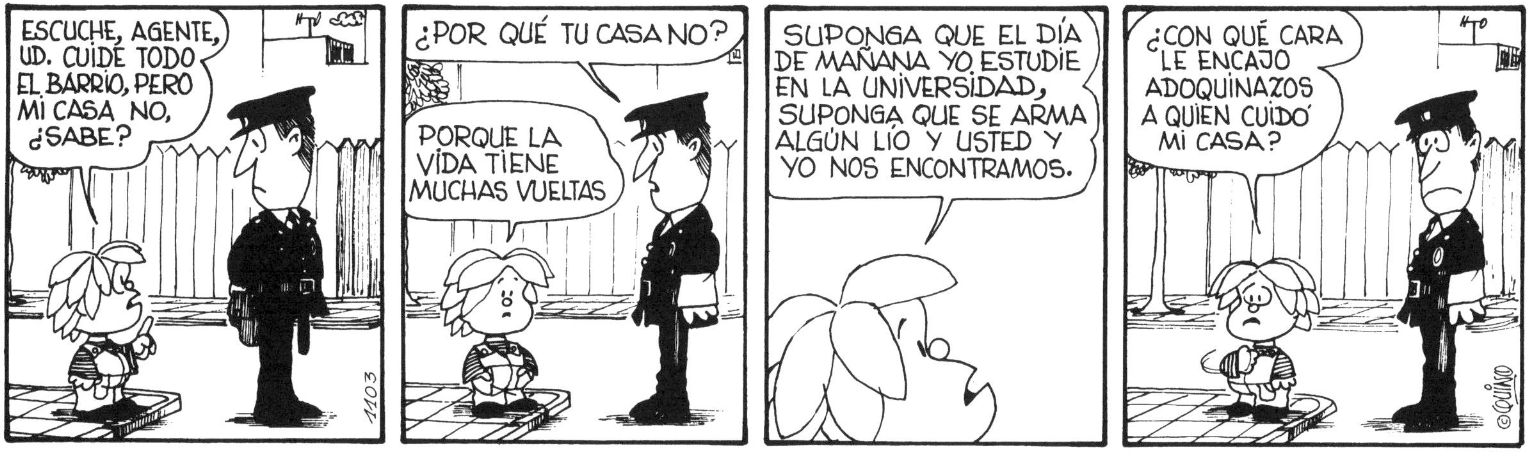
ESCUCHE, AGENTE, UD. CUIDE TODO EL BARRIO, PERO MI CASA NO, ¿SABE?
1103
¿POR QUÉ TU CASA NO?
PORQUE LA VIDA TIENE MUCHAS VUELTAS
SUPONGA QUE EL DÍA DE MAÑANA YO ESTUDIE EN LA UNIVERSIDAD, SUPONGA QUE SE ARMA ALGÚN LÍO Y USTED Y YO NOS ENCONTRAMOS.
¿CON QUÉ CARA LE ENCAJO ADOQUINAZOS A QUIEN CUIDÓ MI CASA?
©QUINO

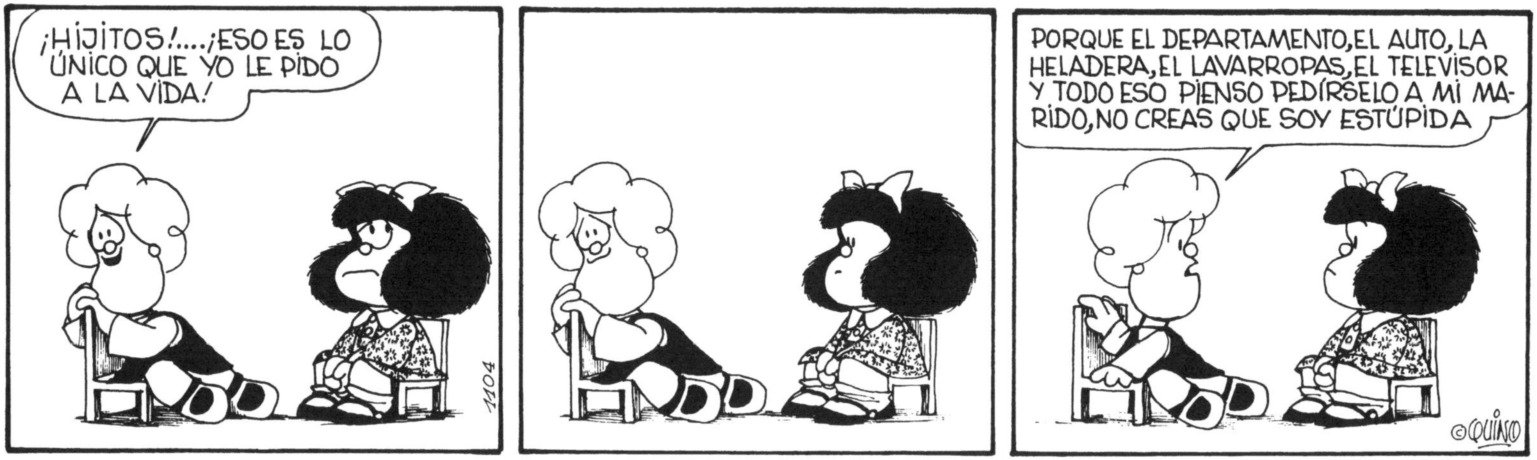
¡HIJITOS!....¡ESO ES LO ÚNICO QUE YO LE PIDO A LA VIDA!
1104
PORQUE EL DEPARTAMENTO, EL AUTO, LA HELADERA, EL LAVARROPAS, EL TELEVISOR Y TODO ESO PIENSO PEDÍRSELO A MI MARIDO, NO CREAS QUE SOY ESTÚPIDA
©QUINO

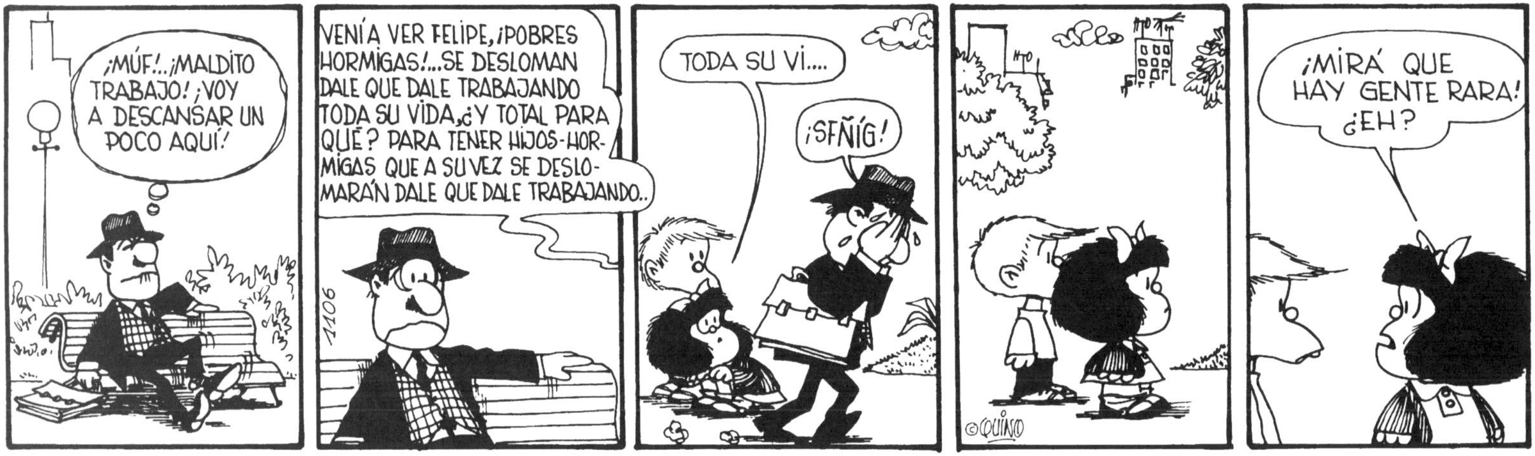
¡MÚF!... ¡MALDITO TRABAJO! ¡VOY A DESCANSAR UN POCO AQUÍ!
VENÍA VER FELIPE, ¡POBRES HORMIGAS!... SE DESLOMAN DALE QUE DALE TRABAJANDO TODA SU VIDA, ¿Y TOTAL PARA QUÉ? PARA TENER HIJOS-HORMIGAS QUE A SU VEZ SE DESLOMARÁN DALE QUE DALE TRABAJANDO..
1106
TODA SU VI....
¡SFÑIG!
© QUINO
¡MIRÁ QUE HAY GENTE RARA! ¿EH?

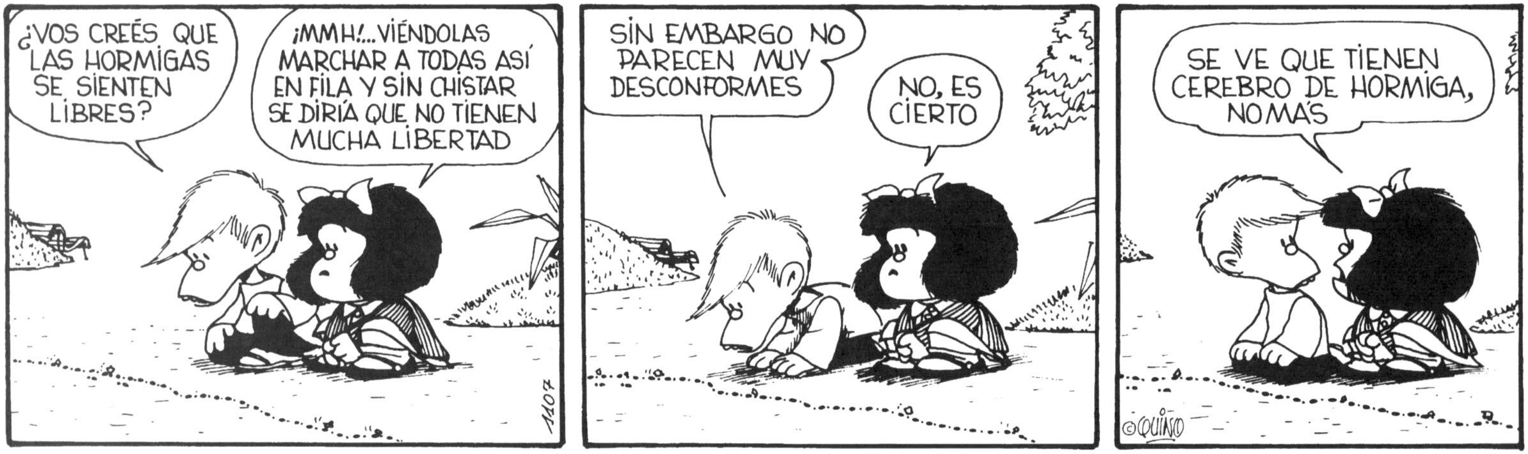
¿VOS CREÉS QUE LAS HORMIGAS SE SIENTEN LIBRES?
¡MMH!... VIÉNDOLAS MARCHAR A TODAS ASÍ EN FILA Y SIN CHISTAR SE DIRÍA QUE NO TIENEN MUCHA LIBERTAD
1107
SIN EMBARGO NO PARECEN MUY DESCONFORMES
NO, ES CIERTO
SE VE QUE TIENEN CEREBRO DE HORMIGA, NOMÁS
© QUINO

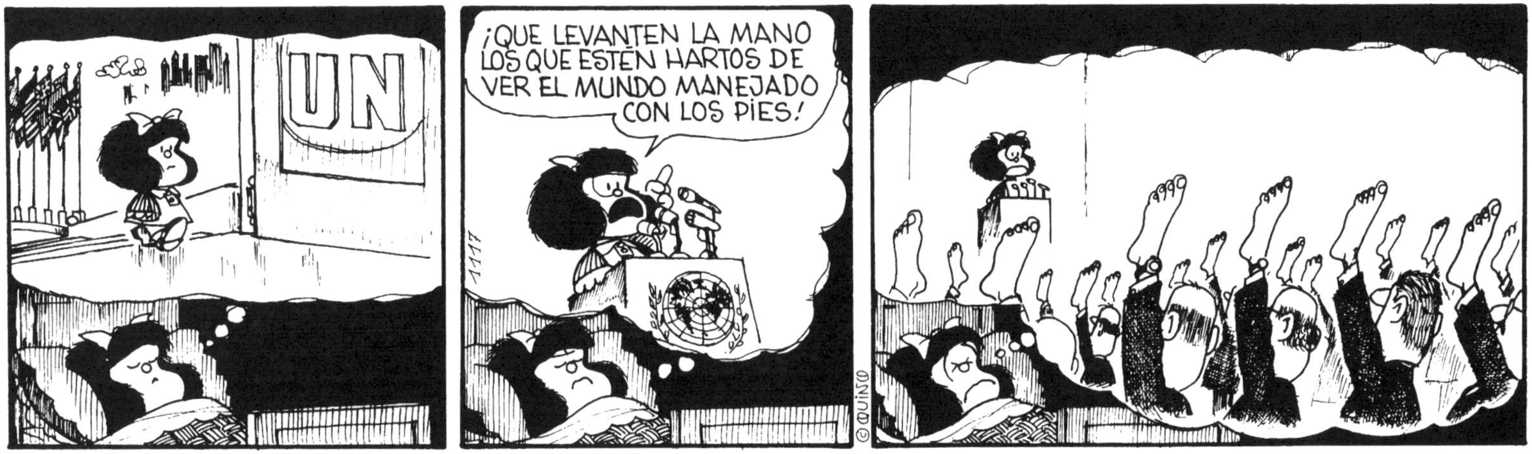
UN
¡QUE LEVANTEN LA MANO LOS QUE ESTÉN HARTOS DE VER EL MUNDO MANEJADO CON LOS PIES!
1117
©QUINO

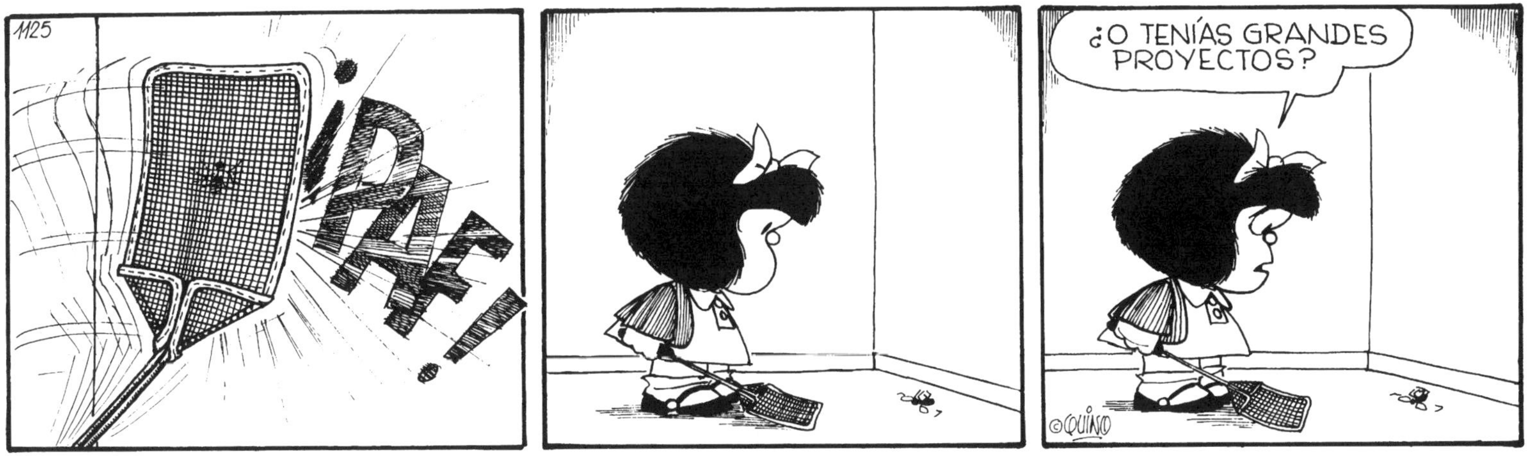
1125
¡PAF!
¿O TENÍAS GRANDES PROYECTOS?
©QUINO

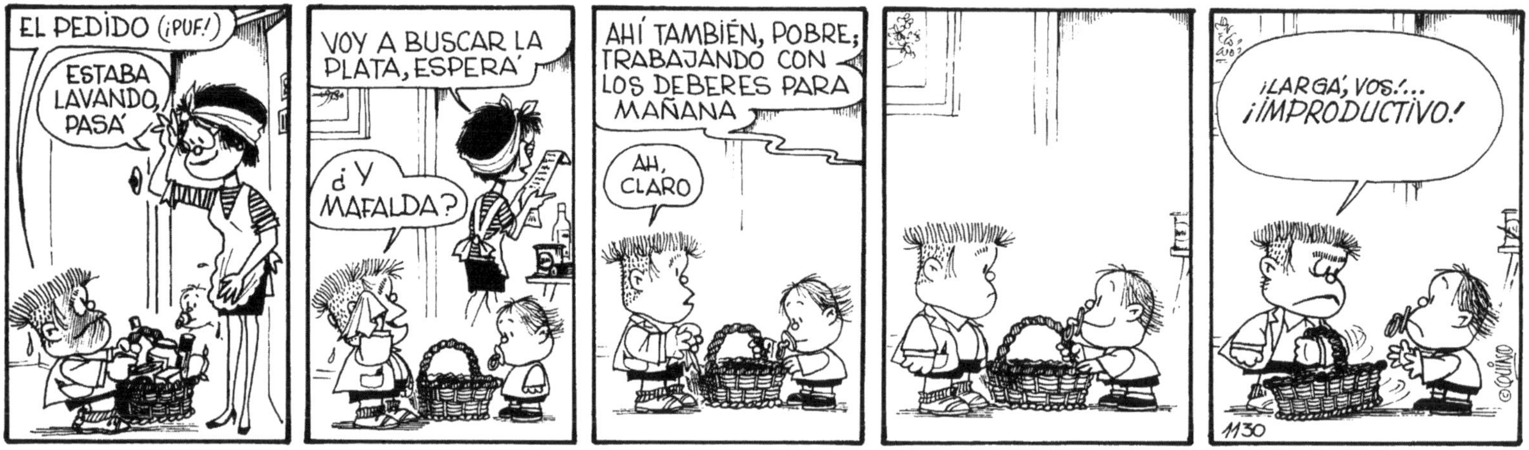
EL PEDIDO (¡PUF!)
ESTABA LAVANDO, PASÁ
VOY A BUSCAR LA PLATA, ESPERÁ
¿Y MAFALDA?
AHÍ TAMBIÉN, POBRE; TRABAJANDO CON LOS DEBERES PARA MAÑANA
AH, CLARO
¡LARGÁ, VOS!... ¡IMPRODUCTIVO!
1130
©QUINO

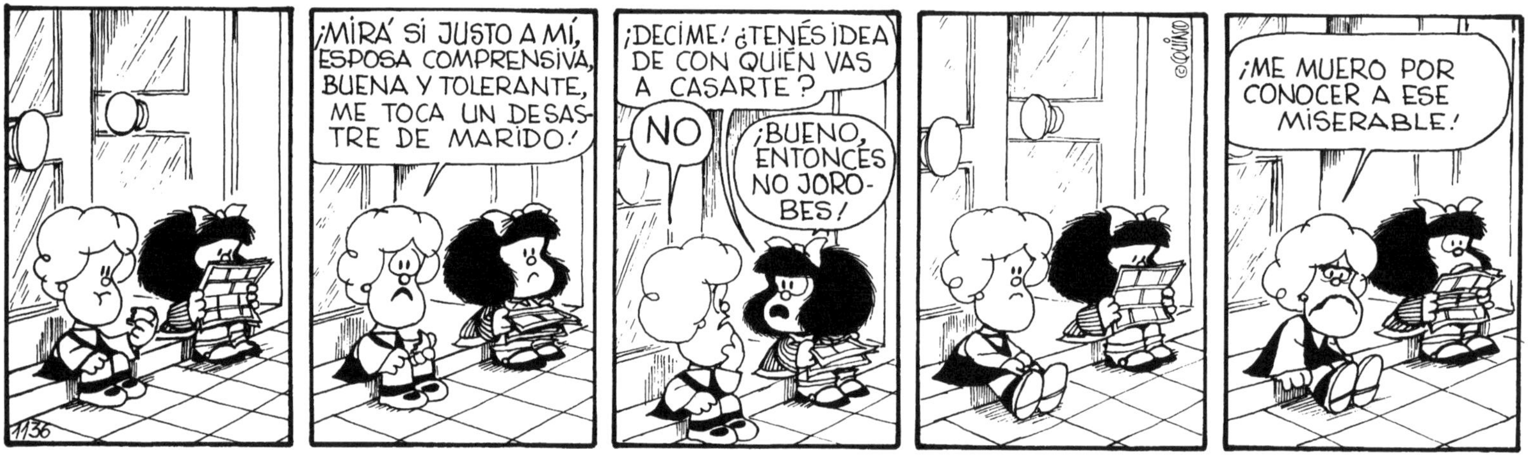
1136
¡MIRÁ SI JUSTO A MÍ, ESPOSA COMPRENSIVA, BUENA Y TOLERANTE, ME TOCA UN DESAS-TRE DE MARIDO!
¡DECIME! ¿TENÉS IDEA DE CON QUIÉN VAS A CASARTE?
NO
¡BUENO, ENTONCES NO JORO-BES!
©QUINO
¡ME MUERO POR CONOCER A ESE MISERABLE!

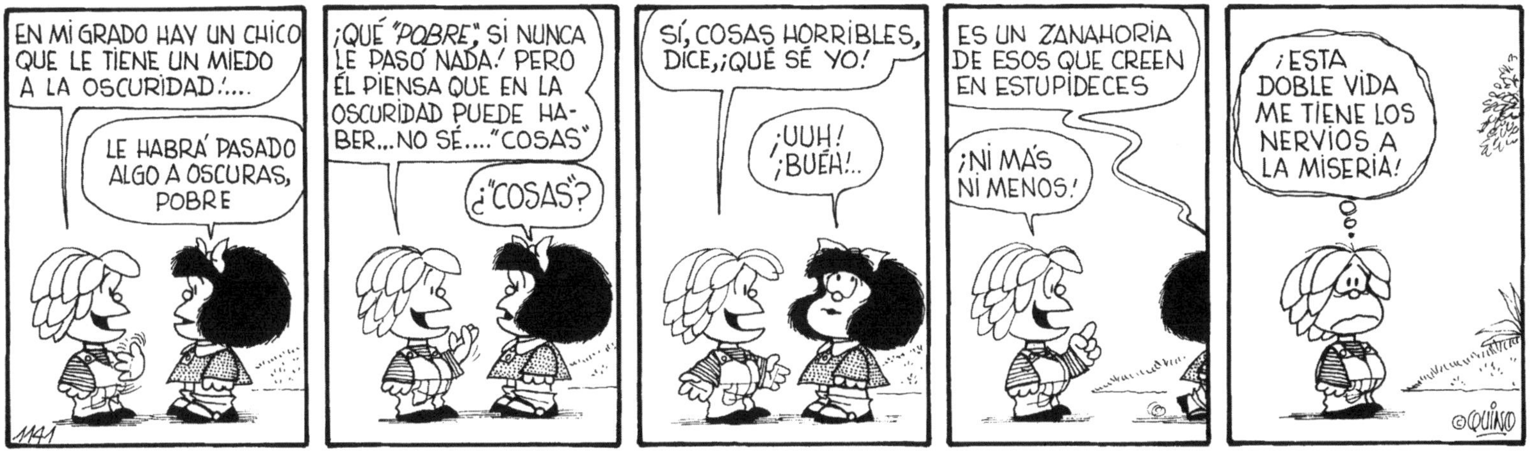
EN MI GRADO HAY UN CHICO QUE LE TIENE UN MIEDO A LA OSCURIDAD!....
LE HABRÁ PASADO ALGO A OSCURAS, POBRE
¡QUÉ "POBRE", SI NUNCA LE PASÓ NADA! PERO ÉL PIENSA QUE EN LA OSCURIDAD PUEDE HABER...NO SÉ...."COSAS"
¿"COSAS"?
SÍ, COSAS HORRIBLES, DICE, ¡QUÉ SÉ YO!
¡UUH! ¡BUEH!..
ES UN ZANAHORIA DE ESOS QUE CREEN EN ESTUPIDECES
¡NI MÁS NI MENOS!
¡ESTA DOBLE VIDA ME TIENE LOS NERVIOS A LA MISERIA!
1141
©QUINO

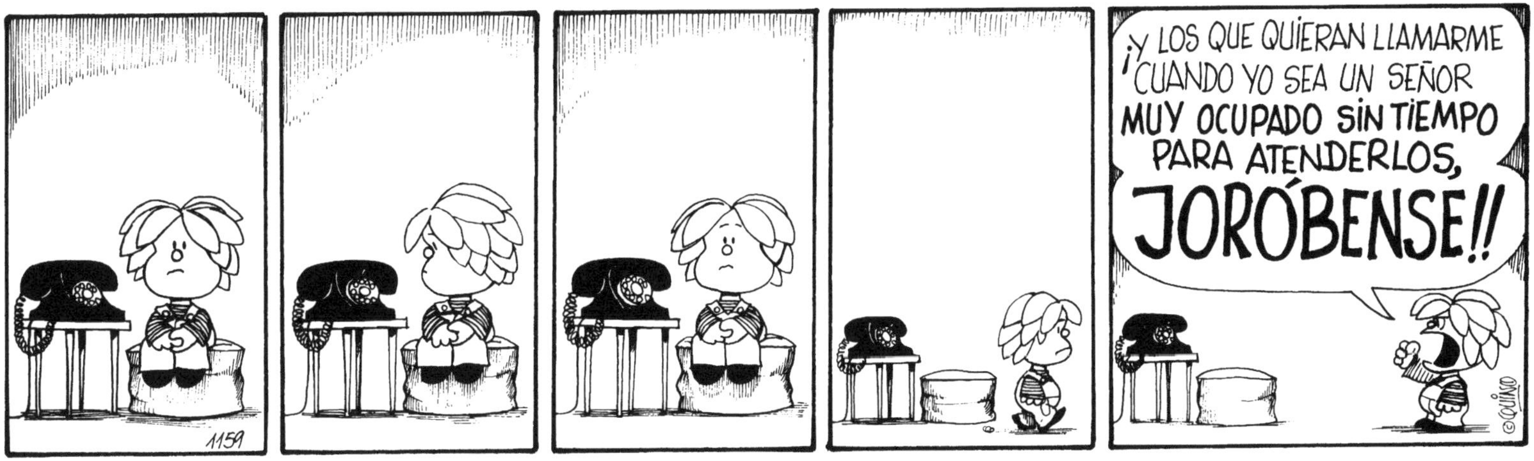
1159
¡Y LOS QUE QUIERAN LLAMARME CUANDO YO SEA UN SEÑOR MUY OCUPADO SIN TIEMPO PARA ATENDERLOS, JORÓBENSE!!
©QUINO

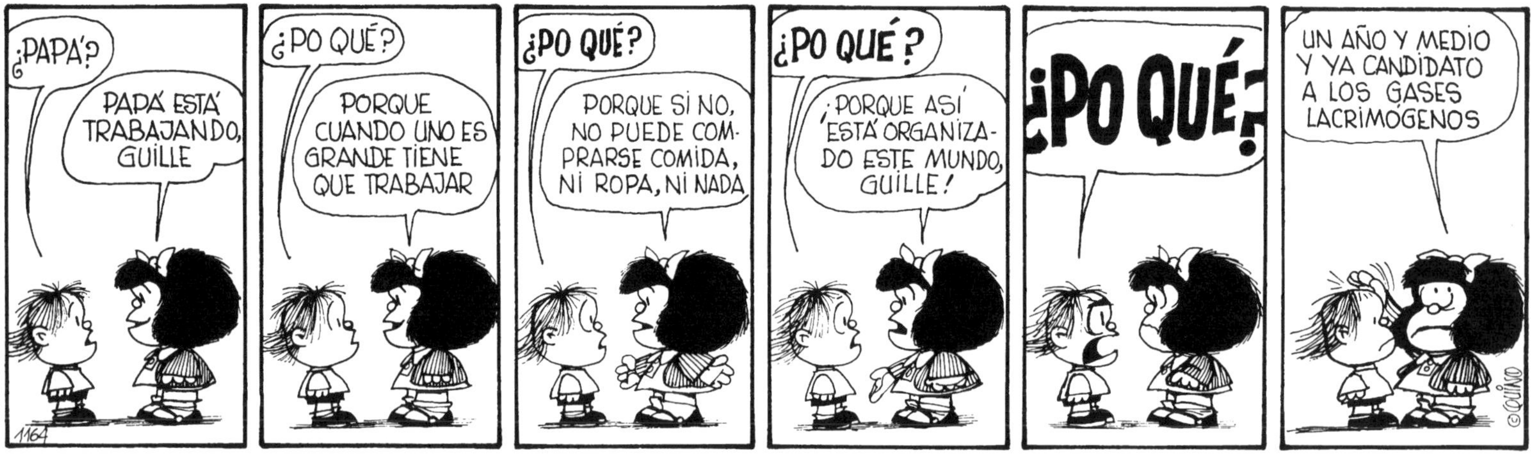
¿PAPÁ?
PAPÁ ESTÁ TRABAJANDO, GUILLE
¿PO QUÉ?
PORQUE CUANDO UNO ES GRANDE TIENE QUE TRABAJAR
¿PO QUÉ?
PORQUE SI NO, NO PUEDE COMPRARSE COMIDA, NI ROPA, NI NADA
¿PO QUÉ?
¡PORQUE ASÍ ESTÁ ORGANIZADO ESTE MUNDO, GUILLE!
¡¿PO QUÉ?!
UN AÑO Y MEDIO Y YA CANDIDATO A LOS GASES LACRIMÓGENOS
1164
©QUINO

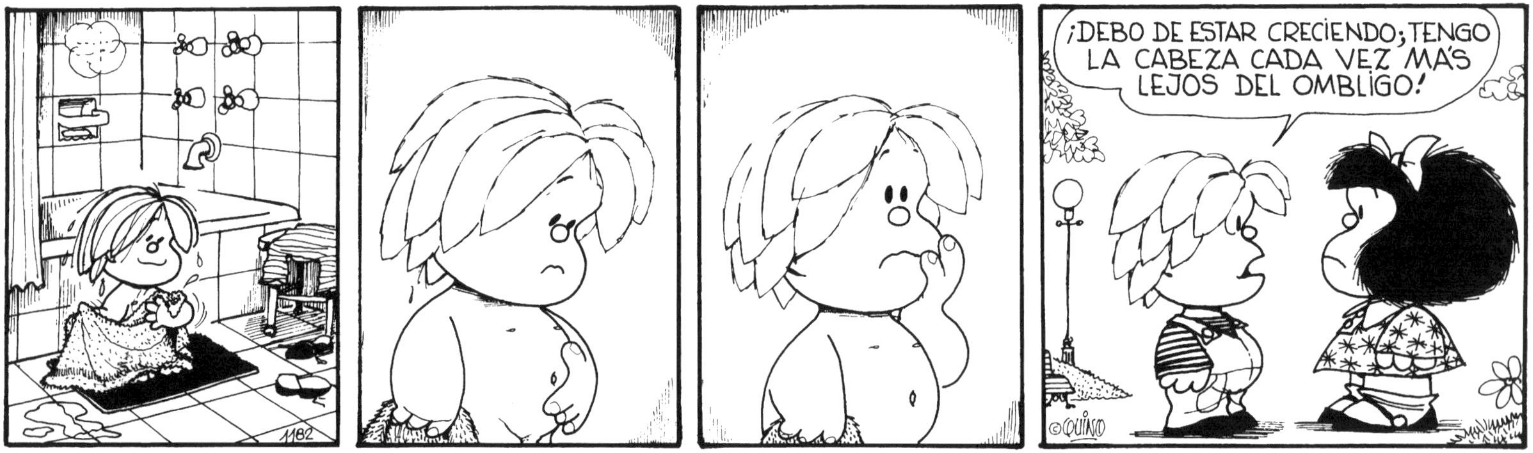
1182
¡DEBO DE ESTAR CRECIENDO; TENGO LA CABEZA CADA VEZ MÁS LEJOS DEL OMBLIGO!
©QUINO

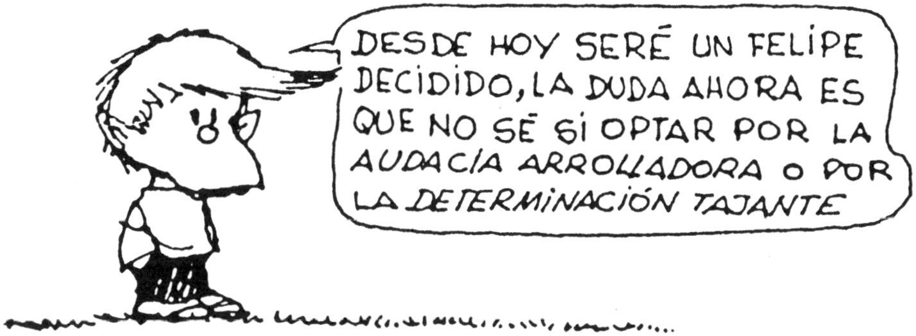
DESDE HOY SERÉ UN FELIPE DECIDIDO, LA DUDA AHORA ES QUE NO SÉ SI OPTAR POR LA AUDACIA ARROLLADORA O POR LA DETERMINACIÓN TAJANTE

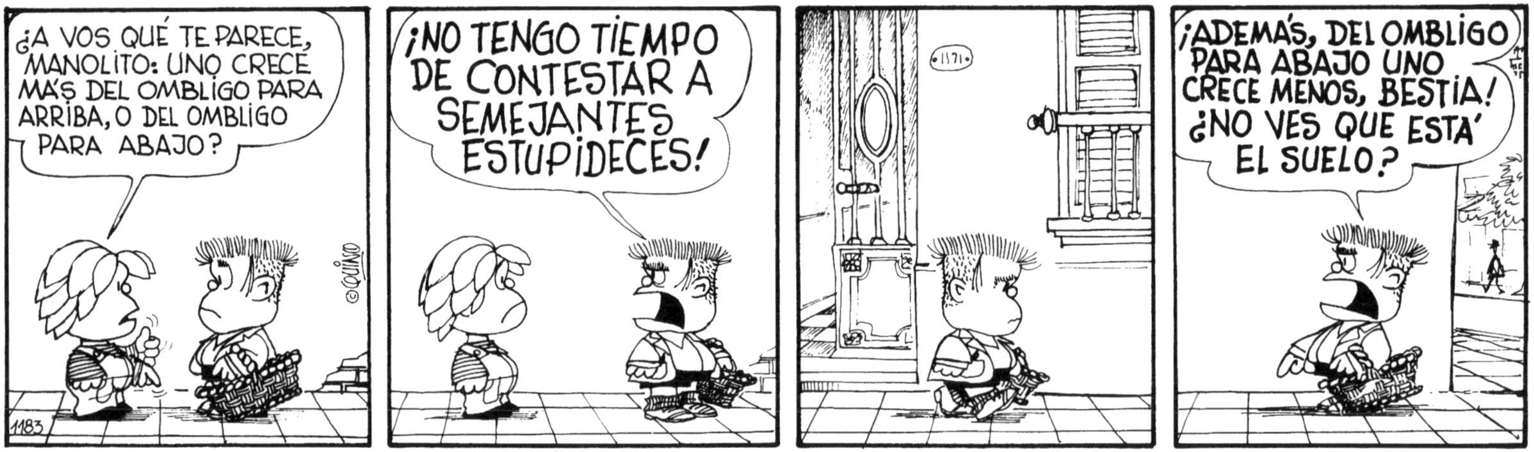
¿A VOS QUÉ TE PARECE, MANOLITO: UNO CRECE MÁS DEL OMBLIGO PARA ARRIBA, O DEL OMBLIGO PARA ABAJO?
©QUINO
1183
¡NO TENGO TIEMPO DE CONTESTAR A SEMEJANTES ESTUPIDECES!
1171
¡ADEMÁS, DEL OMBLIGO PARA ABAJO UNO CRECE MENOS, BESTIA! ¿NO VES QUE ESTÁ EL SUELO?

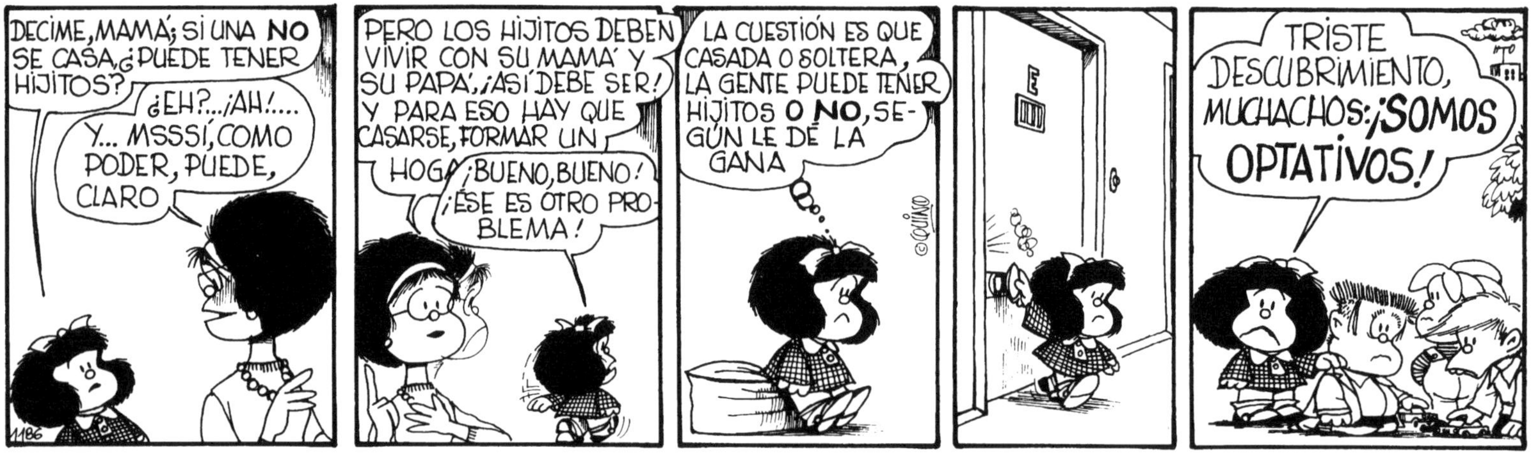
DECIME, MAMÁ; SI UNA NO SE CASA, ¿PUEDE TENER HIJITOS?
¿EH?...¡AH!.... Y... MSSSÍ, COMO PODER, PUEDE, CLARO
1186
PERO LOS HIJITOS DEBEN VIVIR CON SU MAMÁ Y SU PAPÁ, ¡ASÍ DEBE SER! Y PARA ESO HAY QUE CASARSE, FORMAR UN HOGA
¡BUENO, BUENO! ¡ÉSE ES OTRO PROBLEMA!
LA CUESTIÓN ES QUE CASADA O SOLTERA, LA GENTE PUEDE TENER HIJITOS O NO, SEGÚN LE DÉ LA GANA
©QUINO
TRISTE DESCUBRIMIENTO, MUCHACHOS: ¡SOMOS OPTATIVOS!

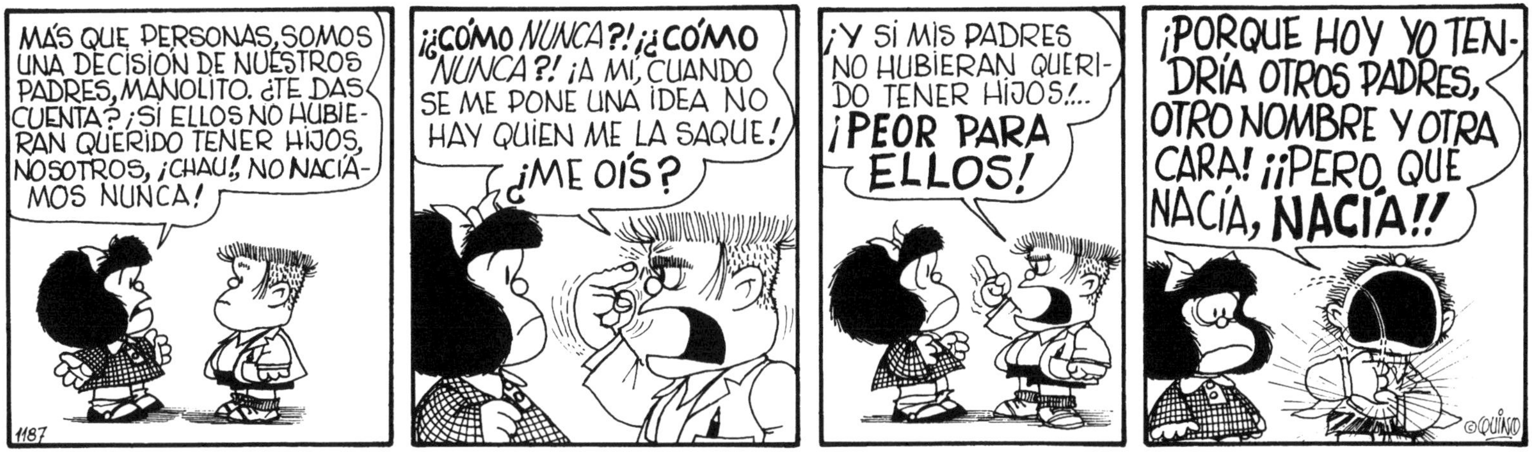
MÁS QUE PERSONAS, SOMOS UNA DECISIÓN DE NUESTROS PADRES, MANOLITO. ¿TE DAS CUENTA? ¡SI ELLOS NO HUBIERAN QUERIDO TENER HIJOS, NOSOTROS, ¡CHAU!, NO NACÍAMOS NUNCA!
1187
¡¿CÓMO NUNCA?! ¡¿CÓMO NUNCA?! ¡A MÍ, CUANDO SE ME PONE UNA IDEA NO HAY QUIEN ME LA SAQUE!
¿ME OÍS?
¡Y SI MIS PADRES NO HUBIERAN QUERIDO TENER HIJOS!... ¡PEOR PARA ELLOS!
¡PORQUE HOY YO TENDRÍA OTROS PADRES, OTRO NOMBRE Y OTRA CARA! ¡¡PERO QUE NACÍA, NACÍA!!
©QUINO

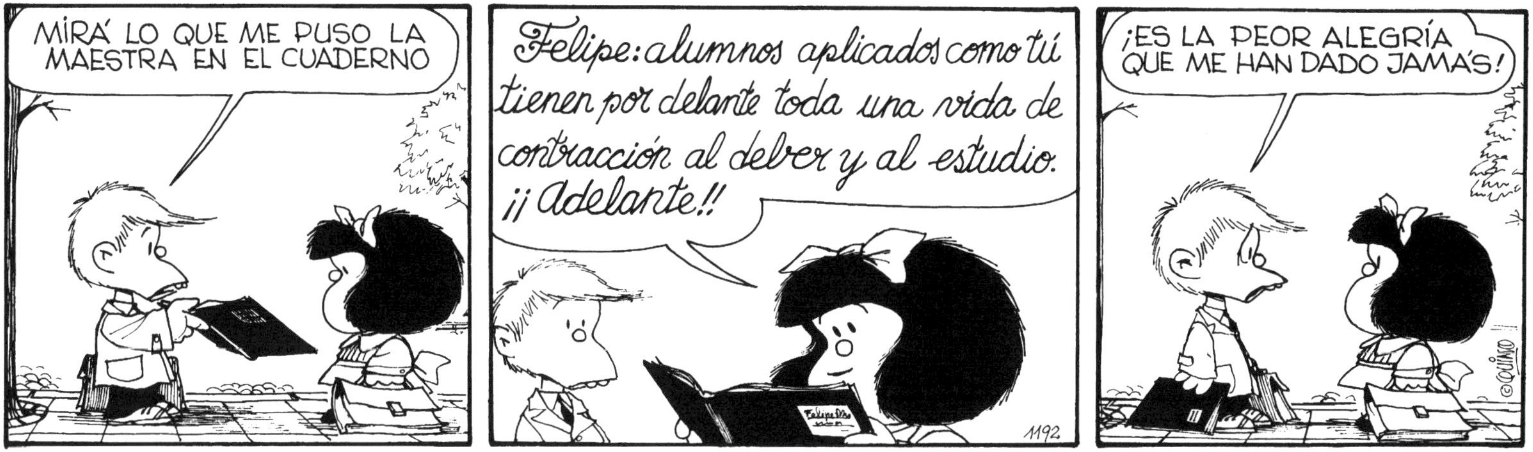
MIRÁ LO QUE ME PUSO LA MAESTRA EN EL CUADERNO
Felipe: alumnos aplicados como tú tienen por delante toda una vida de contracción al deber y al estudio. ¡¡Adelante!!
1192
¡ES LA PEOR ALEGRÍA QUE ME HAN DADO JAMÁS!
©QUINO

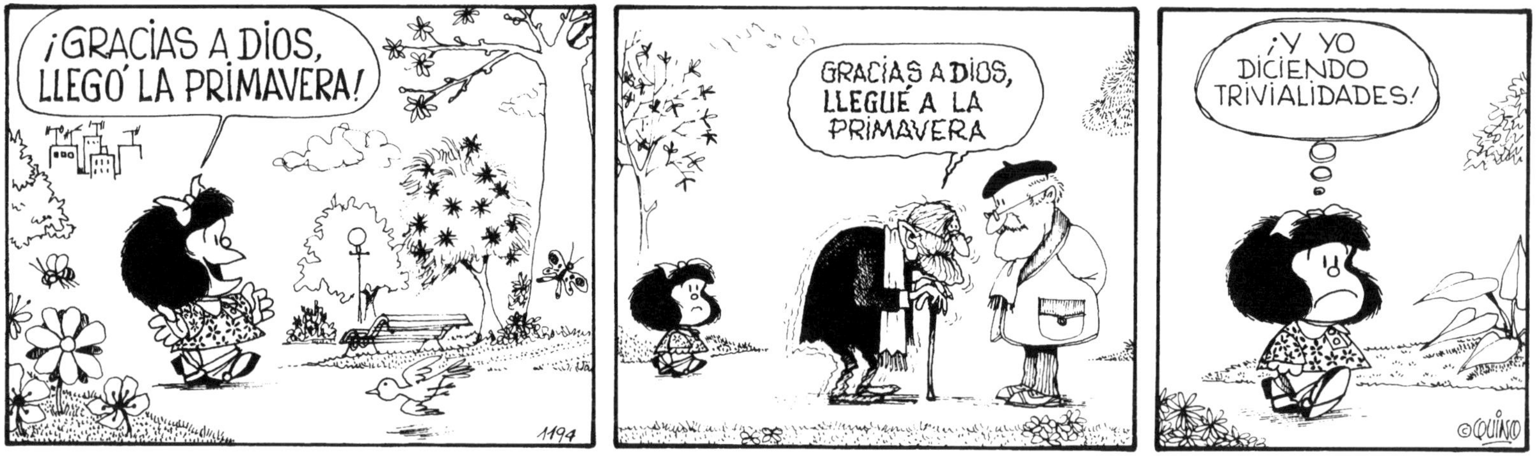
¡GRACIAS A DIOS, LLEGÓ LA PRIMAVERA!
1194
GRACIAS A DIOS, LLEGUÉ A LA PRIMAVERA
¡Y YO DICIENDO TRIVIALIDADES!
©QUINO

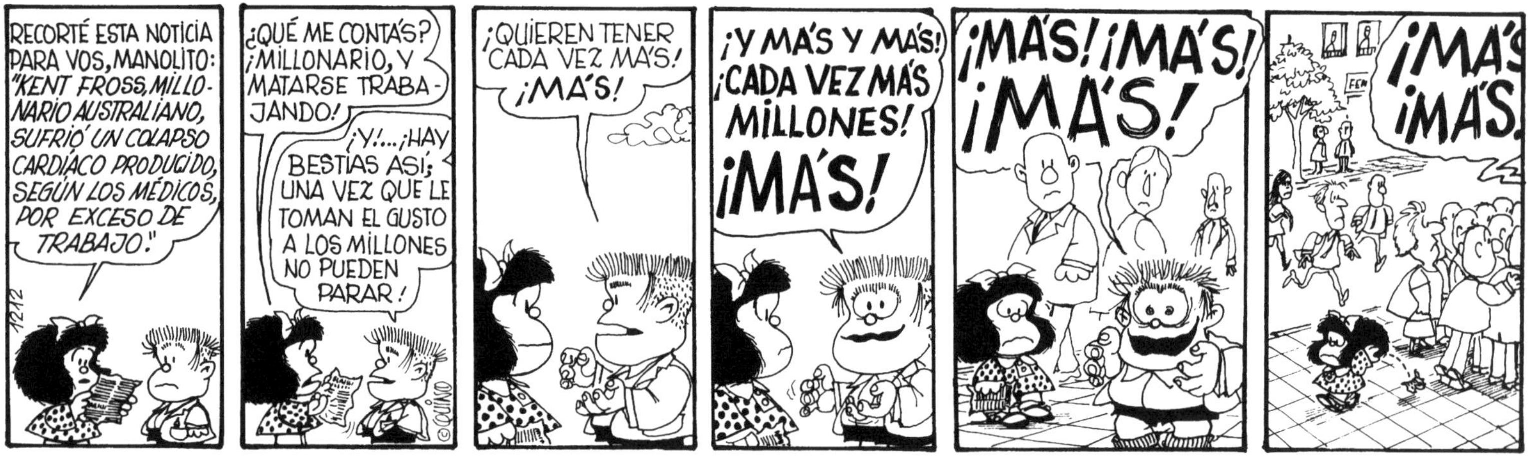
RECORTÉ ESTA NOTICIA PARA VOS, MANOLITO: "KENT FROSS, MILLONARIO AUSTRALIANO, SUFRIÓ UN COLAPSO CARDÍACO PRODUCIDO, SEGÚN LOS MÉDICOS, POR EXCESO DE TRABAJO."
1212
¿QUÉ ME CONTÁS? ¡MILLONARIO, Y MATARSE TRABAJANDO!
¡Y!...¡HAY BESTIAS ASÍ; UNA VEZ QUE LE TOMAN EL GUSTO A LOS MILLONES NO PUEDEN PARAR!
©QUINO
¡QUIEREN TENER CADA VEZ MÁS! ¡MÁS!
¡Y MÁS Y MÁS! ¡CADA VEZ MÁS MILLONES! ¡MÁS!
¡MÁS! ¡MÁS! ¡MÁS!
¡MÁS ¡MÁS

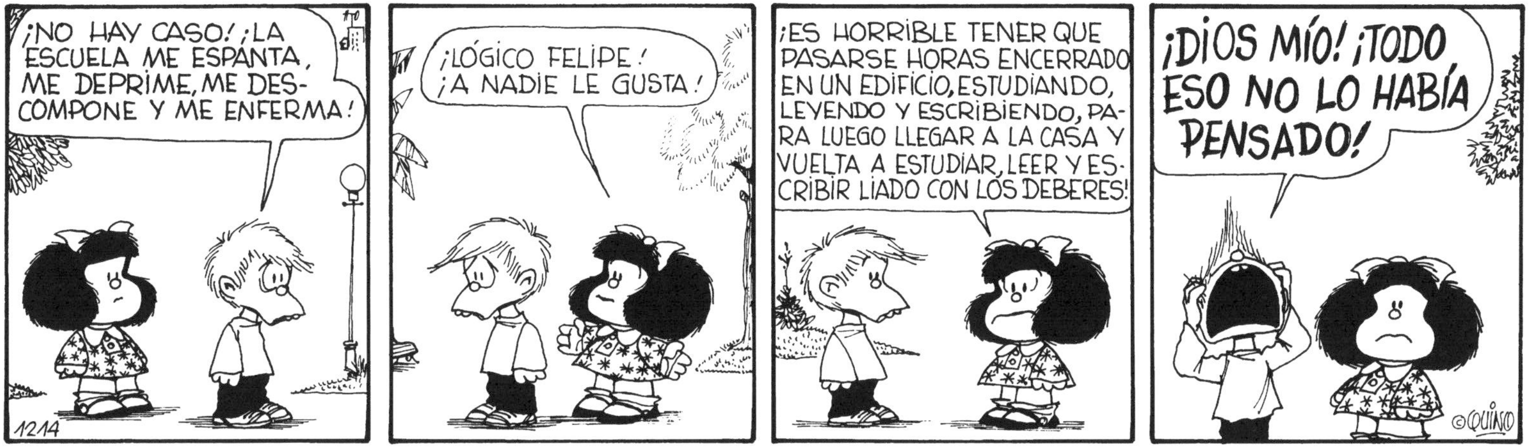
¡NO HAY CASO! ¡LA ESCUELA ME ESPANTA, ME DEPRIME, ME DESCOMPONE Y ME ENFERMA!
1214
¡LÓGICO FELIPE! ¡A NADIE LE GUSTA!
¡ES HORRIBLE TENER QUE PASARSE HORAS ENCERRADO EN UN EDIFICIO, ESTUDIANDO, LEYENDO Y ESCRIBIENDO, PARA LUEGO LLEGAR A LA CASA Y VUELTA A ESTUDIAR, LEER Y ESCRIBIR LIADO CON LOS DEBERES!
¡DIOS MÍO! ¡TODO ESO NO LO HABÍA PENSADO!
©QUINO

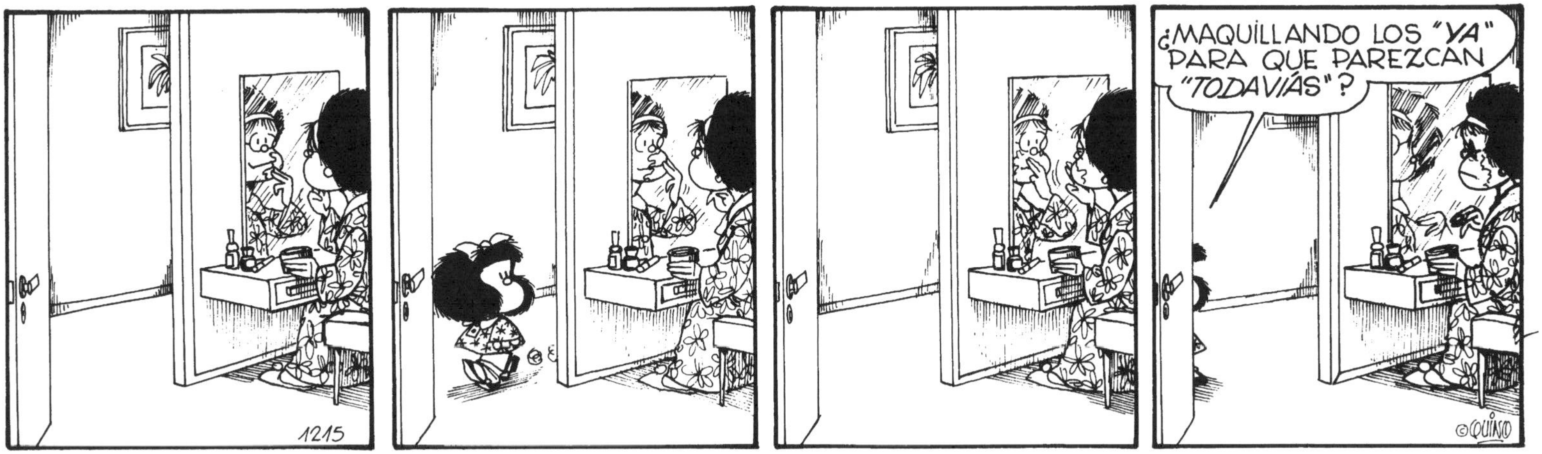
1215
¿MAQUILLANDO LOS "YA" PARA QUE PAREZCAN "TODAVÍAS"?
©QUINO

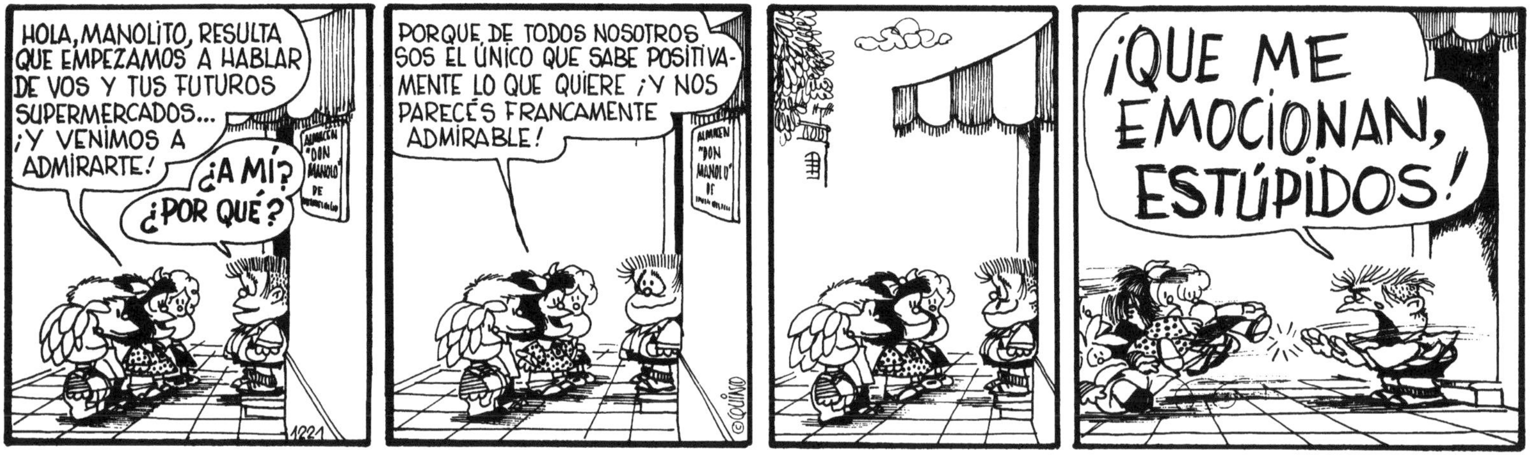
HOLA, MANOLITO, RESULTA QUE EMPEZAMOS A HABLAR DE VOS Y TUS FUTUROS SUPERMERCADOS... ¡Y VENIMOS A ADMIRARTE!
¿A MÍ? ¿POR QUÉ?
PORQUE, DE TODOS NOSOTROS SOS EL ÚNICO QUE SABE POSITIVAMENTE LO QUE QUIERE ¡Y NOS PARECÉS FRANCAMENTE ADMIRABLE!
¡QUE ME EMOCIONAN, ESTÚPIDOS!

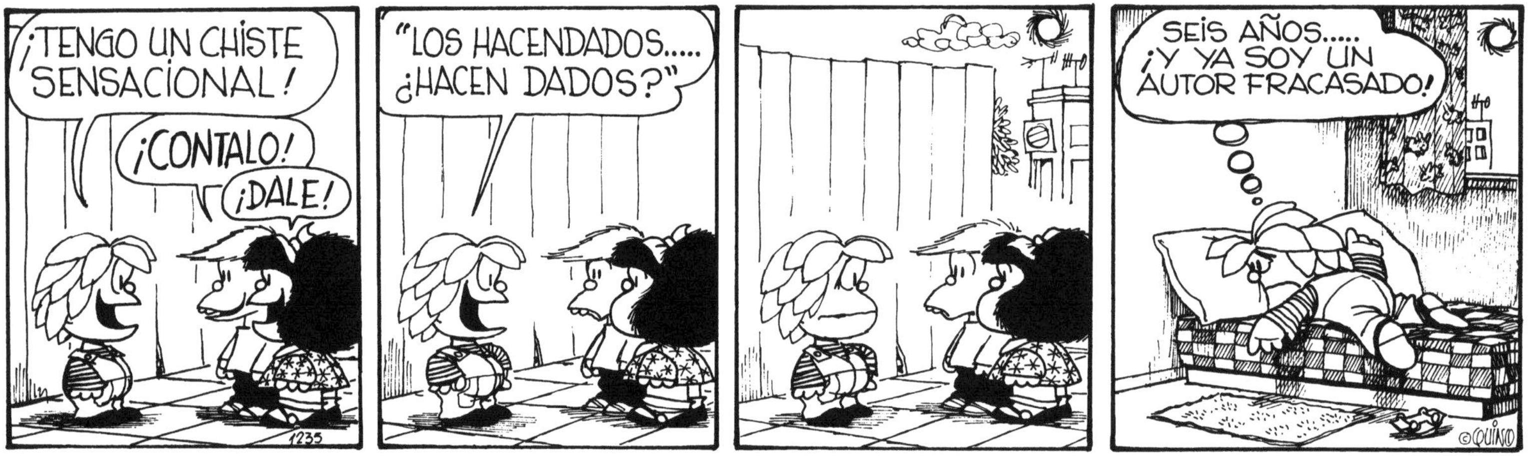
¡TENGO UN CHISTE SENSACIONAL!
¡CONTALO!
¡DALE!
"LOS HACENDADOS..... ¿HACEN DADOS?"
SEIS AÑOS..... ¡Y YA SOY UN AUTOR FRACASADO!

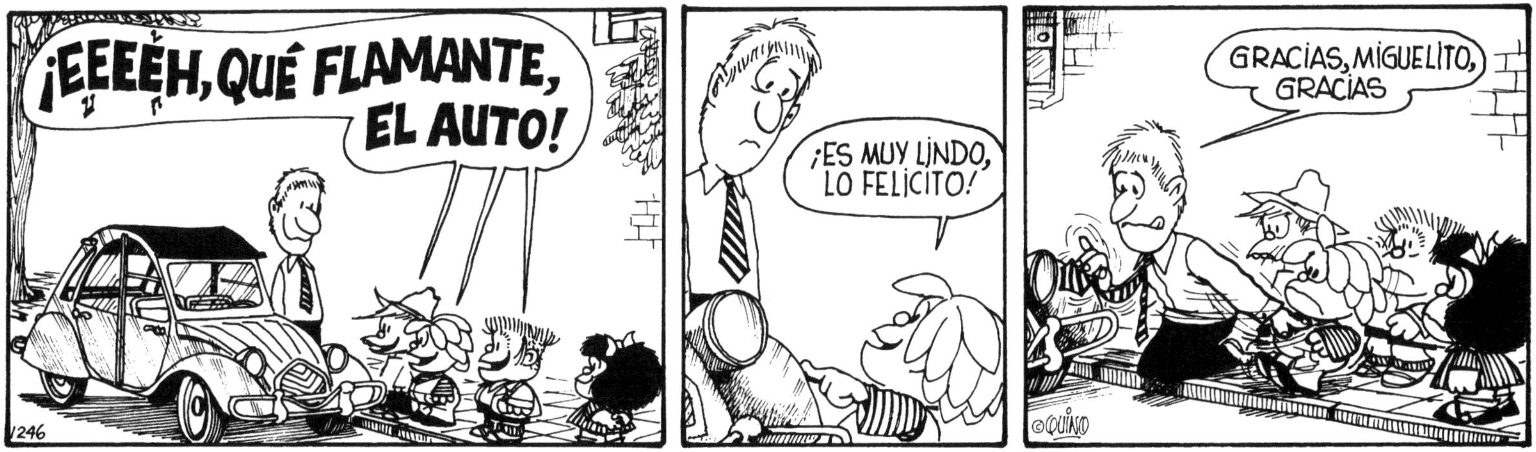
¡EEEEH, QUÉ FLAMANTE, EL AUTO!
¡ES MUY LINDO, LO FELICITO!
GRACIAS, MIGUELITO, GRACIAS
1246
© QUINO

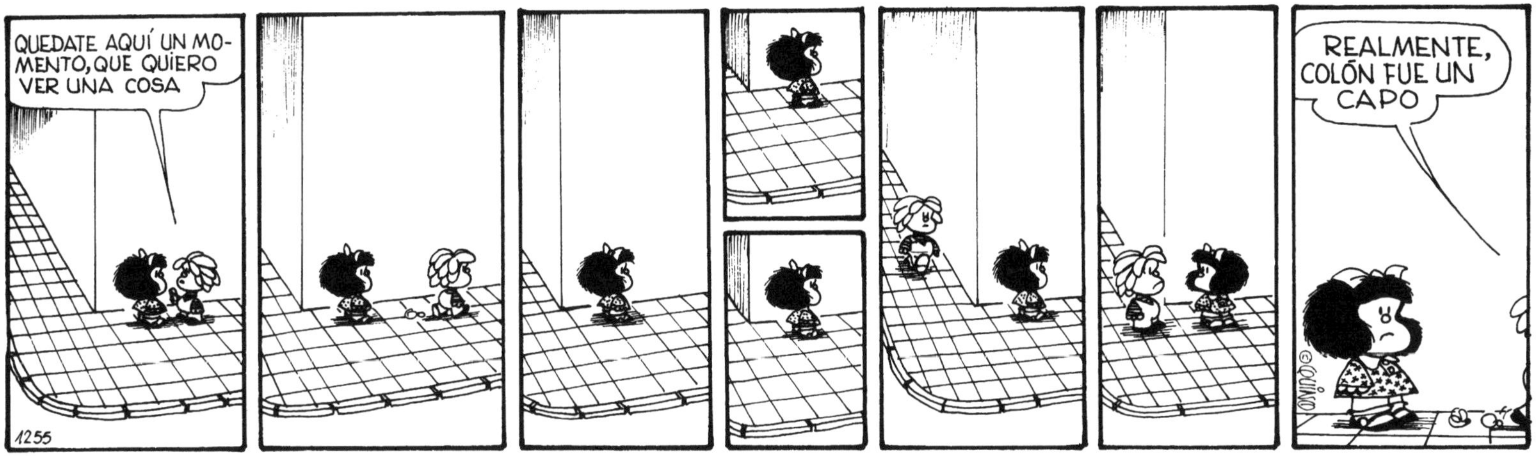
QUEDATE AQUÍ UN MOMENTO, QUE QUIERO VER UNA COSA
REALMENTE, COLÓN FUE UN CAPO
1255
© QUINO

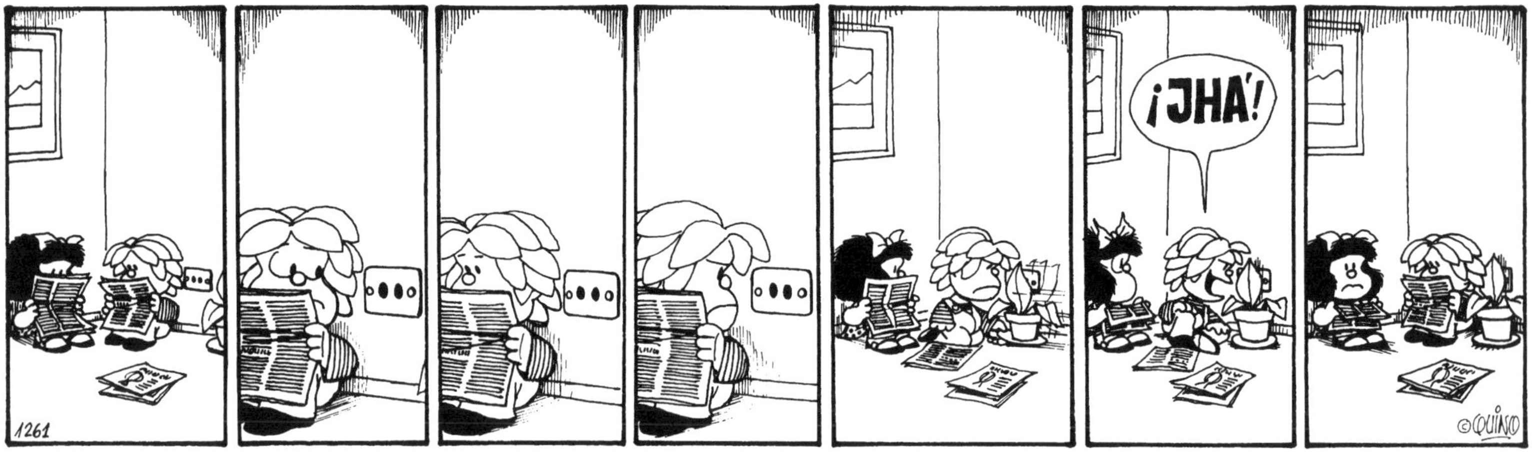
1261
¡JHÁ!

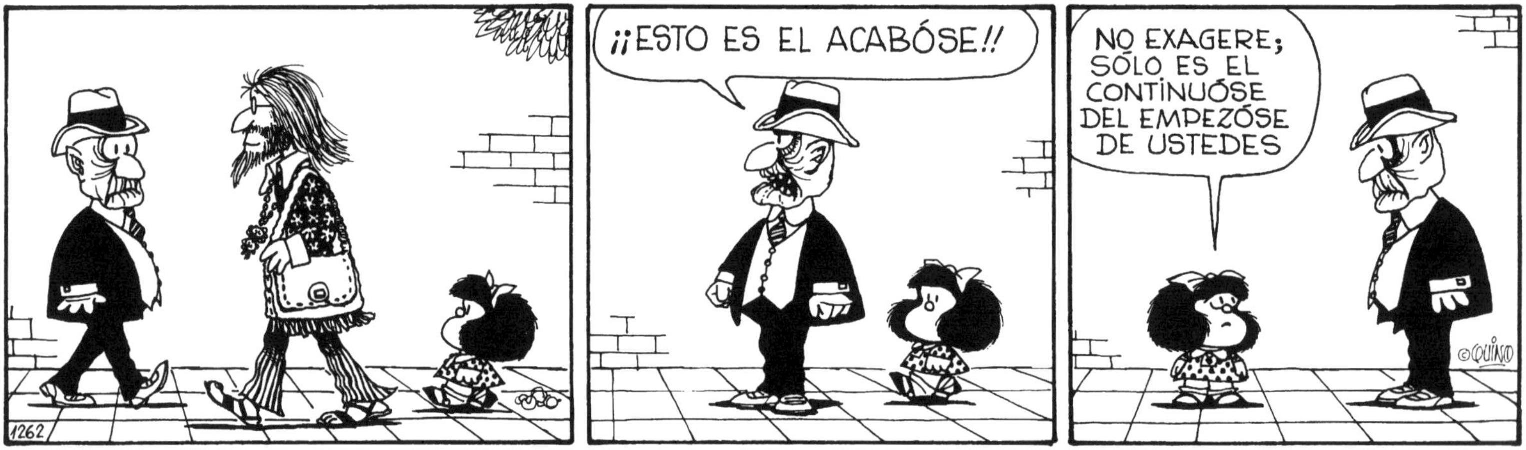
1262
¡¡ESTO ES EL ACABÓSE!!
NO EXAGERE; SÓLO ES EL CONTINUÓSE DEL EMPEZÓSE DE USTEDES

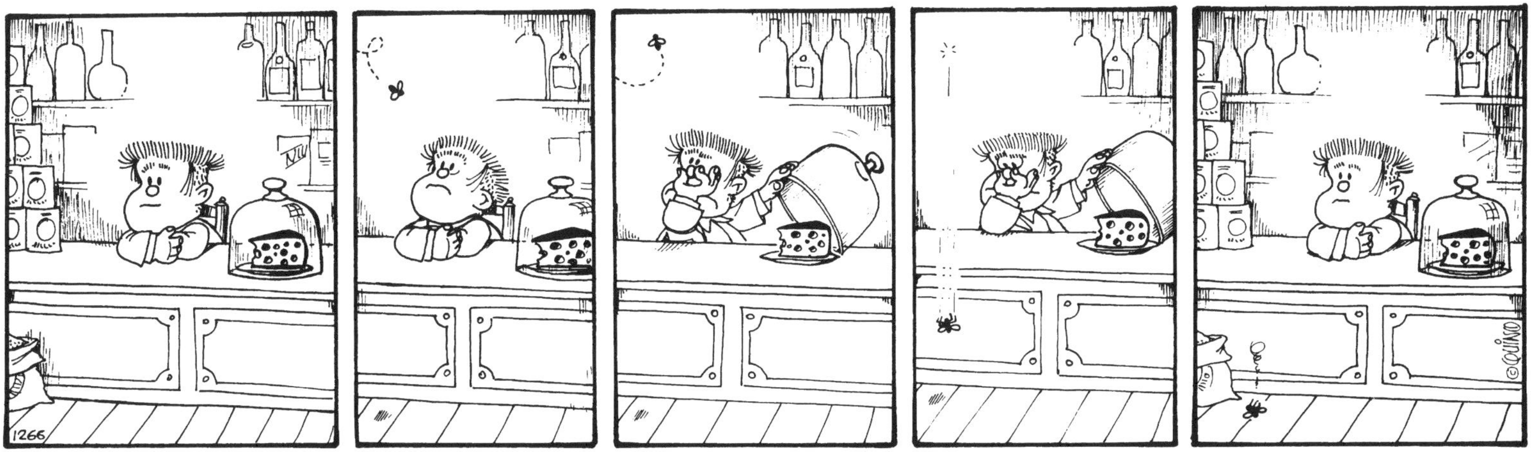
1266
© QUINO

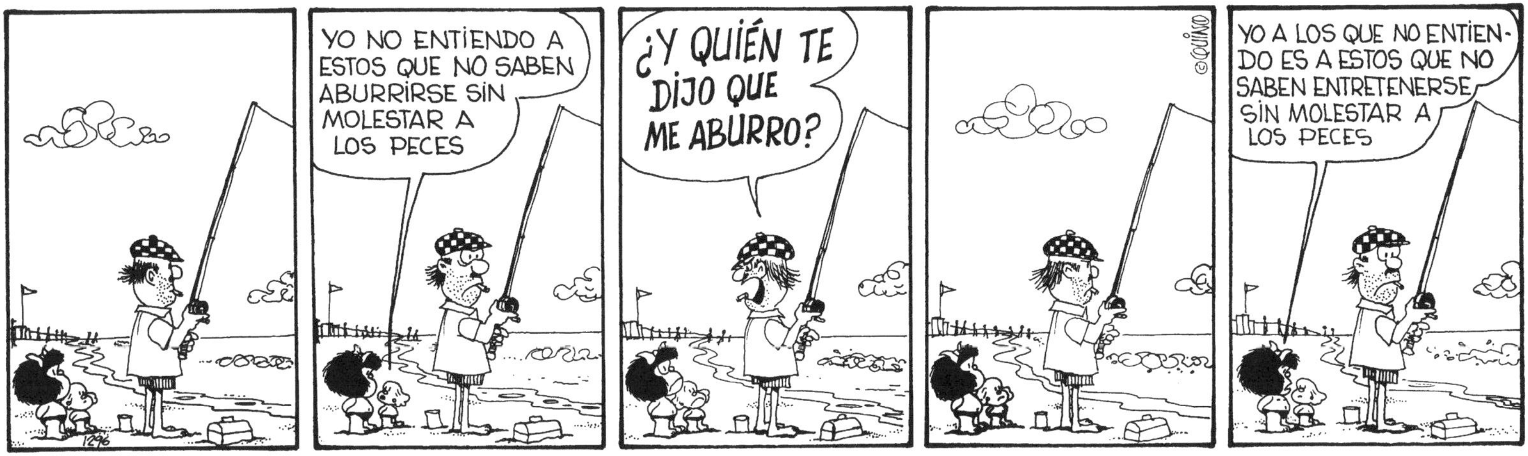
1296
YO NO ENTIENDO A ESTOS QUE NO SABEN ABURRIRSE SIN MOLESTAR A LOS PECES
¿Y QUIÉN TE DIJO QUE ME ABURRO?
© QUINO
YO A LOS QUE NO ENTIENDO ES A ESTOS QUE NO SABEN ENTRETENERSE SIN MOLESTAR A LOS PECES

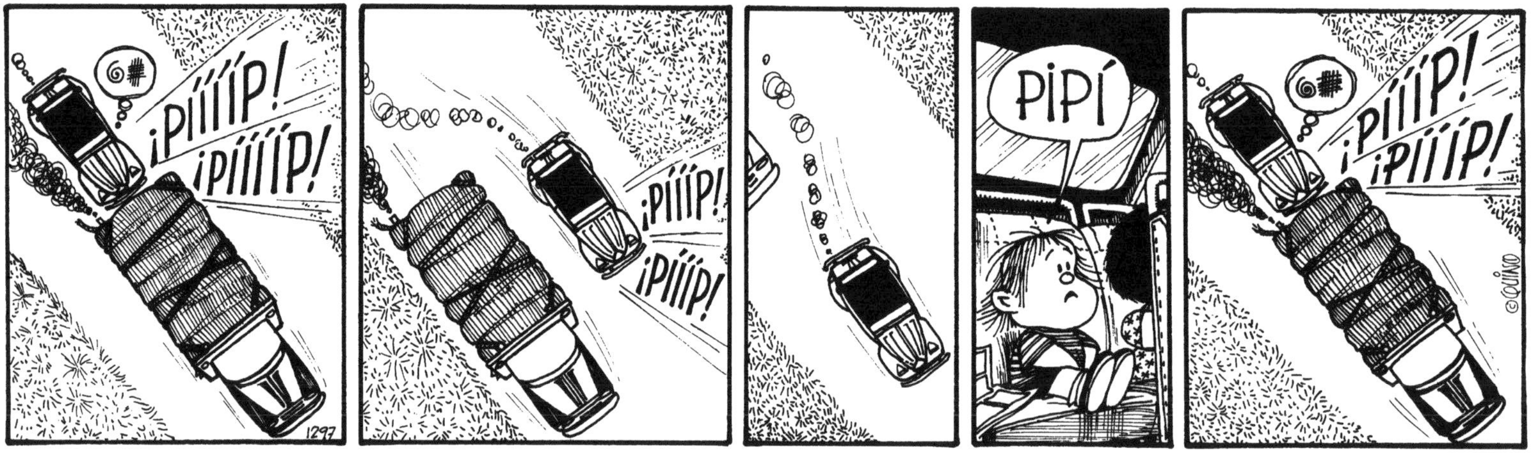
¡PÍÍÍÍP!
¡PÍÍÍÍP!
¡PÍÍÍP!
¡PÍÍÍP!
PIPÍ
¡PÍÍÍP!
¡PÍÍÍP!
1297
©QUINO

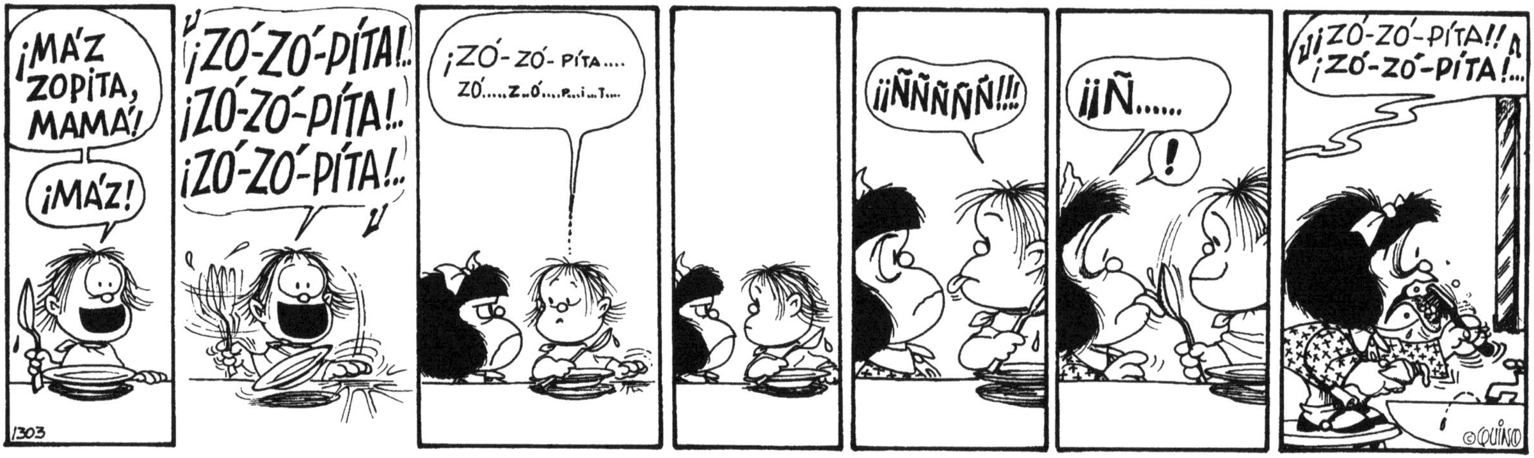
¡MAZ ZOPITA, MAMÁ!
¡MAZ!
¡ZÓ-ZÓ-PÍTA!..
¡ZÓ-ZÓ-PÍTA!..
¡ZÓ-ZÓ-PÍTA!..
¡ZÓ-ZÓ-PÍTA....
¡¡ÑÑÑÑÑ!!!
¡¡Ñ......
!
¡¡ZÓ-ZÓ-PÍTA!!
¡ZÓ-ZÓ-PÍTA!...
1303
©QUINO

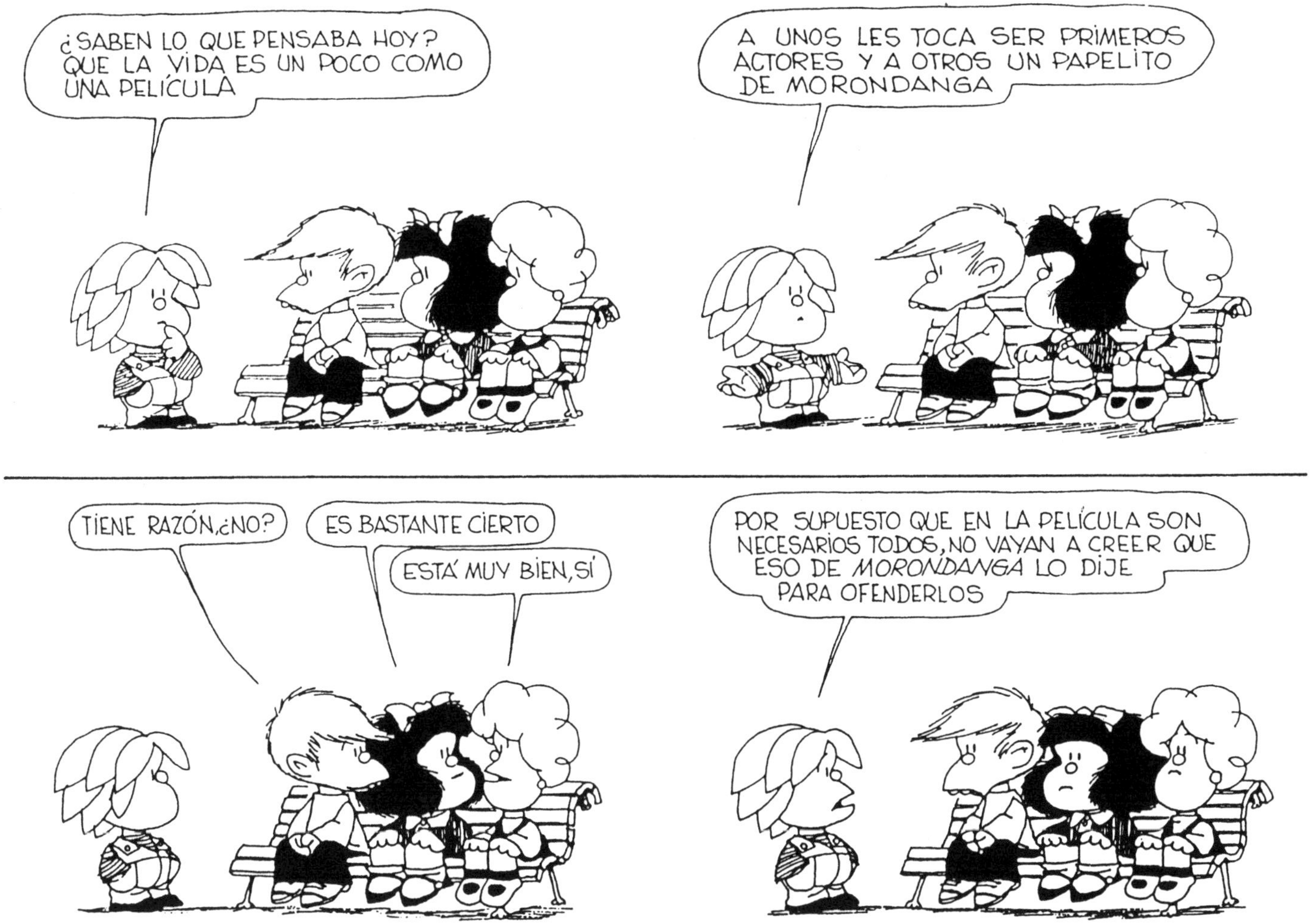
¿SABEN LO QUE PENSABA HOY? QUE LA VIDA ES UN POCO COMO UNA PELÍCULA
A UNOS LES TOCA SER PRIMEROS ACTORES Y A OTROS UN PAPELITO DE MORONDANGA
TIENE RAZÓN, ¿NO?
ES BASTANTE CIERTO
ESTÁ MUY BIEN, SÍ
POR SUPUESTO QUE EN LA PELÍCULA SON NECESARIOS TODOS, NO VAYAN A CREER QUE ESO DE *MORONDANGA* LO DIJE PARA OFENDERLOS

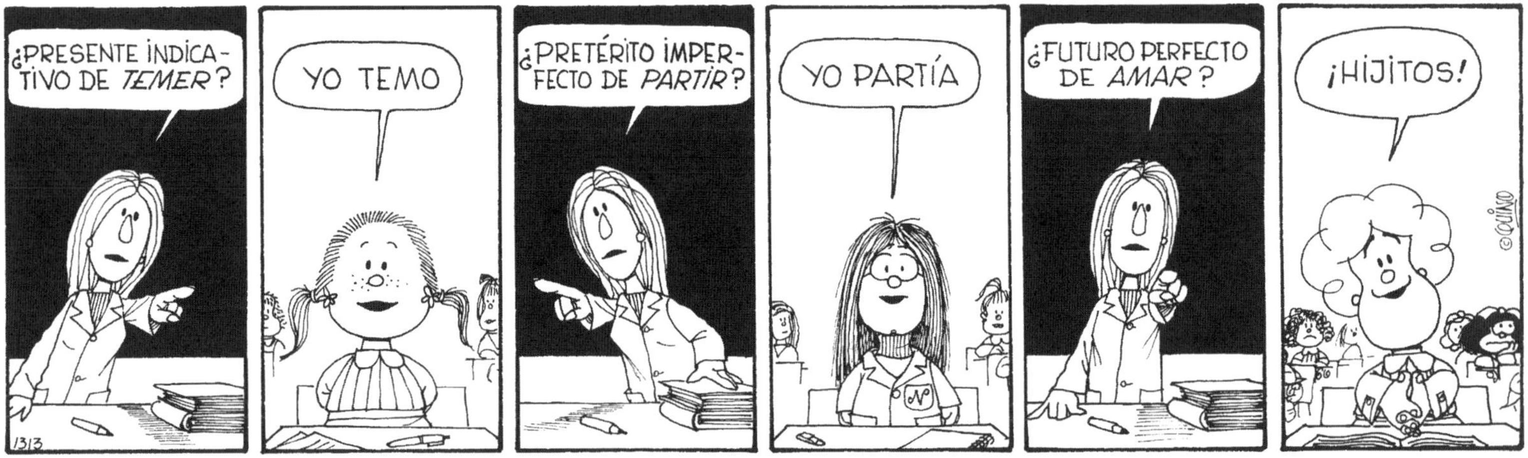
¿PRESENTE INDICATIVO DE TEMER?
YO TEMO
¿PRETÉRITO IMPERFECTO DE PARTIR?
YO PARTÍA
¿FUTURO PERFECTO DE AMAR?
¡HIJITOS!
1313
©QUINO

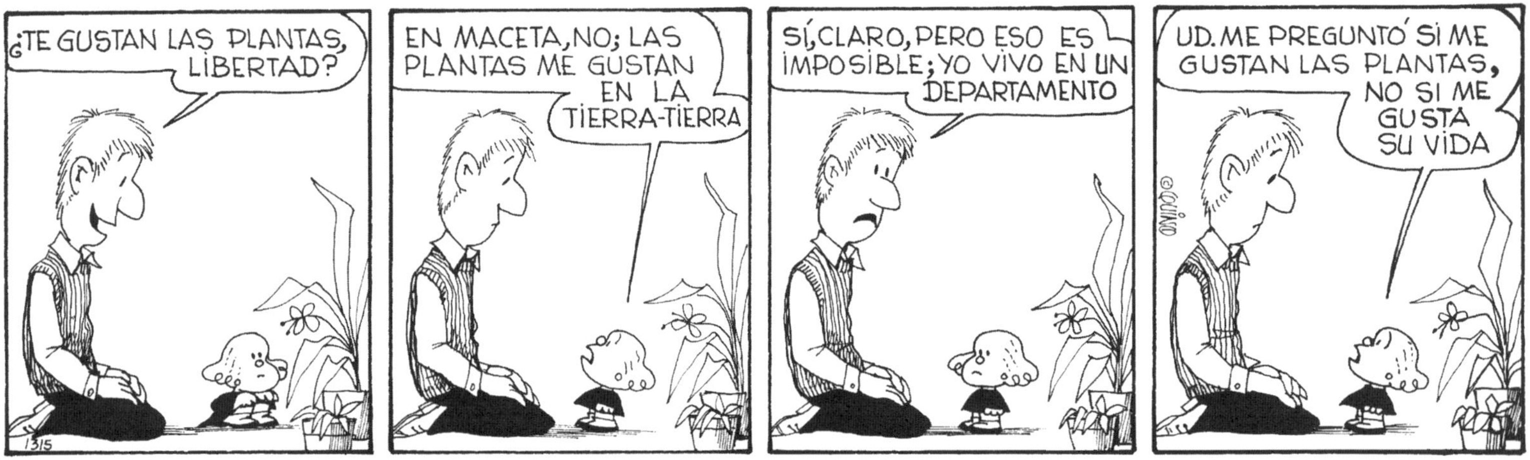
¿TE GUSTAN LAS PLANTAS, LIBERTAD?
EN MACETA, NO; LAS PLANTAS ME GUSTAN EN LA TIERRA-TIERRA
SÍ, CLARO, PERO ESO ES IMPOSIBLE; YO VIVO EN UN DEPARTAMENTO
UD. ME PREGUNTÓ SI ME GUSTAN LAS PLANTAS, NO SI ME GUSTA SU VIDA
1315
©QUINO

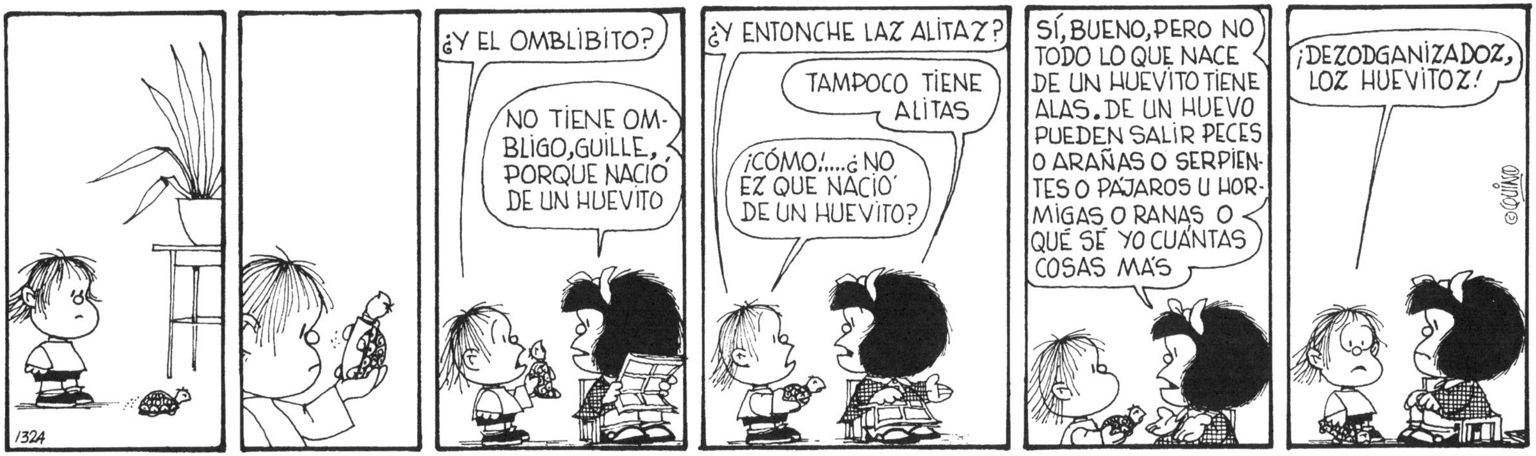
1324
¿Y EL OMBLIBITO?
NO TIENE OMBLIGO, GUILLE, PORQUE NACIÓ DE UN HUEVITO
¿Y ENTONCHE LAZ ALITAZ?
TAMPOCO TIENE ALITAS
¡CÓMO!....¿NO EZ QUE NACIÓ DE UN HUEVITO?
SÍ, BUENO, PERO NO TODO LO QUE NACE DE UN HUEVITO TIENE ALAS. DE UN HUEVO PUEDEN SALIR PECES O ARAÑAS O SERPIENTES O PÁJAROS U HORMIGAS O RANAS O QUÉ SÉ YO CUÁNTAS COSAS MÁS
¡DEZODGANIZADOZ, LOZ HUEVITOZ!
©QUINO

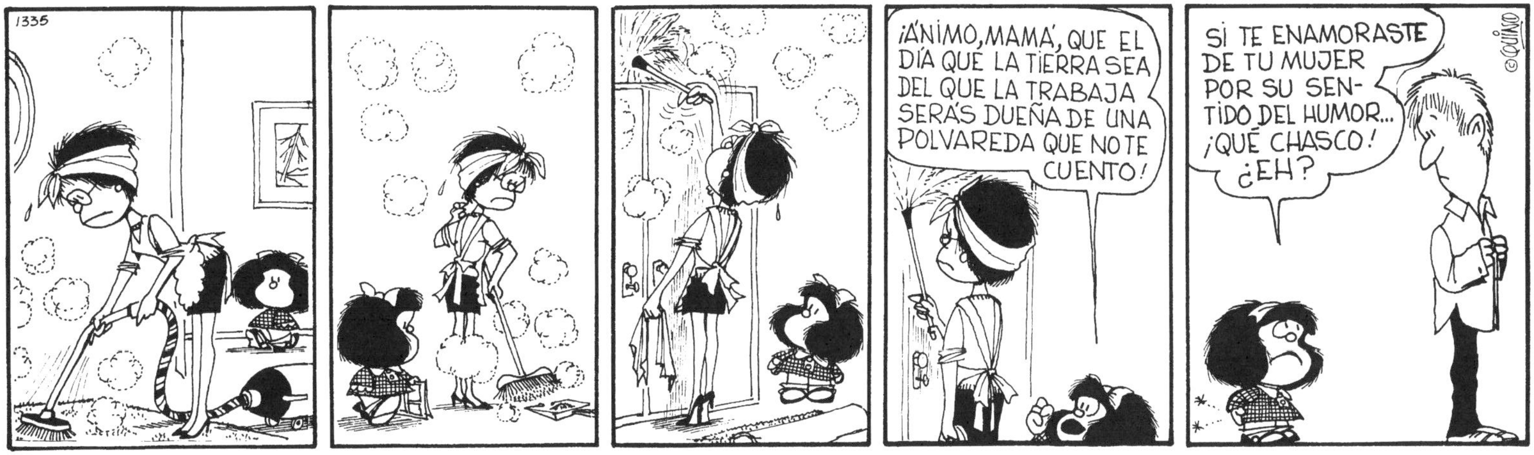
1335
¡ÁNIMO, MAMÁ, QUE EL DÍA QUE LA TIERRA SEA DEL QUE LA TRABAJA SERÁS DUEÑA DE UNA POLVAREDA QUE NO TE CUENTO!
SI TE ENAMORASTE DE TU MUJER POR SU SENTIDO DEL HUMOR... ¡QUÉ CHASCO! ¿EH?
©QUINO

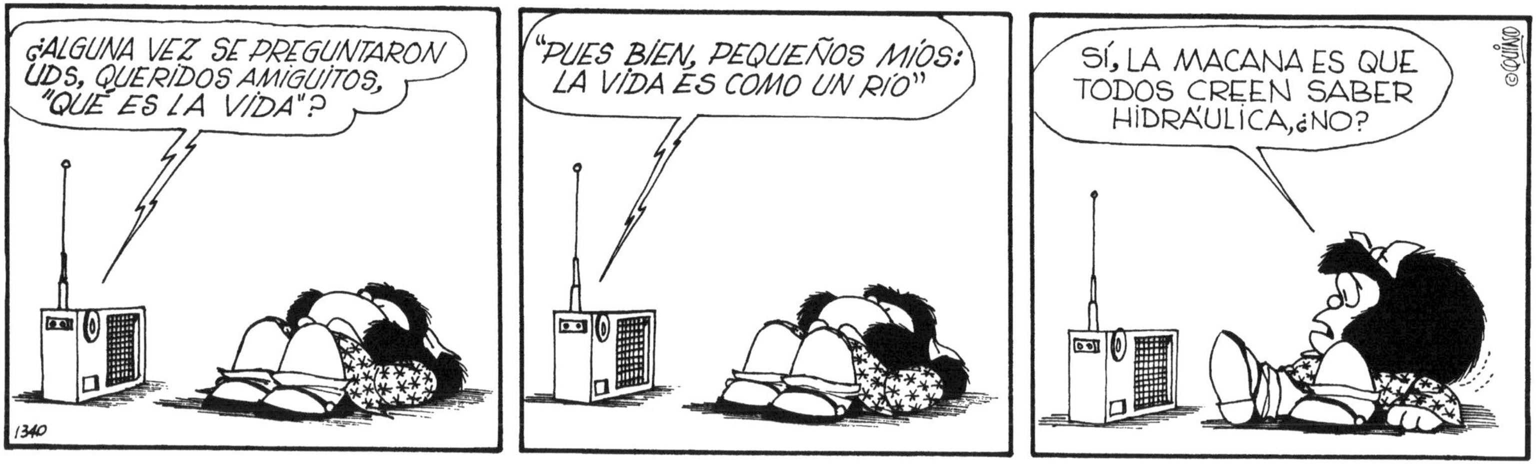
¿ALGUNA VEZ SE PREGUNTARON UDS, QUERIDOS AMIGUITOS, "QUÉ ES LA VIDA"?
"PUES BIEN, PEQUEÑOS MÍOS: LA VIDA ES COMO UN RÍO"
SÍ, LA MACANA ES QUE TODOS CREEN SABER HIDRÁULICA, ¿NO?
1340
© QUINO

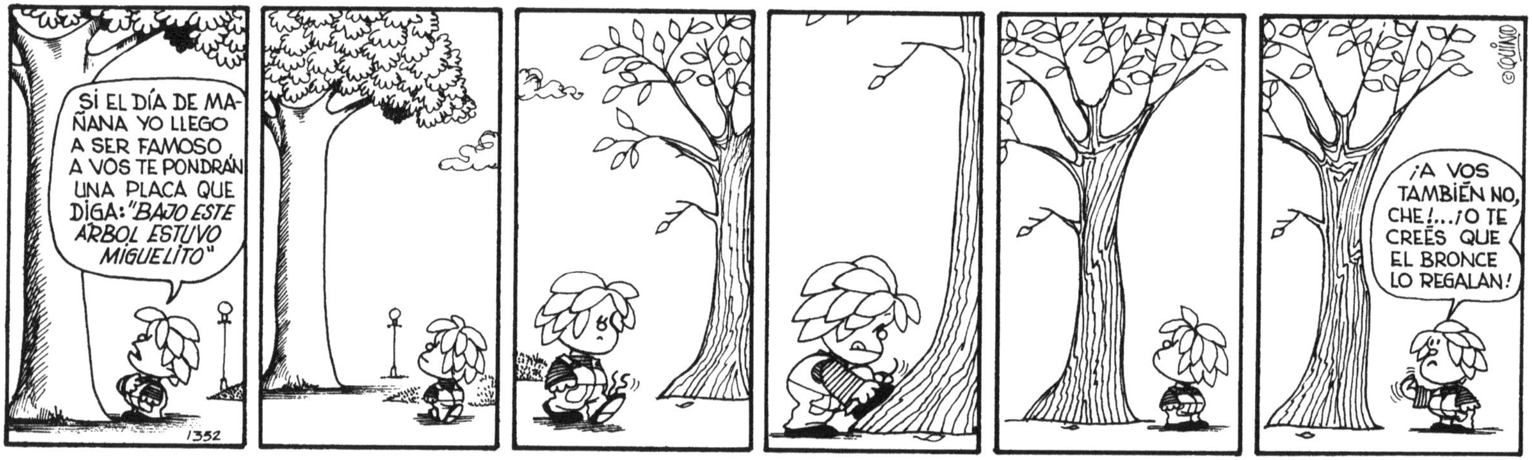
SÍ EL DÍA DE MAÑANA YO LLEGO A SER FAMOSO A VOS TE PONDRÁN UNA PLACA QUE DIGA: "BAJO ESTE ÁRBOL ESTUVO MIGUELITO"
1352
¡A VOS TAMBIÉN NO, CHE!... ¡O TE CREÉS QUE EL BRONCE LO REGALAN!
© QUINO

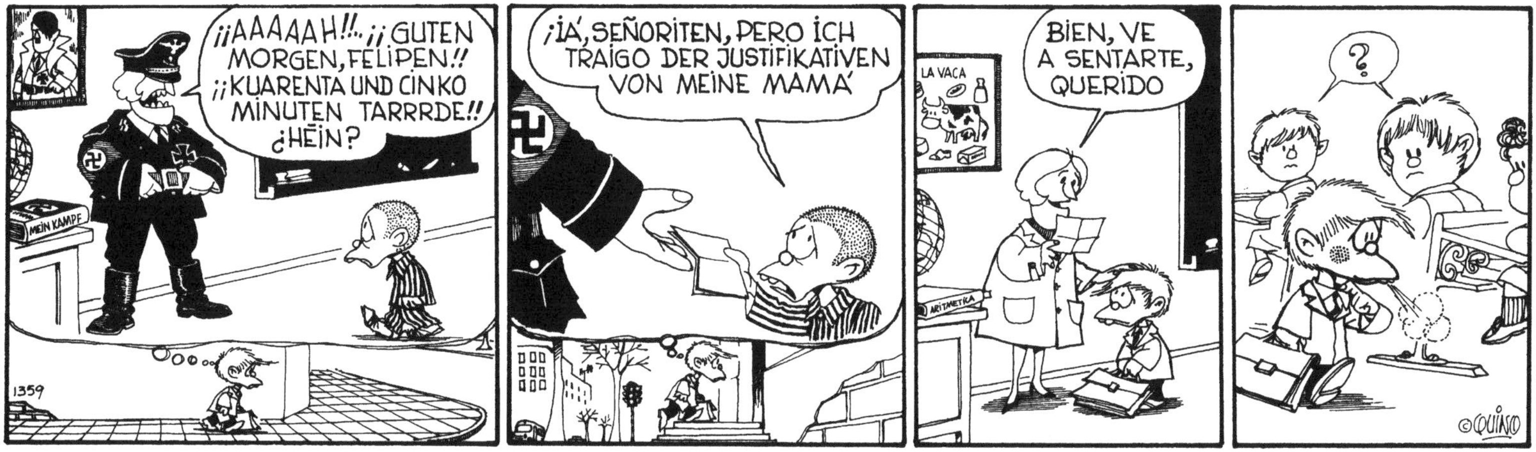
¡¡AAAAAH!!.. ¡¡GUTEN MORGEN, FELIPEN!! ¡¡KUARENTA UND CINKO MINUTEN TARRRDE!! ¿HEIN?
MEIN KAMPF
1359
¡IA', SEÑORITEN, PERO ICH TRAIGO DER JUSTIFIKATIVEN VON MEINE MAMÁ
LA VACA
ARITMETICA
BIEN, VE A SENTARTE, QUERIDO
?
©QUINO

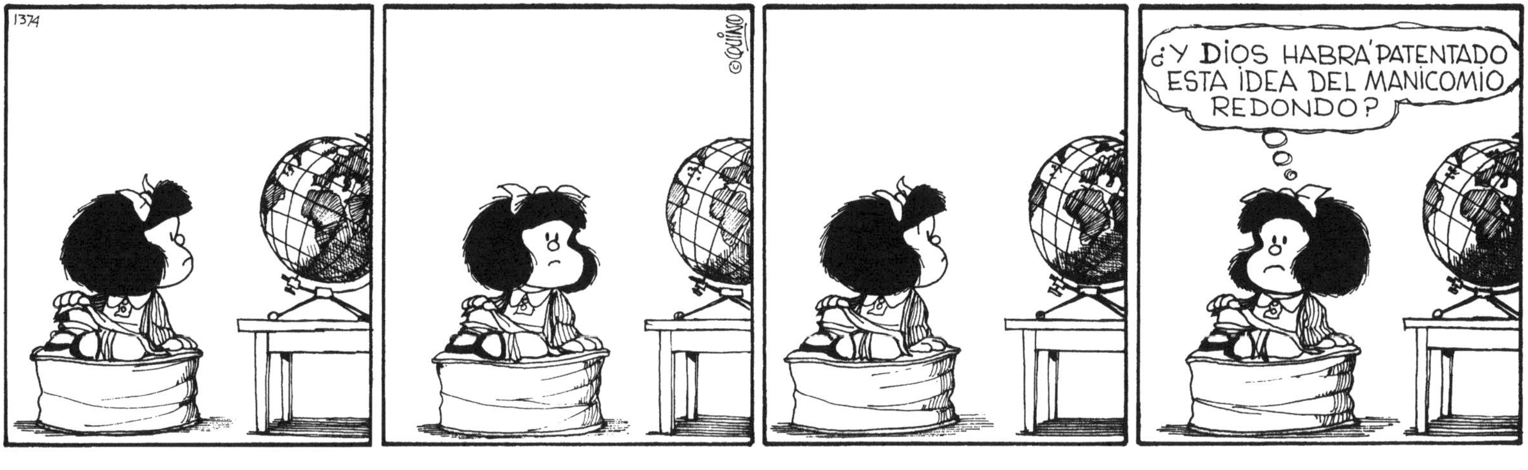
1374
©QUINO
¿Y DIOS HABRÁ PATENTADO ESTA IDEA DEL MANICOMIO REDONDO?

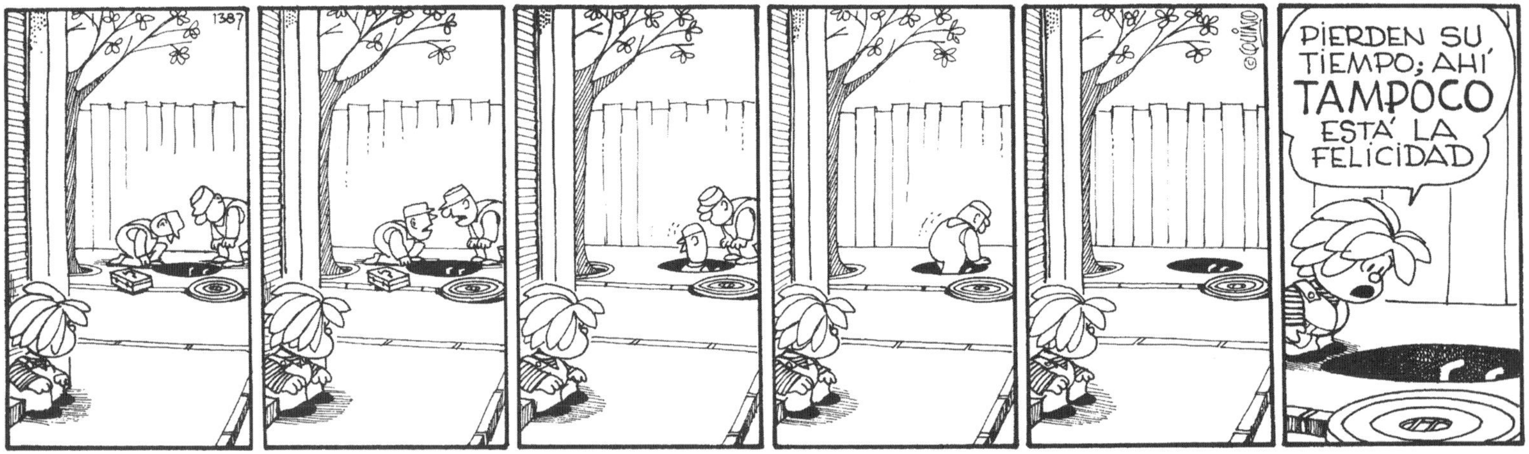
1387
PIERDEN SU TIEMPO; AHÍ TAMPOCO ESTÁ LA FELICIDAD

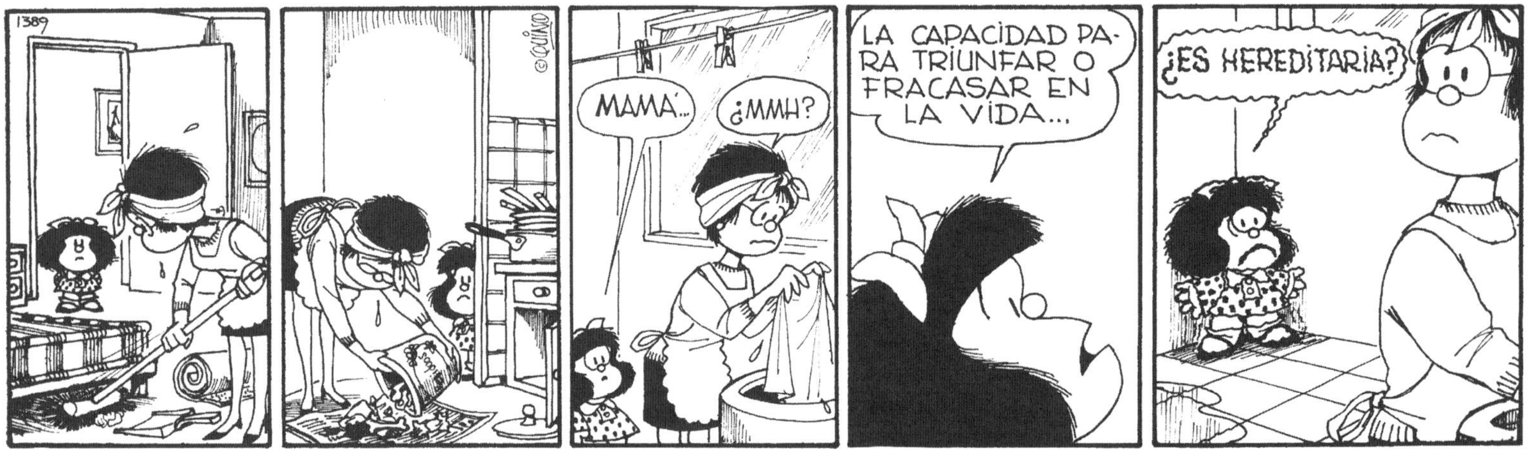
1389
MAMÁ...
¿MMH?
LA CAPACIDAD PARA TRIUNFAR O FRACASAR EN LA VIDA...
¿ES HEREDITARIA?

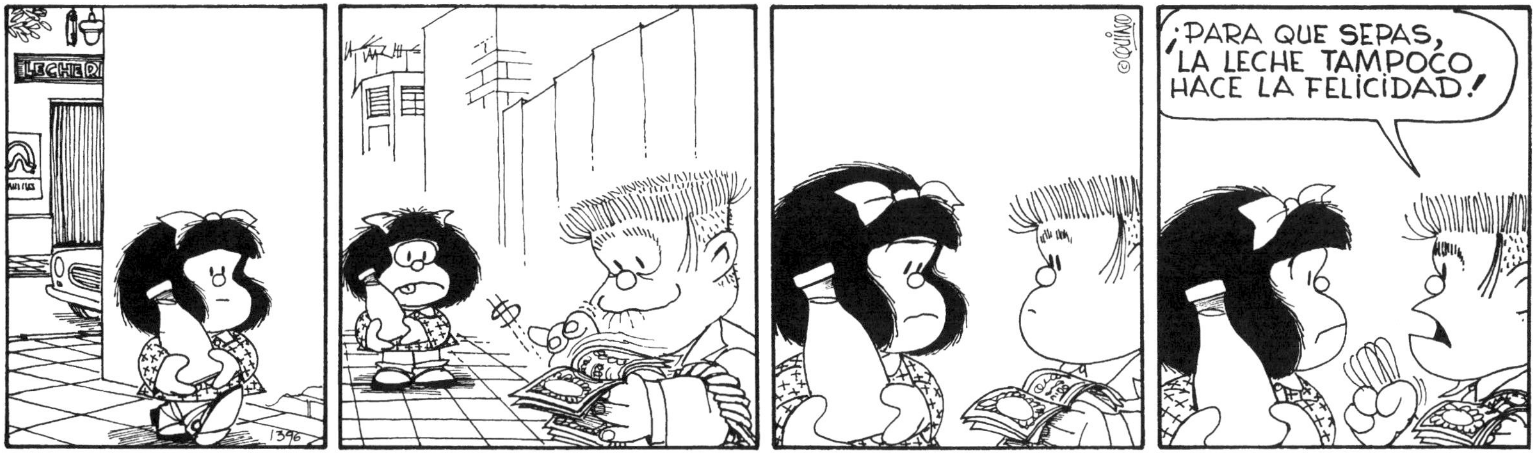
¡PARA QUE SEPAS, LA LECHE TAMPOCO HACE LA FELICIDAD!

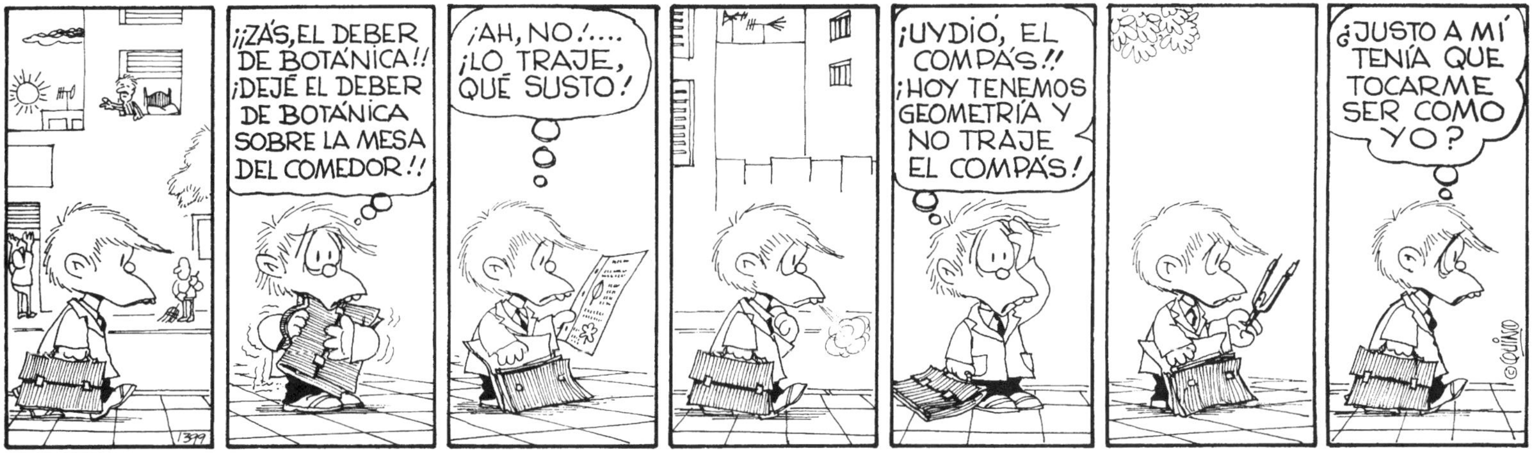
¡¡ZÁS, EL DEBER DE BOTÁNICA!! ¡DEJÉ EL DEBER DE BOTÁNICA SOBRE LA MESA DEL COMEDOR!!
¡AH, NO!.... ¡LO TRAJE, QUÉ SUSTO!
¡UYDIÓ, EL COMPÁS!! ¡HOY TENEMOS GEOMETRÍA Y NO TRAJE EL COMPÁS!
¿JUSTO A MÍ TENÍA QUE TOCARME SER COMO YO?

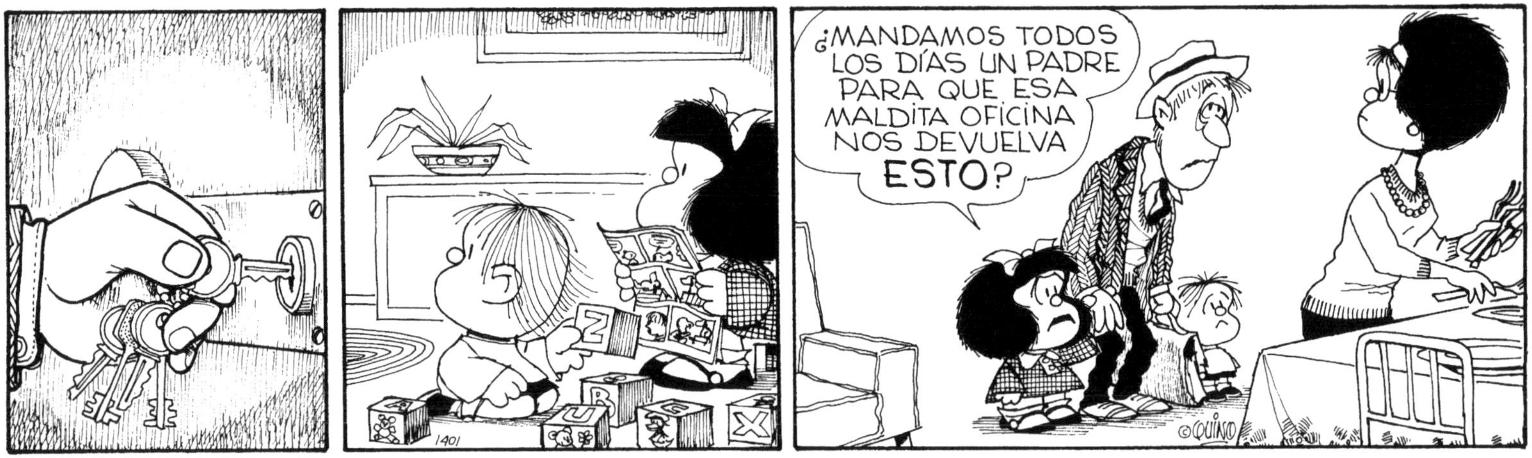
¿MANDAMOS TODOS LOS DÍAS UN PADRE PARA QUE ESA MALDITA OFICINA NOS DEVUELVA ESTO?

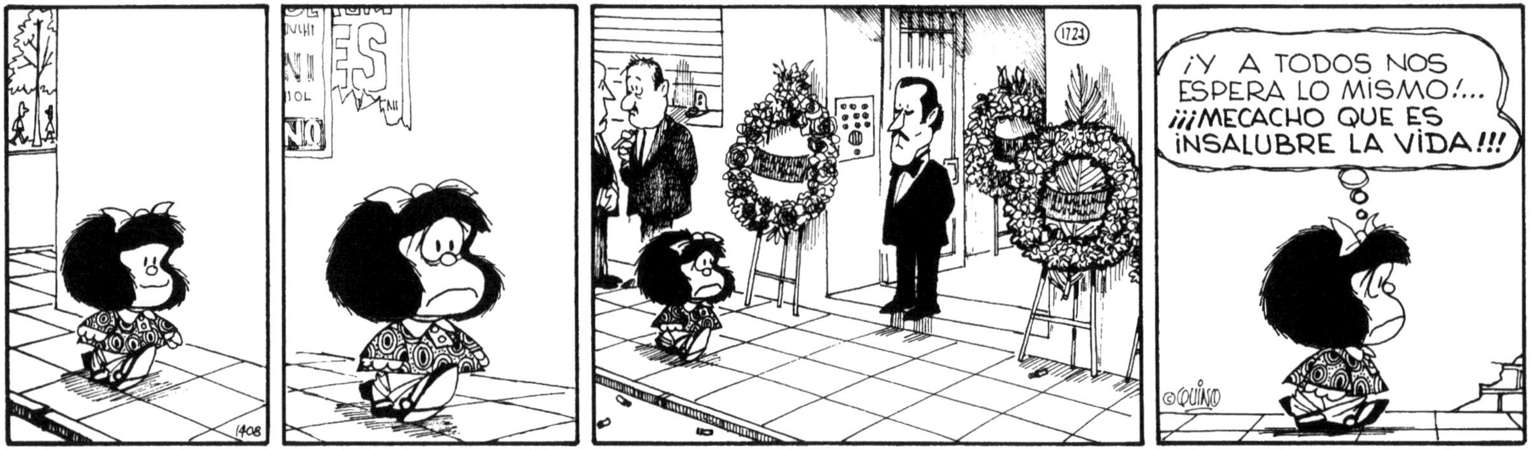
¡Y A TODOS NOS ESPERA LO MISMO!... ¡¡¡MECACHO QUE ES INSALUBRE LA VIDA!!!

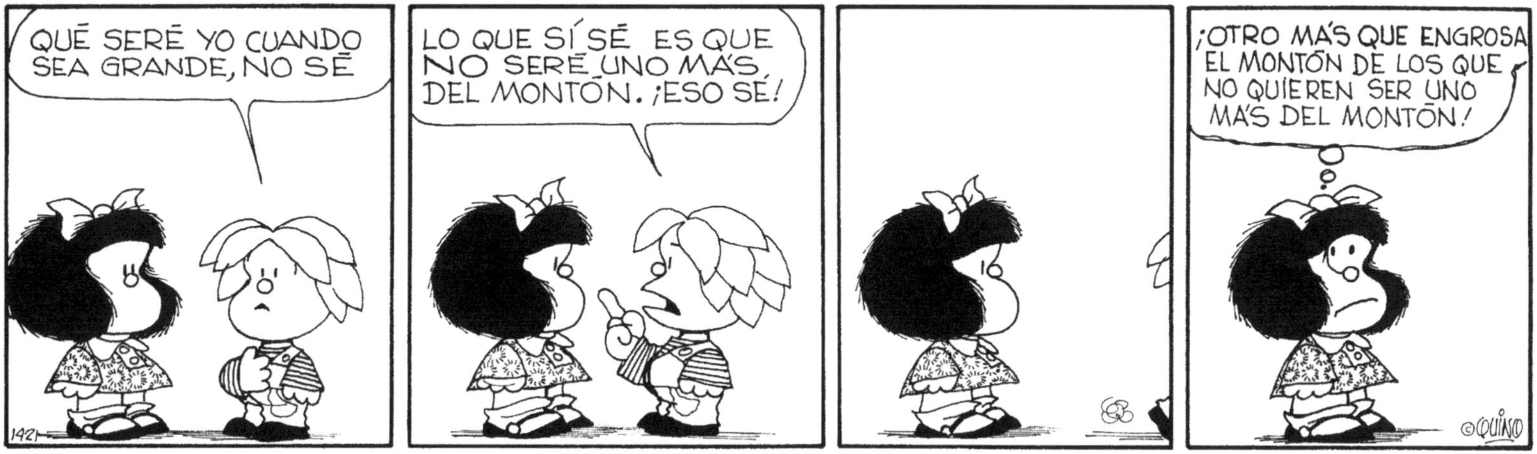
QUÉ SERÉ YO CUANDO SEA GRANDE, NO SÉ
LO QUE SÍ SÉ ES QUE NO SERÉ UNO MÁS DEL MONTÓN. ¡ESO SÉ!
¡OTRO MÁS QUE ENGROSA EL MONTÓN DE LOS QUE NO QUIEREN SER UNO MÁS DEL MONTÓN!

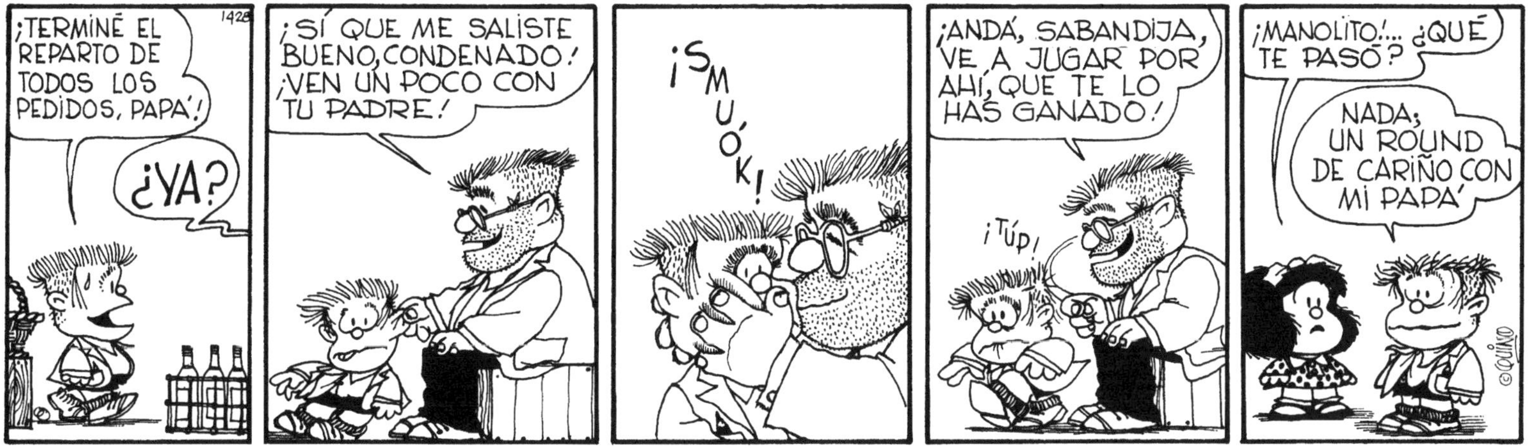
¡TERMINÉ EL REPARTO DE TODOS LOS PEDIDOS, PAPÁ!
¿YA?
¡SÍ QUE ME SALISTE BUENO, CONDENADO! ¡VEN UN POCO CON TU PADRE!
¡SMUÓK!
¡ANDÁ, SABANDIJA, VE A JUGAR POR AHÍ, QUE TE LO HAS GANADO!
¡TÚP!
¡MANOLITO!... ¿QUÉ TE PASÓ?
NADA; UN ROUND DE CARIÑO CON MI PAPÁ

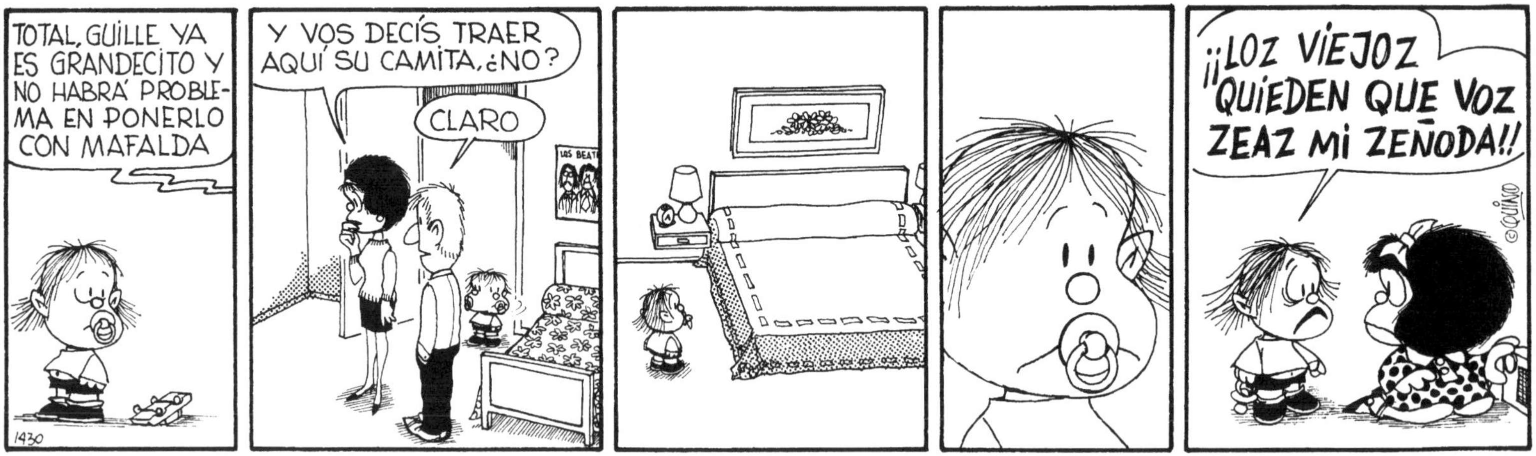
TOTAL, GUILLE YA ES GRANDECITO Y NO HABRÁ PROBLEMA EN PONERLO CON MAFALDA
1430
Y VOS DECÍS TRAER AQUÍ SU CAMITA, ¿NO?
CLARO
¡¡LOZ VIEJOZ QUIEDEN QUE VOZ ZEAZ MI ZEÑODA!!
©QUINO

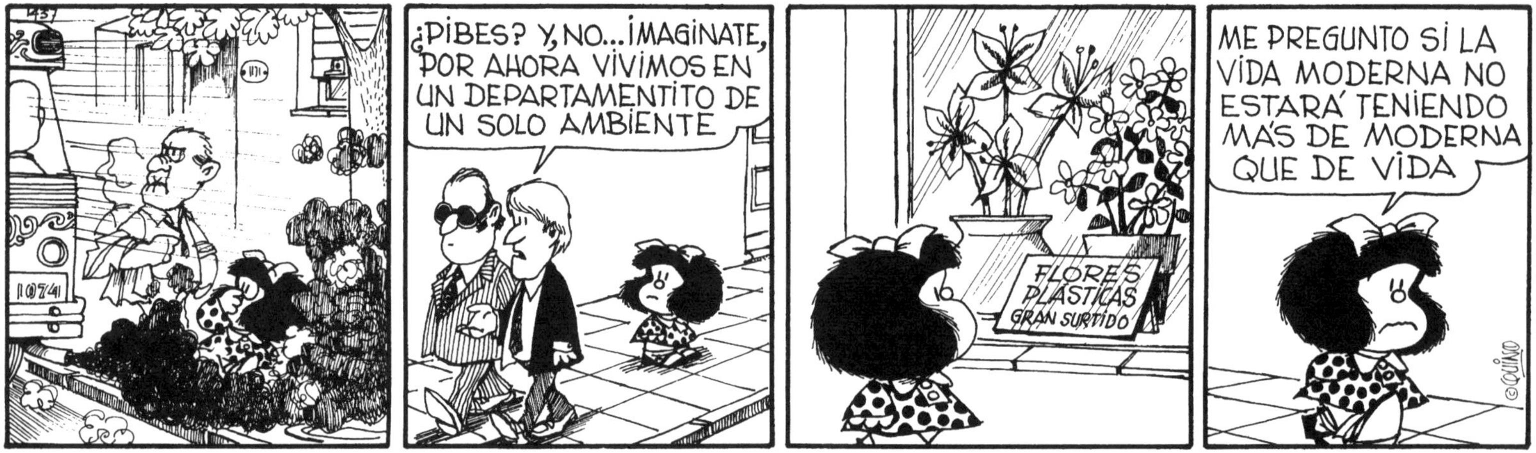
1074
¿PIBES? Y, NO... IMAGINATE, POR AHORA VIVIMOS EN UN DEPARTAMENTITO DE UN SOLO AMBIENTE
FLORES PLÁSTICAS GRAN SURTIDO
ME PREGUNTO SI LA VIDA MODERNA NO ESTARÁ TENIENDO MÁS DE MODERNA QUE DE VIDA
©QUINO

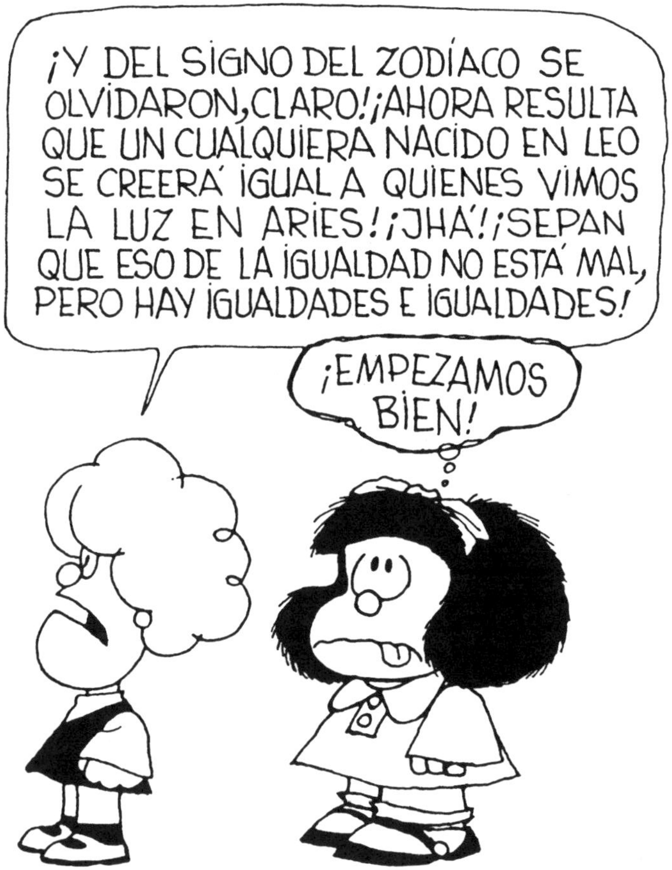
¡Y DEL SIGNO DEL ZODÍACO SE OLVIDARON, CLARO! ¡AHORA RESULTA QUE UN CUALQUIERA NACIDO EN LEO SE CREERÁ IGUAL A QUIENES VIMOS LA LUZ EN ARIES! ¡JHÁ! ¡SEPAN QUE ESO DE LA IGUALDAD NO ESTÁ MAL, PERO HAY IGUALDADES E IGUALDADES!
¡EMPEZAMOS BIEN!

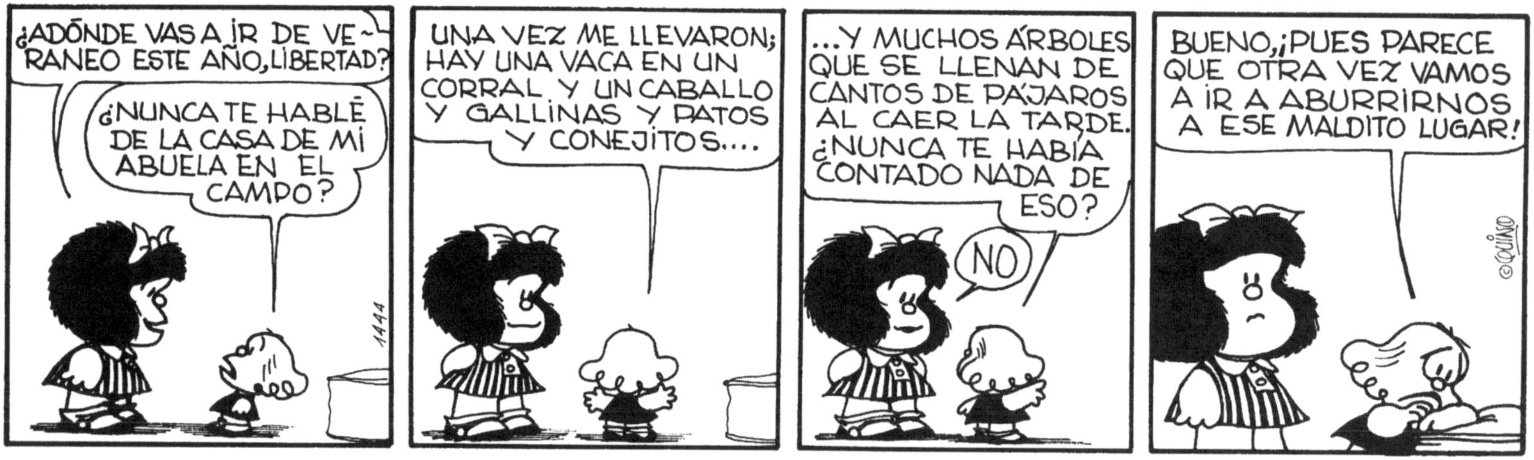
¿ADÓNDE VAS A IR DE VERANEO ESTE AÑO, LIBERTAD?
¿NUNCA TE HABLÉ DE LA CASA DE MI ABUELA EN EL CAMPO?
1444
UNA VEZ ME LLEVARON; HAY UNA VACA EN UN CORRAL Y UN CABALLO Y GALLINAS Y PATOS Y CONEJITOS....
...Y MUCHOS ÁRBOLES QUE SE LLENAN DE CANTOS DE PÁJAROS AL CAER LA TARDE. ¿NUNCA TE HABÍA CONTADO NADA DE ESO?
NO
BUENO, ¡PUES PARECE QUE OTRA VEZ VAMOS A IR A ABURRIRNOS A ESE MALDITO LUGAR!
©QUINO

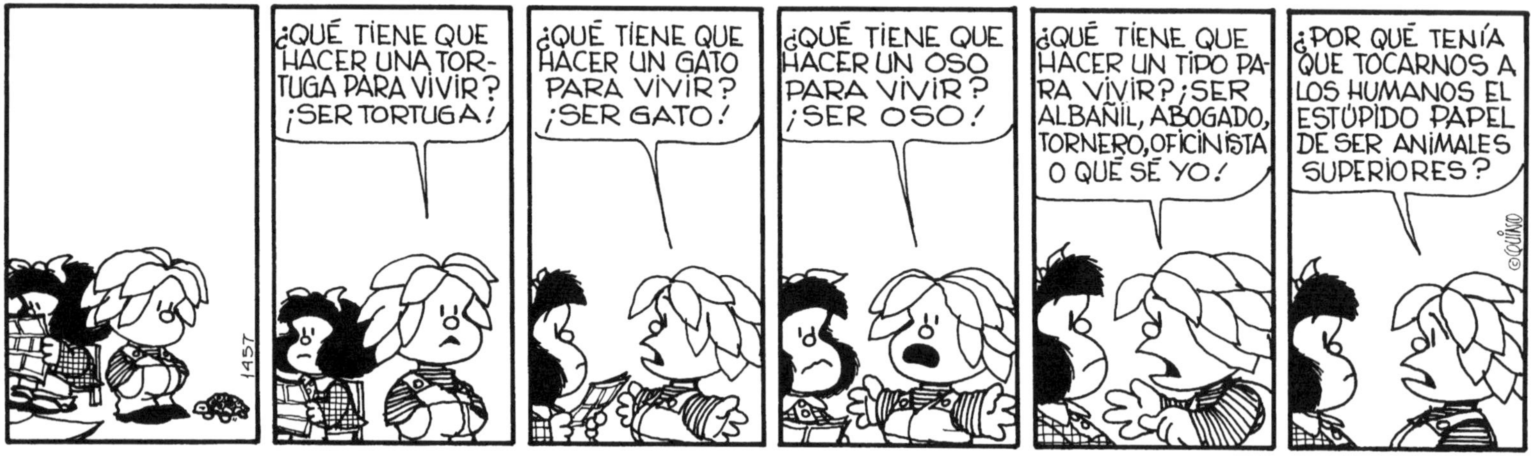
1457
¿QUÉ TIENE QUE HACER UNA TORTUGA PARA VIVIR? ¡SER TORTUGA!
¿QUÉ TIENE QUE HACER UN GATO PARA VIVIR? ¡SER GATO!
¿QUÉ TIENE QUE HACER UN OSO PARA VIVIR? ¡SER OSO!
¿QUÉ TIENE QUE HACER UN TIPO PARA VIVIR? ¡SER ALBAÑIL, ABOGADO, TORNERO, OFICINISTA O QUÉ SÉ YO!
¿POR QUÉ TENÍA QUE TOCARNOS A LOS HUMANOS EL ESTÚPIDO PAPEL DE SER ANIMALES SUPERIORES?
©QUINO

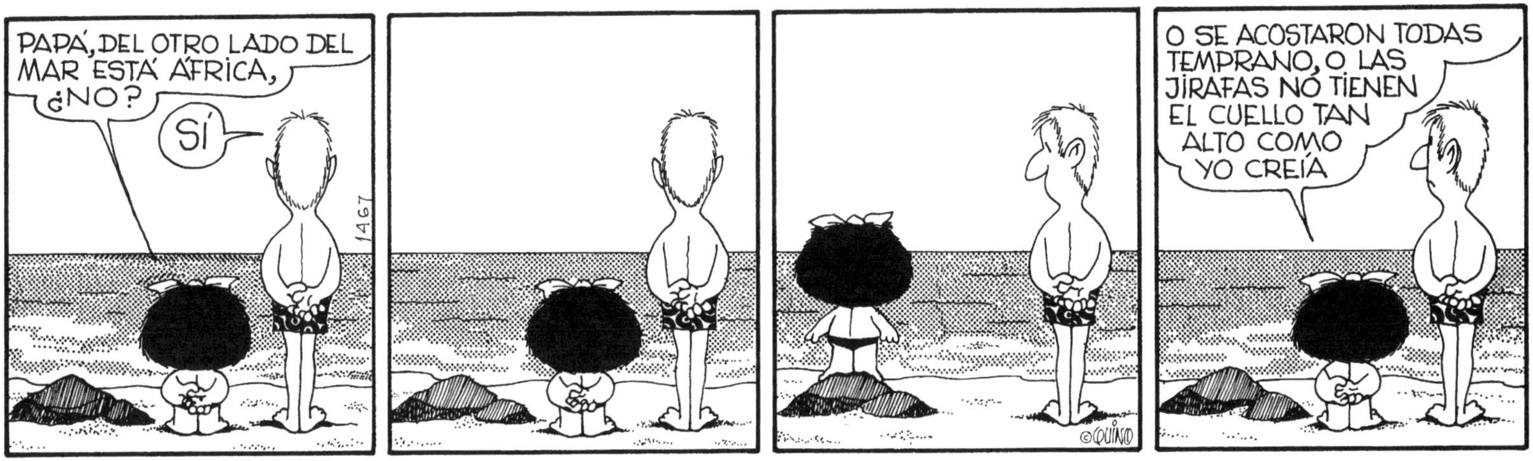
PAPÁ, DEL OTRO LADO DEL MAR ESTÁ ÁFRICA, ¿NO?
SÍ
O SE ACOSTARON TODAS TEMPRANO, O LAS JIRAFAS NO TIENEN EL CUELLO TAN ALTO COMO YO CREÍA

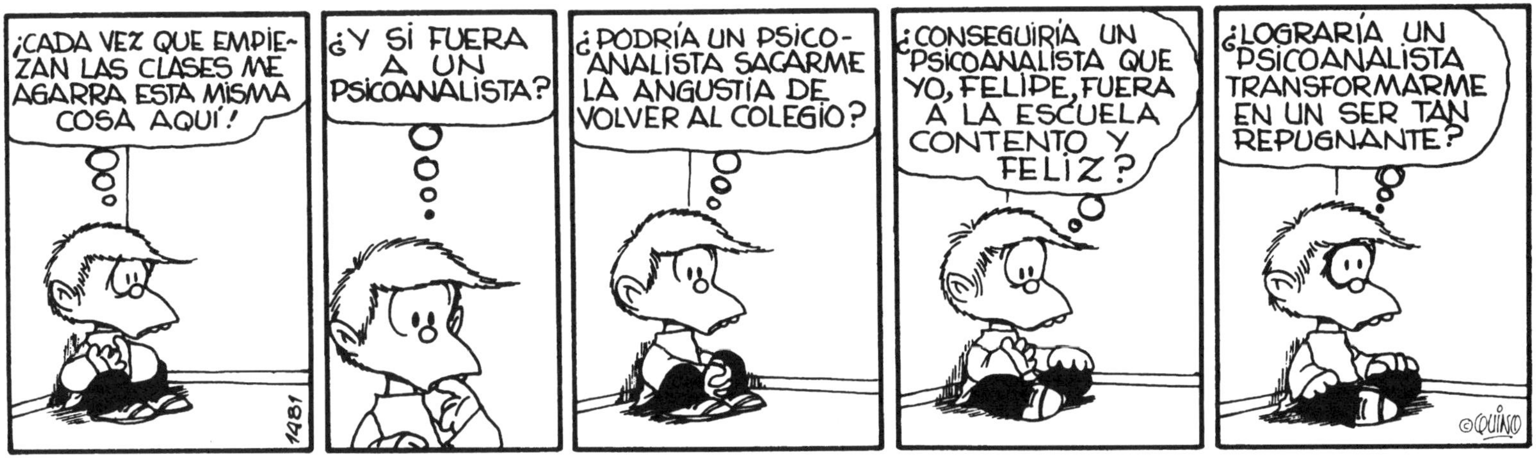
¡CADA VEZ QUE EMPIEZAN LAS CLASES ME AGARRA ESTA MISMA COSA AQUÍ!
¿Y SI FUERA A UN PSICOANALISTA?
¿PODRÍA UN PSICOANALISTA SACARME LA ANGUSTIA DE VOLVER AL COLEGIO?
¿CONSEGUIRÍA UN PSICOANALISTA QUE YO, FELIPE, FUERA A LA ESCUELA CONTENTO Y FELIZ?
¿LOGRARÍA UN PSICOANALISTA TRANSFORMARME EN UN SER TAN REPUGNANTE?

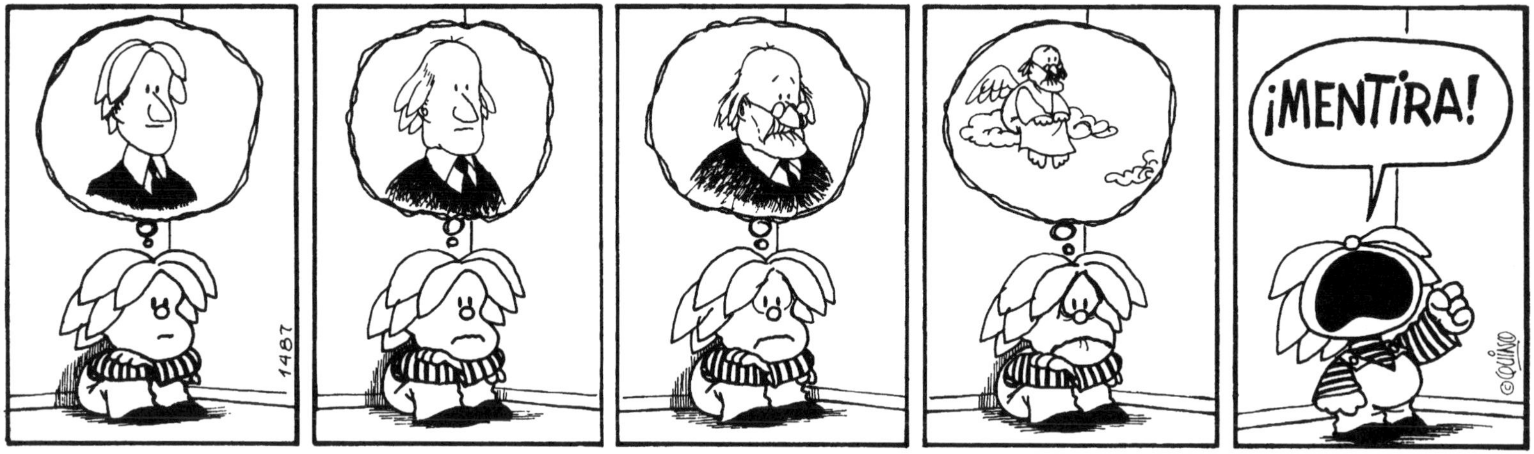
1487
¡MENTIRA!
©QUINO

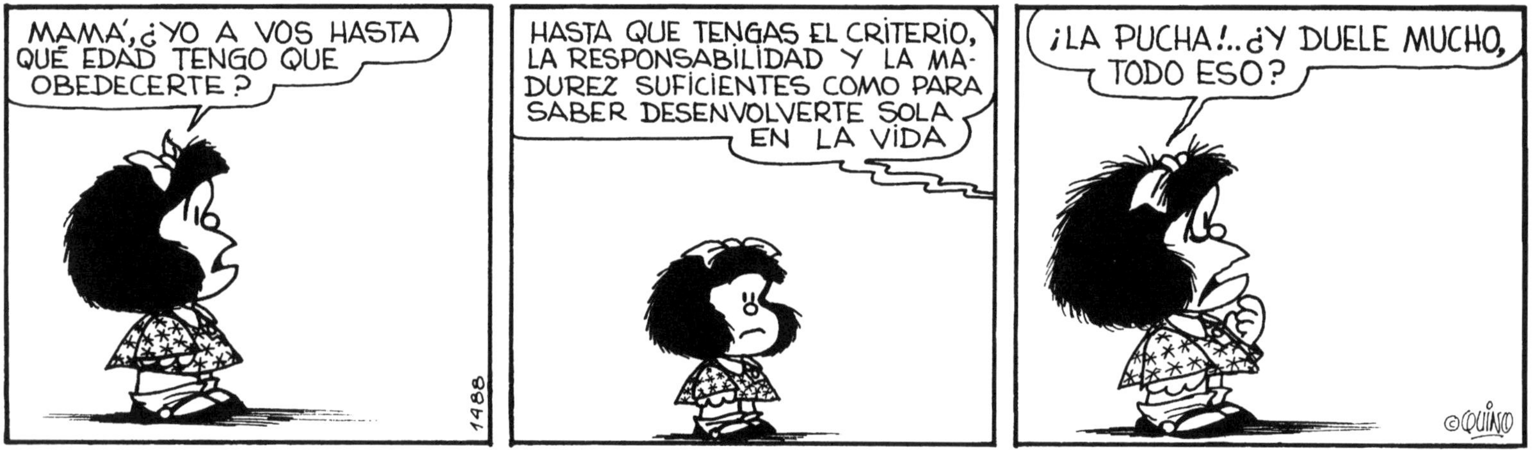
MAMÁ, ¿YO A VOS HASTA QUÉ EDAD TENGO QUE OBEDECERTE?
1488
HASTA QUE TENGAS EL CRITERIO, LA RESPONSABILIDAD Y LA MADUREZ SUFICIENTES COMO PARA SABER DESENVOLVERTE SOLA EN LA VIDA
¡LA PUCHA!... ¿Y DUELE MUCHO, TODO ESO?
©QUINO

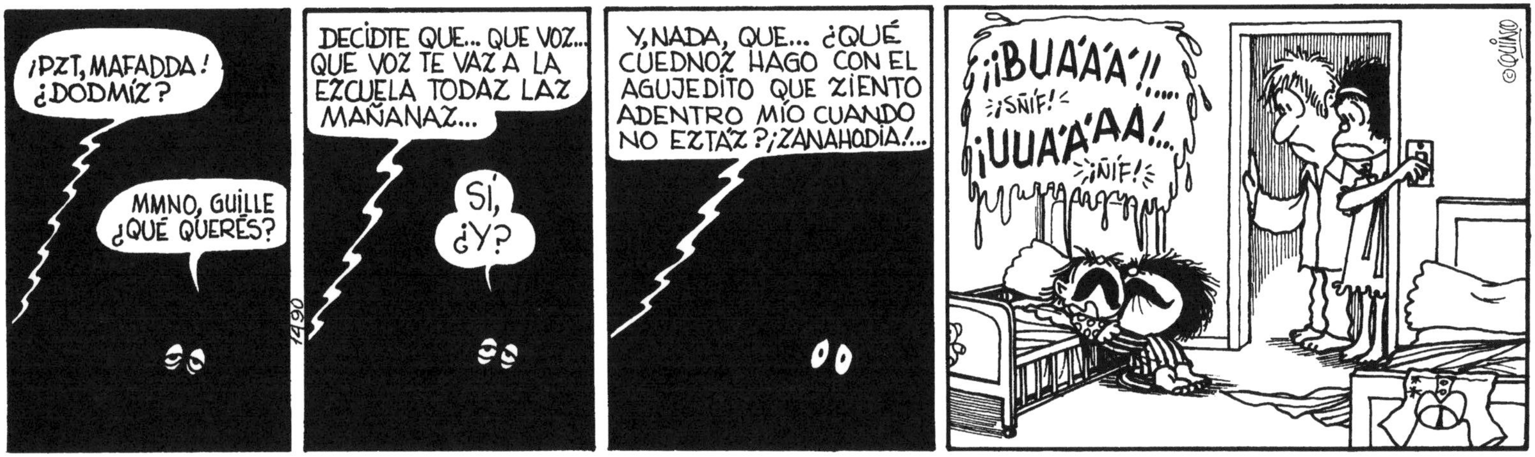
¡PZT, MAFADDA! ¿DODMÍZ?
MMNO, GUILLE ¿QUÉ QUERÉS?
1490
DECIDTE QUE... QUE VOZ... QUE VOZ TE VAZ A LA EZCUELA TODAZ LAZ MAÑANAZ...
SÍ, ¿Y?
Y, NADA, QUE... ¿QUÉ CUEDNOZ HAGO CON EL AGUJEDITO QUE ZIENTO ADENTRO MÍO CUANDO NO EZTÁZ? ¡ZANAHODIA!...
¡¡BUAÁÁ!!....
¡SNIF!
¡UUAÁÁAA!...
¡ÑIF!
© QUINO

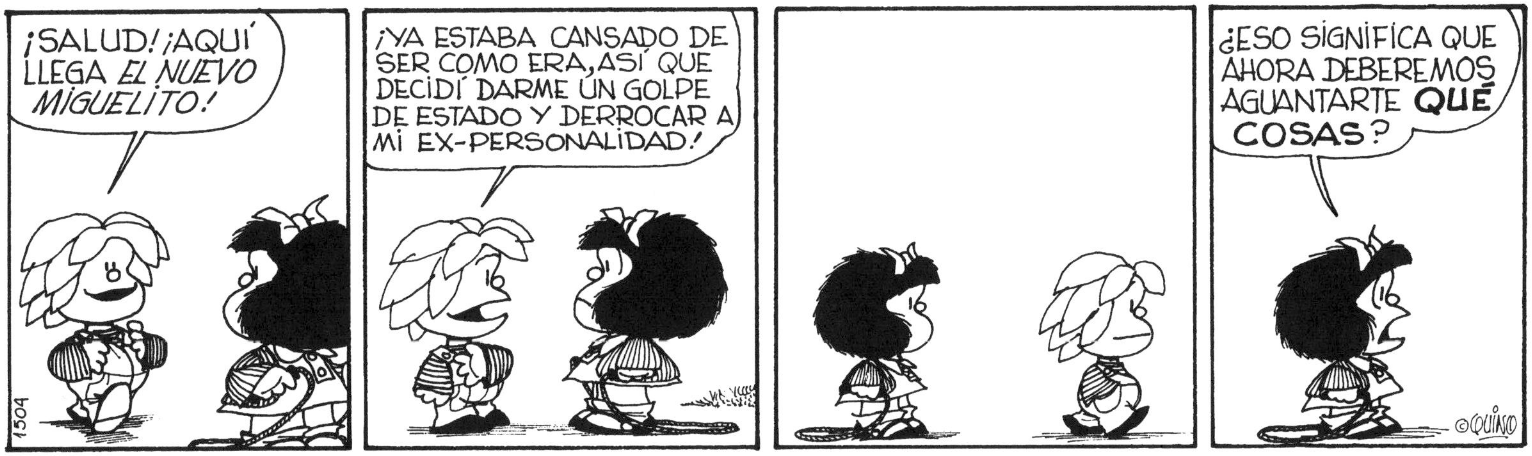
1504
¡SALUD! ¡AQUÍ LLEGA *EL NUEVO MIGUELITO*!
¡YA ESTABA CANSADO DE SER COMO ERA, ASÍ QUE DECIDÍ DARME UN GOLPE DE ESTADO Y DERROCAR A MI EX-PERSONALIDAD!
¿ESO SIGNIFICA QUE AHORA DEBEREMOS AGUANTARTE **QUÉ** COSAS?
© QUINO

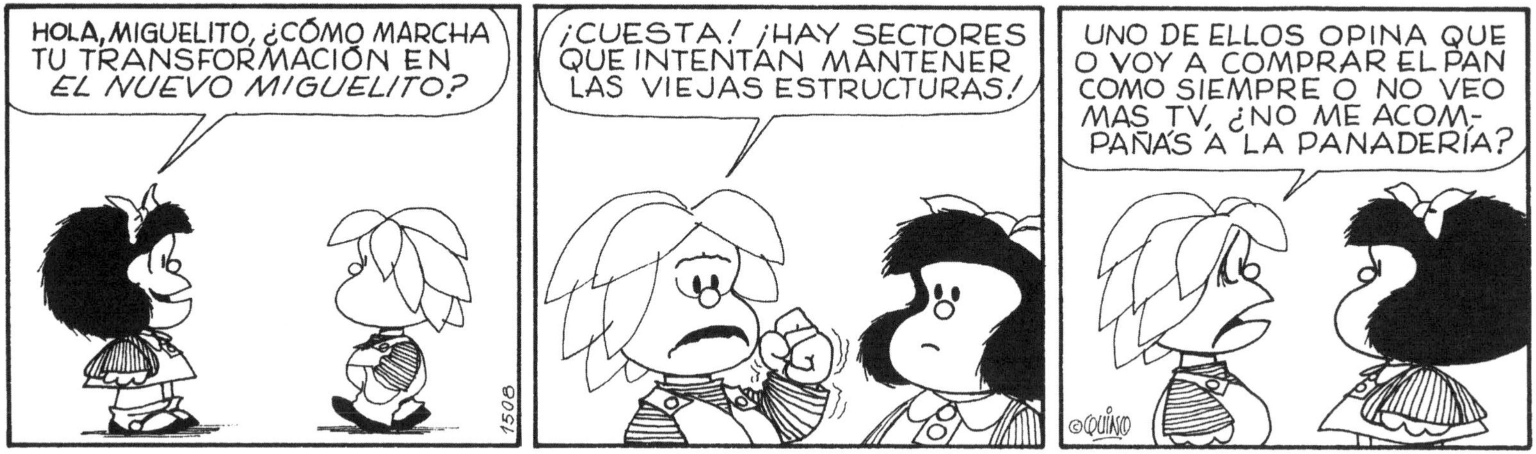
HOLA, MIGUELITO, ¿CÓMO MARCHA TU TRANSFORMACIÓN EN *EL NUEVO MIGUELITO?*
1508
¡CUESTA! ¡HAY SECTORES QUE INTENTAN MANTENER LAS VIEJAS ESTRUCTURAS!
UNO DE ELLOS OPINA QUE O VOY A COMPRAR EL PAN COMO SIEMPRE O NO VEO MAS TV, ¿NO ME ACOMPAÑÁS A LA PANADERÍA?
©QUINO

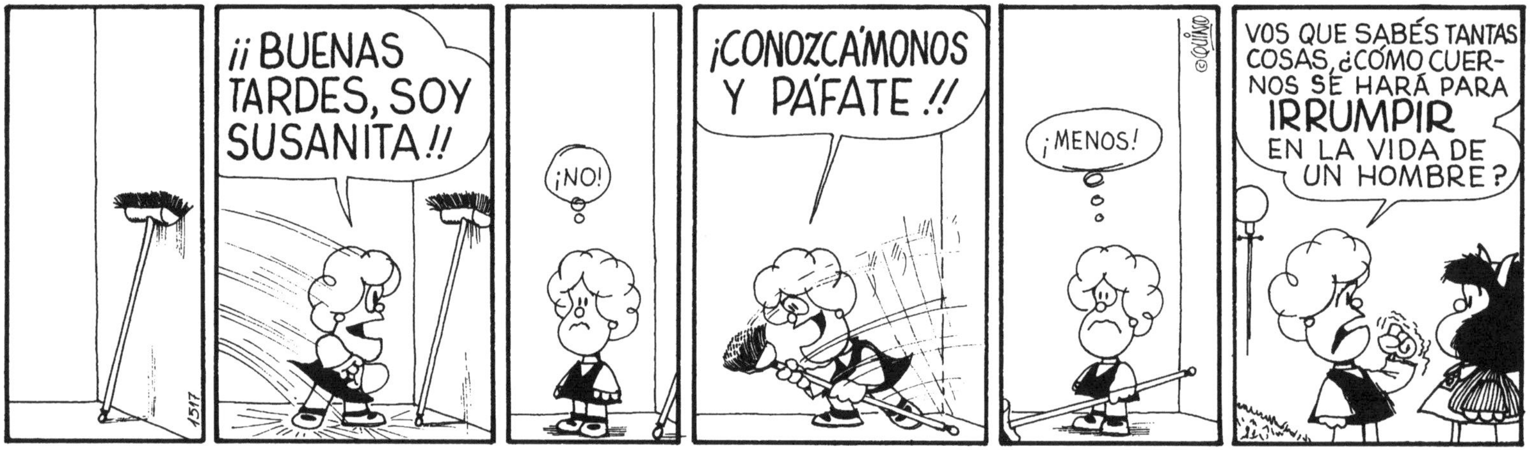
1517
¡¡ BUENAS TARDES, SOY SUSANITA!!
¡NO!
¡CONOZCÁMONOS Y PÁFATE!!
©QUINO
¡MENOS!
VOS QUE SABÉS TANTAS COSAS, ¿CÓMO CUERNOS SE HARÁ PARA IRRUMPIR EN LA VIDA DE UN HOMBRE?

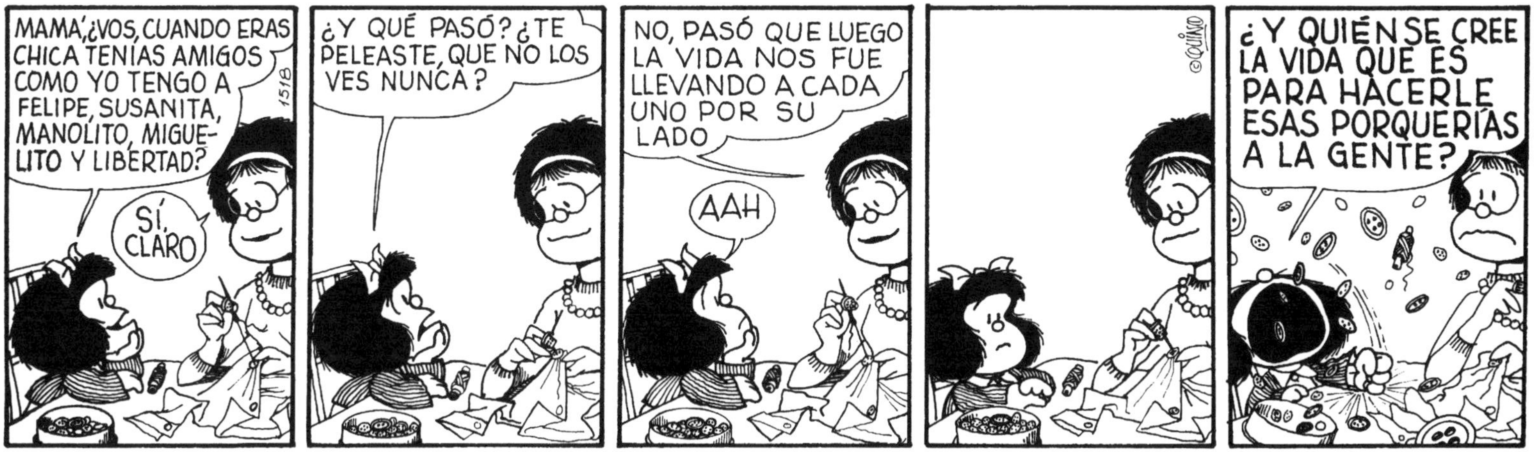
MAMÁ, ¿VOS, CUANDO ERAS CHICA TENÍAS AMIGOS COMO YO TENGO A FELIPE, SUSANITA, MANOLITO, MIGUELITO Y LIBERTAD?
SÍ, CLARO
1518
¿Y QUÉ PASÓ? ¿TE PELEASTE, QUE NO LOS VES NUNCA?
NO, PASÓ QUE LUEGO LA VIDA NOS FUE LLEVANDO A CADA UNO POR SU LADO
AAH
©QUINO
¿Y QUIÉN SE CREE LA VIDA QUE ES PARA HACERLE ESAS PORQUERÍAS A LA GENTE?

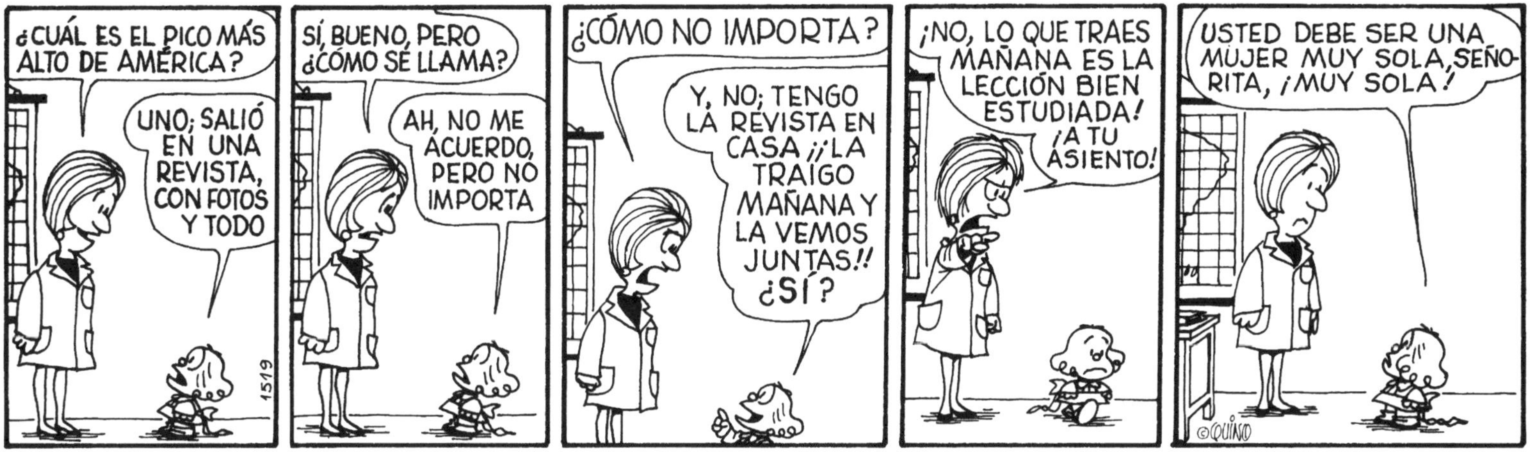
¿CUÁL ES EL PICO MÁS ALTO DE AMÉRICA?
UNO; SALIÓ EN UNA REVISTA, CON FOTOS Y TODO
1519
SÍ, BUENO, PERO ¿CÓMO SE LLAMA?
AH, NO ME ACUERDO, PERO NO IMPORTA
¿CÓMO NO IMPORTA?
Y, NO; TENGO LA REVISTA EN CASA ¡¡LA TRAIGO MAÑANA Y LA VEMOS JUNTAS!! ¿SÍ?
¡NO, LO QUE TRAES MAÑANA ES LA LECCIÓN BIEN ESTUDIADA! ¡A TU ASIENTO!
USTED DEBE SER UNA MUJER MUY SOLA, SEÑORITA, ¡MUY SOLA!
©QUINO

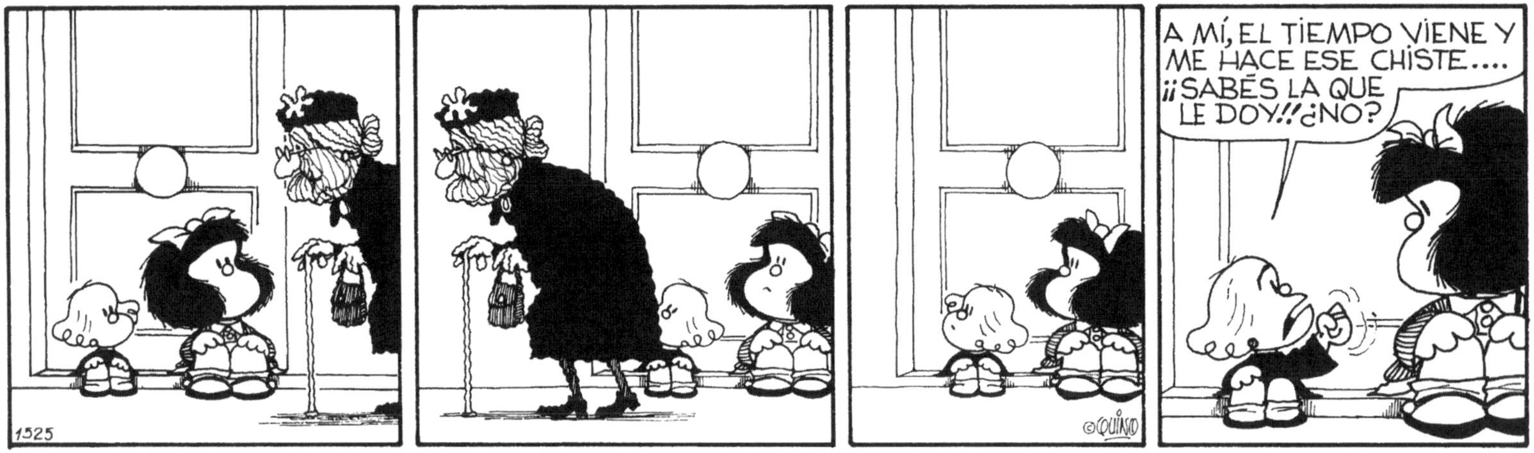
A MÍ, EL TIEMPO VIENE Y ME HACE ESE CHISTE.... ¡¡SABÉS LA QUE LE DOY!!¿NO?
1525
©QUINO

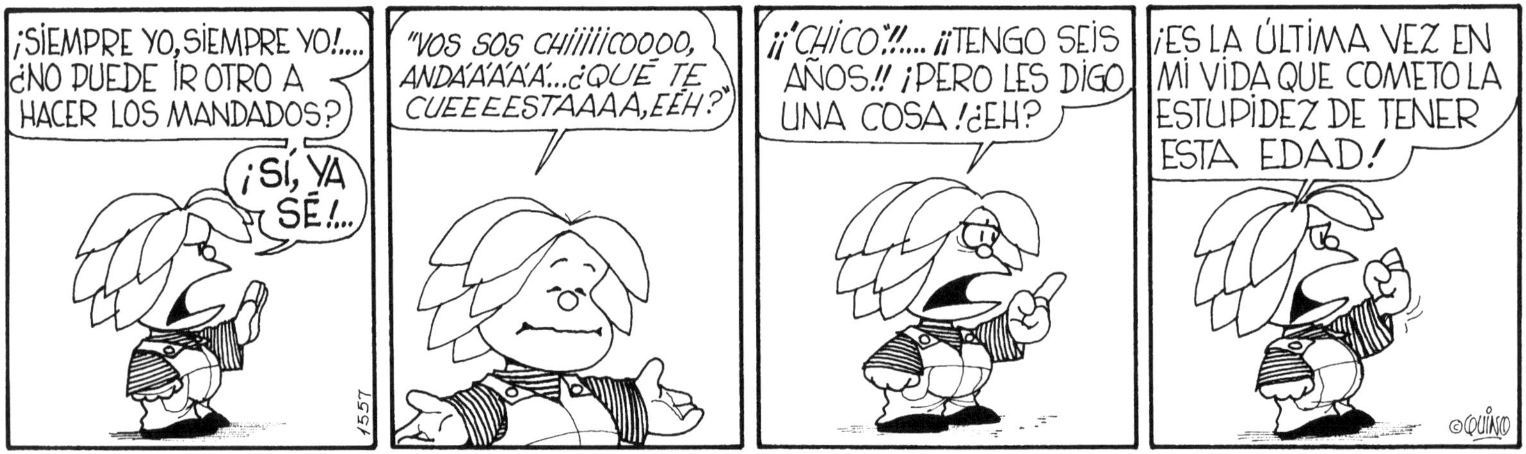
¡SIEMPRE YO, SIEMPRE YO!.... ¿NO PUEDE IR OTRO A HACER LOS MANDADOS?
¡SÍ, YA SÉ!...
1557
"VOS SOS CHIIIIICOOOO, ANDÁÁÁÁÁ...¿QUÉ TE CUEEEEESTAAAA, EEH?"
¡¡"CHICO"!!.... ¡¡TENGO SEIS AÑOS!! ¡PERO LES DIGO UNA COSA !¿EH?
¡ES LA ÚLTIMA VEZ EN MI VIDA QUE COMETO LA ESTUPIDEZ DE TENER ESTA EDAD!
©QUINO

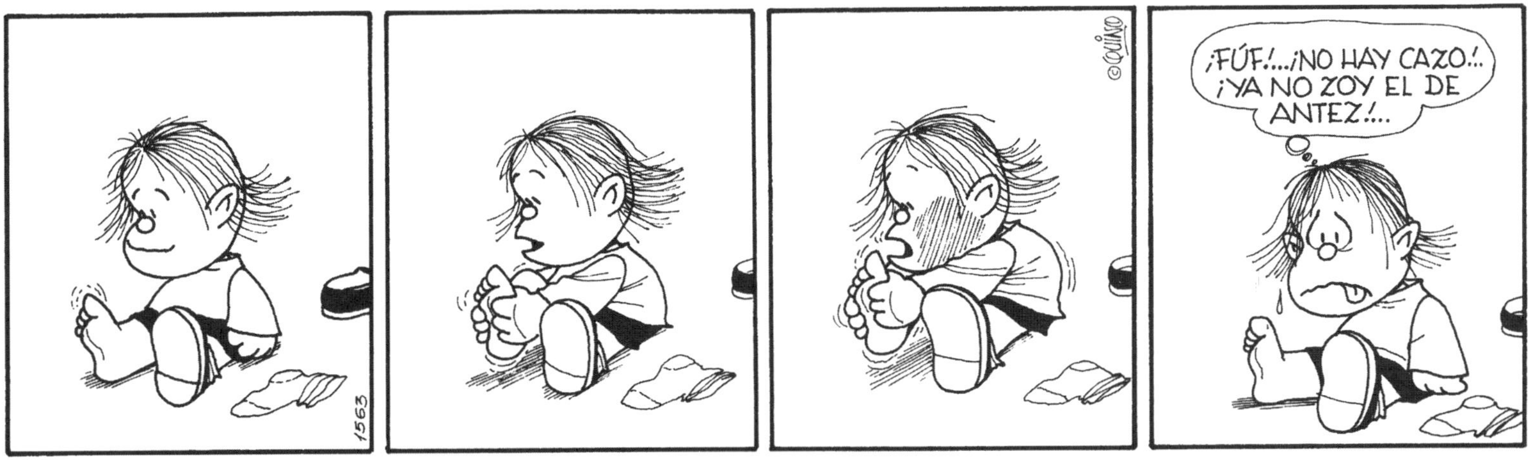
1563
©QUINO
¡FÚF!...¡NO HAY CAZO!..
¡YA NO ZOY EL DE
ANTEZ!...

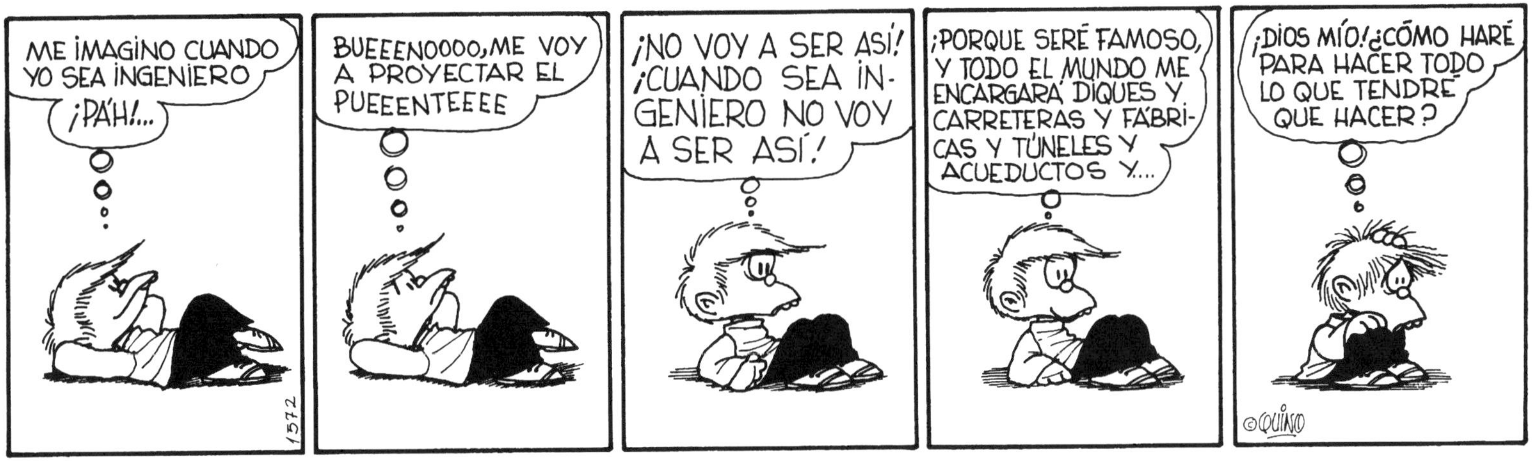
ME IMAGINO CUANDO
YO SEA INGENIERO
¡PÁH!...
1572
BUEEENOOOO, ME VOY
A PROYECTAR EL
PUEEENTEEEE
¡NO VOY A SER ASÍ! ¡CUANDO SEA INGENIERO NO VOY A SER ASÍ!
¡PORQUE SERÉ FAMOSO, Y TODO EL MUNDO ME ENCARGARÁ DIQUES Y CARRETERAS Y FÁBRICAS Y TÚNELES Y ACUEDUCTOS Y...
¡DIOS MÍO! ¿CÓMO HARÉ PARA HACER TODO LO QUE TENDRÉ QUE HACER?
©QUINO

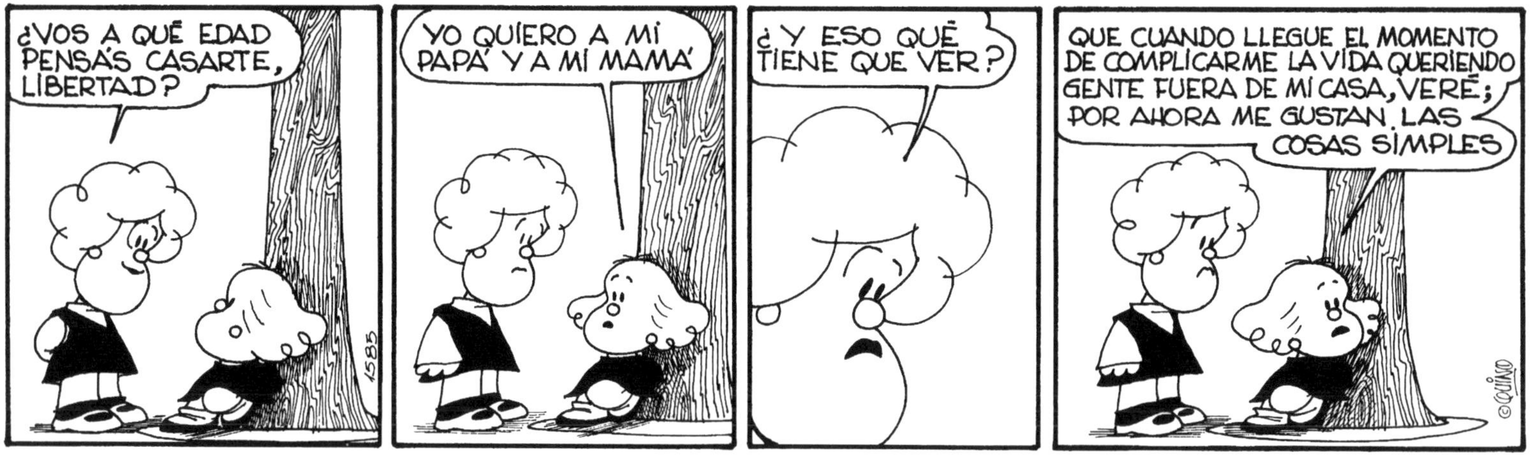
¿VOS A QUÉ EDAD PENSÁS CASARTE, LIBERTAD?
YO QUIERO A MI PAPÁ Y A MI MAMÁ
¿Y ESO QUÉ TIENE QUE VER?
QUE CUANDO LLEGUE EL MOMENTO DE COMPLICARME LA VIDA QUERIENDO GENTE FUERA DE MI CASA, VERÉ; POR AHORA ME GUSTAN LAS COSAS SIMPLES

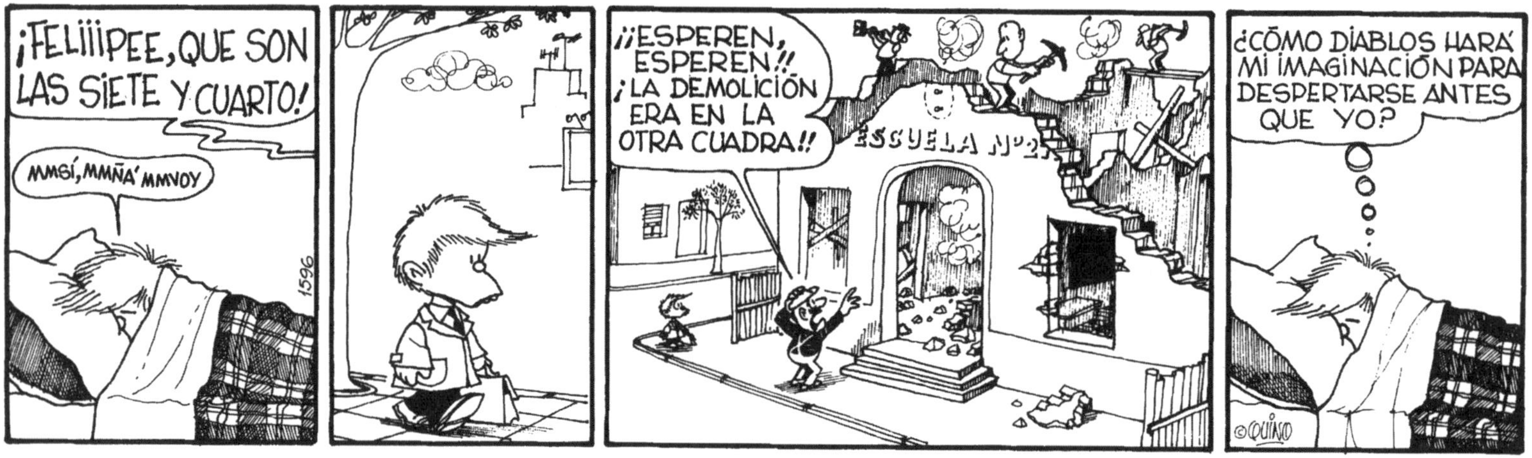
¡FELiiiiPEE, QUE SON LAS SiETE Y CUARTO!
MMSÍ, MMÑA' MMVOY
¡¡ESPEREN, ESPEREN!! ¡LA DEMOLICIÓN ERA EN LA OTRA CUADRA!!
¿CÓMO DIABLOS HARÁ MI IMAGINACIÓN PARA DESPERTARSE ANTES QUE YO?

NO ES CIERTO QUE TODO TIEMPO PASADO FUE MEJOR. LO QUE PASABA ERA QUE LOS QUE ESTABAN PEOR TODAVÍA NO SE HABÍAN DADO CUENTA

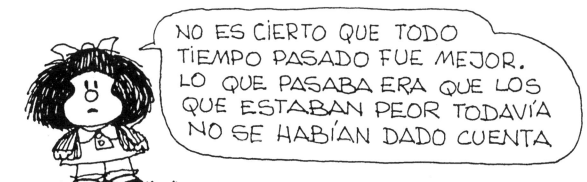

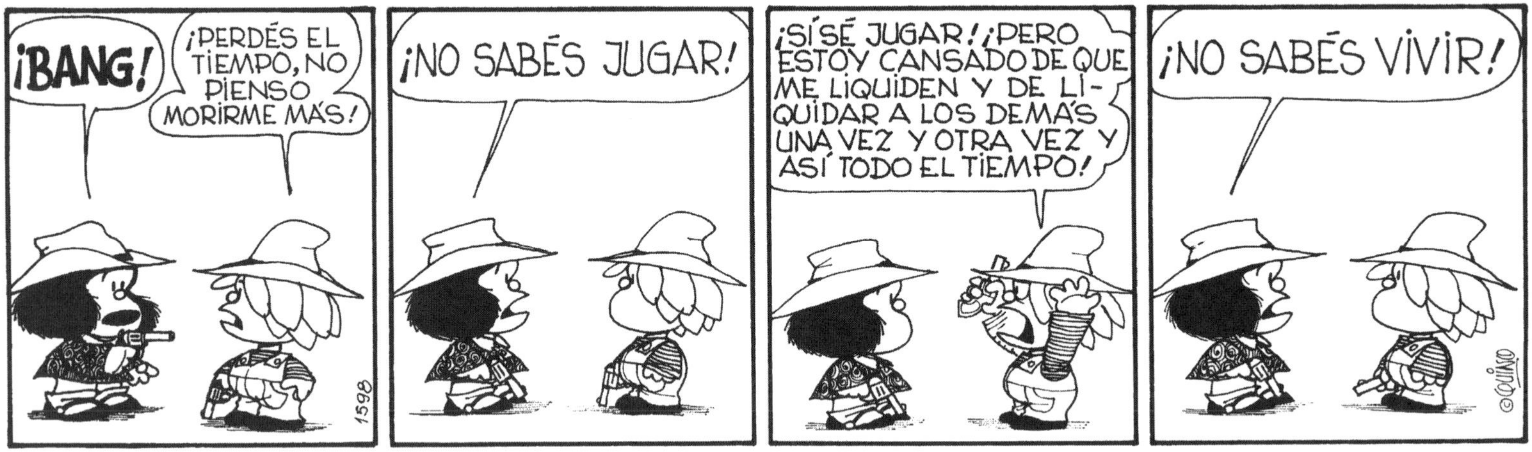
¡BANG!
¡PERDÉS EL TIEMPO, NO PIENSO MORIRME MÁS!
1598
¡NO SABÉS JUGAR!
¡SÍ SÉ JUGAR! ¡PERO ESTOY CANSADO DE QUE ME LIQUIDEN Y DE LIQUIDAR A LOS DEMÁS UNA VEZ Y OTRA VEZ Y ASÍ TODO EL TIEMPO!
¡NO SABÉS VIVIR!
© QUINO

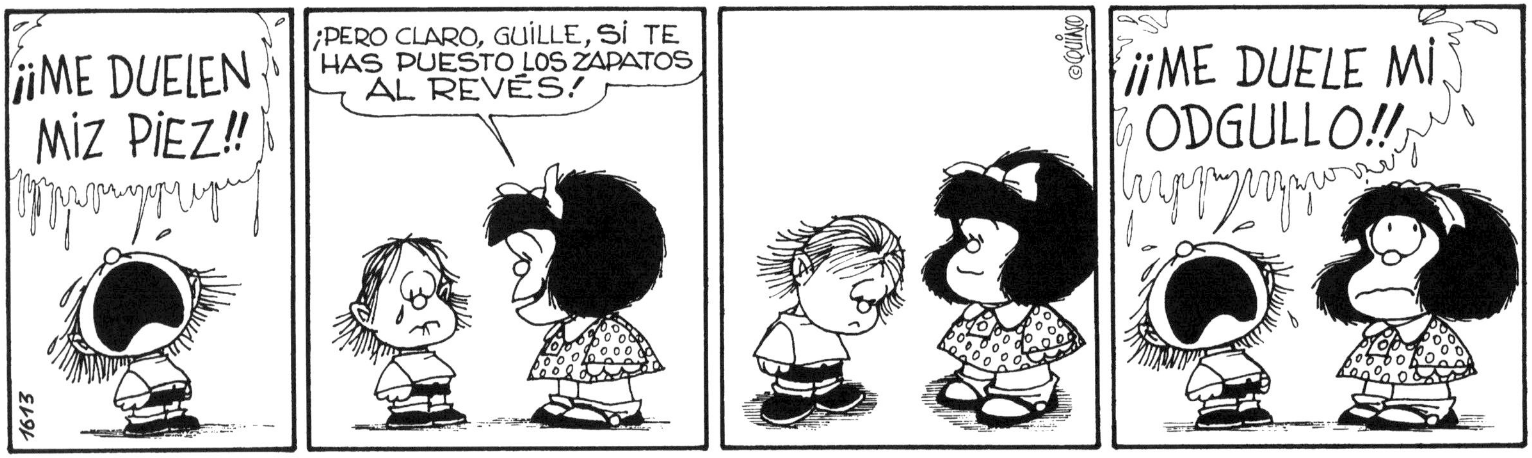
¡¡ME DUELEN MIZ PIEZ!!
1613
¡PERO CLARO, GUILLE, SÍ TE HAS PUESTO LOS ZAPATOS AL REVÉS!
© QUINO
¡¡ME DUELE MI ODGULLO!!

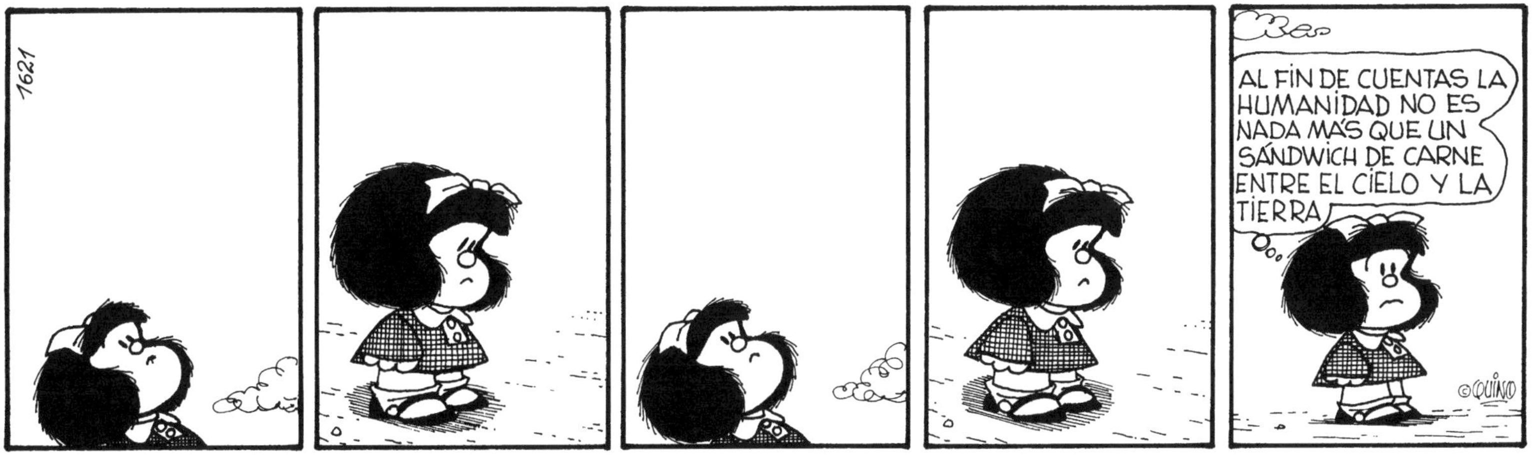
1621
AL FIN DE CUENTAS LA HUMANIDAD NO ES NADA MÁS QUE UN SÁNDWICH DE CARNE ENTRE EL CIELO Y LA TIERRA
©QUINO

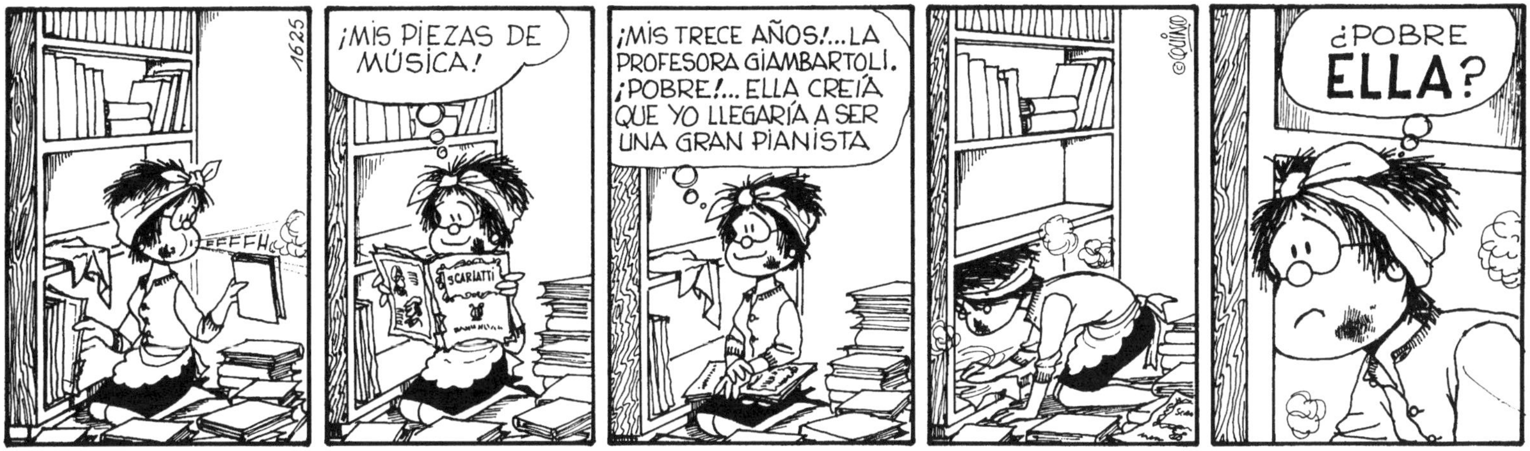
1625
FFFFH
¡MIS PIEZAS DE MÚSICA!
SCARLATTI
¡MIS TRECE AÑOS!... LA PROFESORA GIAMBARTOLI. ¡POBRE!... ELLA CREÍA QUE YO LLEGARÍA A SER UNA GRAN PIANISTA
©QUINO
¿POBRE ELLA?

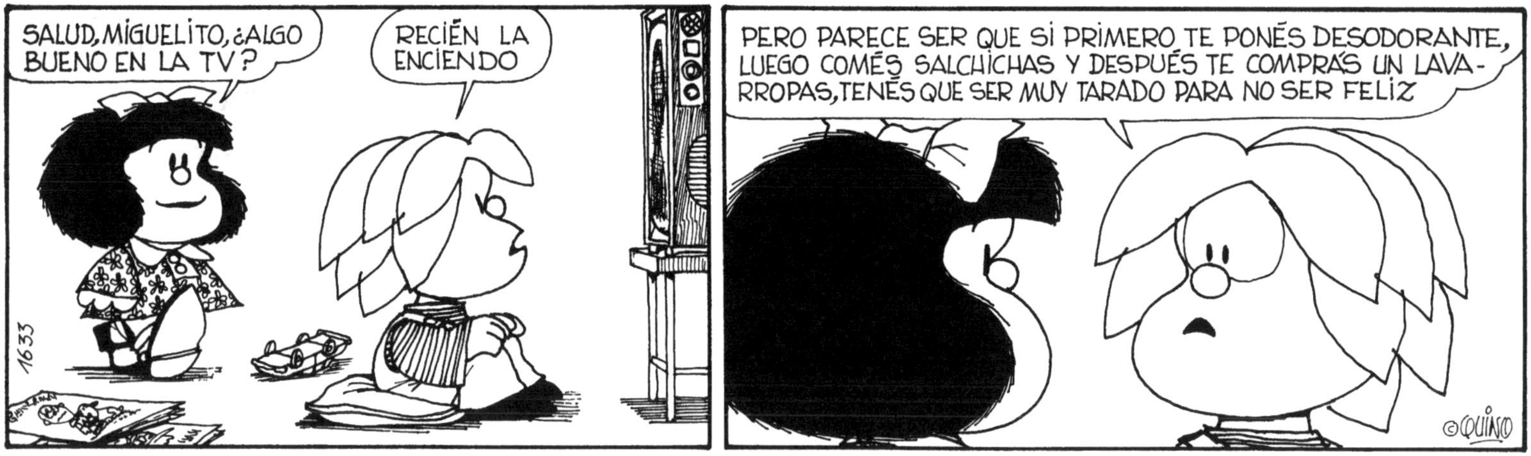
1633
SALUD, MIGUELITO, ¿ALGO BUENO EN LA TV?
RECIÉN LA ENCIENDO
PERO PARECE SER QUE SI PRIMERO TE PONÉS DESODORANTE, LUEGO COMÉS SALCHICHAS Y DESPUÉS TE COMPRÁS UN LAVA-RROPAS, TENÉS QUE SER MUY TARADO PARA NO SER FELIZ
©QUINO

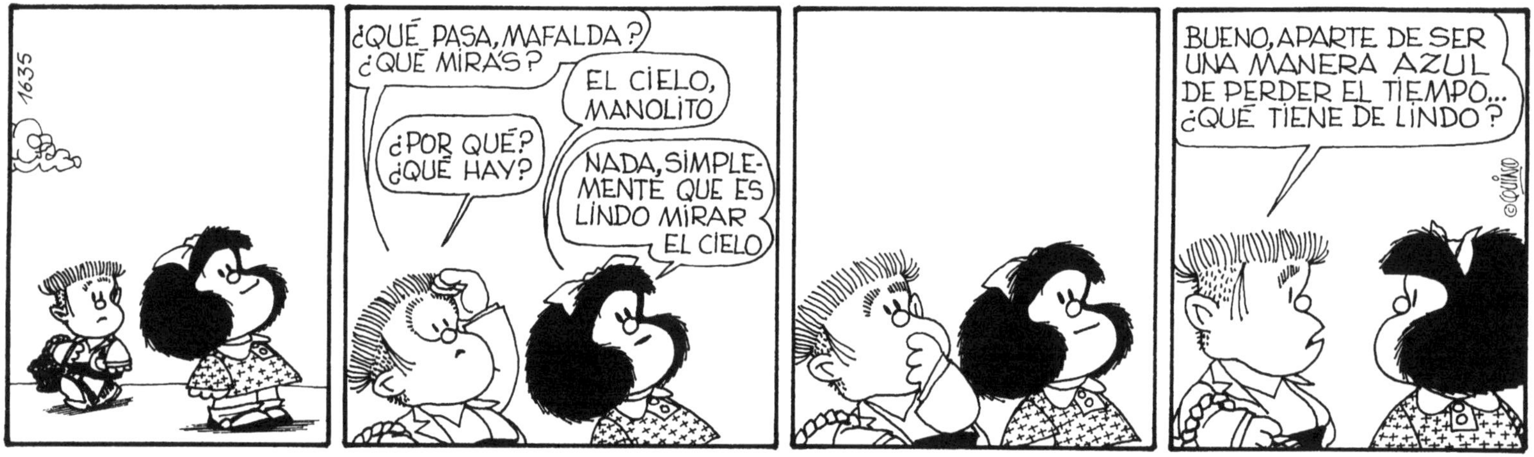
1635
¿QUÉ PASA, MAFALDA? ¿QUÉ MIRÁS?
EL CIELO, MANOLITO
¿POR QUÉ? ¿QUÉ HAY?
NADA, SIMPLE-MENTE QUE ES LINDO MIRAR EL CIELO
BUENO, APARTE DE SER UNA MANERA AZUL DE PERDER EL TIEMPO... ¿QUÉ TIENE DE LINDO?
©QUINO

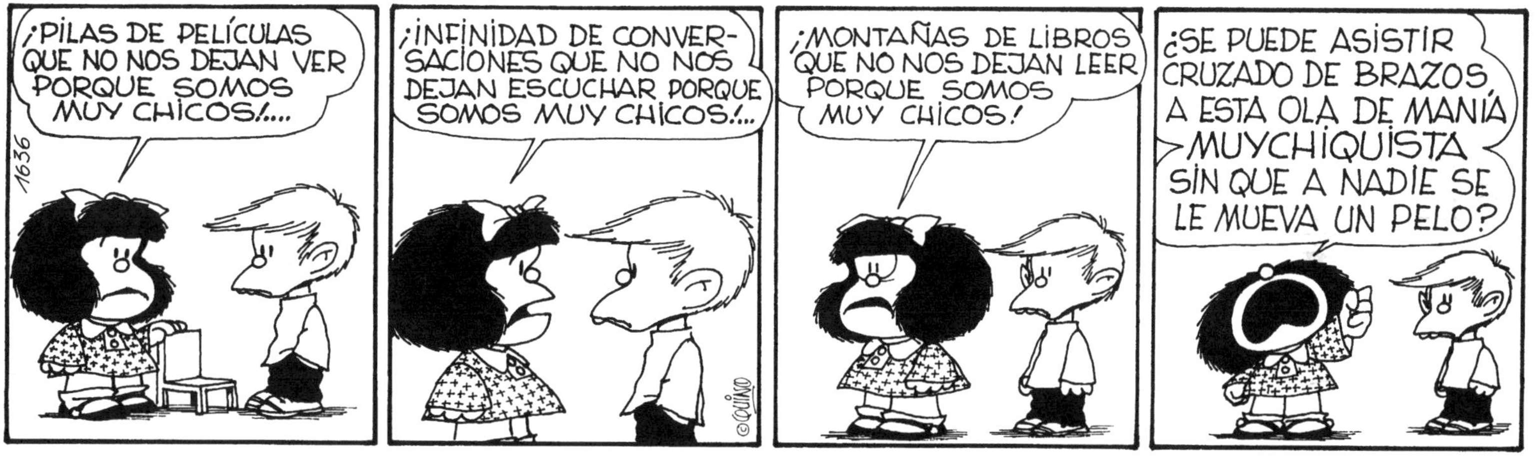
1636
¡PILAS DE PELÍCULAS QUE NO NOS DEJAN VER PORQUE SOMOS MUY CHICOS!...
¡INFINIDAD DE CONVERSACIONES QUE NO NOS DEJAN ESCUCHAR PORQUE SOMOS MUY CHICOS!...
¡MONTAÑAS DE LIBROS QUE NO NOS DEJAN LEER PORQUE SOMOS MUY CHICOS!
¿SE PUEDE ASISTIR CRUZADO DE BRAZOS A ESTA OLA DE MANÍA MUYCHIQUISTA SIN QUE A NADIE SE LE MUEVA UN PELO?
© QUINO

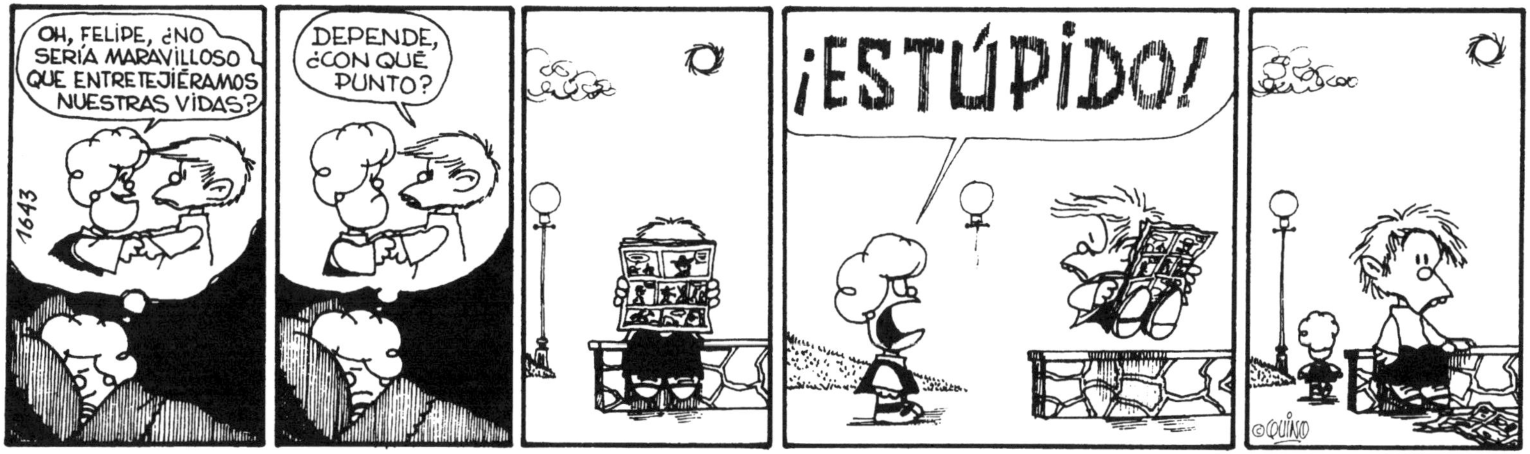
1643
OH, FELIPE, ¿NO SERÍA MARAVILLOSO QUE ENTRETEJIÉRAMOS NUESTRAS VIDAS?
DEPENDE, ¿CON QUÉ PUNTO?
¡ESTÚPIDO!
© QUINO

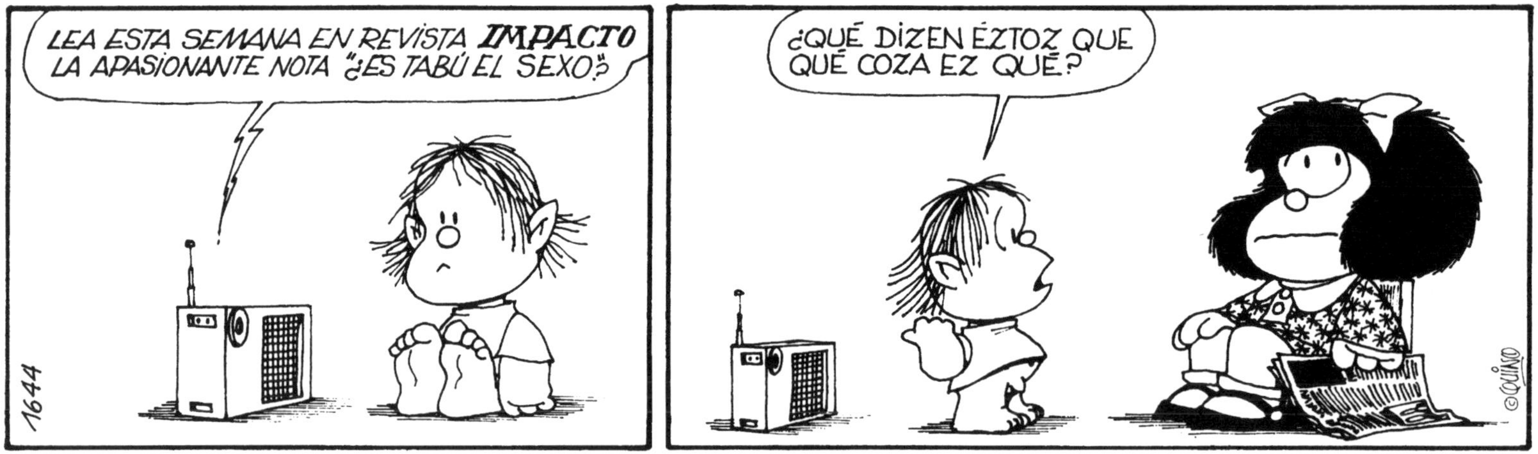
1644
LEA ESTA SEMANA EN REVISTA IMPACTO LA APASIONANTE NOTA "¿ES TABÚ EL SEXO?"
¿QUÉ DIZEN ÉZTOZ QUE QUÉ COZA EZ QUÉ?
©QUINO

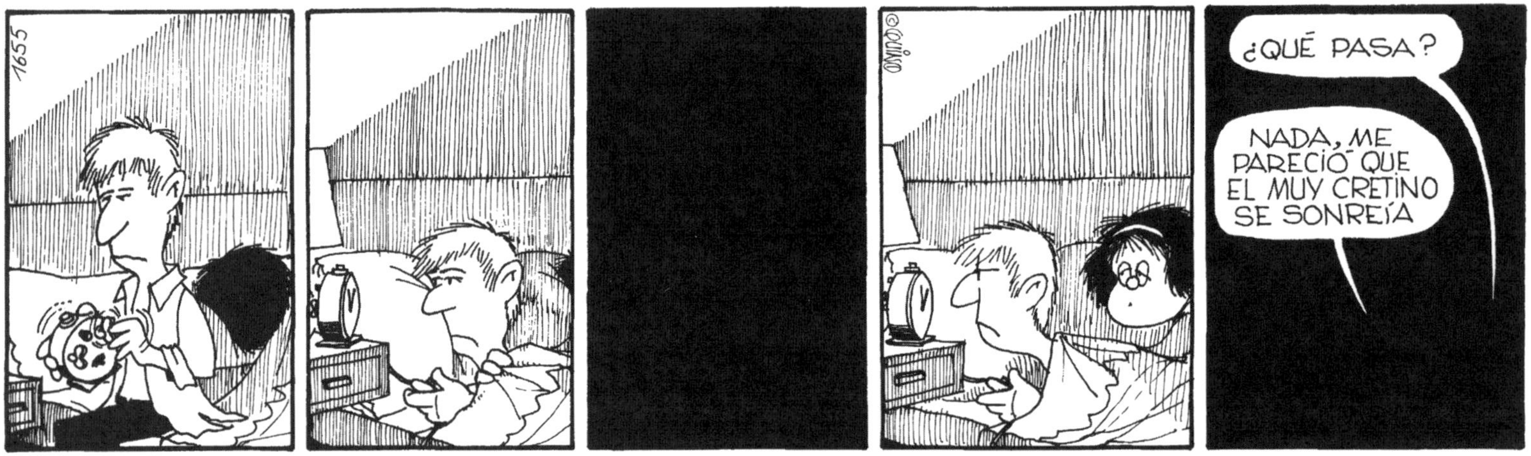
1655
©QUINO
¿QUÉ PASA?
NADA, ME PARECIÓ QUE EL MUY CRETINO SE SONREÍA

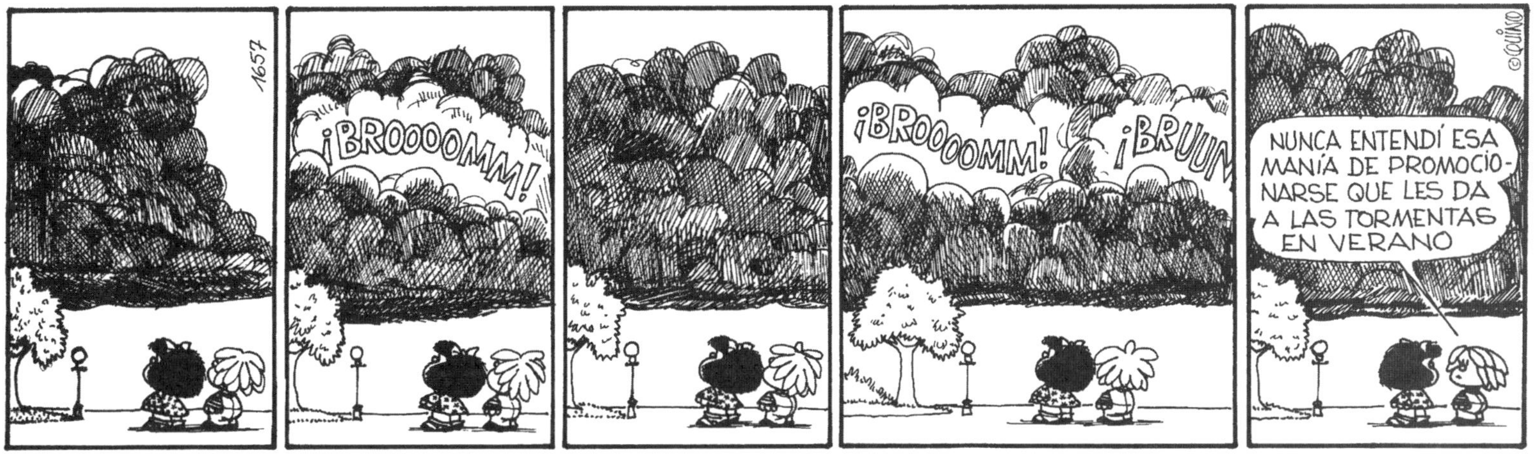
1657
¡BROOOOMM!
¡BROOOOMM!
¡BRUUN
NUNCA ENTENDÍ ESA MANÍA DE PROMOCIONARSE QUE LES DA A LAS TORMENTAS EN VERANO
©QUINO

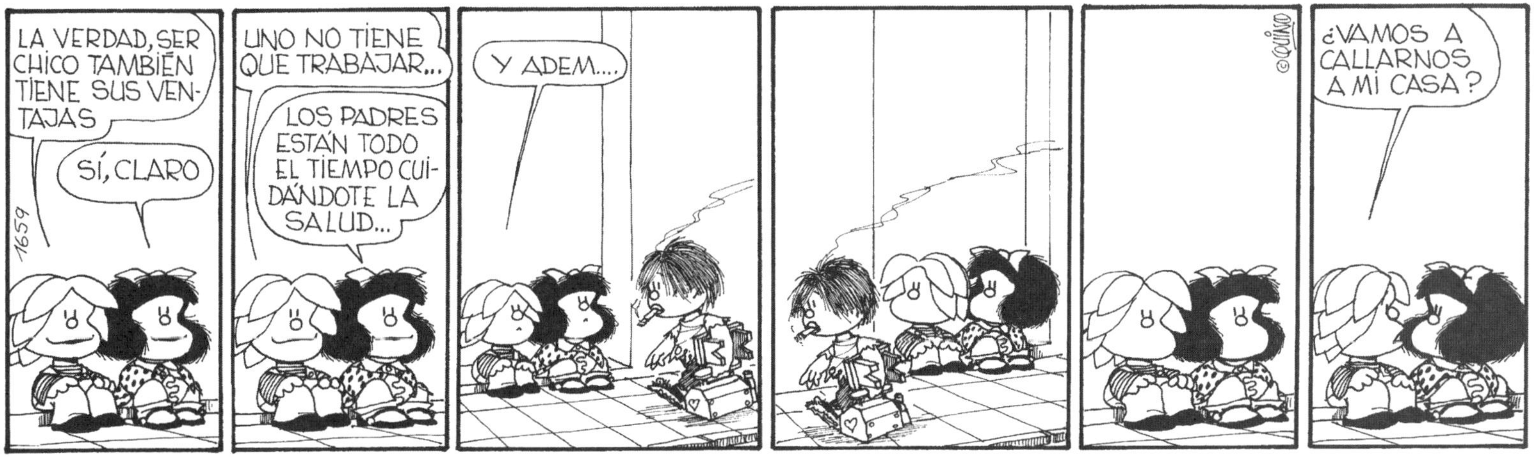
1659
LA VERDAD, SER CHICO TAMBIÉN TIENE SUS VENTAJAS
SÍ, CLARO
UNO NO TIENE QUE TRABAJAR...
LOS PADRES ESTÁN TODO EL TIEMPO CUIDÁNDOTE LA SALUD...
Y ADEM....
©QUINO
¿VAMOS A CALLARNOS A MI CASA?

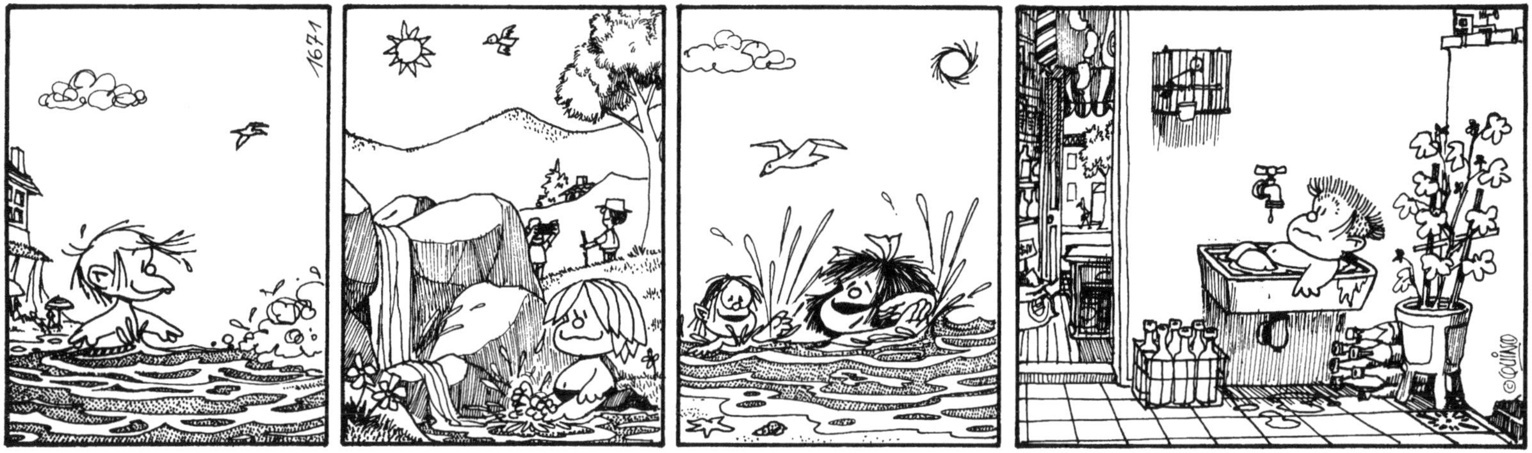
1671
© QUINO

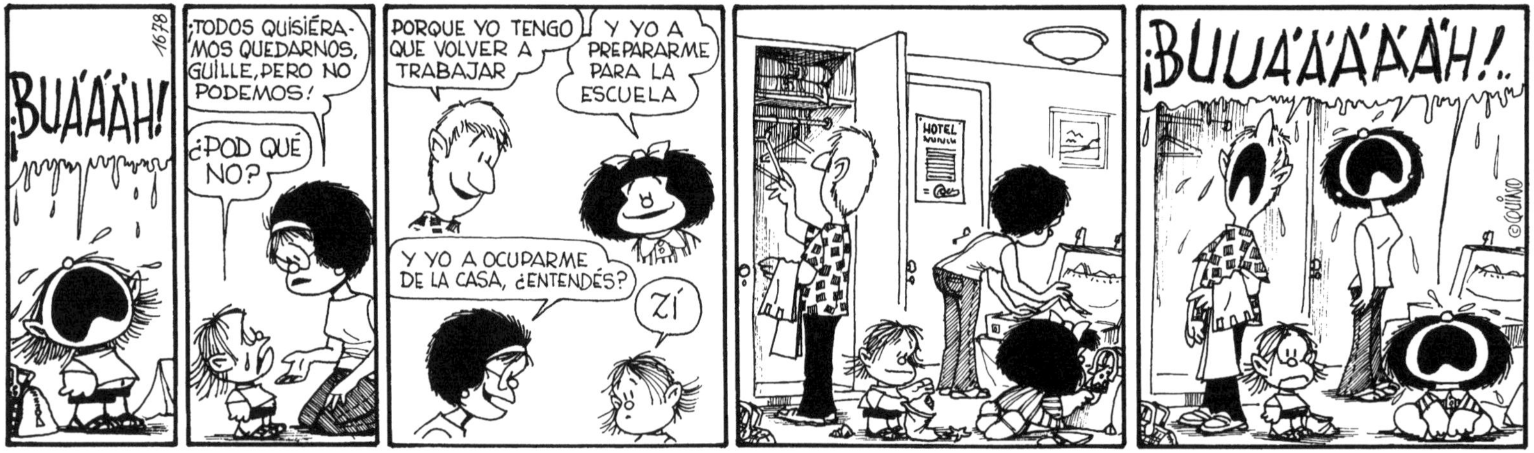
1678
¡BUÁÁÁH!
¡TODOS QUISIÉRAMOS QUEDARNOS, GUILLE, PERO NO PODEMOS!
¿POD QUÉ NO?
PORQUE YO TENGO QUE VOLVER A TRABAJAR
Y YO A PREPARARME PARA LA ESCUELA
Y YO A OCUPARME DE LA CASA, ¿ENTENDÉS?
ZÍ
HOTEL
¡BUUAÁÁÁÁH!..
© QUINO

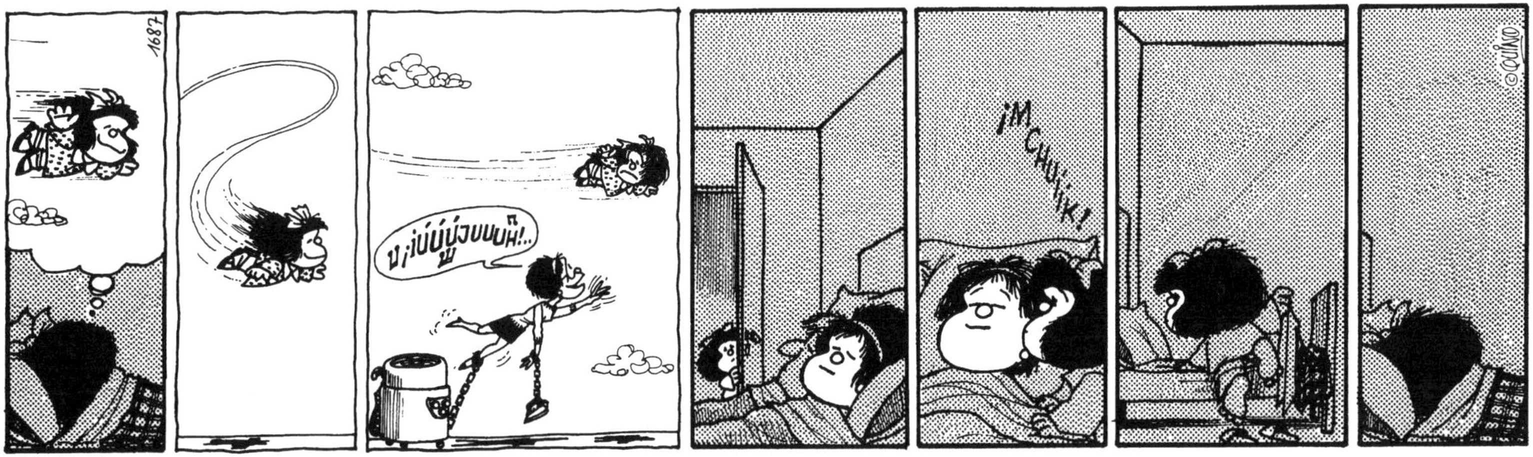
1687
U¡¡ÚÚÚÚUUUH!..
¡MCHUIIK!
©QUINO

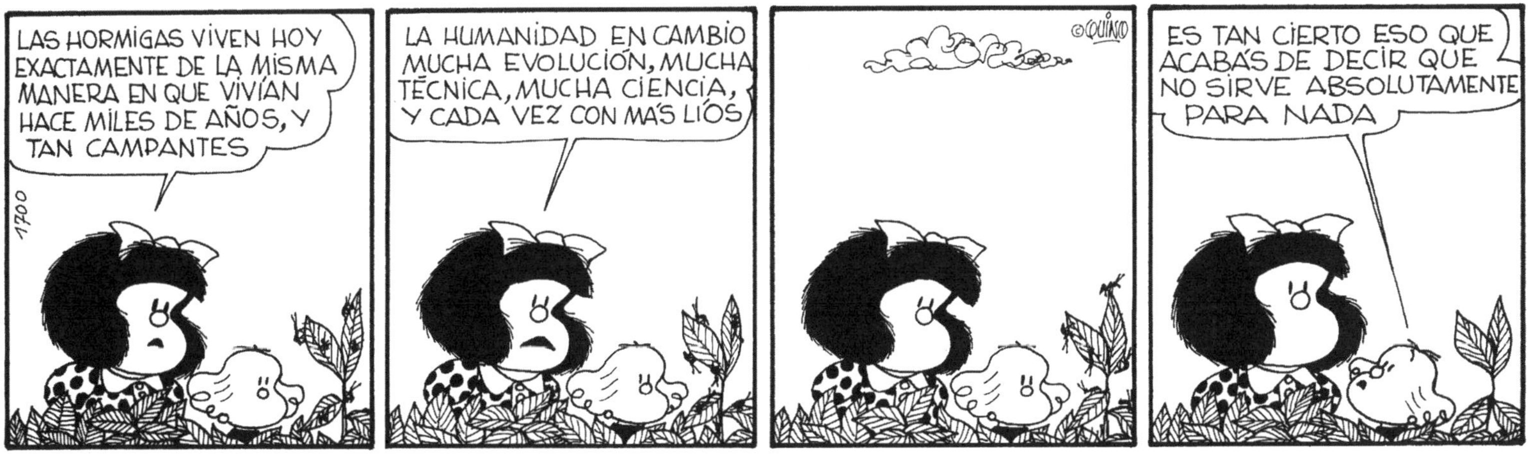
1700
LAS HORMIGAS VIVEN HOY EXACTAMENTE DE LA MISMA MANERA EN QUE VIVÍAN HACE MILES DE AÑOS, Y TAN CAMPANTES
LA HUMANIDAD EN CAMBIO MUCHA EVOLUCIÓN, MUCHA TÉCNICA, MUCHA CIENCIA, Y CADA VEZ CON MÁS LÍOS
©QUINO
ES TAN CIERTO ESO QUE ACABÁS DE DECIR QUE NO SIRVE ABSOLUTAMENTE PARA NADA

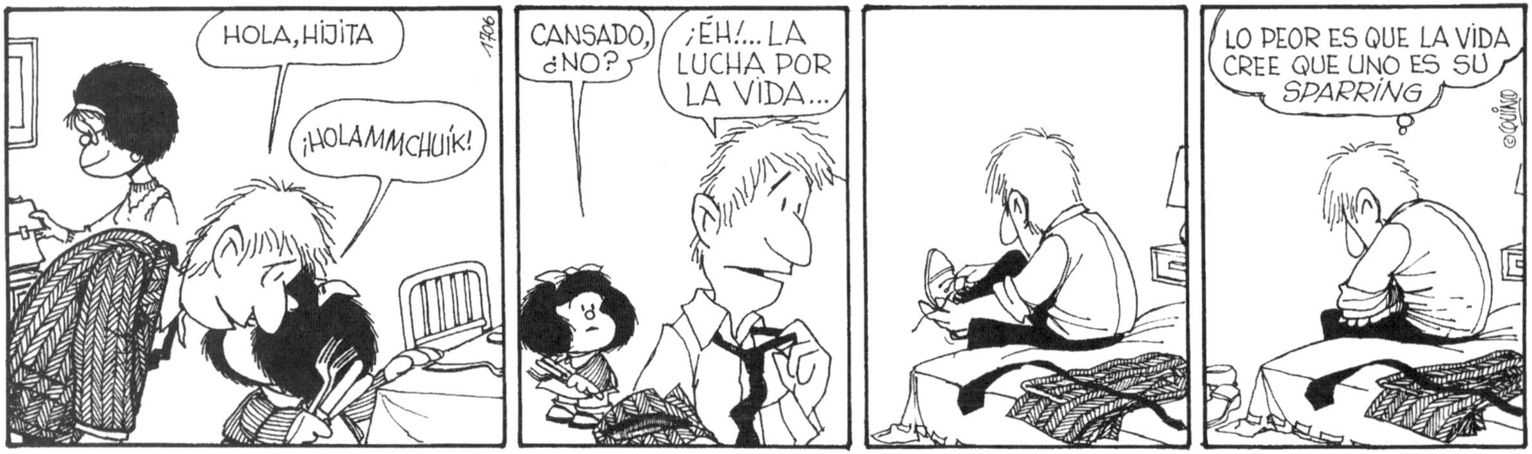
1706
HOLA, HIJITA
¡HOLAMMCHUIK!
CANSADO, ¿NO?
¡ÉH!... LA LUCHA POR LA VIDA...
LO PEOR ES QUE LA VIDA CREE QUE UNO ES SU *SPARRING*
© QUINO

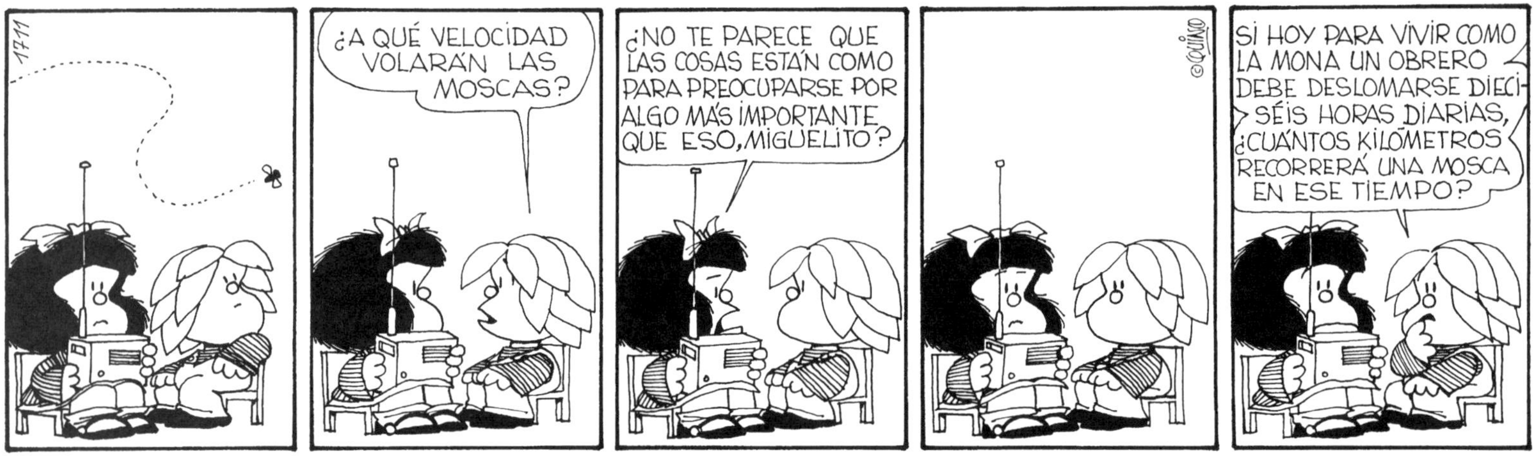
1711
¿A QUÉ VELOCIDAD VOLARÁN LAS MOSCAS?
¿NO TE PARECE QUE LAS COSAS ESTÁN COMO PARA PREOCUPARSE POR ALGO MÁS IMPORTANTE QUE ESO, MIGUELITO?
© QUINO
SI HOY PARA VIVIR COMO LA MONA UN OBRERO DEBE DESLOMARSE DIECISÉIS HORAS DIARIAS, ¿CUÁNTOS KILÓMETROS RECORRERÁ UNA MOSCA EN ESE TIEMPO?

¿POR QUÉ COMPLICARSE LA VIDA CON LOS PROBLEMAS DEL PAÍS CUANDO LA SOLUCIÓN MÁS SIMPLE ES SOLUCIONARLOS?

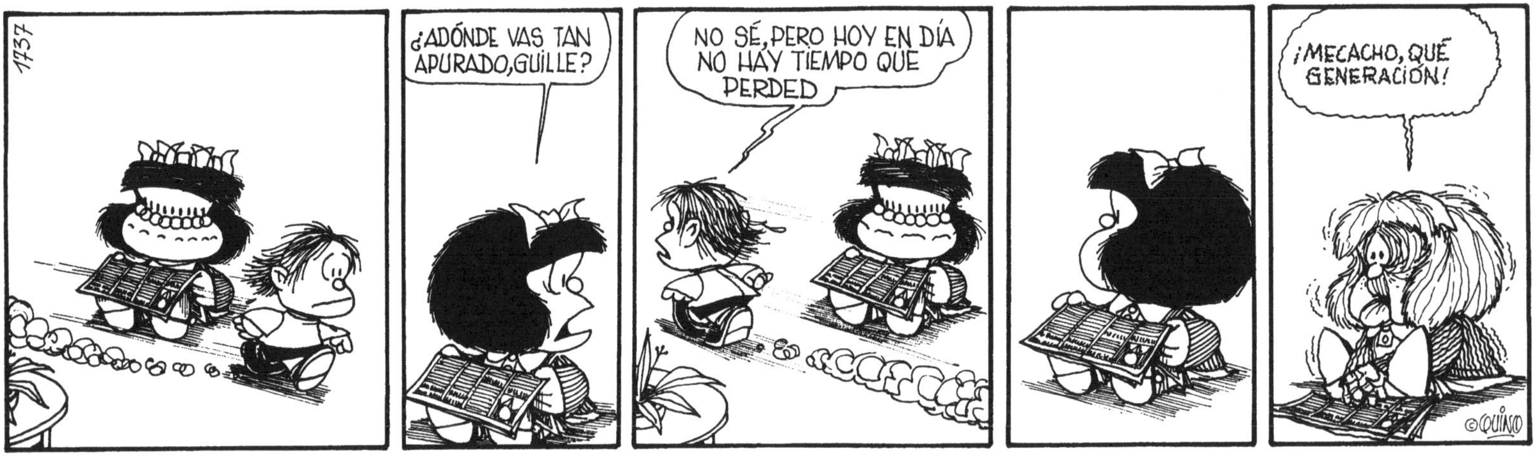
1737
¿ADÓNDE VAS TAN APURADO, GUILLE?
NO SÉ, PERO HOY EN DÍA NO HAY TIEMPO QUE PERDED
¡MECACHO, QUÉ GENERACIÓN!
©QUINO

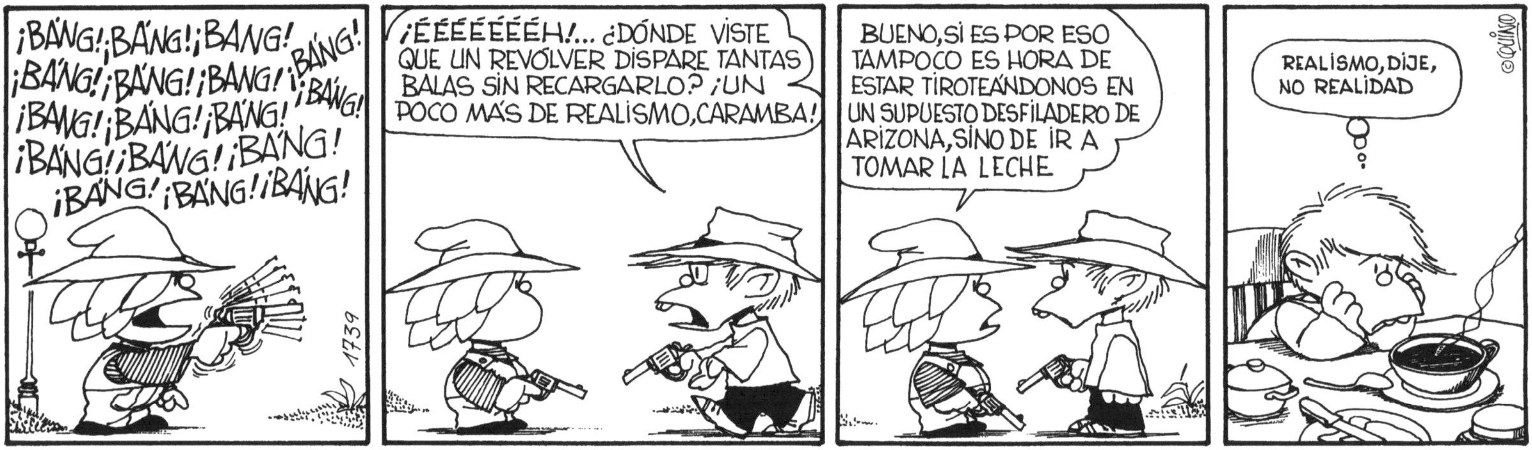
¡BANG! ¡BANG! ¡BANG! ¡BANG! ¡BANG! ¡BANG! ¡BANG! ¡BANG! ¡BANG! ¡BANG! ¡BANG! ¡BANG! ¡BANG! ¡BANG! ¡BANG! ¡BANG! ¡BANG!
1739
¡ÉÉÉÉÉÉÉH!... ¿DÓNDE VISTE QUE UN REVÓLVER DISPARE TANTAS BALAS SIN RECARGARLO? ¡UN POCO MÁS DE REALISMO, CARAMBA!
BUENO, SI ES POR ESO TAMPOCO ES HORA DE ESTAR TIROTEÁNDONOS EN UN SUPUESTO DESFILADERO DE ARIZONA, SINO DE IR A TOMAR LA LECHE
REALISMO, DIJE, NO REALIDAD
©QUINO

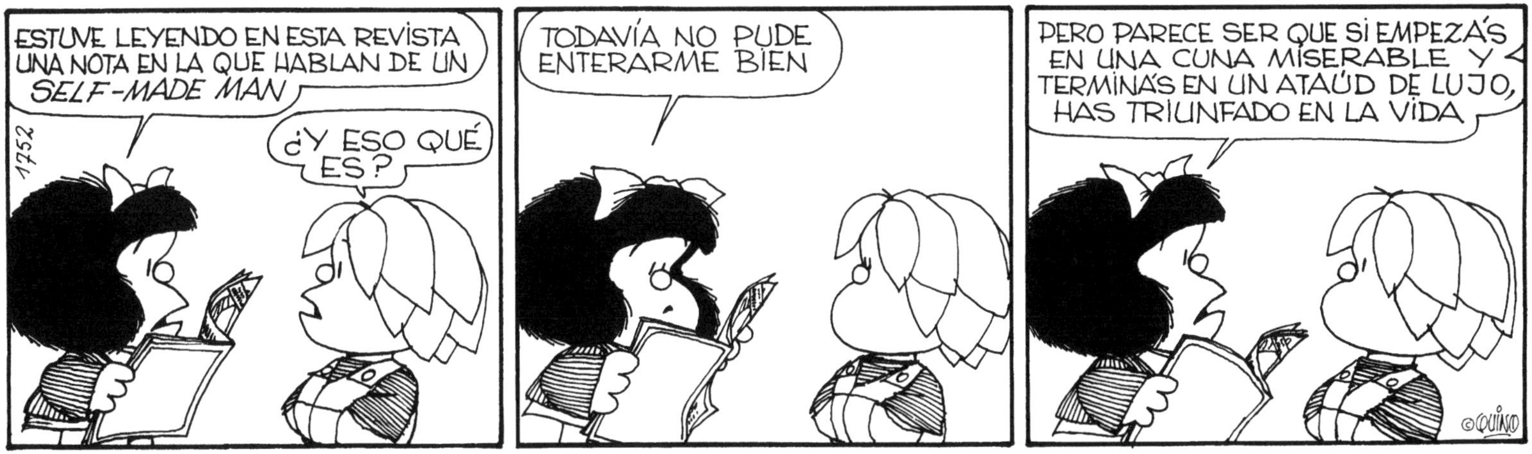
1752
ESTUVE LEYENDO EN ESTA REVISTA UNA NOTA EN LA QUE HABLAN DE UN *SELF-MADE MAN*
¿Y ESO QUÉ ES?
TODAVÍA NO PUDE ENTERARME BIEN
PERO PARECE SER QUE SI EMPEZÁS EN UNA CUNA MISERABLE Y TERMINÁS EN UN ATAÚD DE LUJO, HAS TRIUNFADO EN LA VIDA
©QUINO

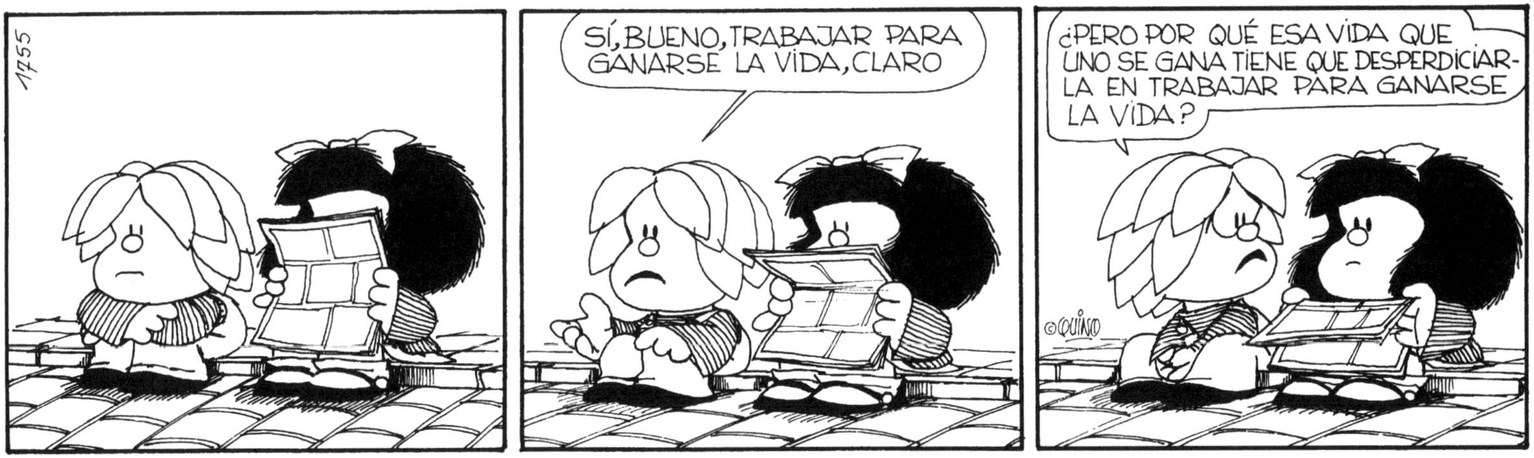
1755
SÍ, BUENO, TRABAJAR PARA GANARSE LA VIDA, CLARO
¿PERO POR QUÉ ESA VIDA QUE UNO SE GANA TIENE QUE DESPERDICIARLA EN TRABAJAR PARA GANARSE LA VIDA?
©QUINO

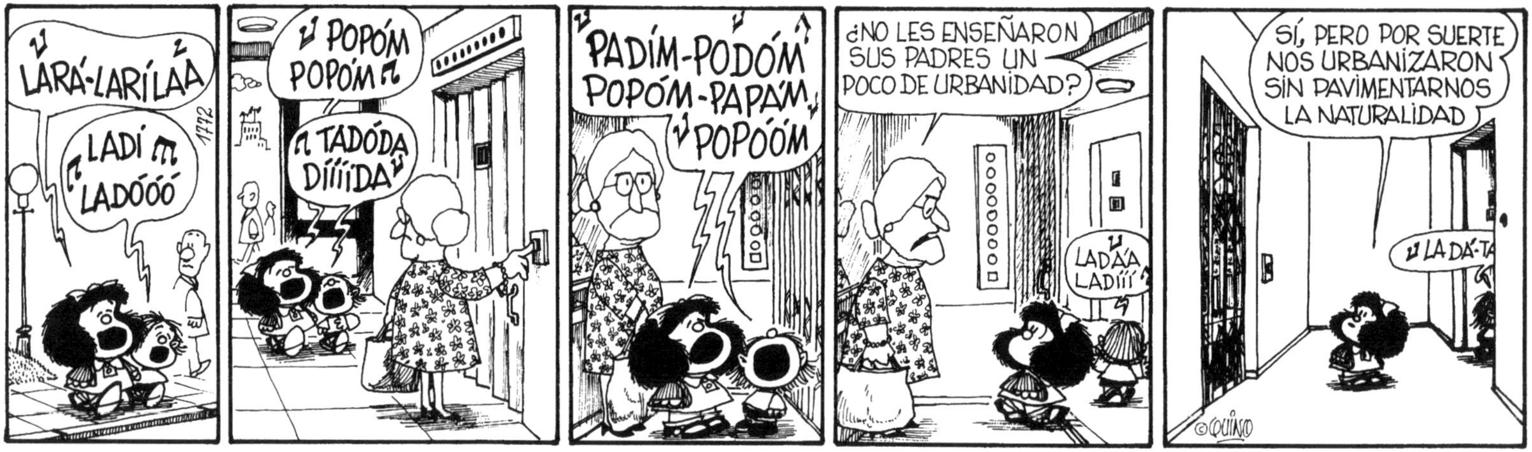

LARÁ-LARÍLAÁ
LADÍ LADÓÓÓ
1772
POPÓM POPÓM
TADÓDA DÍÍÍÍDA
PADÍM-PODÓM POPÓM-PAPÁM POPOÓM
¿NO LES ENSEÑARON SUS PADRES UN POCO DE URBANIDAD?
LADÁA LADÍÍÍ
SÍ, PERO POR SUERTE NOS URBANIZARON SIN PAVIMENTARNOS LA NATURALIDAD
LA DÁ-TA
©QUINO

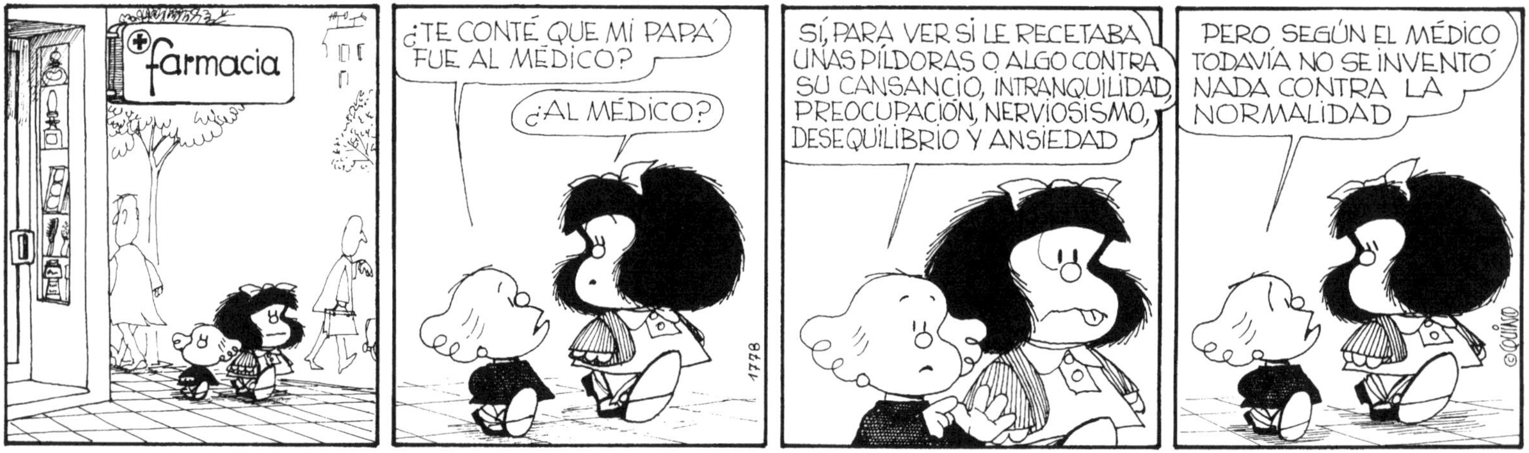

farmacia
¿TE CONTÉ QUE MI PAPÁ FUE AL MÉDICO?
¿AL MÉDICO?
1778
SÍ, PARA VER SI LE RECETABA UNAS PÍLDORAS O ALGO CONTRA SU CANSANCIO, INTRANQUILIDAD, PREOCUPACIÓN, NERVIOSISMO, DESEQUILIBRIO Y ANSIEDAD
PERO SEGÚN EL MÉDICO TODAVÍA NO SE INVENTÓ NADA CONTRA LA NORMALIDAD
©QUINO

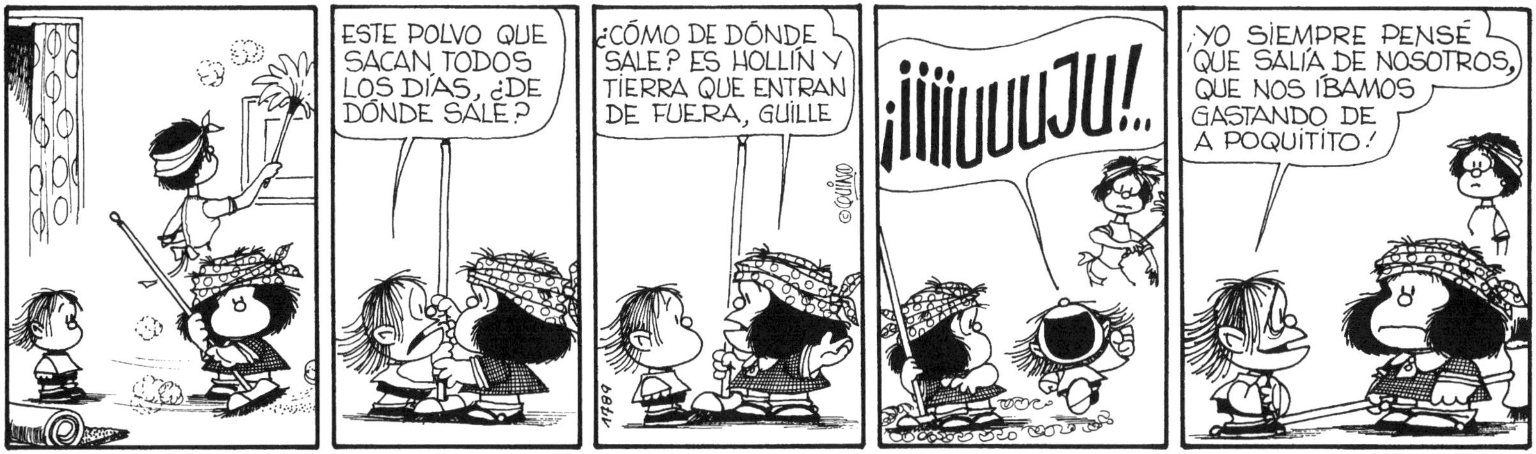
ESTE POLVO QUE SACAN TODOS LOS DÍAS, ¿DE DÓNDE SALE?
¿CÓMO DE DÓNDE SALE? ES HOLLÍN Y TIERRA QUE ENTRAN DE FUERA, GUILLE
1789
¡¡¡¡UUUUJU!...
¡YO SIEMPRE PENSÉ QUE SALÍA DE NOSOTROS, QUE NOS ÍBAMOS GASTANDO DE A POQUITITO!

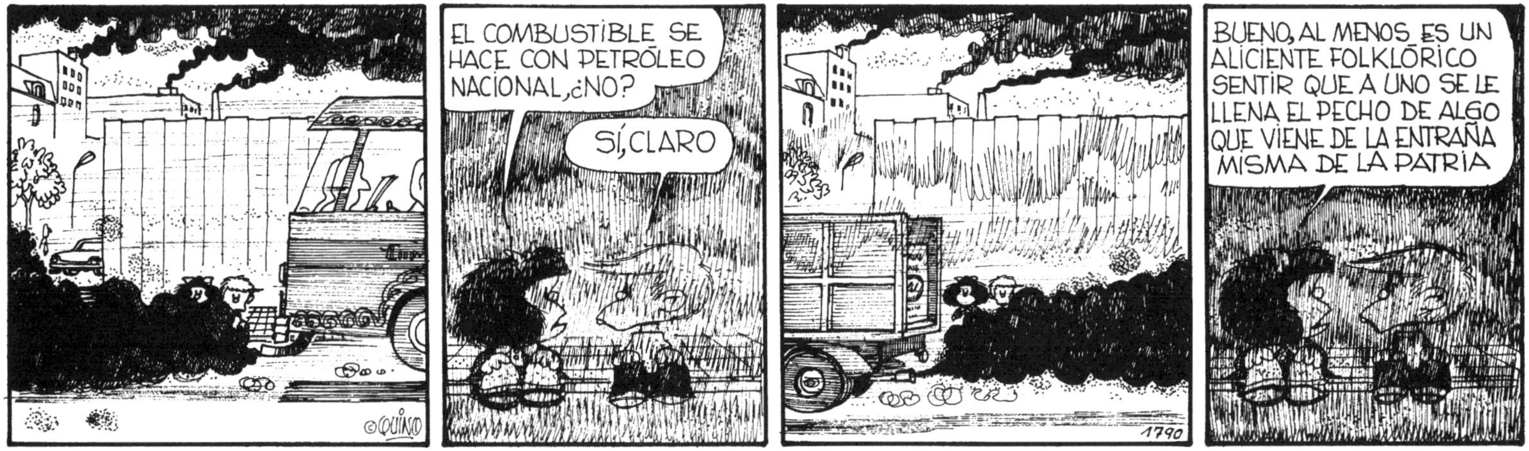
EL COMBUSTIBLE SE HACE CON PETRÓLEO NACIONAL, ¿NO?
SÍ, CLARO
1790
BUENO, AL MENOS ES UN ALICIENTE FOLKLÓRICO SENTIR QUE A UNO SE LE LLENA EL PECHO DE ALGO QUE VIENE DE LA ENTRAÑA MISMA DE LA PATRIA

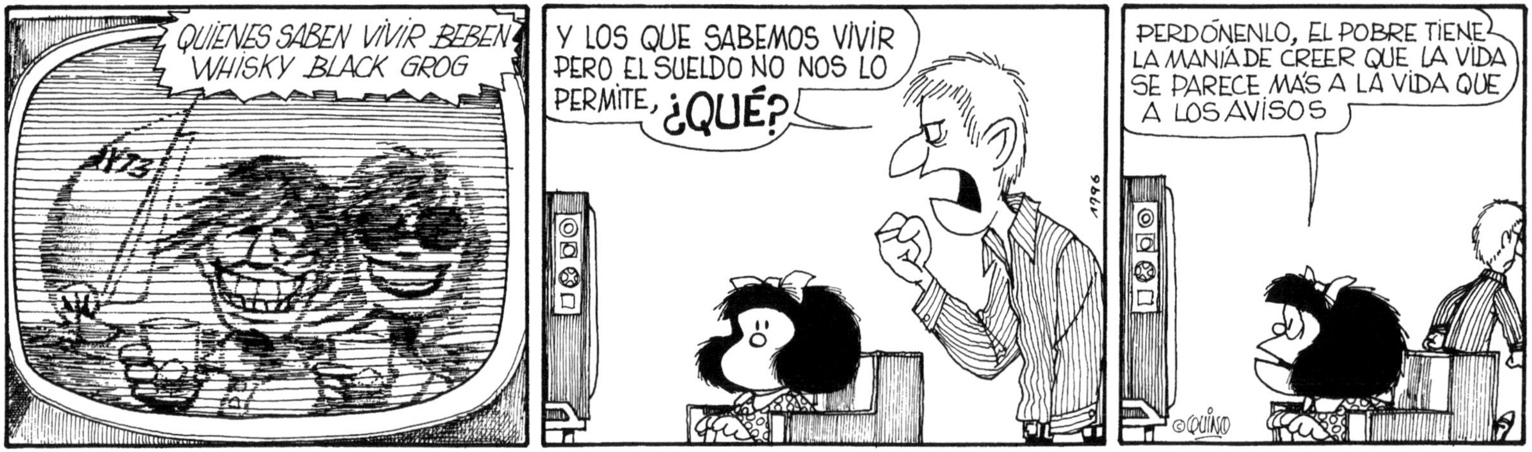
QUIENES SABEN VIVIR BEBEN WHISKY BLACK GROG
Y LOS QUE SABEMOS VIVIR PERO EL SUELDO NO NOS LO PERMITE, ¿QUÉ?
PERDÓNENLO, EL POBRE TIENE LA MANÍA DE CREER QUE LA VIDA SE PARECE MÁS A LA VIDA QUE A LOS AVISOS

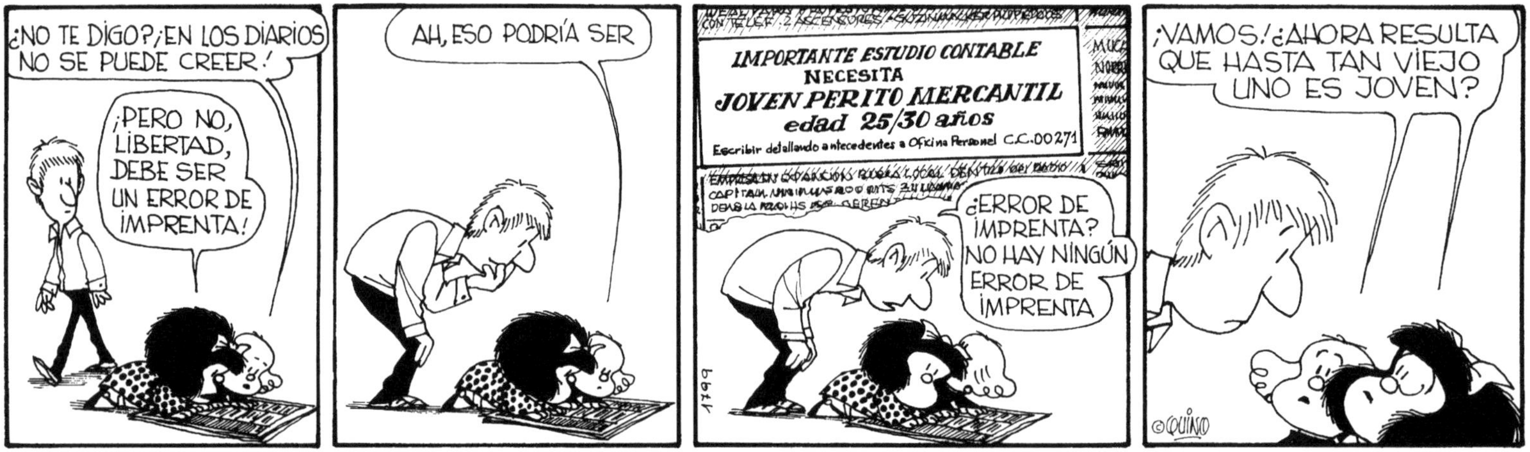
¿NO TE DIGO? ¡EN LOS DIARIOS NO SE PUEDE CREER!
¡PERO NO, LIBERTAD, DEBE SER UN ERROR DE IMPRENTA!
AH, ESO PODRÍA SER
IMPORTANTE ESTUDIO CONTABLE
NECESITA
JOVEN PERITO MERCANTIL
edad 25/30 años
Escribir detallando antecedentes a Oficina Personal C.C.00271
¿ERROR DE IMPRENTA? NO HAY NINGÚN ERROR DE IMPRENTA
¡VAMOS! ¿AHORA RESULTA QUE HASTA TAN VIEJO UNO ES JOVEN?

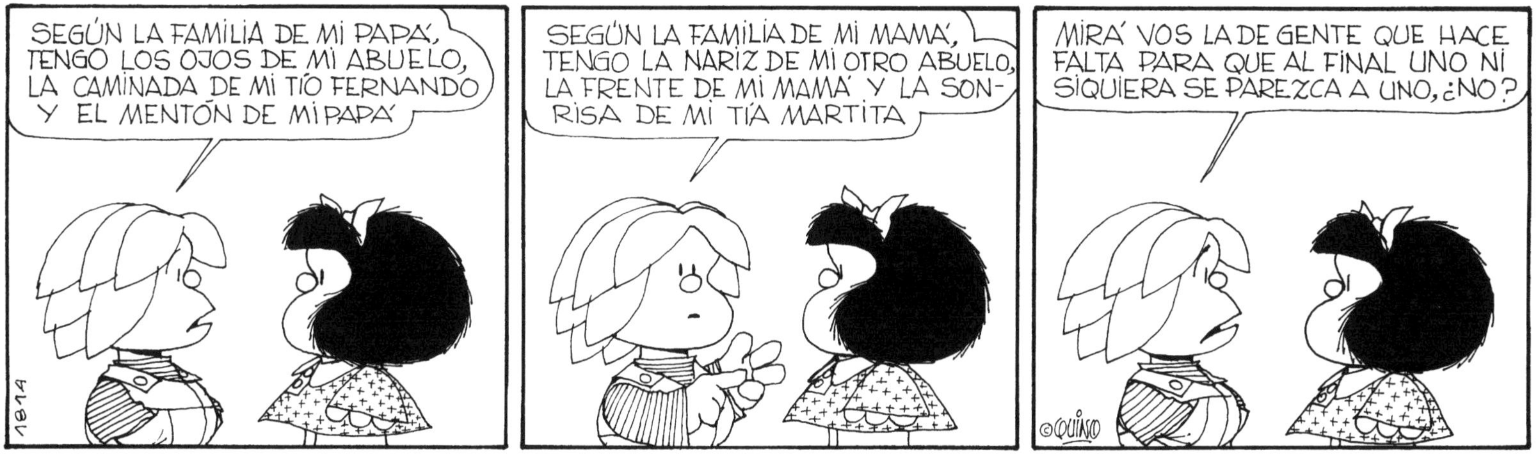
SEGÚN LA FAMILIA DE MI PAPÁ, TENGO LOS OJOS DE MI ABUELO, LA CAMINADA DE MI TÍO FERNANDO Y EL MENTÓN DE MI PAPÁ
SEGÚN LA FAMILIA DE MI MAMÁ, TENGO LA NARIZ DE MI OTRO ABUELO, LA FRENTE DE MI MAMÁ Y LA SONRISA DE MI TÍA MARTITA
MIRÁ VOS LA DE GENTE QUE HACE FALTA PARA QUE AL FINAL UNO NI SIQUIERA SE PAREZCA A UNO, ¿NO?
1814
©QUINO

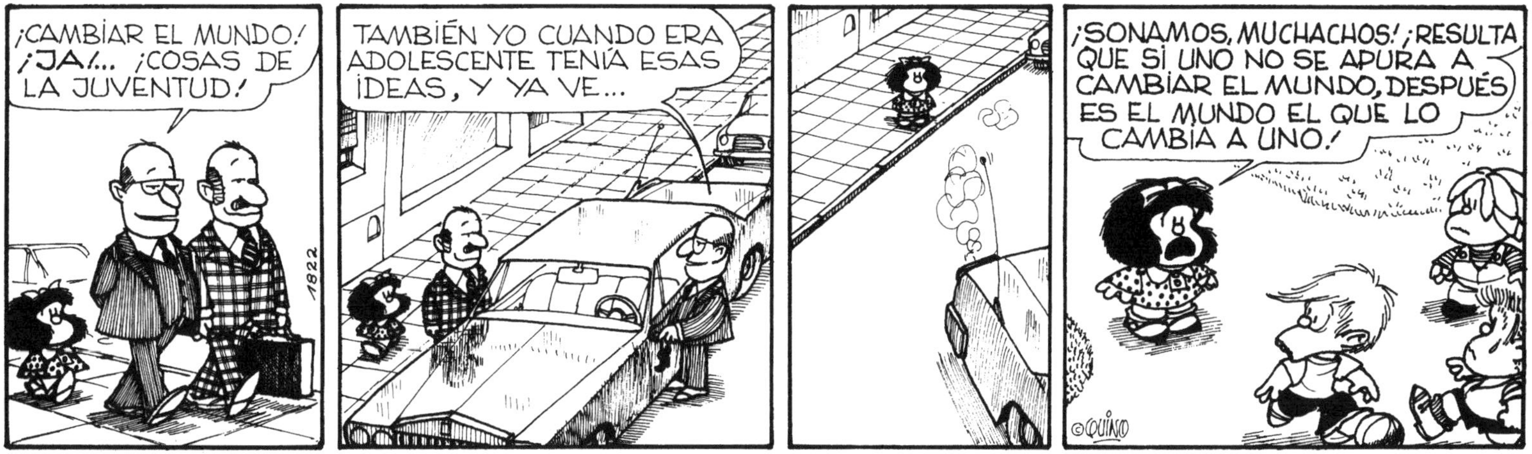
¡CAMBIAR EL MUNDO! ¡JA!... ¡COSAS DE LA JUVENTUD!
TAMBIÉN YO CUANDO ERA ADOLESCENTE TENÍA ESAS IDEAS, Y YA VE...
¡SONAMOS, MUCHACHOS! ¡RESULTA QUE SI UNO NO SE APURA A CAMBIAR EL MUNDO, DESPUÉS ES EL MUNDO EL QUE LO CAMBIA A UNO!
1822
©QUINO

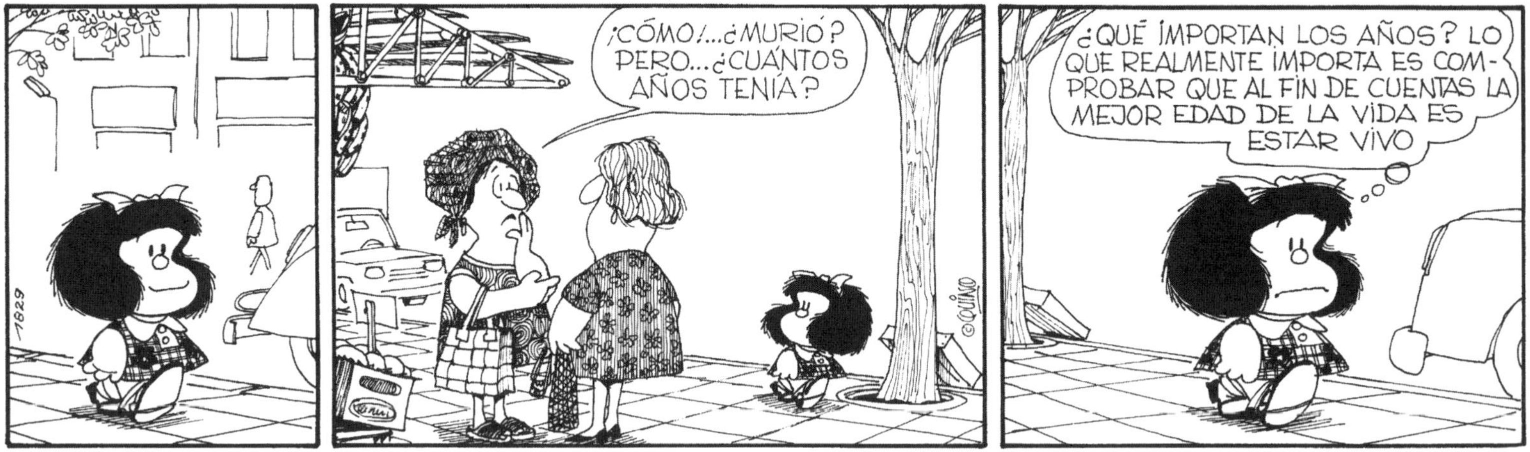
1829
¡CÓMO!...¿MURIÓ? PERO...¿CUÁNTOS AÑOS TENÍA?
©QUINO
¿QUÉ IMPORTAN LOS AÑOS? LO QUE REALMENTE IMPORTA ES COMPROBAR QUE AL FIN DE CUENTAS LA MEJOR EDAD DE LA VIDA ES ESTAR VIVO

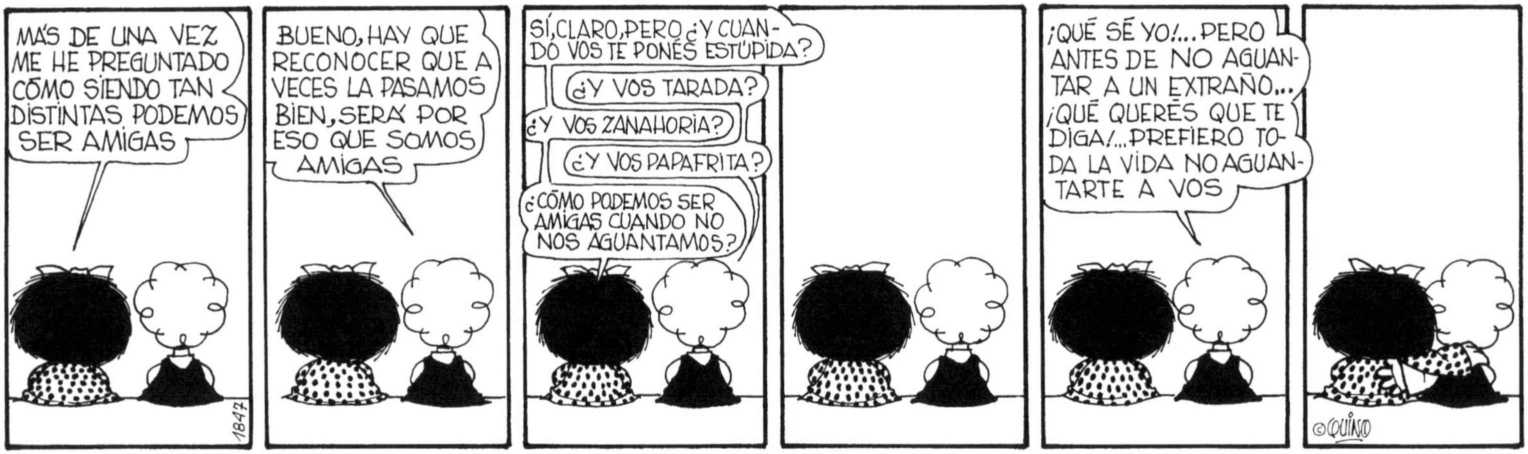
MÁS DE UNA VEZ ME HE PREGUNTADO CÓMO SIENDO TAN DISTINTAS PODEMOS SER AMIGAS
1847
BUENO, HAY QUE RECONOCER QUE A VECES LA PASAMOS BIEN, SERÁ POR ESO QUE SOMOS AMIGAS
SÍ, CLARO, PERO ¿Y CUANDO VOS TE PONÉS ESTÚPIDA?
¿Y VOS TARADA?
¿Y VOS ZANAHORIA?
¿Y VOS PAPAFRITA?
¿CÓMO PODEMOS SER AMIGAS CUANDO NO NOS AGUANTAMOS?
¡QUÉ SÉ YO!... PERO ANTES DE NO AGUANTAR A UN EXTRAÑO... ¡QUÉ QUERÉS QUE TE DIGA!... PREFIERO TODA LA VIDA NO AGUANTARTE A VOS
©QUINO

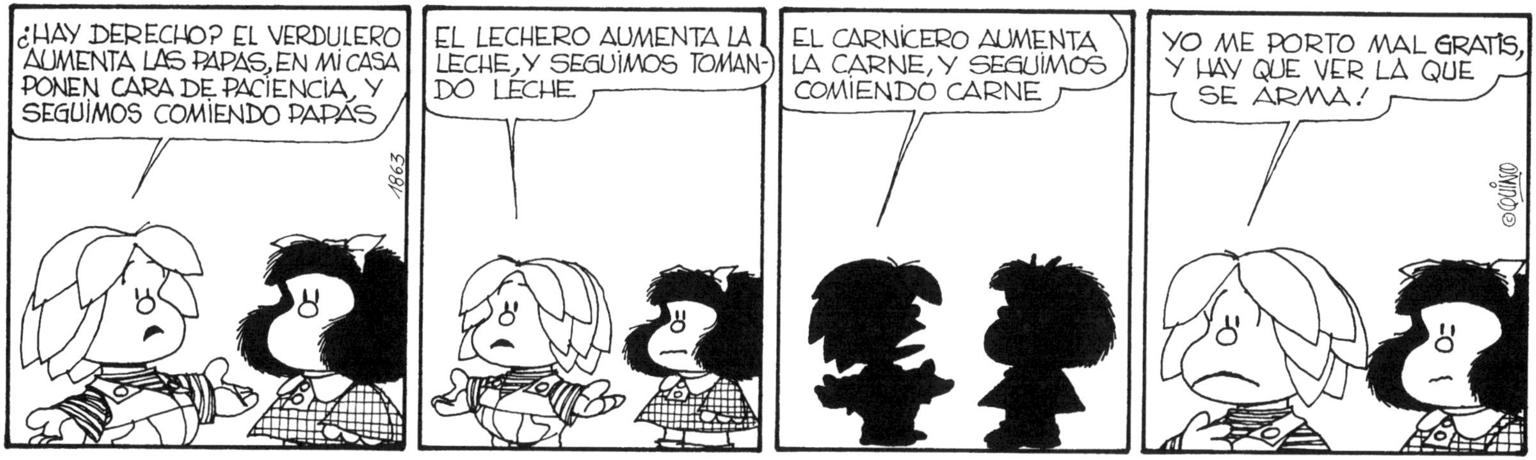
¿HAY DERECHO? EL VERDULERO AUMENTA LAS PAPAS, EN MI CASA PONEN CARA DE PACIENCIA, Y SEGUIMOS COMIENDO PAPAS
1863
EL LECHERO AUMENTA LA LECHE, Y SEGUIMOS TOMANDO LECHE
EL CARNICERO AUMENTA LA CARNE, Y SEGUIMOS COMIENDO CARNE
YO ME PORTO MAL GRATIS, Y HAY QUE VER LA QUE SE ARMA!
©QUINO

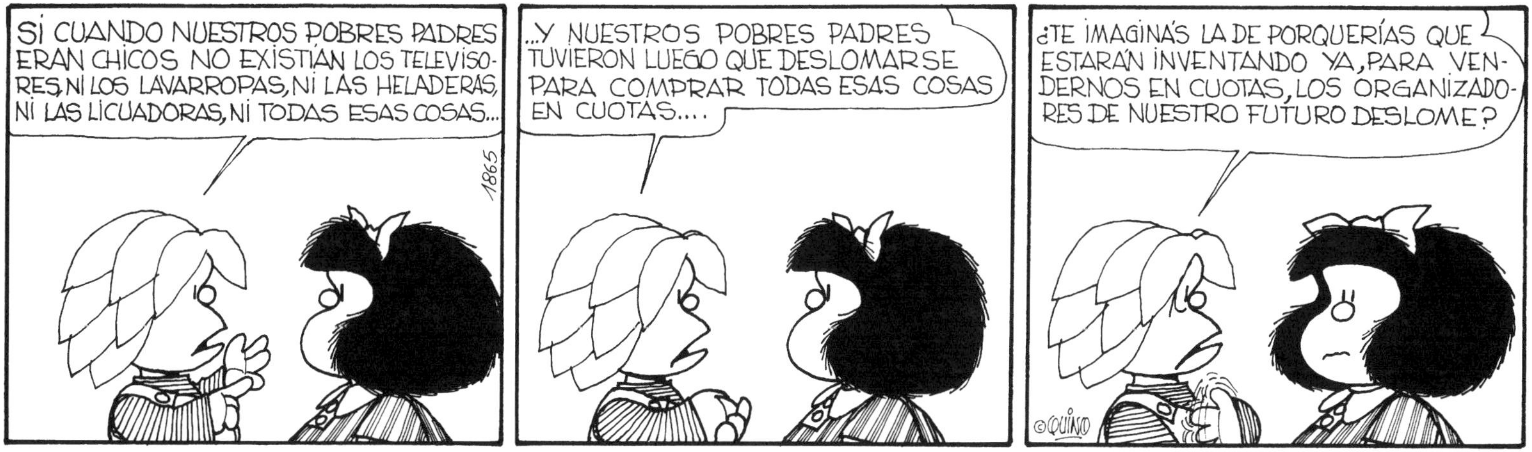
SI CUANDO NUESTROS POBRES PADRES ERAN CHICOS NO EXISTIAN LOS TELEVISORES, NI LOS LAVARROPAS, NI LAS HELADERAS, NI LAS LICUADORAS, NI TODAS ESAS COSAS...
1865
...Y NUESTROS POBRES PADRES TUVIERON LUEGO QUE DESLOMARSE PARA COMPRAR TODAS ESAS COSAS EN CUOTAS....
¿TE IMAGINÁS LA DE PORQUERÍAS QUE ESTARÁN INVENTANDO YA, PARA VENDERNOS EN CUOTAS, LOS ORGANIZADORES DE NUESTRO FUTURO DESLOME?
©QUINO

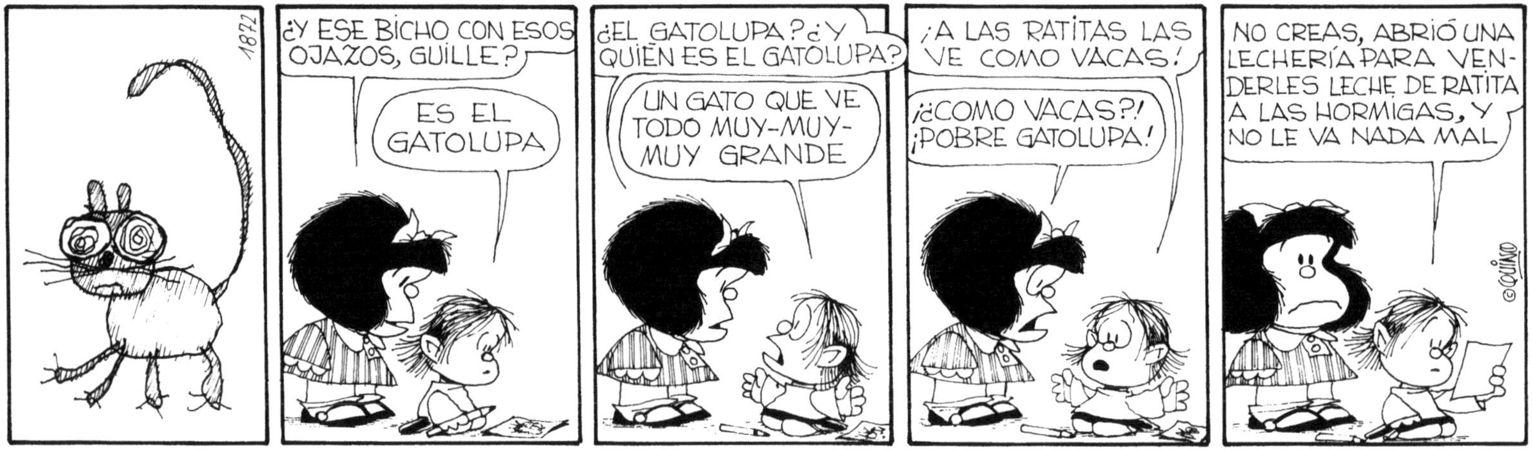
1872
¿Y ESE BICHO CON ESOS OJAZOS, GUILLE?
ES EL GATOLUPA
¿EL GATOLUPA? ¿Y QUIÉN ES EL GATOLUPA?
UN GATO QUE VE TODO MUY-MUY-MUY GRANDE
¡A LAS RATITAS LAS VE COMO VACAS!
¡¿COMO VACAS?! ¡POBRE GATOLUPA!
NO CREAS, ABRIÓ UNA LECHERÍA PARA VENDERLES LECHE DE RATITA A LAS HORMIGAS, Y NO LE VA NADA MAL
©QUINO

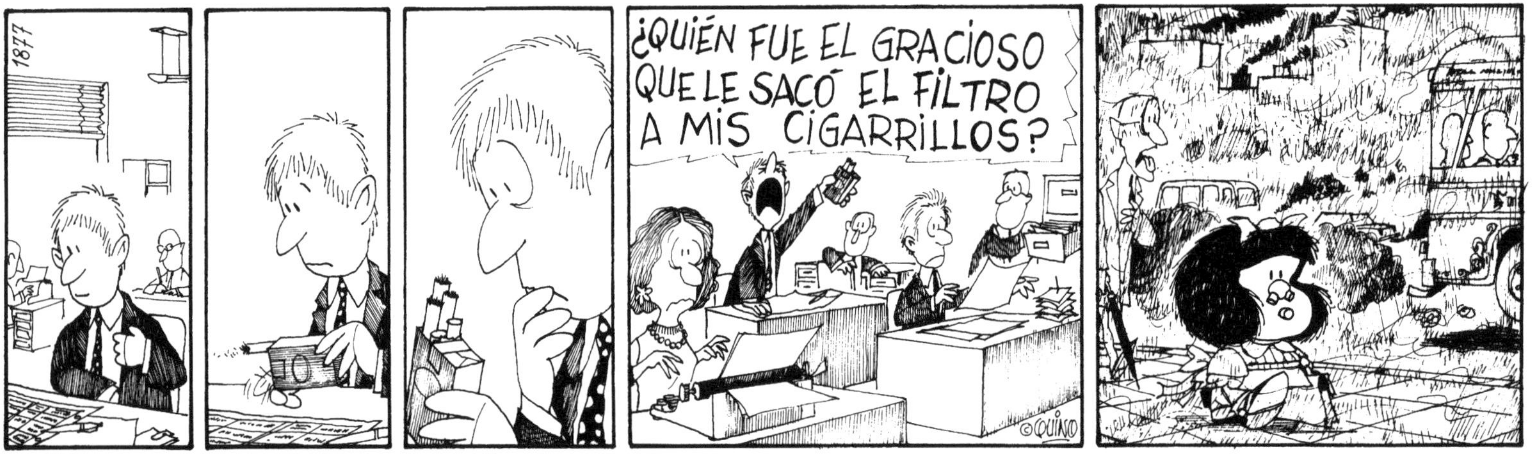
1877
¿QUIÉN FUE EL GRACIOSO QUE LE SACÓ EL FILTRO A MIS CIGARRILLOS?
©QUINO

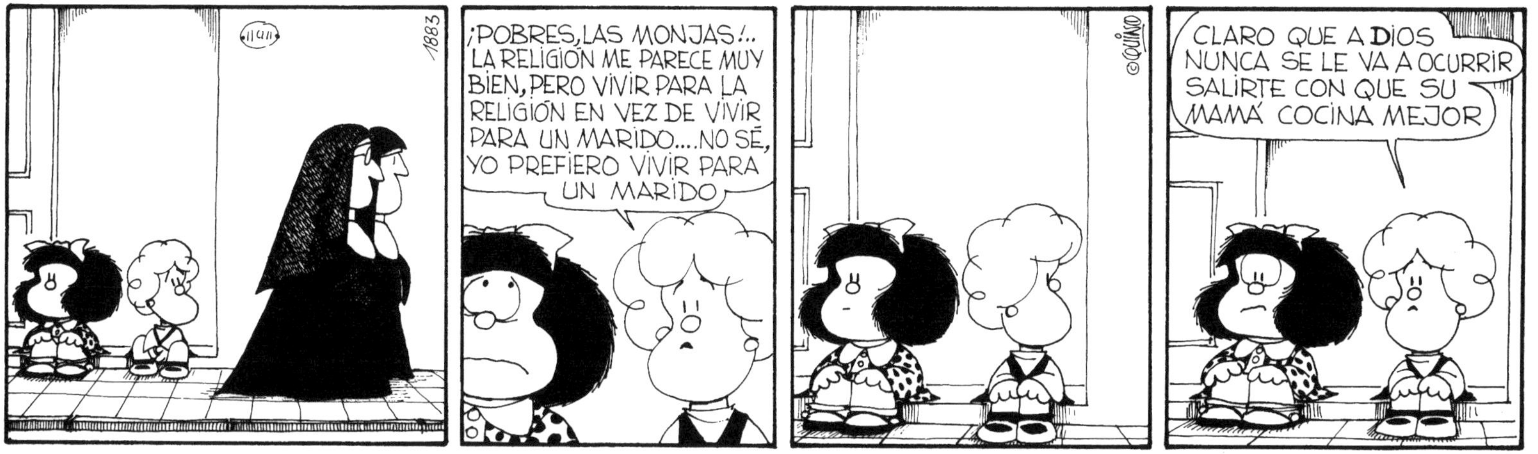

1883
¡POBRES, LAS MONJAS!.. LA RELIGIÓN ME PARECE MUY BIEN, PERO VIVIR PARA LA RELIGIÓN EN VEZ DE VIVIR PARA UN MARIDO.... NO SÉ, YO PREFIERO VIVIR PARA UN MARIDO
CLARO QUE A DIOS NUNCA SE LE VA A OCURRIR SALIRTE CON QUE SU MAMÁ COCINA MEJOR

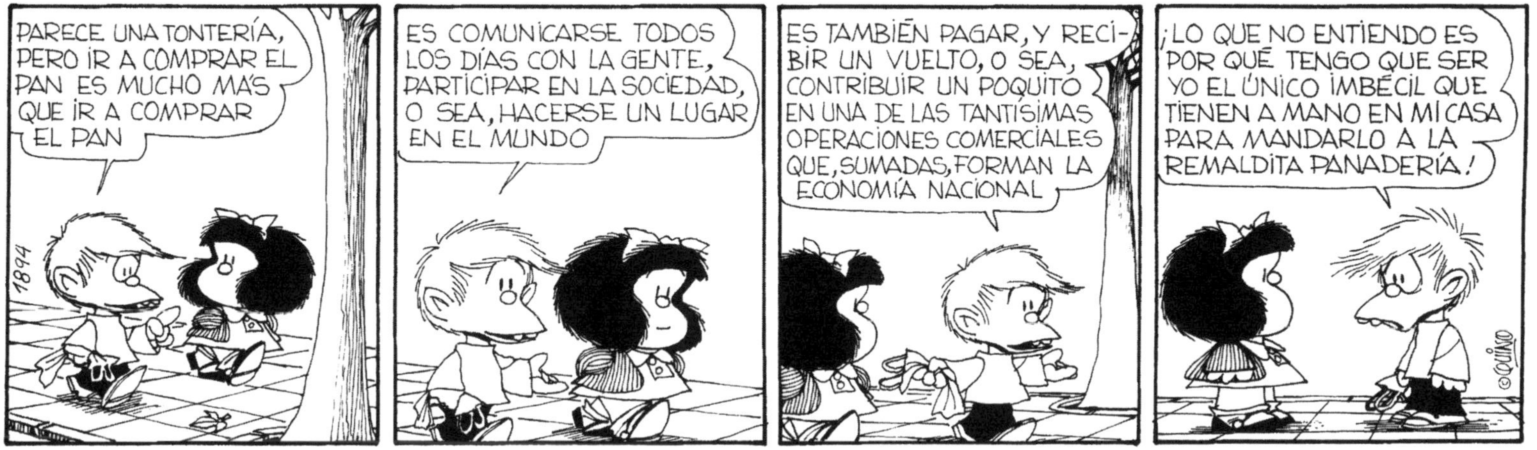

1894
PARECE UNA TONTERÍA, PERO IR A COMPRAR EL PAN ES MUCHO MÁS QUE IR A COMPRAR EL PAN
ES COMUNICARSE TODOS LOS DÍAS CON LA GENTE, PARTICIPAR EN LA SOCIEDAD, O SEA, HACERSE UN LUGAR EN EL MUNDO
ES TAMBIÉN PAGAR, Y RECIBIR UN VUELTO, O SEA, CONTRIBUIR UN POQUITO EN UNA DE LAS TANTÍSIMAS OPERACIONES COMERCIALES QUE, SUMADAS, FORMAN LA ECONOMÍA NACIONAL
¡LO QUE NO ENTIENDO ES POR QUÉ TENGO QUE SER YO EL ÚNICO IMBÉCIL QUE TIENEN A MANO EN MI CASA PARA MANDARLO A LA REMALDITA PANADERÍA!

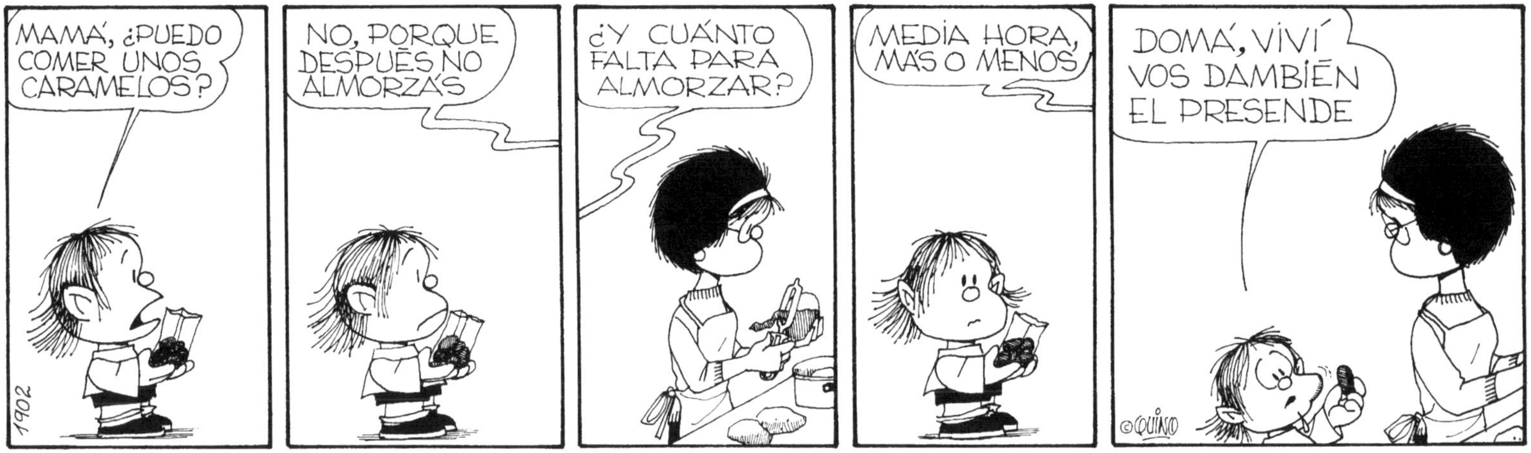
MAMÁ, ¿PUEDO COMER UNOS CARAMELOS?
NO, PORQUE DESPUÉS NO ALMORZÁS
¿Y CUÁNTO FALTA PARA ALMORZAR?
MEDIA HORA, MÁS O MENOS
DOMÁ, VIVÍ VOS DAMBIÉN EL PRESENDE
1902
©QUINO

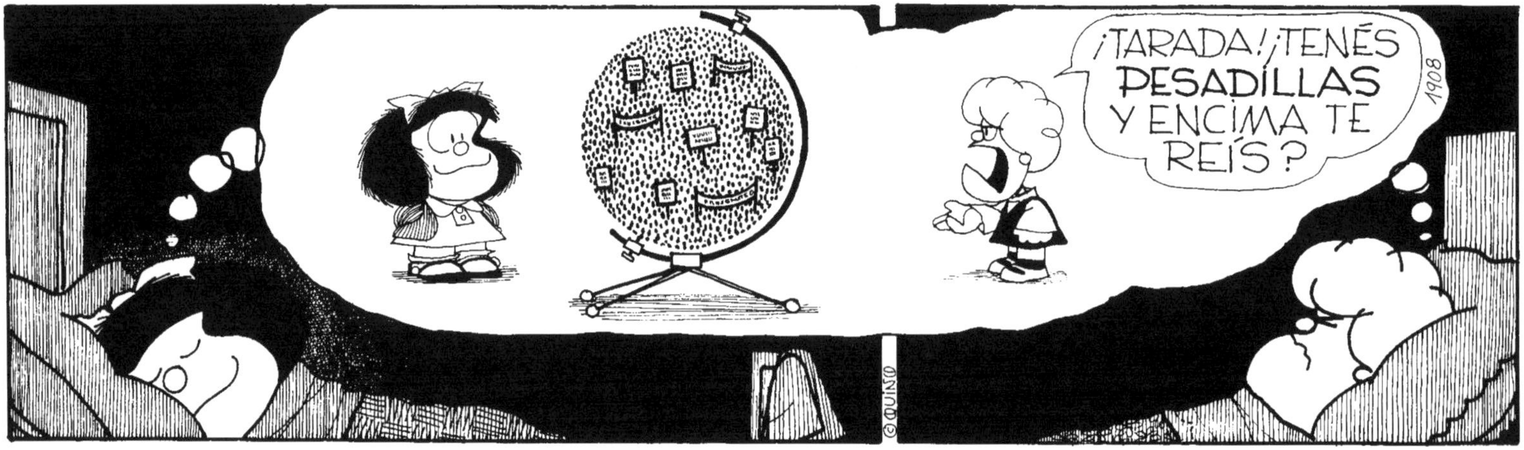
¡TARADA! ¡TENÉS PESADILLAS Y ENCIMA TE REÍS?
1908
©QUINO

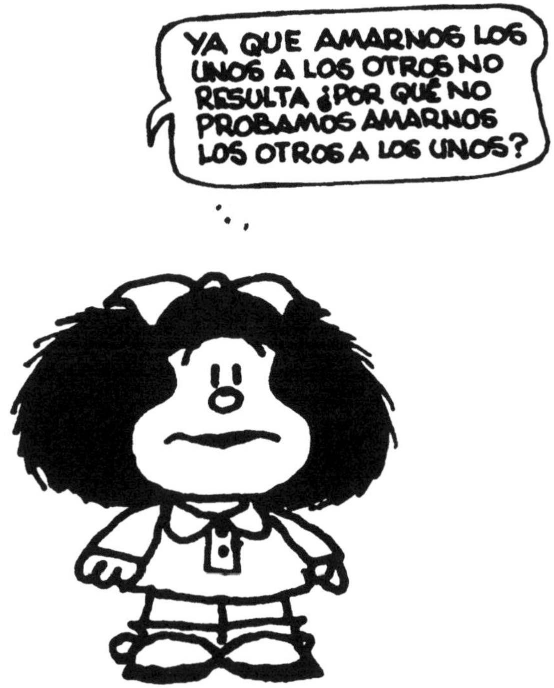
YA QUE AMARNOS LOS UNOS A LOS OTROS NO RESULTA ¿POR QUÉ NO PROBAMOS AMARNOS LOS OTROS A LOS UNOS?

Joaquín Lavado, **Quino**, nació el 17 de julio de 1932 en Mendoza, Argentina, en el seno de una familia de emigrantes andaluces. Descubrió su vocación como dibujante a los tres años. En 1954 publica su primera página de chistes en el semanario bonaerense *Esto es*. En 1964, su personaje Mafalda comienza a aparecer con regularidad en el semanario *Primera Plana*. El éxito de sus historietas le brinda la oportunidad de publicar en el diario nacional *El Mundo* y será el detonante del boom editorial que se extenderá por todos los países de lengua castellana. Tras la desaparición de *El Mundo* y un año de ausencia, Mafalda regresa a la prensa gracias al semanario *Siete Días* en 1968, y en 1970 llega a España de la mano de Esther Tusquets y de la editorial Lumen. En 1973 Mafalda y sus amigos se despiden para siempre de sus lectores. Se han instalado esculturas del personaje en Buenos Aires, Oviedo y Mendoza. Lumen ha publicado los once tomos recopilatorios de viñetas de Mafalda, numerados de 0 a 10, y también en un único volumen —*Mafalda. Todas las tiras* (2011)—, así como las viñetas que permanecían inéditas y que integran junto al resto el libro *Todo Mafalda*, publicado con ocasión del cincuenta aniversario del personaje, y las recopilaciones *Mafalda. Femenino singular* (2018), *Mafalda. En esta familia no hay jefes* (2019), *El amor según Mafalda* (2020), *La filosofía de Mafalda* (2021), *Mafalda presidenta* (2022), *Mafalda para niñas y niños* (2023) y *La vida según Mafalda* (2024). También han aparecido en Lumen los libros de viñetas humorísticas del dibujante, entre los que destacan *Mundo Quino* (2008), *Quinoterapia* (2008), *Simplemente Quino* (2016), el volumen recopilatorio *Esto no es todo* (2008) y *Quino inédito* (2023).

Quino ha logrado tener una gran repercusión en todo el mundo, sus libros han sido traducidos a más de veinte lenguas y dialectos (los más recientes son el armenio, el búlgaro, el hebreo, el polaco y el guaraní), y ha sido galardonado con premios tan prestigiosos como el Príncipe de Asturias de Comunicación y Humanidades y el B'nai B'rith de Derechos Humanos. Quino murió en Mendoza el 30 de septiembre de 2020.

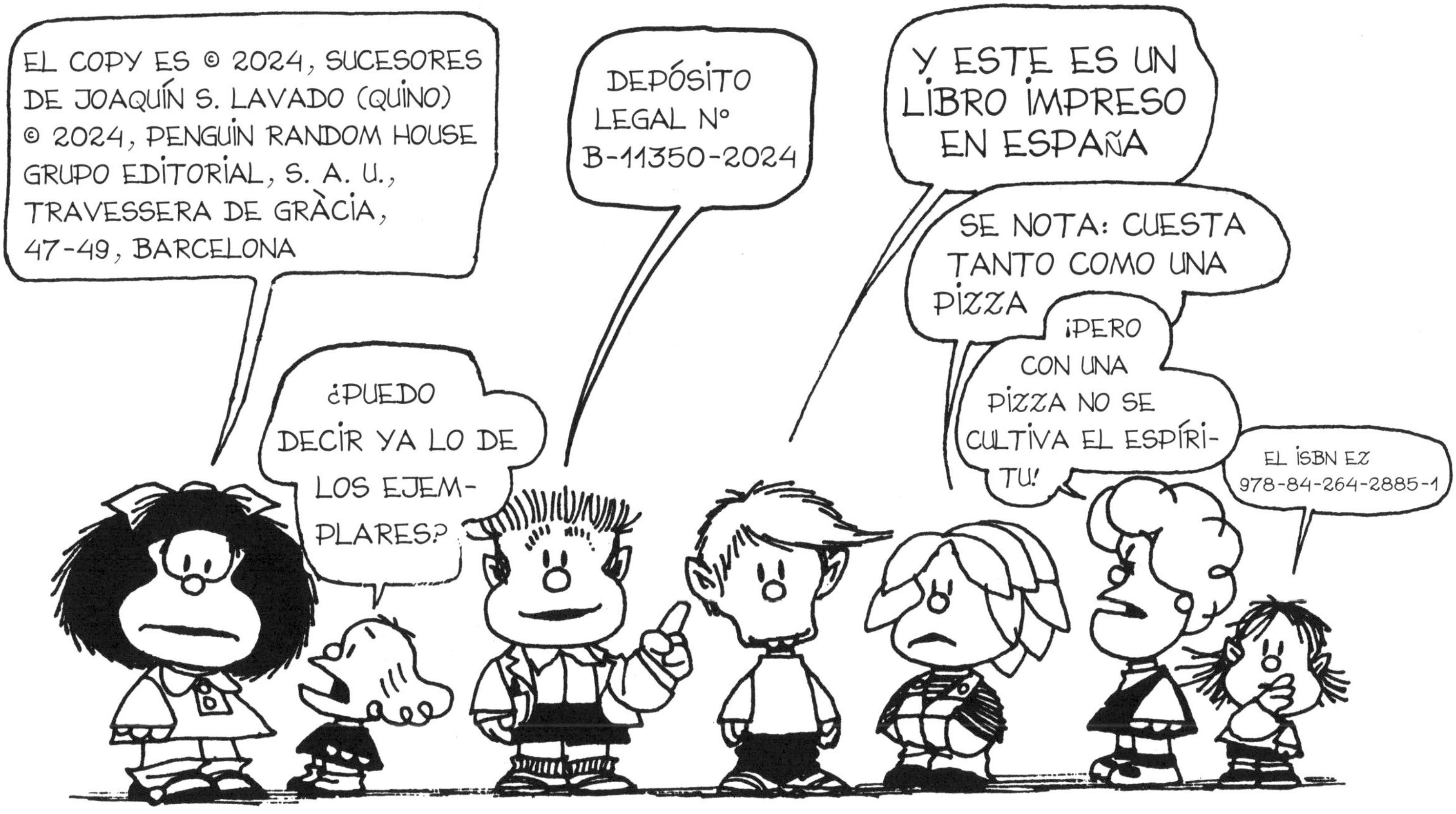
EL COPY ES © 2024, SUCESORES DE JOAQUÍN S. LAVADO (QUINO) © 2024, PENGUIN RANDOM HOUSE GRUPO EDITORIAL, S. A. U., TRAVESSERA DE GRÀCIA, 47-49, BARCELONA
¿PUEDO DECIR YA LO DE LOS EJEMPLARES?
DEPÓSITO LEGAL Nº B-11350-2024
Y ESTE ES UN LIBRO IMPRESO EN ESPAÑA
SE NOTA: CUESTA TANTO COMO UNA PIZZA
¡PERO CON UNA PIZZA NO SE CULTIVA EL ESPÍRITU!
EL ISBN EZ 978-84-264-2885-1

Papel certificado por el Forest Stewardship Council®

MIXTO
Papel | Apoyando la silvicultura responsable
FSC® C117695
FSC
www.fsc.org

Impreso en Gómez Aparicio, S. A.,
Casarrubuelos (Madrid)

H 4 2 8 8 5 1